中共北京市委党校
Party School of Beijing Municipal Committee of C.P.C.

北京行政学院
Beijing Administration Institute

北京市情研究文辑

第三辑

中共北京市委党校（北京行政学院）
北　京　市　情　研　究　中　心

编著

中国社会科学出版社

图书在版编目(CIP)数据

北京市情研究文辑. 第三辑/中共北京市委党校(北京行政学院)北京市情研究中心编著. —北京：中国社会科学出版社，2021.11
ISBN 978-7-5203-9288-4

Ⅰ.①北… Ⅱ.①中… Ⅲ.①北京—概况—文集
Ⅳ.①K921-53

中国版本图书馆 CIP 数据核字(2021)第 212671 号

出 版 人	赵剑英
责任编辑	陈肖静
责任校对	刘　娟
责任印制	戴　宽

出　　版	中国社会科学出版社
社　　址	北京鼓楼西大街甲 158 号
邮　　编	100720
网　　址	http://www.csspw.cn
发 行 部	010-84083685
门 市 部	010-84029450
经　　销	新华书店及其他书店
印　　刷	北京明恒达印务有限公司
装　　订	廊坊市广阳区广增装订厂
版　　次	2021 年 11 月第 1 版
印　　次	2021 年 11 月第 1 次印刷
开　　本	710×1000　1/16
印　　张	24.75
插　　页	2
字　　数	458 千字
定　　价	138.00 元

凡购买中国社会科学出版社图书，如有质量问题请与本社营销中心联系调换
电话：010-84083683
版权所有　侵权必究

《北京市情研究文辑》(第三辑)
编委会

总　　　编　王民忠
副 总 编　袁吉富　刘红雷

主　　　编　马小红
执 行 主 编　潘志宏
副 主 编　李学俭　于书平
编委会委员
　　　　　　马小红　李学俭　于书平　潘志宏
　　　　　　宫怡君　陈羲子　杨乐怡　王宇琛
　　　　　　石　慧

序

《北京市情研究文辑》的出版，是中共北京市委党校（北京行政学院）北京市情研究中心一件里程碑式的事件，它标志着该中心由以资料收集为主转向资料收集与科学研究并举的发展轨道。

做好《北京市情研究文辑》的撰写与出版工作，必须注意以下四点。

一是必须坚持以马克思列宁主义、毛泽东思想、邓小平理论、"三个代表"重要思想、科学发展观、习近平新时代中国特色社会主义思想为指导，特别是以习近平总书记对北京重要讲话精神为根本遵循。习近平总书记对北京重要讲话精神是习近平新时代中国特色社会主义思想的重要组成部分，它深刻阐述了"建设一个什么样的首都，怎样建设首都"这一重大时代课题，为做好首都工作指明了方向。对于北京市情的研究，最重要的就是研究习近平新时代中国特色社会主义思想在京华大地上不断实践的过程，并为这一过程服务。

二是必须立足于为北京市委、市政府决策服务的视角。为党委和政府决策服务，是党校（行政学院）科学研究的基本职能之一。北京市情研究中心作为中共北京市委党校（北京行政学院）的一个重要研究基地，理应为北京市委、市政府的决策服务。这就意味着，《北京市情研究文辑》的服务对象主要是北京市各级党委和政府及其相关人员。

三是必须坚持人民性这一根本价值立场。要自觉把党性和人民性高度统一起来，把为首都人民谋幸福作为初心和使命。要有高站位，把北京既看作是北京人的北京，又看作是全国人民的首都，辩证地处理好"都"与"城"的关系。要弘扬实事求是的科学精神，深入钻研首都经济社会发展中的深层问题和前沿问题，切实做好首都以人民为中心的发展思路的参谋助手。

四是必须坚持首善标准。追求首善，是北京市委、市政府对各项工作的要求，《北京市情研究文辑》理应自觉践行这样的要求。追求首善，就是要追求高质量，用水平来说话；追求首善，就是要超越自己，把自己最好的成果展现出来；追求首善，就是要在与他人成果的比较中体现出社会价值。做到首善不容易，需要矢志不渝、久久为功、精益求精。

《北京市情研究文辑》是北京市情研究中心策划和组织研究出版的成果，其平台依托于北京市情研究中心。这里对北京市情研究中心的建设与发展问题提出三点意见。

一是高起点定位，品牌化发展。北京市情研究中心如何定位，这是首要问题。它应当集资料信息中心、科学研究基地和市情交流中心于一体，并且要做到品牌化发展。所谓资料信息中心，就是要把北京市情研究中心建设成为北京市有影响力的资料数据馆。所谓科学研究基地，就是要把北京市情研究中心建设成为北京市有影响力的研究高地和智库。所谓市情交流中心，就是要把北京市情研究中心建设成为北京市有影响力的市情研究成果交流平台。所谓品牌化发展，就是要围绕中心的三个定位，分别打造好《北京市情数据手册》、《北京市情研究文辑》和北京市情论坛这三个品牌项目。

二是聚拢人才，开放发展。建设好北京市情研究中心，人才是关键。应形成以市情研究中心专职人员和校（院）研究人员为主体、以校外专家和学员为重要参与者的人员力量格局。在这种格局中，以下四个环节需要高度重视。第一，市情研究中心专职人员要实现专业化发展；第二，要在校（院）研究人员中组织、培育相对稳定的研究团队，聘请他们担任研究员；第三，要聘请若干校外专家或专家型干部担任顾问或兼职研究员；第四，要搭好平台，充分挖掘和利用好学员资源和学员优势。我相信，这四个方面的人才队伍建设对做好中心工作都是战略性的、必不可少的。而做好上述工作，既需要从校（院）角度予以扶持，也需要各个部门大力支持，但市情研究中心先把事情做起来，则是前提性的工作。

三是做好规划，稳步发展。有了高起点的定位和足够的人才远远不够，还需要有科学的规划和落实规划的能力。市情研究面临的任务较多，千头万绪，不可能面面俱到，只能根据自己的特点有所为、有所不为。在规划的过程中，要善于对远景目标与年度计划进行统筹，善于对市情研究中心的三个定位进行统筹，善于对四种人才作用的充分发挥进行统筹，善于对出成果与出人才进行统筹，善于对争取学校支持与争取校外支持进行统筹。要清醒地把握自身的不足以及所面临的艰巨挑战，以强烈的事业心、自信心和奉献精神一步一个脚印地向前走，一茬接着一茬地干，不断取得一次又一次进步。

序

我相信，建设首善一流党校（行政学院）离不开建设一流的市情研究中心。我期待我们能够早日建成一流的北京市情研究中心。

王民忠
中共北京市委党校（北京行政学院）常务副校（院）长

目　　录

一　党史党建篇 / 1

中国共产党北京党史宣传方式的历史变迁 ……………………… 谢荫明 / 3
论北京对中国共产党创建的贡献 ……………………………… 李　玲 / 14
中国共产党在密云的奋斗历程与
　　经验启示 ………………………… 申艳丽　李巧燕　刘建芳 / 22
党建引领社区治理
　　——朝阳区东湖街道"红色物业好管家"的
　　探索与实践 ……………………… 白如冰　陈竹君　王殿文 / 32

二　经济建设篇 / 39

北京市金融业"十三五"总结与"十四五"
　　展望 …………………………………… 李　妍　郑　娜　李超男 / 41
供需双维度下门头沟区产业结构特征分析及
　　优化方向 ……………………………………… 刁琳琳　高辰颖 / 51
"十四五"北京高质量吸引外资路径研究 ……………… 马相东　刘丁一 / 67
"十三五"北京低收入农户脱低攻坚实践与反思 ……………… 李学俭 / 77
京津冀科研合作研究
　　——基于科研合作论文的统计分析 …………………… 石　慧 / 90

三　政治建设篇 / 107

北京市城市管理执法体制改革的历程与发展 …………………… 金国坤 / 109

城乡基层治理的实证研究
　　——基于北京市门头沟区镇街基层治理群众
　　　满意度分析 ……………………… 何　玲　皇　娟　张治银等 / 120
论国家政权建设视角下的基层治理
　　——以北京市"接诉即办"实践为例 ………… 乔　迈　矣成汉 / 131
西城区"疏解整治促提升"专项行动效果
　　评估研究 ……………………… 谢　惠　张晓光　张延超 / 139
村级后备干部队伍建设现实困境及路径探索
　　——以北京丰台区王佐镇为例 ………………………… 王　芳 / 152

四　文化建设篇 / 161

北京中轴线申遗：变化与收获 ……………………… 李建平 / 163
北京公共文化服务体系发展历程、现状与路径 ……… 于书平 / 173
"十三五"时期北京市公共图书馆发展研究 …………… 杨乐怡 / 185
北京市实体书店扶持发展的现状与思考 ……………… 李铁牛 / 198
北京海洋文化遗产的传承与活化
　　——以北京东岳庙海神殿为例 …………………… 潘志宏 / 211
古都与京味
　　——民国中期北京文化形象的生成与建构 ……… 王宇琛 / 223
区域历史文化助推乡村治理的实践与思考
　　——基于北京市丰台区的调研 ………… 张　静　李佳音 / 234

五　社会建设篇 / 243

北京人口发展变迁研究
　　——基于七次人口普查数据 …………… 马小红　狄安翔 / 245
高房价高租金背景下北京新市民居住状况研究 … 李君甫　李立群 / 258
推动物业参与社区治理的实践探索
　　——以海淀区万寿路街道"民情驿站"为例 ……… 杨艳梅 / 272
共建型治理：北京农村志愿服务困境研究 ……… 王　弢　张　健 / 280
海淀区城乡融合发展中的乡村振兴研究 ……………… 刘尚高 / 292
怀柔科学城公共服务高质量发展的思考与建议 … 吕　莎　刘俊伶 / 301
群众参与城市社区治理的现状与思考
　　——基于北京市密云区的实践 ……… 陈娟娟　李　军　魏　新 / 312

六 生态文明建设篇 / 323

发达国家碳排放与能耗双达峰经验对北京的启示 ············ 陆小成 / 325

北京低碳发展经验与展望 ············ 薄　凡 / 336

海淀区推动美丽乡村建设融入中关村科学城
　发展 ············ 郑丽萧　付佳南 / 349

"两山"理论创新实践的有利因素与转型模式
　——以北京市怀柔区为例 ············ 杜倩倩 / 359

海淀区气象服务实践的探索与思考 ············ 严鼎程　刘文军 / 369

后记 ············ / 381

一　党史党建篇

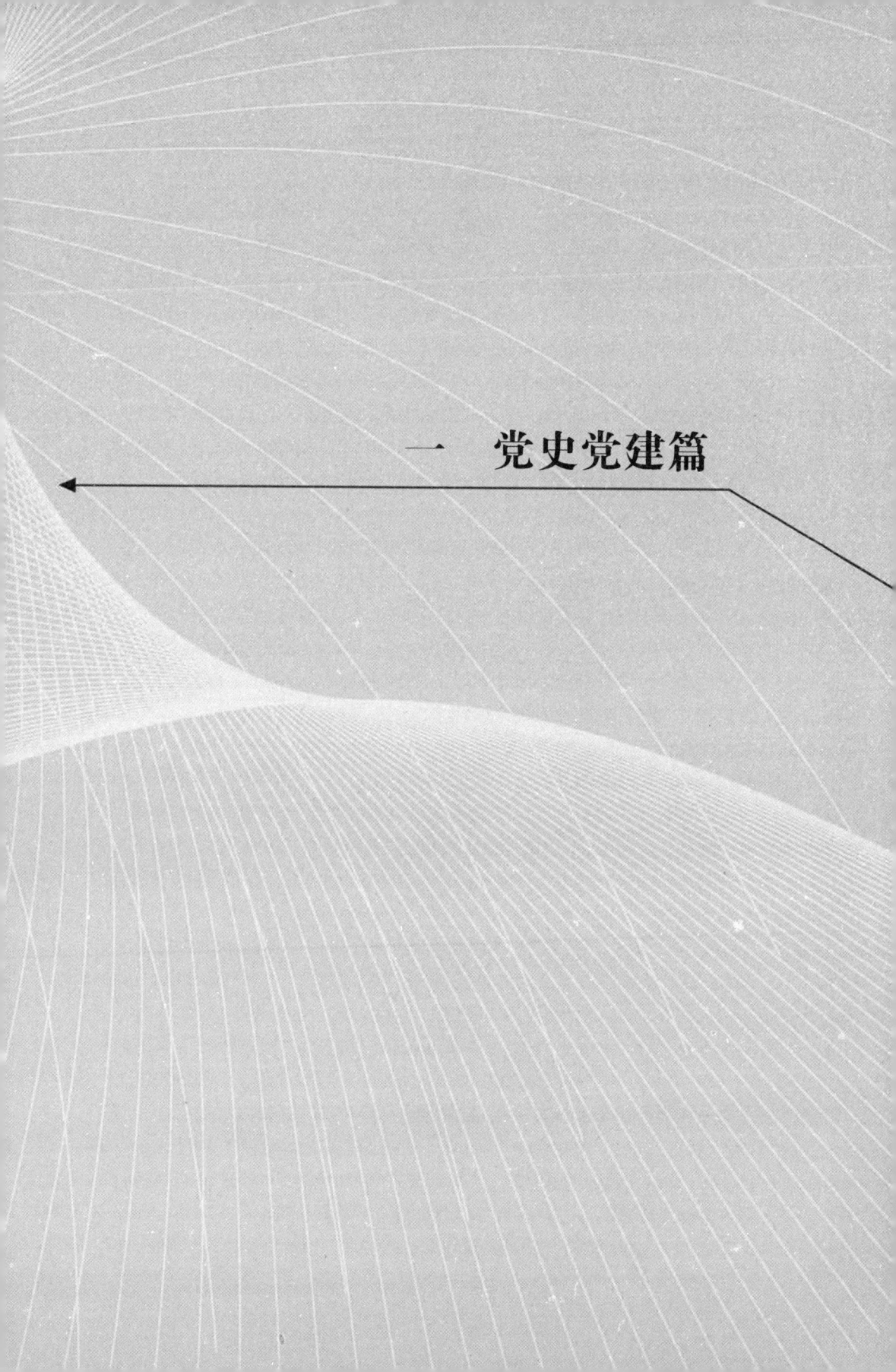

中国共产党北京党史宣传方式的历史变迁

谢荫明[*]

摘　要：中国共产党历来重视理论和自身历史的宣传。由于各个时期党的中心工作不同，北京党史宣传的内容和方式也不相同，进行这种宣传的技术和手段也不相同。如果形象比喻的话，新民主主义革命时期的北京党史宣传主要靠纸和笔；新中国成立到改革开放初期北京党史宣传主要靠广播和电视。文章分析了两个时期北京党史宣传的方式、作用和存在的问题，为当前和未来如何做好党史宣传提供了一定的借鉴。

关键词：北京；中国共产党；党史宣传；历史变迁

中国共产党历来重视党史的学习和教育，从中汲取经验和智慧、明确方向、鼓舞斗志。延安整风和党的十一届三中全会后的两次党史学习，产生了关于党的历史问题的两个决议，统一了全党的思想，迎来了新民主主义革命和改革开放的伟大胜利。今天，在庆祝中国共产党成立100周年的时候，在全党集中开展党史学习教育，非常及时，十分必要。中国共产党历来重视理论和自身历史的宣传，由于各个时期党的中心工作不同，党史宣传的内容和方式也不相同，技术和手段也有显著差异，对其进行总归纳，有助于党史学习教育活动的深入开展。

---

[*] 谢荫明，北京市委党史研究室原主任、研究员，北京中国抗战史研究会会长、中共北京市委党校（北京行政学院）北京市情研究中心顾问，主要研究方向：北京近现代历史、中国共产党党史。

一　新民主主义革命时期的党史宣传

中国共产党成立后，非常注意宣传群众，组织群众。新民主主义革命时期，党史的宣传主要是围绕着反帝反封建的革命纲领进行的，具体来说，是围绕着反对新老军阀、反对日本帝国主义、反对国民党反动派的统治，通过武装斗争，夺取全国政权。在这期间，根据形势和任务的需要党史宣传的内容不同，宣传的手段和形式也有许多特点。

（一）主要宣传形式

1. 利用课堂宣传马克思主义

中国共产党早期组织成立后，进一步开展了对马克思主义的研究和宣传，除了共产党小组成员、马克思学说研究会成员搜集与学习马克思主义著作之外，李大钊、张西曼等还在北京大学组织了社会主义研究会，编译丛书及请名人讲演。1920年7月，李大钊被聘为北京大学教授，更是公开地在课堂上向学生传授马克思主义。1920年9月，李大钊在北京大学政治系开办现代政治讲座，介绍世界工人运动及中国劳工状况。10月，他在北大经济系、史学系、法律系开设《史学要论》《唯物史观研究》《社会主义与社会运动》《史学思想史》等课程，并且利用受聘北高师、女子高师、中国大学、朝阳大学的机会，讲授《史学思想史》《女权运动史》《社会学》等课程。

2. 在期刊上开展论争

中国共产党早期组织成立后，陆续与其他错误思潮展开了宣传与论争，围绕的主要论争有三个方面，一是问题与主义的论争，二是与无政府主义的论争，三是与基尔特社会主义的论争。除了《新青年》外，国内许多刊物都刊登了争论的文章，一些进步社团内部也进行过类似的争论。论争的结果，更加扩大了马克思主义和中国共产党的影响。

3. 用通俗方式宣传组织民众

中国共产党成立后，为开展工人运动，深入工人集中的地方，采取具体的通俗的方式，宣传和组织工人群众。

一是出版通俗刊物。先后出版发行了《劳动者》《劳动界》《劳动音》等报刊。邓中夏在《劳动音》发刊词中说明，本刊的目的是"阐明真理，增进一般劳动同胞的知识，研究些方法，以指导一般劳动同胞"，认为"只向知识阶级作学理的宣传，而不向无产阶级作实际的运动"，"只立一种最高尚最圆妙的自由分配制度为目的，偏不讲求达到目的的方法"。这样做的结果一定流于空谈。

由于联系实际，该刊每期能销售到2000多份。类似的刊物和宣传品还有《工人周刊》（发行最多时达2万份）《工人的胜利》《五月一日》等。

二是散发传单和制作标语口号。如1921年"五一"劳动节传单有"五一节的问答""社会吃的住的哪里来？""今天是什么日子？"等内容。传单结合工人实际，通俗易懂，给人印象深刻。在战争年代，中国共产党、基层政权和人民军队都善于运用标语、漫画的形式，宣传党的主张，宣传党的历史。一块门板、一堵墙、一座山崖就是画布，红土、白灰就是颜料，可以及时地向群众宣传，表明我们的主张。形式虽然简单，但是及时有效，一目了然，传之久远。至今在革命根据地、长征沿途，很多地方还可以看到当年的杰作。

三是举办劳动补习学校。1921年元旦，长辛店劳动补习学校成立，它"以增进劳动者和劳动者子弟的完全知识，养成劳动者和劳动子弟高尚人格为宗旨"。学校分为日夜两班，夜班面向工人，设国文、法文、社会常识、科学常识、工场和铁路知识等。日班面向工人子弟，其课程与普通国民高等小学的课程略同。补习学校教员大都由北大师生担任，课上先教识字，再讲革命道理，从工人日常的筑路、盖房、织布引申到"工人的劳动创造了世界一切"。

四是组织工会。1921年5月1日，长辛店成立了工人工会，1000多人参加成立大会，工人们齐呼"劳工万岁""五一节万岁"等。并手执写有"工会成立了""最合理的事情是工作八小时""官僚是公仆，工人是神圣"的旗帜，高唱"走上了光明路，各尽所能，各取所需，不分贫富贵贱，责任惟互助，愿大家齐努力进取""要把强权制度一切消除尽"的歌曲，整队游行。

面向民众的进步剧目，往往给人们留下难忘的印象。1937年，张瑞芳和崔嵬在北平郊外香山广场上，为几千名大中学生演出过《放下你的鞭子》。戏演到结尾，情绪沸腾的观众一面高呼抗日口号，一面将铜板、银元、钞票丢向"香姐""香父"这一对流亡艺人。这出剧还在美国白宫给罗斯福总统演出过。《放下你的鞭子》每次演出，都根据当时的形势发展，增减剧中的内容。

4. 创办大学和党校进行党史宣传

1922年10月至1927年国共合作时期，中国共产党和国民党共同创建的上海大学，更是系统地进行新思潮，包括马克思主义的学习和传播，同时进行工人阶级政党发展历史的教育和宣传。李大钊、邓中夏、瞿秋白等是大学的主要筹办人和授课人。1925年，中国共产党北方区委开办了中国共产党历史上的第一所党校。

中国共产党成立伊始，一批既是革命家也是理论家的党的宣传工作的开拓者，就开始着手中国共产党历史的研究、编撰、写作和传授，除陈独秀、李大钊的文章和著作外，还比较系统地研究和出版了蔡和森的《中国共产党史的发展》、瞿秋白的《中国共产党历史概论》、华岗的《一九二五——一九二七中国大革命史》、张闻天的《中国现代革命运动史》、毛泽东的《如何研究中共党史》等，这些著作成了进行党史宣传的基础。为了纠正党内长期以来"左"倾错误的影响，毛泽东亲自选编了《六大以前》和《六大以来》，对党的高级干部进行党的历史的教育和宣传，最终统一了全党的思想，赢得了新民主主义革命的胜利。

5. 通过读书会进行党史宣传

除了在中国共产党领导的根据地广泛地宣传中国共产党党史之外，在沦陷区、国统区，甚至在敌人的监狱里，中国共产党读书宣传只能通过秘密的方式进行。1943年夏，北平部分中学生自发组织的进步文艺社"海燕"社，成员分布于24所学校，最多时达120多人。他们传阅抗日的书籍，如《中国革命与中国共产党》《抗日救国十大纲领》等，组织了《莹火》《晶莹》壁报和刊物《海燕》。排练了《北京人》《湖上悲剧》和《日出》。除开展无产阶级文学为主的读书活动外，有的同学还读了《共产党宣言》《反杜林论》《费尔巴哈与德国古典哲学的终结》《资本论（第一卷）》等马恩原著。狱中也有宣传的课堂和阵地。1931年，监禁在国民党北平陆军监狱的共产党员、共青团员和革命群众，重的被判无期徒刑，轻的也被判监禁两三年。但他们不畏生死，把牢房变成了学校，学习了马克思的《政治经济学批判导言》，恩格斯的《反杜林论》《家族、私有财产及国家之起源》等译著，日本河上肇著《经济学大纲》及施蛰存等人的经济学著作，以及一些世界历史、中国历史、宇宙生物起源的知识读本。曾有人问马克思主义理论家薛暮桥是什么学校毕业，薛回答："牢狱大学"。好似玩笑，其实如此。

6. 左翼文化运动的推动

20世纪30年代，为反对国民党政府的文化"围剿"，中国共产党领导文化界进步人士，先后在各地组织了左翼的左联、社联、剧联、乐联、美联、文总等左翼文化团体。这些左翼团体是党的外围组织，成员们不避艰险，以秘密和半公开的方式，印发传单，涂写标语，出版发行进步书刊，举办书画、版画展览、演出抗日等进步剧作，进行党的政治、理论和历史宣传。鲁迅、茅盾、聂耳等都是左翼文化运动的领导者和积极参与者。

7. 创办人民广播电台

战争年代拥有军事上的联络电台尚且不易，更不用说建立固定的面向大众的广播宣传了。1928年秋，中国共产党开始筹备建立自己的无线电台。一年以后，地下党员成功地组装了只有50瓦的第一台无线电通信设备。1929年10月，才在上海建立了中国共产党的第一个秘密无线电台，后来红一方面军的电台还在长征途中坏了,与共产国际很长一段时间失掉了联系。1922年底,美国商人和中国华侨富商合作,设立了"中国无线电公司",在上海开播了最早的广播电台,主要播送音乐和新闻。18年后,1940年12月30日,中国共产党的"延安新华广播电台"开播。电台及时播放中国共产党的政治、经济、军事方针和政策,抗战的消息,国内外的动态,起到了鼓舞民众、组织民众的作用。运用当时比较先进的传播工具,宣传了党的历史。

(二)主要特点

这一时期的宣传方式和作用应当充分肯定,在内容、形式和方法上,它都有许多特点应当弘扬。

1. 党史宣传配合党的反帝反封建的革命纲领,运用统一战线、武装斗争和党的建设的三大法宝,对夺取全国的政权起到了积极的促进作用。

2. 总结和宣传了党的奋斗历程、英雄人物、传播了马克思主义和国内外进步思潮,为民族的独立和人民的解放树立了鲜明的旗帜。

3. 通过党史的宣传,总结历史经验和教训,积蓄革命力量,团结和培养了一批进步青年,这些同志在长期的革命斗争中不断成长,许多人成了新民主主义革命和社会主义建设时期我们党和国家的领导骨干。

4. 党史宣传开始用历史唯物主义的观点来看待事物,分析问题,基本把握住了历史发展的脉络。对于中国革命的斗争经验各抒己见,观点清新,形式多样,没有框框。在党史宣传过程中产生了一大批反映中国人民革命斗争、影响深刻的优秀作品,培养了一批年轻的革命的宣传家、鼓动家。

5. 党史宣传和实际斗争紧密相连。党史宣传成为斗争的迫切需要,是总结经验,宣传和发动群众,动员和组织各派力量的有力手段。宣传中没有空泛的议论和不切实际的大话,在走向社会,向群众宣传鼓动的过程中,文学、艺术、学校、报刊、戏剧、广播电台等形式逐步成为联系群众的、行之有效的工具,内容和形式相得益彰,继承和发展了优秀的新民主主义文化。

6. 为进行党史的宣传,党的领导人亲自动手。李大钊、邓中夏、赵世炎、高君宇、刘少奇、周恩来等人都对此做出过重要的贡献。许多革命者艰辛开拓,殚精竭虑,涌现出了许许多多不怕被捕、坐牢、牺牲的同志,他们和那些在火线上与敌人决战的同志们一样,是永远值得我们学习和纪念的。

(三)存在问题

这一时期,中国共产党处在帝国主义和封建主义沉重的压迫之下,大部分时间处于秘密状态,所以党的宣传面临着许多困难和危险。宣传需要充分的时间、物质、人员，这都是当时中国共产党非常缺乏的。这是客观的外部的环境。而党内左右倾错误的存在，对正确宣传党史也造成了一定的负面影响。关门主义、宗派主义的倾向，脱离群众的作风，宣传中存在的标语口号式、简单化的情况，都阻碍了党史宣传的开展。当然，由于各种条件的限制，党史宣传的形式也有很大的局限性。

二 新中国成立至改革开放初期的北京党史宣传

从新中国成立到20世纪90年代，即社会主义革命和建设时期、改革开放初期，由于中国共产党已经成了执政党，掌握了政治、经济、文化、科技的主动权，中国共产党党史宣传的主要做法也有了许多新的内容、方式，取得了很大的成就。当然这一工作也曾走过一些弯路，受过像"文化大革命"这样的挫折。

（一）主要宣传形式

1. 结合文化扫盲宣传党史

文化是劳动人民创造的，可是对于劳苦大众及其子女来说，学校教育却与他们很少有缘分。根据1934年北京的调查材料记载，全市学龄儿童失学率为66％，1949年的调查是51％，北京市民文盲率达57％。在农村，儿童失学和文盲的比例，还要比这个平均数字大得多。新中国成立后，从1950年开始，连续几年京郊采取办冬学的办法，在城乡扫盲。开始没有专门的教材，便结合中心工作，教一些标语、口号和歌词上的字，比如："毛主席万岁""土地改革""发展生产""当家做主""互助合作""抗美援朝""团结就是力量""没有共产党就没有新中国"等等。后来才编写了《识字课本》《冬学课本》作为教材。经过冬季集中学习，学员大都能认识一千多字，实现脱盲。扫盲是开通中国共产党历史宣传的前提和手段，也是提高全民族文化的重要一环。

2. 发表党史研究文章和著作

新中国成立之初，中国共产党领导全国各族人民有步骤地实现从新民主主义向社会主义的转变，迅速恢复国民经济并开展有计划的经济建设，在全国绝大部分地区基本上完成对生产资料私有制的社会主义改造。对新参加革命工作的干部、青年学生需要进行革命史的教育，所以这一段革命史的研究进展较快，有了一些阐述某一阶段或事件的专著，特别是革命史教材有了长足的进步。出现了胡乔木、何干之、李新、胡华等人编著的中国新民主主义革命史著作。

在中国共产党成立30周年前夕，以胡乔木的名义发表了《中国共产党三十年》，这篇文章经过了毛泽东的修改，成了中国共产党的简明历史，也是党史宣传的基调。之后又出版了《五四运动简史》《五四运动史》《守常文集》《二七大罢工》《纪念一二九》《一二九运动》《学生运动史要讲话》《平津张战役》《从五四到中华人民共和国成立（年表）》《五四运动与中国共产党的诞生》《五四运动回忆录》《五四时期期刊介绍》《五四运动文选》《李大钊选集》《二七运动》《二七大罢工斗争史》《一二九运动史》《卢沟桥事变》《冲破黎明前的黑暗》《黎明前的战斗》《京津战役》。《李大钊传》的初稿也已完成。这一时期还影印出版了一批党的历史刊物，如《新青年》《布尔什维克》《中国工人》《先驱》《中国共产党》《政治周报》等20多种。改革开放以后，出版了胡绳主编的《中国共产党的七十年》，中央党史研究室的《中国共产党历史》第一卷、第二卷，中央文献研究室的毛泽东、周恩来、刘少奇、朱德、邓小平传记，当代中国研究所的《中华人民共和国历史》等煌煌大作，由此构成了中国共产党历史宣传的脉络和基础。

3. 出版通俗性读物

为了反映中华人民共和国成立后首都人民在政治、经济、文化建设等方面的成就，系统地整理和记载当代资料，总结和宣传党的历史经验，1958年12月，中国共产党北京市委决定编纂《北京志》，成立了以市委书记处书记邓拓为组长的领导小组，并编写出《北京志》部分初稿。《中国共产党北京地下党斗争史》就是《北京志》中的一种，是在中国共产党北京市委宣传部领导下，由中国人民大学副校长胡锡奎主持，组织该校党史系部分教师集体编写的。这是第一部较系统地记述新民主主义革命时期北京革命斗争史的专著。在当时的条件下，编写者参阅了大量的档案、报刊资料，访问了一些当事人，几经讨论后成稿。但因"文化大革命"，此书一直未能出版（到1981年6月才重新修订出版，少量的内部发行）。

与地方革命史有关的是村史、家史、社史、厂史的编写，它是在1958年"大跃进"中产生、社会主义教育运动中大规模开展起来的。北京各区县和一些大厂在这一时期整理了一些资料，出版了《门头沟煤矿史稿》《长桥万里——丰台桥梁工厂史》《北京清河制呢厂五十年》《发电厂里五十年——首都电业工人生活斗争纪实》《钢铁的凯歌》《海淀血泪仇》《海淀红旗谱》《贫农家谱万代传》《反解雇的斗争》《出了苦海见青天》《钢人铁马》等。1964年由《北京四史》丛书编委会编辑，北京出版社出版了四史丛书7种，分别是《前仆后继创江山》《南彩风暴五十年》《披荆斩棘造新天》《红旗漫卷鱼子山》《二七怒涛滚滚流》《长缨紧握卫山河》《革命闯开跃进路》等。

改革开放后，中共北京市委党校开设了北京地方革命史课程，分别在研究生班和本科班中讲授，并办了地方党史的短期学习班。1984年北京团市委开展了学史建碑活动，建纪念碑、匾、塑像200多处。

4. 开展群众性文艺演出

新中国成立后，中国共产党重视组织群众性的文化团体，比如新中国一成立，北京市委即成立了北京市文艺工作委员会，统一领导接管北京市文化艺术建设工作。当时市文委制定的文艺工作方针是开展文艺普及工作，工作任务一是改革旧的，二是发展新的。为开展群众性的文化团体和活动，编辑供应群众文艺活动所需的演唱材料和业务学习材料；培养群众业余文艺活动骨干。群众艺术馆邀请了许多全国知名的音乐、舞蹈、戏剧、美术、曲艺艺术家来辅导，培养了一批后来颇有成就的人才；辅导和开展基层群众文艺活动，坚持业余自愿的方针，"业余"就不能妨碍生产，不能影响本职工作；"自愿"就不能强迫命令，不能生拉硬派。活动的形式要小型多样，"小型"易于活动，"多样"才能满足各种不同人的爱好；收集整理民间艺术资料。出于对中国共产党的热爱和群众团体的安排，群众文艺活动很大一部分内容是有关党史的宣传。

5. 充分发挥剧场舞台作用

新中国成立后，歌颂党、歌颂人民成了舞台上和剧场的主流，涌现出许多思想和艺术水平都很高的杰作，如《东方红》《中国革命之歌》《复兴之路》等大型革命历史史诗，本身就是中国共产党历史的艺术再现。又如《龙须沟》《骆驼祥子》《茶馆》这样反映生活的经久不衰、脍炙人口的剧目。树立了郭沫若、曹禺这样的文化大家，同时一代一代地培养出一大批至今仍称誉剧坛的导演、演员、舞台美术家。

6. 影响广泛的党史题材电影、电视片

电影是20世纪影响人们最大的文化形式，中国共产党历史宣传在电影中得到了广泛的运用，在群众中产生了深远的影响，《地雷战》《地道战》《英雄儿女》《小兵张嘎》《南征北战》《英雄虎胆》《渡江侦察记》《李向阳》等片子，影响了几代人的世界观和历史观。

电视是现代文化传播的技术性革命。1958年中国中央电视台（开始时称"北京电视台"）开播、1979年5月北京电视台开播，1982年9月17日北京电视制片机构成立。电视故事片的出现，为观众开辟了一个新的窗口，党史宣传进入了一个新的领地。《四世同堂》《凯旋在子夜》《便衣警察》《渴望》等优秀电视片的拍摄和播出，证明它一出现就受到了热烈的欢迎。

7. 广播和电视的普及

广播是信息传递的重要手段，1949年1月北平和平解放后，中国共产党的"陕北新华台"从西柏坡迁到了北平。新中国成立后,党和国家的方针政策都通过广播电台发送到国内外。从1949年至1979年5月的30年间,北京市只有市属广播电台一家。1976年12月,北京人民广播电台党委做出了筹建北京市电视台的决定。1979年5月16日,北京电视台诞生,北京市现代化、多功能、覆盖广、有色有声有形的宣传教育手段更加完备。

8. 革命纪念馆、党史遗址的建立和保护

新中国成立前夕,毛泽东就和人民政协及新政府的成员在天安门广场为人民英雄纪念碑奠基。特别是为庆祝中华人民共和国成立10周年,中央在首都建立了以十大建筑为代表的一系列新的地标性建筑,其中革命博物馆、历史博物馆、军事博物馆对于宣传党史,提供了非常适宜的固定的场所。天安门、北大红楼等党史遗址也得到了保护。

9. 建立各级党史、革命史工作机构

在当时,形成了一支有相当数量的、固定的党史研究、宣传队伍。1980年6月,北京市总工会工人运动史研究组重新恢复,1981年4月成立市委党史资料征集委员会。1981年6月以后,各区县相继建立了党史资料征集机构。团市委、市妇联、市档案馆、社科院、市委党校都组织了北京革命史的研究机构,开始了资料的整理和研究工作,并取得了不少成果。国家博物馆、首都博物馆、中国社科院、北大、师大、清华、人大等大专院校都有一些人员从事党史的研究和宣传工作。

10. 党史的研究宣传逐渐系统化

新中国成立后,特别是改革开放以后,研究宣传党史的作品涉及各个时期、各个领域。仅关于北京的就有:《北京史》《五四运动史》《五四运动在北京》《一二九运动史》《一二九运动史略》《天地有正气》《北京青运简史》《中国共产党北京历史》(1、2卷)等。北京大学、清华大学、北京师范大学写出了自己学校的学生运动史。平谷、密云、房山、延庆等县出了本县革命史、建设史,北京电车公司、印刷厂等也都出了自己的行业史。还利用现有资料出版了一批人物传记和文集,如《李大钊传》《李大钊文集》《邓中夏文集》《赵世炎选集》《邓中夏传》《蔡和森传》《吴晗传》《冯玉祥传略》《傅作义传》《邓宝珊将军》《北京烈士传》《北京女杰》《寒凝大地发春华》等等。《中国共产党党史人物传》也收入多名活跃在北京的党史人物。

11. 整理出版回忆录

新中国成立后,有关部门组织编辑出版了《星火燎原》《红旗飘飘》丛书。改革开放后,又出版了《回忆解放北平前后》《故都从未停止战斗》《战斗在一二九运动的前列》《碧血溅京华》《缅怀刘仁同志》《回忆我的父亲李大钊》《北京革命史回忆录》(1—4辑)《文史资料选编》《椿园载记》等。一些外国人的回忆和在华资料也相继翻译出版。如《中国回忆录》《中国革命纪事》等都有关于北京的情况。

(二) 主要特点

新中国成立后，中国共产党注意用各种手段进行党史的宣传，虽然那时的科技条件还非常有限，虽然发生了"文化大革命"的十年干扰，但成绩和作用是巨大的。到了改革开放时期，北京革命史研究的最大特点是解放了思想，真正用历史唯物主义的观点作指导，对历史事件和人物实事求是地进行评价，发挥了党、政、工、团、妇、各区县、各大专院校、科研机构的力量，联系青少年的思想教育，运用多种形式做正能量的工作，党史宣传呈现出许多的特点。

首先是中国共产党党史宣传的科学性。真正以历史唯物主义为指导，恢复实事求是的思想路线。中国共产党成为执政党后，在宣传党史的时候，必须自觉地坚持历史唯物主义，防止出现宣传的偏差。做好党史宣传工作，必须把丰富的资料和正确观点、史论结合起来，不能人云亦云，不能以讹传讹。其次是中国共产党党史宣传的政治性。党史宣传与实际工作有很明确的关系，政治性很强。党史宣传要有鲜明的立场和针对性。党史宣传与现实的任务密切相关。再次是广阔的视野。新中国成立后，中国共产党从事着政治、经济、文化、社会等各方面的建设和管理，党史（包括党史人物）的宣传必须开阔眼界，赋予新的内容和思想。改革开放以后，党史研究突破了许多禁区，历史资料的公布更是披露出许多的未知的领域。创新成为这一时期党史宣传工作时刻面临的大问题。最后是复杂多样的对象。党史宣传的对象包括了国内国际、敌我友各类人群。

(三) 存在问题

一是宣传的基础不够牢固，资料的搜集和研究的深度广度都还存在缺口。二是党史宣传不能主动回答现实问题，主动迎接挑战不够。由于水平的限制，绝大多数党史宣传的文章和作品仍停留在历史的过往及生硬的联系上，具有独到见解的文章和作品非常少见。三是宣传的主要内容仍是政治史。对党史上的各派政治力量和人物还缺乏全面的分析研究，党史宣传开始涉及思想史、经济史、文化史、外交史方面的内容，但做得还很不够。四是党史宣传的形式还比较陈旧。五是对国外的技术手段学习不够。很多地方达不到高质量的"大片"的要求。六是宣传还只是单方面的灌输，缺少双方或多方的交流和互动。

三 小结

综上所述，本文回顾和总结了新民主主义革命时期中国共产党党史宣传的做法、作用、存在的问题，以及新中国成立至改革开放初期北京党史宣传的做法、特点及问题，可以发现，由于各个时期党的中心工作不同，党史宣传的内容和方式也不相同，同时，进行这种宣传的技术和手段也不同。如果形象比喻的话，新民主主义革命时期，中国共产党的党史宣传方式主要靠纸和笔；新中国成立到 20 世纪八九十年代的改革开放初期，北京党史宣传方式主要靠广播和电视。

中国共产党历来重视理论和自身历史的宣传，中国共产党的成立就得益于宣传的作用，因为中国共产党创建的一个重要因素，就是马克思主义的传播。中国共产党成立之后，把科学理论和党的主张、党的历史作为宣传的重要内容，百年来从未停止过，不论是战争还是和平年代，不论是执政还是非执政时期。认真总结、梳理中国共产党党史宣传方式上的历史变迁，以及北京党史宣传方式的历史变迁作，对于未来理论和实践的发展同样十分必要。

论北京对中国共产党创建的贡献

李 玲[*]

摘 要：在中国共产党的创建过程中，北京扮演着重要角色，发挥着无可替代的重要作用。在北京爆发的五四运动，在思想上、干部上为中国共产党的成立做好了准备；位于北京的北京大学是中国最早传播马克思主义的阵地[①]；北京贡献了中共"一大"召开时最多的党员人数及半数以上早期党的基层组织负责人；北京是最早开展工人运动的地方；北京是青年毛泽东最早接受马克思主义、成长为马克思主义者的地方。

关键词：中国共产党；创建；北京

北京在中国共产党的创建过程中，扮演着重要角色，发挥着无可替代的重要作用。2021年7月1日，迎来中国共产党的百年华诞。在这一重要的时间节点，对北京在中国共产党成立过程中的地位和作用进行总结梳理，对于总结好中国共产党成立100年来的历史经验，开展好中共党史的学习教育活动，无疑具有重大的历史和现实意义。

一 五四运动在思想上、干部上为中国共产党的成立做了准备

1915年9月15日，陈独秀在上海创办《青年杂志》（次年改为《新青年》），并在创刊号上发表《敬告青年》一文，由此揭开了新文化运动的序

---

[*] 李玲，博士，中共北京市大兴区委党校教师，主要研究方向：党史党建、应急管理。
[①] 中共市委组织部组织编写：《中国共产党北京历史》，北京出版社2019年版，第16页。

幕①。1917年，陈独秀受聘北大，《新青年》也随迁北京。胡适、钱玄同、刘半农、李大钊、高一涵等相继参加编辑工作，形成了一个以《新青年》编者为核心的革新营垒，推动新文化运动迅猛发展，北京大学和《新青年》编辑部成了新文化运动的主要阵地②。与此同时，校长蔡元培和其他北大师生王星拱、杨昌济、周作人、傅斯年等也加入撰稿，北大成为新文化运动的中心③。

新文化运动的倡导者鲜明地提出了"民主"与"科学"的口号，把批判的矛头集中指向了长期以来占据统治地位的正统思想——孔学。以思想解放为使命的新文化运动，通过批判孔学，动摇了儒家正统思想和专制主义理论的统治地位，打开了遏制新思想传播的闸门，从而在中国社会上掀起了一股思想解放的潮流。正是这场思想解放的潮流，不仅在思想上启迪了一代青年，而且推动着新文化运动的倡导者去探索挽救民族危亡的新的途径，成为他们以后接受马克思主义的思想土壤④。

五四运动的直接导火索，是中国政府在巴黎和会上的外交失败⑤。正当新文化运动蓬勃发展之时，俄国于1917年11月发生革命。一年之后，第一次世界大战结束。第一次世界大战后，协约国于1919年上半年在巴黎召开"和平会议"，但这次和会是在第一次大战中取胜的几个帝国主义强国的把持下进行；中国政府因战时参加战胜的协约国一方，也派代表参加和会。在会上，中国代表提出废除外国在中国的势力范围等希望和要求⑥。但是，这些要求都被拒绝，会议竟然规定战败国德国应将在中国山东的一切特权转交给日本。消息传来，学生中久已郁积的愤怒一下子爆发出来。在北大学生发起并积极活动下，5月4日，北京各大专学校学生三千余人集齐于天安门举行学界大示威，爆发了震惊中外的五四运动。北洋政府对学生的爱国行动进行了镇压，但被捕学生仍斗志昂扬。北京学生的爱国行动和遭到军阀政府镇压的消息激起全国人民的义愤。6月5日，上海7、8万工人总罢工。在全国工人罢工、商人罢市、学生罢课的"三罢"斗争的压力下，北京政府在6月11日罢免了曹汝霖、陆宗舆、章宗祥三人的职务，释放被捕学生，于6月28日拒签《巴黎和约》，五四运动取得了伟大胜利⑦。

---

① 中共中央党史研究室著：《中国共产党的九十年》，中共党史出版社2019年版，第11页。
② 中共市委组织部组织编写：《中国共产党北京历史》，北京出版社2019年版，第4页。
③ 中共市委组织部组织编写：《中国共产党北京历史》，北京出版社2019年版，第4页。
④ 中共市委组织部组织编写：《中国共产党北京历史》，北京出版社2019年版，第5页。
⑤ 中共中央党史研究室著：《中国共产党的九十年》，中共党史出版社2019年版，第17页。
⑥ 中共市委组织部组织编写：《中国共产党北京历史》，北京出版社2019年版，第6页。
⑦ 中共市委组织部组织编写：《中国共产党北京历史》，北京出版社2019年版，第6—7页。

毛泽东指出："五四运动是反帝国主义的运动，又是反封建的运动。五四运动的杰出的历史意义，在于它带着为辛亥革命还不曾有的姿态，这就是彻底地不妥协地反对帝国主义和彻底地不妥协地反对封建主义。"五四运动对社会主义思潮在中国的蓬勃兴起，起到了极大的推动作用。它促进了马克思主义在中国的传播并与工人运动的结合，为中国共产党的成立在思想上、干部上做了准备[1]。

二　北京大学是中国最早传播马克思主义的阵地

众所周知，中国共产党是以马克思主义为信仰和指导思想的无产阶级革命政党。没有马克思主义的传播，没有马克思主义作为思想基础，中国共产党的创建与诞生就无从谈起[2]。而在中国，第一个举起马克思主义的旗帜、系统地接受和传播马克思主义的人是北京大学图书馆主任、教授李大钊[3]。北京大学是中国传播马克思主义的最初基地。北京大学传播马克思主义是从李大钊开始的。1918年1月，李大钊担任北京大学图书馆主任，后兼任政治学系、史学系教授[4]。1918年11月底，李大钊在中央公园发表《庶民的胜利》的著名演讲，热情歌颂十月革命，向中国人民介绍布尔什维主义，为中国革命指明方向[5]。

当人们对于俄国十月革命还多抱漠然态度以至疑虑悲观的时候，李大钊却率先发出欢呼声[6]。他在《新青年》上发表了《庶民的胜利》《Bolshevism 的胜利》两文，专门介绍了俄国布尔什维克的情况，他说："他们的主义，就是革命的社会主义；他们的党，就是革命的社会党；他们是奉德国社会主义经济学家马客土（Marx）为宗主的；他们的目的，在把现在为社会主义的障碍的国家界限打破，把资本家独占利益的生产制度打破"。表面上看，李大钊在这里论述的是俄国革命，是中国之外发生的事情。实际上，他内心时时思考和关心的是中国的社会现实。他从俄国十月革命的爆发与革命思潮的传播中，敏锐地意识到整个人类社会历史即将发生大变革的征兆。他指出，俄国革命所引起的世界革命潮流，"实非现在资本家的政府所能防遏得住的""由今以后，到处所见的，都是 Bolshevism 战胜的旗。到处所闻的，都是 Bolshevism 的凯歌的

---

[1] 中共中央党史研究室：《中国共产党的九十年》，中共党史出版社 2019 年版，第 18 页。
[2] 中共中央党史研究室：《中国共产党的九十年》，中共党史出版社 2019 年版，第 25 页。
[3] 王孝挺、黄文一主编：《战斗在北大的共产党人》，北京大学出版社 1991 年版，第 9 页。
[4] 王孝挺、黄文一主编：《战斗在北大的共产党人》，北京大学出版社 1991 年版，第 11 页。
[5] 朱志敏主编：《李大钊传》，红旗出版社 2012 年版，第 249 页。
[6] 王孝挺、黄文一主编：《战斗在北大的共产党人》，北京大学出版社 1991 年版，第 17 页。

声。人道的警钟响了！自由的曙光现了！试看将来的环球，必是赤旗的世界！"自 1840 年以来，无数优秀人物所艰苦探索的救国之道，终于由李大钊率先揭示而明白：真正要解决中国的救亡与复兴问题，中国先进分子必须信仰马克思主义，依之建立革命党组织，选择社会主义道路[1]。

李大钊在接受马克思主义之后，义无反顾地承担起在中国传播马克思主义的历史责任。1919 年 9 月、11 月，李大钊在《新青年》第六卷第五号、第六号上发表长文《我的马克思主义观》[2]。在该文中，李大钊系统地介绍了马克思主义的唯物史观、政治经济学和科学社会主义。在介绍唯物史观的部分里，他指出："一切社会上政治的、法制的、伦理的、哲学的，简单说，凡是精神上的构造，都是随着经济的构造变化而变化""生产力一有变动，社会组织必须随着他变动"。接着，他又说："与他的唯物史观很有密切关系的，还有那阶级竞争说。""马氏与昂格思合布《共产者宣言》，大声疾呼，檄告举世的劳工阶级，促他们联合起来，推倒资本主义，大家才知道社会主义的实现，离开人民本身，是万万作不到的，这是马克思主义一个绝大的功绩。"文章在介绍了马克思关于剩余价值、资本集中等原理后提出："资本主义是这样发长的，也是这样灭亡的。他的脚下伏下了很多的敌兵，有加无已，就是那无产阶级。这无产阶级本来是资本主义下的产物，到后来灭资本主义的也就是他。现今各国经济的形势，大概都向这一方面走。"文章还明确认为："他这三部理论，都有不可分的关系，而阶级竞争说恰如一条金线，把这三大原理从根本上联络起来。"

北京大学率先在中国高校开设马克思主义课程[3]。在中国的高校中，北京大学最早把马克思主义理论正式列入课程，向学生讲授。从 1920 年 10 月起，李大钊先后在北大史学系、政治学系等系开设了"唯物史观""史学思想史""现代政治""社会主义与社会运动"等课程，编写了《唯物史观》和《史学思想史》等专著和讲义，开中国大学讲授马克思主义理论课程之先河[4]。

今天保存下来的几份北大学生试卷反映了李大钊的授课效果[5]。如 1923 年北大政治系二年级的学生贺廷珊，在"唯物史观"试题"试述马克思唯物史观的要义并其及于现代史学的影响"中，就阐述了马克思唯物史观的基本原理，称"自有马氏唯物史观，才把历史学提到与自然科学同等的地位。此等功绩，实为历史界开一新纪元，也是影响于史学上的最大之点"。在对各种唯心

---

[1] 朱志敏主编：《李大钊传》，红旗出版社 2012 年版，第 259 页。
[2] 王孝挺、黄文一主编：《战斗在北大的共产党人》，北京大学出版社 1991 年版，第 16 页。
[3] 王孝挺、黄文一主编：《战斗在北大的共产党人》，北京大学出版社 1991 年版，第 17 页。
[4] 朱志敏主编：《李大钊传》，红旗出版社 2012 年版，第 201 页。
[5] 王孝挺、黄文一主编：《战斗在北大的共产党人》，北京大学出版社 1991 年版，第 22 页。

史观略作批判后,他写道:"马氏真不愧为纪元人。"从这份试卷上,可见答题者对唯物史观理解很准确,李大钊为这份答卷评了"玖拾伍分"的高分。由此可见李大钊讲授和宣传马克思主义理论的成果①。

北京大学成立了中国最早研究和宣传马克思主义的社团——"北京大学马克斯学说研究会"。发起成立进步社团并加以指导,是李大钊宣传马克思主义的又一个重要渠道。1920年3月,在李大钊指导下,北京大学进步学生邓中夏、高君宇、罗章龙、何孟雄、黄日葵、王复生等19人秘密发起成立"马克斯学说研究会"。这是中国最早的一个学习和研究马克思主义的团体②。

"马克斯学说研究会"得到北京大学校方的支持,校长蔡元培不仅在该会的成立大会上讲话,并批准由学校拨给两间房屋供其使用③。据此,研究会建立了"亢慕义斋"图书室。"马克斯学说研究会"成立伊始就购买了英、德、法三种文字的马克思全集各一套,到1922年2月,"亢慕义斋"有马克思主义的英文书籍四十余种、中文书籍二十余种。至今,北大图书馆保存着封面盖有"亢慕义斋图书"印章的8本德文文献,这是20世纪初期马克思主义在北大乃至全国传播的见证④。

在李大钊和邓中夏、罗章龙、王复生等进步学生的推动下,北大"马克斯学说研究会"会员迅速发展,1921年有50余人,1922年有150余人,1923年发展到250人左右。成员中以北大师生最多,一批骨干陆续加入中国共产党。研究会为北方地区的建党做了思想上、干部上的准备⑤。

同时,1920年12月,李大钊和北大政治系学生徐六几、郭梦良、费觉天等9人又公开发起了"北京大学社会主义研究会",希望"集合信仰和有能力研究社会主义的同志,互助的来研究并传播社会主义思想。"这说明,李大钊是在与各种社会主义流派的比较中选择马克思主义的信仰。而该会的活动,同样促进了社会主义思潮在全国传播的兴起⑥。

三 北京贡献了中共"一大"召开时最多党员

在各地党组织成立之后,创建一个团结、坚强、统一的全国性共产党组织

---

① 贺廷珊:《试述马克思唯物史观的要义并其及于现代史学的影响》(试卷),北京市档案馆藏。
② 中共市委组织部组织编写:《中国共产党北京历史》,北京出版社2019年版,第11页。
③ 中共市委组织部组织编写:《中国共产党北京历史》,北京出版社2019年版,第12页。
④ 中共市委组织部组织编写:《中国共产党北京历史》,北京出版社2019年版,第13—14页。
⑤ 王孝挺、黄文一主编:《战斗在北大的共产党人》,北京大学出版社1991年版,第11页。
⑥ 王孝挺、黄文一主编:《战斗在北大的共产党人》,北京大学出版社1991年版,第12页。

必然提上了日程①。1921年3月，在北京的李大钊在《曙光》杂志发表《团体的训练与革新的事业》，在该文中，李大钊呼吁中国的C派朋友组织起来，建立一个大团体，以进行中国的大改革②。1921年7月，中国共产党一大在上海召开，一个新型的工人阶级的政党诞生了，中国革命由此掀开了新的一页。据统计，在中共"一大"前，共有8个地方建立了党组织，其中6个地方党组织的负责人是北大的师生或校友；共有党员58人，其中在北大入党的师生13人，在北大学习及工作过已离校的校友10人，两项合计共23人，约占党员总数的40%左右。中国共产党第一次代表大会召开时，全国有58名党员，北京有16人，上海为14人，北京人数最多。北京的16人分别是：李大钊、张国焘、邓中夏、罗章龙、刘仁静、高君宇、何孟雄、缪伯英、范鸿劼、李梅羹、张太雷、朱务善、江浩、宋介、雨铭、陈德荣③。

四 北京是最早开展工人运动的地方

1918年留法勤工俭学预备班在长辛店设立，预备班下设铸造、机械、钳工三个班，学员有100多人。学员实行半工半读，在经受劳动锻炼的同时也接受了工人阶级的思想感情。北京共产党小组成立后，1920年10月李大钊派邓中夏、张国焘到长辛店开展工人运动，筹办成立劳动补习学校，并组织长辛店工人俱乐部，领导工人运动。促进了马克思主义与工人运动相结合。1921年五一劳动节，在北京共产党小组的领导下，长辛店铁路工会成立，这是中国共产党领导的最早的工会组织。长辛店工人运动蓬勃发展，被称为"北方劳动界的一颗明星"，有力推动了中国北方工人运动的开展④。1956年3月6日，毛泽东听取铁道部部长滕代远汇报工作时，插话说："中国工人运动还是从长辛店铁路工厂开始的。"⑤

五 北京是青年毛泽东最早接受马克思主义的地方

1918年的秋天，25岁的毛泽东第一次离开湖南出远门，他到的地方就是北京。后来，在他的老师杨昌济的引见下，毛泽东到北京大学李大钊手底下谋

---

① 中共市委组织部组织编写：《中国共产党北京历史》，北京出版社2019年版，第12页。
② 中共市委组织部组织编写：《中国共产党北京历史》，北京出版社2019年版，第15页。
③ 中共市委组织部组织编写：《中国共产党北京历史》，北京出版社2019年版，第16页。
④ 中共市委组织部组织编写：《中国共产党北京历史》，北京出版社2019年版，第14页。
⑤ 出自长辛店"二七"纪念馆，中国共产党党史展览馆。

得一个差事——图书馆助理员，从而开始了在北京的学习、工作和生活①。对于这段历史，毛泽东后来有大量的回忆，特别是在陕北的时候，他对斯诺讲，也就是从北大红楼岁月开始，"我对政治的兴趣越来越大，思想也越来越激进"，并"迅速地朝着马克思主义的方向发展"。在此之前，年轻的毛泽东也是多次变换过救国思想，曾经一度参军，尝试军事救国；后来又报考师范，尝试教育救国。来到北京之后，毛泽东终于找到了未来的方向，就是要坚定地走革命救国的道路。五四运动后，他主编《湘江评论》，热情歌颂十月革命，认为这个胜利"必将普及于全世界""我们应当起而仿效"。1919年12月他第二次到北京，热心阅读关于十月革命的书籍和马克思主义著作。在北京这段时间里，毛泽东的思想迅速发生变化。到1920年冬，他从理论到实践上已成长为一个马克思主义者②。离开北京以后，他没有选择出国留学，也没有选择继续在大城市工作，而是选择了中国的农村，开始了革命的实践。在1949年3月"进京赶考"的路上，离北平越来越近时，毛泽东感叹道："我在北平遇到了一个大好人，就是李大钊同志。在他的帮助下，我才成为一个马列主义者""他是我真正的老师"。③

总之，中国共产党的诞生是开天辟地的大事变④，是近现代中国历史发展的必然产物，北京是新文化运动的兴起、五四运动的爆发、马克思主义在中国的传播这三场具有重大意义事件最直接的见证者，是中国共产党诞生的策源地⑤。如果把中国共产党比喻成一条大船，则这条大船在北京设计，在上海制造，在嘉兴起航。我们要以庆祝建党百年为契机，传承弘扬好建党初期北京共产党人的革命精神，推动首都各项工作不断攀上新的台阶，在实现中华民族伟大复兴的征途中做出首都独特的贡献。

参 考 文 献

[1]《李大钊文集》（上），人民出版社1984年版。
[2]《李大钊文集》（下），人民出版社1984年版。
[3]《毛泽东选集》第3卷，人民出版社1991年版。
[4]《毛泽东选集》第4卷，人民出版社1991年版。

---

① 李捷、于俊道编写：《毛泽东年谱》，北京联合出版社2019年版，第838页。
② 李捷、于俊道编写：《毛泽东年谱》，北京联合出版社2019年版，第1556页。
③ 朱文通主编：《李大钊传》，天津古籍出版社2009年版，第163页。
④ 毛泽东：《毛泽东选集》第四卷，人民出版社1991年版，第1514页。
⑤ 中共市委组织部组织编写：《中国共产党北京历史》，北京出版社2019年版，第16页。

［5］朱志敏主编：《李大钊传》，红旗出版社 2012 年版。
［6］李捷、于俊道编：《毛泽东年谱》，北京联合出版社 2019 年版。
［7］王孝挺、黄文一主编：《战斗在北大的共产党人》，北京大学出版社 1991 年版。
［8］罗章龙：《回忆北京大学马克思学说研究会》，中国社会科学院现代史研究室、中国革命博物馆党史研究室选编：《一大前后（二）》，人民出版社 1980 年版。
［9］王孝挺、黄文一主编：《战斗在北大的共产党人》，北京大学出版社 1991 年版。
［10］张申府：《中国共产党建立前后情况的回忆》，张申府：《张申府文集》第 3 卷，河北人民出版社 2005 年版。
［11］中共党史人物研究会编：《中共党史人物传》第 7 卷，陕西人民出版社 1983 年版。
［12］中共市委组织部组织编写：《中国共产党北京历史》，北京出版社 2019 年版。
［13］中共中央党史研究室著：《中国共产党的九十年》，中共党史出版社 2019 年版。

中国共产党在密云的
奋斗历程与经验启示

申艳丽　李巧燕　刘建芳[*]

摘　要：历史是最好的教科书，中国共产党历来注重发挥党史的咨政育人作用。从 1933 年密云第一个党组织的建立到 2021 年，党领导密云人民走过了 88 年的风雨历程，经历了由弱小逐渐壮大、艰难曲折而又不懈奋斗的过程。在中国共产党成立 100 周年之际，回顾党在密云的光辉历史，从中汲取经验、智慧，在密云社会主义现代化建设新征程上，继承革命传统，发扬无私奉献精神，推动密云经济社会高质量发展。

关键词：密云；地方党组织；经验启示

2021 年 2 月，习近平总书记在党史学习教育动员大会上的讲话指出："回望过往的奋斗路，眺望前方的奋进路，我们必须把党的历史学习好、总结好，把党的成功经验传承好、发扬好。"[①] 密云党史是中共党史的有机组成部分，回顾党在密云的光辉历史，从中汲取经验、智慧。

---

[*] 申艳丽，中共北京市密云区委党校教研室副主任、讲师，主要研究方向：基层党建；李巧燕，中共北京市密云区委党校教研室讲师，主要研究方向：党史；刘建芳，中共北京市密云区委党校干部培训一科讲师，主要研究方向：党史。

[①] 《习近平在党史学习教育动员大会上强调：学党史悟思想办实事开新局，以优异成绩迎接建党一百周年》，《北京日报》2021 年 2 月 21 日第 1 版。

一　中国共产党在密云的奋斗历程

（一）新民主主义革命时期

1. 密云党组织的建立

1933年5月，北平弘达中学学生、共青团员徐敬之（又名胥照五、胥明礼），反帝大同盟盟员、民国大学学生张任翔（又名张风翥）、周静山（又名周尚仁）来到密云"飞地"驻马庄村开展党的活动，向农民宣传马克思主义学说和党的主张，发动农民成立穷人会，组织开展反蒋抗日斗争。为加强党对穷人会的领导，同年8月，中共河北省委派共青团天津市委宣传部部长、共产党员刘靖到驻马庄村领导穷人会斗争。刘靖亲自负责发展党员和建立党的基层组织。同年9月下旬，先后吸收密云驻马庄村杨斌、杨福、李品三等15人为中共党员，建立了密云县第一个党支部——中共驻马庄支部。此后不久，密云白塔村也建立了党支部。为了统一领导各个党组织，成立了密云县中心党支部，标志着中共密云地方组织的建立。由于党组织没有对外公开，党的活动主要以穷人会名义开展，带领会员抵抗国民党政府下达的"五条公事"通知，开展抗捐抗债、抗青苗会、分粮吃大户斗争。随着穷人会组织影响力的扩大，国民党政府开始关注并镇压穷人会，此后不久中共驻马庄支部便与上级党组织失去了联系，党的活动被迫停止。但绝大多数党员都潜伏了下来，为日后密云地方党组织的恢复奠定了群众基础、政治基础。

2. 领导敌后抗日斗争

中国共产党是敌后抗日游击战争的领导核心，开展敌后抗日游击战争，必须建立和发展抗日根据地。1939年1月，中共中央和八路军总部批准在平西成立冀热察区党委和八路军冀热察挺进军，统一领导平西、冀东、平北地区的敌后抗日游击战争。位于平西与冀东之间的平北地区还是一块空白区。冀热察区党委和挺进军提出开辟平北的战略任务。平北的开辟重点是具有特殊战略地位的密云一带地区。1933年长城抗战失败后，密云古北口完全被日军占领；西北部白马关、鹿皮关长城以外的40多个村庄被强行划入伪满洲国；其余县地被划为不许中国军队进入的所谓"非武装区"。1938年和1939年八路军曾两次进入均未能立足。1940年春，八路军晋察冀军区步兵第十团经过缜密谋划，以梯次进兵方式挺进密云，以云蒙山为中心开辟丰滦密抗日根据地。同年4月，中共冀东区分委以蓟县盘山和密云鱼子山为基础，成立蓟平密抗日游击根据地。

随着密云河西、河东抗日根据地的创立，党的组织得到重新恢复。1940年6月，上级派王森、马力等人组成的工作队来到河西，成立中共丰滦密工作委员会。在工委领导下，丰滦密党的建设逐步展开。经过培养，1940年8月，西湾子村孟成志等被吸收为第一批党员。1941年春，西湾子、张家坟、捧河岩等中心村党支部相继成立。1940年6月，河东成立中共蓟平密联合县西北办事处委员会，发展党员，建立基层党组织。1940年11月下旬，蓟平密扩建为两个联合县，平密兴联合县成立。县委建立后，党建工作进一步向北伸展。年底，平密兴联合县已有党支部54个，党员644名。在根据地，河东、河西县委都注重党的思想建设，通过举办训练班，提高党员的思想政治水平。加强对群众抗日团体的领导，发挥党联系群众的桥梁作用。

在对敌斗争中，党领导人民武装，运用游击战、麻雀战、地雷战等灵活多样的战略战术，同日伪开展英勇顽强的斗争，多次粉碎日伪对根据地的残酷"扫荡"，夺取了冯家峪伏击战、马营战斗等战斗的胜利，涌现出八路军冀热察挺进军第十团团长白乙化、英雄母亲邓玉芬等一大批抗日烈士和人民英雄。习近平总书记在纪念全民族抗战爆发77周年仪式上的讲话中指出："北京密云县一位名叫邓玉芬的母亲，把丈夫和5个孩子送上前线，他们全部战死沙场。"[①]这是对密云红色革命历史的肯定。

3. 夺取解放战争胜利

抗战胜利后，饱受战乱的密云人民迫切需要休养生息。但国民党为实现所谓的"军令政令"统一，企图在与中共达成的停止国内军事冲突的协定生效前，抢占古北口。冀东十四军分区的两个团与冀晋纵队发起古北口保卫战。密云地方党组织积极筹集柴米油盐粮等物资，组建运输队、担架队，为前线部队提供后勤保障服务。在军民的密切配合下，最终取得了古北口保卫战的胜利，挫败了国民党军在停战令生效前打通进军东北道路的战略计划。

全面内战爆发后，面对国民党军队和反动地主武装——伙会的蚕食进攻，党领导解放区内军民紧急动员起来，进行自卫反击。召开诉苦大会、制订村公约，加强思想政治教育、稳定民心。同时还加强对解放区自身建设，进行整党整风，着重解决党员和干部存在的以功臣自居、脱离群众等错误思想和行为，有效地提高了党组织的战斗力；开展清算反仇和锄奸反特运动，清除了一批罪恶深重、民愤极大的坏人；进行土地改革运动，把土地平均分给农民，大批无地或少地农民翻身做了主人。在党的领导下，密云人民积极保卫家乡保卫土地，倾其所有支持人民军队作战，为解放战争提供人力物力，解放区成为人民

---

① 习近平：《在纪念全民族抗战爆发77周年仪式上的讲话》，《人民日报》2014年7月8日第2版。

军队的可靠后方。

回顾党领导密云人民进行的革命斗争史，可谓"雄关漫道真如铁"。在抗日战争中，3000多名密云儿女参加八路军和地方抗日工作，7600多名抗日群众被杀害；在波澜壮阔的解放战争中，693名优秀密云儿女献出了宝贵生命。

（二）社会主义革命和建设时期

1. 国民经济恢复与社会主义制度建立

密云解放后，恢复了密云县的建制和名称，将中共乙化县委与中共密云县委进行合并，结束抗战时期以潮河为界分别建县的分制局面。合并后的中共密云县委为迅速医治战争创伤，改变贫穷落后的面貌，作出"为建设新密云而奋斗"的决定，带领人民积极生产自救，整顿经济秩序，恢复和发展生产。在进行土地改革、镇压反革命和支援抗美援朝运动的同时，党领导密云人民还进行了多方面的民主改革，如肃毒禁赌禁娼、改革旧的婚姻制度、变革旧的教育制度等。从1953年开始，用4年时间完成了三大改造，密云建立了社会主义制度。

2. 修建密云水库与密云人民的艰辛探索

1958年，党和政府为治理潮白河水患，解决城市用水问题，决定在密云县域中部的燕落盆地修建密云水库。正当密云人民满怀信心建设美好家园的时候，修建密云水库这件大事难事摆在了密云人民面前。密云人民为修建密云水库作出巨大牺牲，占用耕地28万亩，全县耕地面积由建库前的67.86万亩减少到1962年底的39.2万亩，人均耕地由建库前的2.74亩下降到1.47亩[1]。在县委的领导下，先后进行三次大规模的库区移民，累计移民102个村、16010户、69346人[2]。由于移民主要在密云境内安置，人均占有土地锐减，原来一个人的口粮田变成两个人的口粮田，农民生活极为困难。

1973年，县委书记何其珍同志经过大量深入细致的调查，将县情归纳为"八山一水一分田"。当年，县委提出："一人一亩大寨田，千方百计夺高产。认真治好七亩山，果木药杂大发展。一人一口猪，一户一张蚕"的农业发展目标。"[3] 在县委领导下，带领人民"农业学大寨"，大平大整土地、修建一批中小水库，农业生产条件得到明显改善，粮食产量有所增加。在建设和守护密云水库过程中形成了以艰苦奋斗的创业精神、团结奋进的协作精神、大胆实践的

---

[1] 密云县党史办公室：《红色密云读本》，中共党史出版社2015年版，第162页。

[2] 北京市密云区委党史研究室：《密云水库大移民纪实》，北京市密云区人民政府，http://www.bjmy.gov.cn/art/2020/6/23/art_85_322283.html。

[3] 密云县志编纂委员会：《密云县志》，北京出版社1998年版，第31页。

创新精神、胸怀全局的奉献精神为主要内涵的密云水库宝贵精神，这是密云人民的宝贵精神财富。

回顾党领导密云人民进行的社会主义革命和建设史，可谓"俯首甘为孺子牛"。新中国成立初期，密云人民无私奉献良田，举家搬迁，配合修建密云水库，创造了大型水库"一年拦洪，两年建成"的奇迹，铸就了新中国水利建设史上的一座丰碑。

（三）改革开放和社会主义现代化建设时期

1. "大包干"与思想大解放

党的十一届三中全会作出把党的工作中心转移到经济建设上来、实行改革开放的历史性决策。1979年，市委召开宣传工作会议，部署真理标准讨论的补课。会后，县委带领密云人民逐步开展了"实践是检验真理的唯一标准"的讨论和补课，为改革开放的全面展开奠定思想基础。1980年9月，县委积极响应市委相关要求，在全县开展"敢不敢富、让不让富、能不能富"等问题大讨论[①]。通过讨论统一认识，明确利用当地资源，因地制宜，发展种植业和养殖业，积极开展家庭副业。1982年，县委通过举办学习班、外出参观学习、印发典型材料等方式，进一步统一思想认识，在京郊率先推行农村家庭联产承包责任制，生产力得到空前发展。从1984年开始，改革的重点由农村转向党政机关和生产的各个领域，密云县办起了京郊首家中外合资企业——密日兴食品有限公司，建起了密云国际游乐场，成立了京郊第一家有进出口自营权的外贸公司——北京渔阳进出口贸易公司等，全县经济社会发展呈现出一派欣欣向荣景象。

2. "两库一渠"条例的实施与保水富民道路的艰辛探索

正当密云经济社会蓬勃发展之际，1985年北京市政府颁布《北京市密云水库、怀柔水库和京密引水渠水源保护管理暂行办法》[②]。后上升为条例，密云水库的主要功能由防洪灌溉变为向首都提供生活用水，密云成为首都水源保护区。为了保水，县委带领密云人民发扬顾全大局、自觉奉献精神，停办了红极一时的密云水库旅游业；关闭200多家可能对水源造成污染的企业；禁止发展任何有污染的产业等。面对密云水库功能的变化，如何处理保水与富民的关系，成为县委面临的重大课题，县委带领全县人民开始了保水富民强县道路的艰辛探索。

---

① 密云县志编纂委员会：《密云县志》，北京出版社1998年版，第33页。
② 密云县党史办公室：《红色密云读本》，中共党史出版社2015年版，第169页。

为了探索保水富民的道路，1988年，县委在广泛深入调研的基础上，制定了《1989—2000年密云县经济社会发展战略》①。这个战略分析了密云在首都的区域战略地位、经济发展的有利条件和制约因素，同时还提出将密云县划为首都水源保护特区、建立水源保护基金、实行特殊扶持政策等对策建议。但是，这个战略在很大程度上把希望寄托在外部因素上，由于这些外部因素没有到位，密云在保水与富民的艰辛探索中遇到了挫折。

进入21世纪，为正确处理保水与富民的关系，进一步探索符合县情的持续快速健康发展道路，县委对密云经济社会发展战略进行了深入研究。县委九届五次全会提出了"一个目标、两个支点、三条基本途径、四个战略重点"的21世纪首都水源区发展战略②。这一战略的形成，标志着密云县历经十五年的艰辛探索，终于找到了一条处理保水和富民关系的正确道路。这一时期，密云发展思路清晰，群众干劲十足，工作推进力度大，经济社会发展成绩显著，成为改革开放以来密云第二个快速发展时期。

3. 创建国家生态县

2005年，密云被确定为首都生态涵养发展区。为落实区域功能定位，深化实施首都水源区发展战略，县委十届三次全会将创建国家生态县作为密云县"十一五"时期经济社会发展的总目标和各项工作的总抓手。经过三年多的不懈努力，到2008年6月，全县15个乡镇成为全国环境优美乡镇，密云县被国家环保部确定为全国生态文明建设试点区。8月，荣获国家生态县称号。这一时期是生态优势转化为发展优势步伐加快的时期，密云生态建设取得丰硕成果。

回顾党领导密云人民进行的改革开放和社会主义现代化建设史，可谓"人间正道是沧桑"。改革开放以来，密云成为首都重要地表饮用水源地和生态涵养区，面对特殊区情，历届县委带领密云人民牢固树立政治意识、大局意识，主动关工厂、关矿山，持续加强生态环境建设和保护，高标准履行保水职责，为改善首都生态环境，推进首都可持续发展作出了重要贡献。同时密云人民自强不息，勇创新路，历经无数曲折，逐步探索出一条保水与富民的正确发展道路。

（四）中国特色社会主义进入新时代

1. 撤县设区

2015年10月，北京市调整部分行政区划，密云撤县设区。12月26日中共北京市密云区委挂牌，标着密云地区结束了2240年的建县史，迎来了更大

---

① 密云县党史办公室著：《红色密云读本》，中共党史出版社2015年版，第170页。
② 密云县志编纂委员会编：《密云县志：1991—2010》，北京出版社2019年版，第2页。

的发展机遇。

2. 开创密云经济社会发展新局面

密云区委深入学习贯彻习近平总书记2014年2月、2017年2月两次视察北京重要讲话精神，团结带领全区党员干部群众，抢抓机遇、奋勇争先，不断开创密云各项工作新局面。区委二届五次全会提出加快将生态优势转化为发展优势的步伐，打造"一园三区"的经济发展主引擎，打造智能制造、绿水金融、节能环保、生物医药大健康、文旅休闲、高端生态农业六大高端产业，以"富民"促"强区"。区委二届八次全会提出努力打造践行习近平生态文明思想典范之区的发展目标，建立与之相配套的生态文化体系、生态经济体系、生态目标责任体系、生态文明制度体系、生态安全体系。

2020年是密云水库建成60周年。建设和守护密云水库的乡亲们给习近平总书记写信，汇报了当年的建设情况和60年来密云护水护山、生态文明建设取得的成效。同年8月30日，习近平总书记给乡亲们回信，信中指出："把生态文明建设作为战略性任务来抓，坚持生态优先、绿色发展，加强生态涵养区建设，健全生态补偿机制，共同守护好祖国的绿水青山。"[1] 习近平总书记的重要回信为守护好密云水库、守护好绿水青山指明了方向、提供了遵循。区委二届十二次全会提出"四个确保"和"五个样板"目标，即确保水资源战略储备能力全市最强、空气质量全市最优、生态服务价值全市最高、生态环境保护全市最严，努力争当水源地保护最系统的保水样板、生态环境最优良的生态样板、"两山论"实践最生动的发展样板、生态富民惠民最充分的幸福样板、生态文明制度最完善的改革样板。同年12月，区委二届十三次全会审议通过了《中共北京市密云区委关于制定密云区国民经济和社会发展第十四个五年规划和二〇三五年远景目标的建议》，开启了密云社会主义现代化建设新征程。

展望中国特色社会主义新时代，可谓"长风破浪会有时"。面对新时代，区委团结带领密云人民认真学习贯彻习近平新时代中国特色社会主义思想，坚持"绿水青山就是金山银山"的理念，认真落实习近平总书记的重要指示精神和重要回信要求，围绕首都生态涵养区功能定位，继续高标准履行保护首都水源职责。

二　中国共产党在密云的基本经验与启示

中国共产党领导密云人民进行革命、建设、改革的历史，就是党为人民谋

---

[1]《习近平给建设和守护密云水库的乡亲们回信：强调继续守护好密云水库　为建设美丽北京作出新的贡献》，《人民日报》2020年9月1日第1版。

幸福、为民族谋复兴的历史。密云人民由任人宰割到实现翻身解放、当家做主;从传统封建农业社会到初步实现社会主义现代化;由贫穷落后到实现全面小康,取得这些辉煌成就的主要原因在于:

(一)坚持党的领导

党政军民学,东西南北中,党是领导一切的①。密云党组织建立的时候,密云人民正处于被日伪肆意践踏、封建统治压榨的悲惨境地。正是在党的引领下,具有抗争精神和爱国情怀的密云人民一改往日"犹在睡梦"的精神状态,以朝气蓬勃的姿态大踏步地走上了社会变革的道路,经过浴血奋战,赶走了日本侵略者,推翻了国民党统治,建立了人民政权,成为社会的主人、自己命运的主人。特别是党的十八大以来,党团结带领人民,统一意志,凝聚力量,密云经济社会发展取得长足进步,人民生活水平得到显著提高。实践证明,只有坚持党的领导地位,党和人民的事业才能取得进步。

(二)坚持以人民为中心

不忘初心,方得始终。密云党组织建立的88年来,坚持初心不改,始终把人民群众利益放在一切工作的首位。解放战争时期,在解放区内开展轰轰烈烈的土地改革运动,实现了"耕者有其田";新中国成立后迅速医治了战争创伤,恢复了国民经济,实现了社会事业的除旧布新;掀起大规模的社会主义建设,开创了改革开放和社会主义现代化建设新时期。党的十八大以来,区委统筹经济社会协调发展,着力保障和改善民生,满足广大人民群众过上美好生活的需要。实践证明,民为邦本,本固邦宁。只有坚守人民立场,坚持为人民谋幸福,才能赢得人民的支持和拥护。

(三)坚持解放思想,大胆探索

解放思想是社会发展进步的先导和不竭动力,是坚持发展是硬道理的实践要求。发展是党执政兴国的第一要务,是解决中国所有问题的关键。解放思想的目的是推动发展,解放思想是发展的先导。从中国共产党领导密云人民的奋斗历程看,历届县委、区委发展思路的形成确立、丰富发展都离不开思想的解放。如在1980年9月开展的致富大讨论中,密云县委带领广大人民群众特别是农业战线的广大干部和群众解放思想,冲破极"左"路线的束缚,使农村迈

---

① 习近平:《决胜全面建成小康社会 夺取新时代中国特色社会主义伟大胜利》,人民出版社2017年版,第20页。

出致富的第一步。党的十八大以来，面对密云在北京市还处于欠发达地区的现状，区委区政府紧密结合密云实际，把握发展规律和大势，不断开辟解放思想的新境界，积极探索发展的新思路、新举措，引领密云高质量发展。实践证明，只有坚持解放思想、更新观念，才能不断冲破思想观念障碍，充分释放社会活力，凝聚各方力量，实现保水与富民"双赢"。

（四）坚持因地制宜，生态立区

坚持人与自然和谐共生，是中国特色社会主义的基本方略。生态文明建设是中国共产党积极顺应广大人民群众新期待进行的重大部署。密云是首都生态涵养区和最重要的水源保护地，肩负着高标准履行保水和生态涵养的责任和使命。改革开放以来，历届县委、区委立足区域功能定位提出并实施了21世纪首都水源区发展战略等发展思路，高标准履行保水责任。党的十八大以来，在习近平生态文明思想的科学指引下，区委深入践行"绿水青山就是金山银山"理念，坚持绿色发展，大力发展都市型现代农业、高端休闲旅游业、乡村民俗旅游业及健康养生业等绿色产业，探索出一条绿色发展的新路子。实践证明，只有充分发挥密云的生态优势，把生态优势转化为发展优势，才能让人民的日子越过越红火。

（五）坚持自力更生，艰苦奋斗

自力更生，艰苦奋斗是中华民族逐渐富起来的成功密码。面对密云水库修建后，大量耕地被淹没，粮食大幅减产的严重困难，县委带领密云人民披荆斩棘，兴修水利、平整土地，开展了轰轰烈烈的大生产运动，1973年全县粮食总产量第一次突破1亿公斤，实现粮食自给，摘掉了缺粮县的"帽子"。党的十八大之后，区委带领密云人民发扬自力更生、艰苦奋斗的精神，实现了一次又一次自我超越，密云人民的生活得到大幅改善。实践证明，自力更生、艰苦奋斗是实现经济社会高质量发展的基石和保障。前进路上，我们要继承和发扬自力更生、艰苦奋斗的优良传统，不畏艰险、百折不挠，实现经济社会高质量发展。

知所从来，方明所去。回顾中国共产党在密云的奋斗历程，从历史中汲取智慧和营养，以昂扬奋斗的精神状态奋进新征程，为打造践行习近平生态文明思想典范之区贡献力量！

参 考 文 献

[1] 密云县志编纂委员会编：《密云县志》，北京出版社1998年版。
[2] 密云县志编纂委员会编：《密云县志：1991—2010》，北京出版社2019年版。

[3] 密云县党史办公室:《红色密云读本》,中共党史出版社2015年版。
[4] 中共中央党史研究室:《中国共产党的九十年》,中共党史出版社、党建读物出版社2016年版。
[5] 中共北京市委党史研究室,中共密云县委党史资料征集办公室编:《密云建设史》,北京出版社2010年版。
[6] 中共北京市委党史研究室,密云县党史工作办公室编:《中国共产党北京市密云县历史大事记:2001—2013》,中央文献出版社2010年版。

党建引领社区治理
——朝阳区东湖街道"红色物业好管家"的探索与实践

白如冰 陈竹君 王殿文[*]

摘 要：物业管理问题一直是社区治理的薄弱环节，基层党组织"不愿管""不敢管""不会管"的现象较为普遍，通常是前期置身事外，等矛盾激化后再被迫维稳，由此，探索党建引领社区治理是具有实践意义的重大课题。本文以朝阳区东湖街道"红色物业好管家"的实践案例，展示推动老旧小区从"问题小区"向"幸福小区"的成功转变，对探索构建党建引领下共建共治共享的基层社会治理新格局，对提升政府公信力和居民满意度有启示作用。

关键词：党建引领；社区治理；实践

东湖"红色物业好管家"是朝阳区东湖街道从2015年开始，结合"朝阳物业"（法治物业、智慧物业、品牌物业）的总体思路，通过党建统领、政府主导，借力物业行业专家、法律资源和科技手段，将小区居民业主、业委会、物业公司各利益主体共同纳入小区治理平台，建立了"党委领导、全程把控，多元参与、五方共治，双向引导、规范提升"的"红色物业好管家"社区治理模式。"红色物业好管家"探索6年来，取得了显著成效，得到了市、区领导的充分肯定和居民的高度认可，成为一种可以推广借鉴的模式。

---

[*] 白如冰，中共北京市朝阳区委党校副校长、高级政工师，主要研究方向：马克思主义理论、基层党建；陈竹君，中共北京市朝阳区委党校科研办公室四级调研员；王殿文，北京市朝阳区东湖街道党群工作办公室副主任。

一 案例背景

朝阳区东湖街道共有7个社区、29个物业管理住宅小区,共有29802户,常住人口7.2万人。前些年,由于历史遗留问题大量存在,有些小区物业公司运营成本提高,造成了履约不到位和收费率低的恶性循环;部分业主维权不当,多次引发群体上访、堵路、围堵党政机关等情况;业主、业委会互不信任,甚至谩骂斗殴,影响了社区的和谐稳定,降低了居住品质。为了探索解决这一"老大难"问题的途径,从2015年起,东湖街道以问题突出的利泽西园一区为试点,通过配强社区党委领导班子、加强居民党支部建设、成立业委会、更换新物业等措施,经过3年的探索,逐步建立起了以社区党委为中心的五方共治的"红色物业好管家"治理模式,利泽西园一区从无人、无钱、无管理的"问题小区"转变为环境优美、秩序井然的绿化美化花园式小区、平安示范小区,2018年被评为全国十大"幸福小区"之一。2019年,"红色物业好管家"模式在东湖街道的29个小区全面推广,街道在总结利泽西园一区经验的基础上,进一步提升和完善了这一适应于老旧小区的治理模式。

二 主要做法

(一)党委领导、全程把控,确保"好管家"政治方向

物业管理问题一直是社区治理的薄弱环节,基层党组织"不愿管""不敢管""不会管"的现象较为普遍,通常是前期置身事外,等矛盾激化再被迫维稳。为此,东湖街道工委、办事处坚持党委领导、全程把控的原则,一方面积极争取、协调市、区十余个专业委办局参与,落实"街乡吹哨,部门报到"机制,研究解决涉物业管理的重点难点问题,另一方面大力探索新途径新方法,通过政府购买服务引入行业专家、法律专家和社会组织等提供指导。社区党委遵循"五方共治"原则,将物业管理纳入社区治理范畴,协调街道行政科室和开发建设单位,统领各相关利益方,共同开展社区治理。社区党委书记出任首次业主大会筹备组或临时业主大会会务组组长,成为"好管家"导航员。各社区充分发挥自管党员、"双报到"党员和业主、物业员工中党员的作用,秉承"居民的呼声就是哨声,党员心到才是报到"的理念,争当"小区好主人",争做"好管家"标兵,在党员带领下成立志愿服务队,定期开展环境美化、治安

保障、文化建设等各方面工作。在社区党委统领之下，将党支部、党小组的触角和党员的积极影响深入到物业、业委会、业主中，在条件具备的物业单位建立了党委或流动党支部。在业委会候选条件中，"党员优先"成为常态，业委会会议、决策向社区告知备案、接受监督也成为常态。为有效统筹辖区内物业单位党建工作，更好助力非公党建"双覆盖"，通过党建引领提升地区物业单位工作水平，在2018年，东湖街道成立了物业联盟和物业党建联席会，将物业组织规范起来，纳入党建统领之下，为"好管家"打下了厚实的红色基调，确保了正确的政治方向。

（二）多元参与、五方共治，确保"好管家"主体归位

小区物业管理涉及多方利益，其主体是物业公司和业主。在"好管家"推行过程中，社区党委本着"多元参与、五方共治"的原则，统领社区居委会、业委会、业主、物业公司及社会单位等各方力量，让小区治理主体归位。

一是积极引导参与。充分利用"掌上议事厅"、"业主微信群"、业委会公众号等"互联网+"平台，及时宣传法规、发布公告，通过党政群共商共治、居民提案大赛等方式开展议事协商。通过购买服务的方式引进专业机构，用"罗伯特议事规则"引导居民和物业公司议事协商，解决矛盾激烈和久议难决的问题。

二是厘清权责界限。将议事结果分为"议决"、"议提"两种，即公共服务领域事项议事形成决议，物权领域事项议事形成提案，交由全体业主依法表决。市住建委于2018年上线的"北京业主"业主共同决策平台，就是在东湖街道上京新航线小区进行首次试点成功基础上推广的。

三是注重培育赋能。引导广大业主树立权责对等意识，秉承契约精神，理性看待问题，培育政治坚定、公正公道的业主带头人。利泽西园一区在业委会筹建过程中，由社区党委引领，从业主中遴选出41名业主议事代表，经社区党委筛选、培育，组成了由5人组成的业主委员会。这些议事代表和委员都成了小区治理的带头人。

四是加强分类指导。对有业委会的小区，积极规范业委会运行；对没有业委会的小区，由社区居委会代行业主委员会职能，组织全体业主共同决策小区重大物权事项。例如，选聘物业事项，包括授权、聘用第三方、组织招标、组织业主考察等24道程序、2次全体业主表决，在决策过程中坚持"代行不代决"，保障全体业主作为决策主体不错位、不缺位。几年来，东湖街道通过社区代行业委会职能，妥善处置了5个小区的物业选聘更替问题，得到了居民的高度认可。

（三）双向规范、三维助力，确保"好管家"健康运行

为加强对物业服务企业和业委会的监督指导，东湖街道与北京市物业协会合作，组建了一个涵盖政策、法律、社会、物业企业范畴的 20 人"好管家"专家团队，梳理出"双向规范"的十项制约机制和八项引导扶持机制。其中十项制约机制包括：满意度测评、公示监督、日常检查监督、专业评估指导、财务审计监督、动态事件监控、重要设施设备运行监管、使用变更备案、不良信用曝光、降级退出；八项引导扶持机制包括：表彰奖励、专业扶持、好管家队伍建设指导、法律援助、优秀物业准入推荐、业主自治能力提升、社区指导能力提升、物业合法盈利能力提升。在社区党委的带领下，通过落实以上机制，确保了物业企业、业委会、业主等各方做到依法规范、各负其责，各履其职。

与此同时，紧紧围绕打造朝阳"法治物业、智慧物业、品牌物业"综合体，街道从三个维度发力，助力提升"好管家"服务品质。

一是"律政灯塔"助力法治物业。通过购买服务，充分发挥物业专家和律师的作用，梳理出《涉物业问题百问百答》《社区"三三三"法律服务》等，对街道社区依法行政事项进行把关，对较重大的涉物业纠纷进行跟踪指导，提供法律支持，使物业管理进入法治轨道。

二是以"信息平台"助力智慧物业。街道建成基础数据管理平台、安全大数据平台、雪亮工程，将物业小区内重要设施设备安全、消防安全、作业安全、治安安全纳入监管；依托"接诉即办"机制和网格化管理，将小区物业服务纳入监管，提高居民在物业服务方面的"三感"（获得感、幸福感、安全感）；通过"北京业主"APP、掌上物业 APP 实现业主线上决策和物业互动交流。

三是"专业评估指导"助力打造品牌物业。对 29 个住宅小区的物业进行全面专业的评估指导，成册成档，开方抓药；建立物业经理人沙龙，开展物业人员专业和职业生涯规划等培训，培育出世纪博雅、安得保、中发伟业等中小型"好管家"区域物业品牌，以品牌价值提高他们在承接物业项目竞争中的优势。

三 工作成效

东湖"红色物业好管家"社区治理模式给小区服务管理带来一系列变化，表现在四个"显著提升"。

（一）物业矛盾的化解率显著提升

东湖"红色物业好管家"运行以来，妥善处理了涉及物业、业委会纠纷投

诉200余起、重点信访事项10余项，涉复议、涉诉问题4项，涉物业纠纷化解率达到95%；监督物业规范使用公共维修基金，解决涉大额维修纠纷7次；依法监督物业清理散租住人地下室33处共1500余人；依法化解华彩国际公寓和望京明苑小区区划纠纷；妥善处理华彩国际公寓、上京新航线地下车位涨价导致围堵主要大街事件；主动参与CLASS小区有群体性事件倾向的物业业主诉讼纠纷的调解；积极改善慧谷根园业委会集体辞职遗留的小区混乱状态；协调解决利泽西园一区因物业解散一度导致失管、被停限电等问题，对推进辖区整体安全稳定、小区和谐宜居发挥了重要作用。最近一年来，地区未出现涉物业群体性事件和业主过度维权行为。

（二）群众的"三感"显著提升

"红色物业好管家"模式，使小区物业管理实现了从"没人管"到"大家管"、从"被动管"到"主动管"的转变，居民不仅感受到一天好于一天的物业管理效果，还从亲自参与中得到了前所未有的成就感。利泽西园一区从居民控诉、小区全面瘫痪到现在基础设施改善、设备得到大修、首都绿化美化花园式社区创建成功，完成了从著名的"老旧问题小区"向"全国十大幸福小区"的华丽蜕变。慧谷根园小区从业主谩骂诋毁、房价大幅缩水、万科物业弃管，到现在邻里和谐、新物业服务满意，近百万元业主共有财产被追回。近三年，6个小区摘掉"问题小区""是非之地"的帽子，2个小区因选聘物业成功发生了翻天覆地的变化。居民"好管家"使得小区的电梯灵了，停车管理规范了，垃圾处理及时了，治安环境好转了，物业关系改善了，居民心情好了，获得感、幸福感、安全感显著提升。

（三）物业合法盈利能力显著提升

"红色物业好管家"通过约束监督手段，切断了物业靠开设地下室"黑旅馆"、服务人员"吃空饷"、滥用公共维修资金等方式获取非法盈利的路径，引导物业公司提升了合法盈利能力。通过合理规范使用公共维修基金，走出了设施瘫痪困境。通过引入智能化管理手段，整合筛选单项分包服务商，指导物业公司通过规范停车管理、增设立体车位、设立电子收发室、开展线上线下个性化服务等，增加了物业收入来源，降低了服务成本，提高了物业效率。软硬件的提升大大促进了物业费的收缴率，最明显的就是利泽西园一区，一年之间从不到20%提高到70%以上。辅之以品牌物业的打造，使得物业在承接新项目竞争中获得了明显优势，公司规模得以拓展。物业盈利能力、综合收益的提升，有效打破了物业因经费不足导致服务质量不高的恶性循环。

（四）党委和政府公信力显著提升

"红色物业好管家"社区治理模式，在商品房小区治理、老旧小区准物业转型升级等方面持续推进，使群众真切感受到了地区党委、政府的坚强领导和以人民为中心的执政理念。大家从被动服从到自觉接受社区党组织的领导和居委会的监督。"好管家"平台创造了资源共享、责任共担、协商互谅和利益平衡的机会，通过协同治理使矛盾问题有出路、可化解，既达到了物业服务提升、政府公信力重建的目的，又充分调动了广大群众积极参与地区社会治理的热情，培养了一大批"朝阳群众"。其中，"东湖哨兵"已经成为地区的社会治理品牌，在完成"一带一路"峰会、党的十九大、全国"两会"驻地等重大政治活动服务保障中发挥了积极作用。

四　经验启示

2019年出台的《北京市街道办事处条例》围绕"全市如何抓街道、街道自身怎么发挥作用"两个层面，提出了一整套体现时代特征、符合超大城市发展规律的制度安排；2020年出台的《北京市物业管理条例》以问题为导向，对物业管理的各类重点难点问题进行了严格规范。在这一背景下，街道应该如何在强化党建引领、规范整合基层治理力量、提升协商决策效率、培育扶持优秀业委会等方面进一步发挥作用，是一个需要努力探索的问题。在"东湖物业好管家"实践探索中，我们有以下几点经验和启示：

（一）党建引领是提升社区治理水平的根本保障

北京市颁布《物业管理条例》的主要目的，是"为了构建党建引领社区治理框架下的物业管理体系，建设和谐宜居社区"，因此坚持党建引领、发挥党组织的领导作用是关键所在。东湖"红色物业好管家"的实践探索，证明了街道及社区党组织是社区治理的核心领导力量。街道党工委从顶层设计确定发展路径，发挥街道党委——社区党委在物业服务中的核心引领作用和统筹协调作用，发挥居民党支部的宣传动员作用和党员的模范带头作用，增强了社区居民对党组织的凝聚力和向心力。

（二）共商共治是提升社区治理水平的根本途径

党的十九大强调，要完善党委领导、政府负责、社会协同、公众参与、法治保障的社会治理体制，《北京市物业管理条例》也明文规定，要"坚持党委领导、政府主导、居民自治、多方参与、协商共建、科技支撑的工作格局"。"东湖物业好管家"是十九大精神和《北京市物业管理条例》要求在基层社区的具体落实。社区通过"掌上议事厅"、"业主微信群"、公众号等互联网平台，多方发动居民群众参与共商共治，大大提高了社区居民的主人翁意识。同时，通过组织全体业主共同决策小区重大物权事项，提升了业主的自治能力，从而为社区推进物业管理提供了坚实基础。

（三）制度规范是提升社区治理水平的根本要求

社区治理是一个系统工程，涉物业问题更是一场持久战，只有建立长期有效的制度规范，才能保证社区治理效果的可持续发展。"东湖物业好管家"模式所包含的各项机制，如物业联盟运行机制、物业党建联席会机制、"双向规范"十项制约机制和八项引导扶持机制等等，对物业管理从物业选聘到服务效果评估的全过程进行规范，保证了物业管理工作的有序有效。为保证可持续发展，还应该探索物业合法"造血"运行机制，进一步提升物业服务能力。

（四）提高居民幸福感是提升社区治理水平的根本目的

社区是社会治理的基本单元，是国家治理体系的基础，是政府惠民政策落实"最后一公里"的重要环节。加强社区治理，关乎百姓幸福生活，关乎社会和谐稳定，也关乎国家繁荣昌盛。东湖街道本着"群众的呼声就是哨声，党员的心到才是报到"的工作理念，以提升群众的幸福感为工作目标，在社区治理中深入落实"吹哨报到"机制，坚持到基层一线、到群众身边解决问题为导向，推动重心下移、力量下沉，达到让部门、资源围着社区转，社区围着群众转的效果，丰富了红色物业"好管家"的内涵，也是践行为"人民谋幸福"初心使命的真实体现。

参 考 文 献

[1] 何明：《从老旧小区改造看传统物业管理转型升级》，《现代物业》2020年第3期。
[2] 宋贵伦、杨积堂：《党建引领下的社区物业共治》，《前线》2020年第5期。
[3] 孙大军：《积极探索党建引领社区治理的有效途径》，《党建研究》2021年第3期。
[4] 赵中华：《政府视角下的北京市物业管理条例》，《城市开发》2020年第11期。

二　经济建设篇

北京市金融业"十三五"总结与"十四五"展望

李 妍 郑 娜 李超男[*]

摘　要：党中央、国务院高度重视北京金融业发展，习近平总书记多次对首都金融发展做出重要指示。"十三五"时期，北京围绕国家金融管理中心功能建设，积极推动金融业高质量发展，各领域改革开放发展取得积极进展，始终保持首都经济第一大支柱产业地位。"十四五"时期，在加快构建以国内大循环为主体、国内国际双循环相互促进的新发展格局背景下，首都金融业将牢牢把握国家金融管理中心定位，突出高质量发展主题，守住不发生系统性金融风险底线，既立足国内市场，围绕自主创新和关键核心技术突破，增加创新资本和耐心资本供给，大力发展金融科技、绿色金融、科创金融等，培育金融发展创新动能；又适应开放需要，借助"两区"建设契机，进一步扩大金融改革开放，在重点领域赢得先机。

关键词：北京；国家金融管理中心；高质量发展

习近平总书记指出，金融是国家重要的核心竞争力，金融安全是国家安全的重要组成部分，金融制度是经济社会发展中重要的基础性制度。

党中央、国务院高度重视北京金融业发展，习近平总书记多次对首都金融发展做出重要指示。早在2010年，他视察北京时就指出，经过多年发展，北京已成为集决策监管、资产管理、支付结算、信息交流、标准制定于一体的国

---

[*] 李妍，博士，北京市地方金融监督管理局党组成员、副局长；郑娜，硕士，北京市地方金融监督管理局研究室副主任；李超男，硕士研究生，北京市地方金融监督管理局研究室干部。

家金融管理中心。2017年2月24日，他在视察北京时强调"要加快培育金融、科技、信息、文化创意、商务服务等现代服务业"。2017年6月27日，他主持召开中央政治局常委会会议审议北京城市总体规划时再次强调，北京的发展"主要靠科技、金融、文化创意等服务业和集成电路、新能源等新兴产业和高新技术产业来支撑"。随后，党中央国务院批复的新版北京城市总体规划中，明确北京是国家金融管理中心。2020年12月30日，他主持召开中央深改委第十七次会议并发表重要讲话，强调"北京是国家金融管理中心，要高起点高标准设立金融法院"，再次明确了"北京是国家金融管理中心"的定位。

一 北京金融业"十三五"发展回顾

"十三五"时期，北京围绕国家金融管理中心功能建设，积极推动金融业高质量发展，各领域改革开放发展取得积极进展，始终保持首都经济第一大支柱产业地位。

（一）国家金融管理中心功能不断强化

根据第四次经济普查金融业数据，北京市金融业法人单位、从业人员数量、金融业总资产，均居全国第一。

第一，北京是国家金融政策调控中枢。北京是国务院金融委、中国人民银行、中国银保监会、中国证监会、国家外汇管理局等国家金融决策管理机构所在地，也是众多支付、交易、结算、清算、登记、征信等国家级金融基础设施平台所在地。

第二，北京是金融机构大本营。截至2020年末，在京持牌法人金融机构超过900家，国有三大政策性银行、四大商业银行、大型保险集团、证券公司总部聚集在北京。2020年19家中国金融机构进入《银行家》评选的全球最大1000家银行榜单前100名，其中总部在北京的有10家。目前全市外资金融机构分支机构160余家，外资金融机构代表处200余家。亚洲基础设施投资银行、丝路基金、亚洲金融合作协会等一批国际金融合作组织在北京设立。

第三，北京是全国资金汇集枢纽。截至2020年末，北京的金融资产总量超过160万亿元，约占全国一半。从中国人民银行大额支付系统数据看，北京近年来在资金流动总量、区域内部资金流动规模、地区间资金流动规模等方面都位居全国首位。北京还拥有众多私募股权、风险投资基金和科技创新相关的产业引导基金，管理资金规模全国第一。

（二）金融业对首都经济贡献突出

一是金融业增加值占比全国第一。北京金融业增加值由2016年末的4266.8亿元，增长到2020年末的7188亿元，年均增长7.9%。金融业增加值占地区生产总值比重由2016年末的17.1%提升到2020年末的19.8%，居全国第一，已与纽约、伦敦、法兰克福、香港等国际金融中心城市金融业占比相当。

二是存贷款均保持较高增速。2020年末，人民币存贷款余额26.2万亿元，同比增长10.3%，超额完成经济增长支撑指标任务。

三是金融业稳居全市财税收入第一支柱。2020年，全市金融业地方级一般公共预算收入占比20.8%，税收收入占比44.6%。"十三五"时期，北京金融业年均贡献财政收入约18%；年均贡献税收收入约40%。

四是保险业服务保障功能进一步加强。原保险保费收入由2016年的1838.96亿元增加到2020年的2302.91亿元，保险密度由2016年的8359元/人提高到2020年的10609元/人，是全国平均保险密度的3.3倍，持续保持居全国第一。

（三）金融市场体系加快完善

股票市场方面，北京地区境内上市公司从2015年末的264家增加到2020年末的381家，年均增长23.4家。截至2020年末，上市公司总股本2.76万亿股，占全国A股上市公司总股本的37.51%，居全国第一，总市值17.37万亿元，占全国21.19%，居全国第一。科创板成功发行34家，融资额528.76亿元。新三板挂牌公司1073家，总市值3635.67亿元，新三板精选层开市交易，累计8家北京企业挂牌精选层，挂牌公司数量、总市值、精选层公司数量居全国第一。2020年，北京企业直接融资总额1.16万亿元，同比增长近10%，居全国第一。

债券市场方面，北京是全国最大的债券发行定价中心，国家发改委审核的企业债、中国证监会审核的公司债、银行间市场交易商协会注册的债务融资工具及资产证券化产品等发行监管和登记注册机构都在北京。

（四）金融科技创新全球领先

一是高标准推进顶层设计。2018年10月发布全国首个金融科技发展五年规划——《北京市促进金融科技发展规划（2018年—2022年）》，并出台全国首个金融科技发展指导意见。

二是在全国率先探索建立完善金融科技创新监管规则体系。2019年10

月，北京46个金融科技试点应用项目获批，位居全国十个试点省市之首；2019年12月，在全国率先开展金融科技创新监管试点，探索构建包容审慎的中国版"监管沙箱"，先后发布三批22个金融科技创新监管试点项目，20个项目正式入箱测试、试点应用，项目数量、应用水平、创新程度引领全国。在全国率先开展资本市场金融科技创新试点。

三是数字人民币试点稳步推进。"数字王府井 冰雪购物节"数字人民币试点活动启动，数字人民币冬奥消费全场景试点成功落地；国家级金融科技重要基础设施密集落地，央行数字货币研究所、金融网关、北京国家金融标准化研究院和北京国家金融科技认证中心等相继落地。

四是率先启动建设全国首个金融科技与专业服务创新示范区。国家级金融科技示范区建设提速增效，新动力金融科技中心、北矿金融科技大厦、奇安信大厦、融汇国际大厦、中关村资本大厦、中关村互联网金融中心大厦等主题楼宇陆续投入使用，成方金科、农银金科、光大云缴费等多家金融科技企业相继进驻。在《全球金融科技中心城市报告》中，北京2019、2020连续两年位列全球第一。

（五）对外开放及国际化程度显著提升

一是持续推动服务业扩大开放。自2015年以来，国务院先后三轮批复北京服务业扩大开放综合试点方案，且层层递进，推出合格境内有限合伙人（QDLP）、人民币国际投贷基金等两百余项金融改革开放创新举措。

二是推动开放政策不断升级。在2020年9月的服贸会开幕式上，习近平总书记宣布"支持北京打造国家服务业扩大开放综合示范区，设立以科技创新、服务业开放、数字经济为主要特征的自由贸易试验区"，"两区"建设正式启动，北京金融领域对外开放进一步升级。"两区"建设中，金融领域涉及102项试点任务，一系列改革试点全国领先，目前已落地57项，占比56%。2021年1月，由国务院金融委办公室牵头，经国务院批准，国家金融管理部门出台支持北京市金融改革开放的25条新政策，支持北京在资产管理、金融开放、金融科技、金融协同发展、金融基础设施建设方面先行先试，与"两区"金融领域政策叠加，形成全国领先的金融政策优势。

三是外资金融机构密集落地。自2018年新一轮金融业开放以来，万事达、VISA国际两大银行卡清算机构，标普、惠誉、穆迪国际三大评级机构，全球重要的金融基础设施SWIFT等国际机构齐聚北京，瑞银、高盛、瑞信、大和证券等国际知名金融机构扩大在京投资成立首批外资控股证券公司，橡树资本、锋裕汇理等国际知名资产管理机构在京落地。

四是积极搭建国际金融交流合作平台。2020年，成功举办服贸会金融服务专题展，成功举办高水平金融街论坛，打造国家金融政策权威发布平台、中国金融业改革开放宣传展示平台、服务全球金融治理的对话交流平台。两大平台均升格为国家级平台。在金融街论坛期间开创性地举办全球系统重要性金融机构闭门会，邀请到国内外重要金融机构负责人共同探讨，发出全球倡议，切实提升我国的金融话语权。持续举办全球PE论坛、地坛论坛、京港论坛、京台论坛等。

（六）金融服务实体经济能力显著增强

一是完善企业上市服务体系。开发上线北京市企业上市综合服务平台和外商投资企业境内上市服务平台，建立"战时＋常态化"上市协调机制，完善服务管家、上市挂牌管家双管家制度，为重点拟上市挂牌企业、上市挂牌公司提供"一对一"精准服务。启动科创类企业上市"钻石工程"，建立完善企业上市重点问题"接诉即办、未诉先办"的快速协调调度机制，支持科创类企业上市挂牌融资。

二是建立科创民营小微金融服务体系。2019年初，建立"1＋8"金融服务科创、民营、小微企业体系，持续开展"畅融工程"，通过线上线下相结合的形式，分不同主题，每季、每月、每周开展分层次、差异化、专业性的融资对接活动，两年多以来，已累计开展对接会135次，服务金融机构2700余家次，对接企业近5300家次。重点打造首贷中心、续贷中心、确权中心、知识产权质押融资中心四个平台，建设农村小微快贷中心，带动小微、农村金融服务持续提升。

三是应对疫情冲击，建立金融服务快速响应机制。2020年，面对突如其来的新冠肺炎疫情冲击，第一时间建立金融服务快速响应机制，广泛联络行业主管部门、各区政府、金融机构和各类企业，形成覆盖全市的快速响应网络，针对疫情防控中遇到的资金划拨、信贷融资、持续服务、保险保障、跨境金融等方面诉求，第一时间收集信息，第一时间分发问题，第一时间协调解决，第一时间反馈结果。全年17家在京主要银行通过快速响应机制为7.6万余家次服务疫情防控或受疫情影响的中小微企业提供了6400余亿元的信贷支持。

（七）金融信贷营商环境进一步优化

一是不断完善政策支持。2018年以来，北京市对照国际一流标准，制定实施了"9＋N"系列政策措施，相继出台了优化营商环境2.0、3.0、4.0版本政策，在全国率先建立动产担保统一登记系统，创新做法写入国务院《优化营商环境条例》和《北京市优化营商环境条例》。2018年，北京市还出台了《关于加快培育发展首都现代金融服务业的若干意见》（简称"京十条"），明确了对金融机构、高端金融人才各方面的奖励和支持政策。

二是创新金融服务手段。近年来，北京在全国率先推出小微企业金融综合服务平台、企业电子身份认证（eKYC）系统、企业上市综合服务平台等。北京市信贷营商环境不断优化，作为样本城市之一，助力中国在2020年世界营商环境排名再次上升15位，位列全球31名，北京分值单独排名全球第28位，超过东京。

三是大力吸引金融人才。推出外资金融机构高管税收优惠政策，北京金融人才吸引力不断增强，全市金融从业人员超过80万，居全国首位，仅金融街的金融从业人员就近28万人，1.6万人有海外留学经历，50%以上有硕士以上学历，劳均产出超过300万元/人，全国领先。

（八）防范化解金融风险攻坚战取得阶段性成果

一是各方协同，创新风险防控体制机制。在市领导的指导和"一部两局"的大力支持下，本市在全国率先建立了"一框架、两机制"的工作体系，相关工作经验得到国务院领导认可，并在全国推广。"一框架"即在全国率先建立并不断完善"及早发现、打早打小、存量整治、应急处置、刑事打击"的"五位一体"金融风险防范和应急机制工作框架，实现挂图作战，坚决守牢首都金融安全底线。"两机制"即在全国率先探索建立人行营管部牵头的地方金融监管协调机制和市金融监管局牵头的金融风险处置协调会商机制，为央地协同落实金融监管职责、防范化解处置金融风险提供"北京经验"。在上述机制保障下，近年来面对重大时点的首都维稳压力，北京地区金融风险防范化解处置、地方金融监管各项工作依然取得突破性进展。更为可贵的是，上述机制及时设立为国家金融稳定发展委员会统筹做好金融监管框架改革探索提供了央地协同首创经验。

二是分类推进，金融乱象整治初见成效。在全力保障首都维稳大局下，经艰苦整治化解，2020年9月末，全市已无在营P2P网贷平台，实现国家网贷整治办专项整治阶段性清零目标，目前全市网贷整治已进入存量化解阶段。虚拟货币、股权众筹等互联网金融相关领域专项整治基本收官。邮币卡交易场所存量风险基本化解完毕。打击非法集资成效显著。"蜜蜂计划""百千万宣教工作"常态化开展。

三是积极探索，地方金融监管顺利起步。截至2021年3月末，全市纳入地方金融监管的"7+4"类地方金融组织合计837家（不包括投资公司和社会众筹机构），监管对象十分庞杂。市金融监管局不断完善监管制度，夯实法律基础。完成《北京市地方金融监督管理条例》起草、征求意见、报市政府审定、向社会公示等重要环节工作，已于2021年4月21日正式发布，将于7月1日起施行。出台地方交易场所、融资租赁、典当、商业保理、地方资管5个行业的监管指引，行业监管进一步规范。同时，加强现场检查，严格督促整改，提高地方金融组织的合规意识和风控意识。加强科技赋能，小贷公司数据实时接入登记信息系统，典当企业实现线上年审，地方交易场所全部接入监管系统。综合采用约谈、整改、年审等方式，促进行业合规发展。

二 北京金融业发展存在的问题和挑战

（一）新发展格局要求提高竞争新优势

加快构建新发展格局要求金融业一方面要立足国内市场，围绕自主创新和关键核心技术突破，增加创新资本和耐心资本供给，大力发展科创金融、知识产权金融、供应链金融；另一方面要适应开放需要，进一步扩大金融业对外开放，参与国际金融市场，在金融科技、数字金融、跨境数据交易等领域赢得先机。

（二）"碳达峰、碳中和"引领金融新转型

在"碳达峰、碳中和"的目标约束下，金融业将向绿色金融和可持续金融转变，企业和金融机构也将更加重视环境风险分析，重视责任投资和ESG理念。北京在绿色金融方面超前布局，绿色贷款、绿色债券规模全国领先，但还面临许多体制机制问题，需要政府加强引导，加强制度和标准设计，加快服务机制完善和产品服务创新，发展第三方专业服务，以绿色金融助力碳达峰、碳中和。

（三）服务实体经济对金融服务提出新需求

受新冠肺炎疫情影响，经济恢复还有很大的不确定性，一些科创、民营、小微企业遇到暂时经营困难，城市更新等领域也存在较大资金缺口，这些都要求进一步创新金融产品和服务，提供更有效的金融供给。间接融资方面，首贷、续贷、确权、知识产权质押融资四个中心机制还需进一步完善；直接融资方面，上市企业资源储备还不雄厚，"新三板"资本市场功能有待进一步发挥，通过各类金融工具助力城市更新还需深入探索。

（四）防范化解金融风险面临新挑战

在经济下行压力和各种不确定条件下，国内外经济金融形势更加复杂多变，各类金融风险隐患不断暴露，防范金融风险面临新的挑战。必须高度警惕，保持战略定力，坚决遏制各类风险反弹回潮，妥善处理和应对新出现的问题与挑战。要增强预判性，理解市场心态，把握保增长与防风险的有效平衡，提高金融监管与金融机构治理机制的有效性。

三　北京金融业"十四五"发展思路

2021年是中国共产党成立100周年，是实施"十四五"规划、开启全面建设社会主义现代化国家新征程的开局之年，也是"两区"建设落地见效的关键之年。开好局，起好步至关重要。"十四五"时期，在加快构建以国内大循环为主体、国内国际双循环相互促进的新发展格局背景下，首都金融业将牢牢把握国家金融管理中心定位，突出高质量发展主题，守住不发生系统性金融风险底线，既立足国内市场，围绕自主创新和关键核心技术突破，增加创新资本和耐心资本供给，大力发展金融科技、绿色金融、科创金融等，培育金融发展创新动能；又适应开放需要，借助"两区"建设契机，进一步扩大金融改革开放，在支持各类外资金融机构准入和获得金融业务资质、提高跨境资金流动便利性等领域赢得先机。

（一）进一步强化国家金融管理中心功能

加强首都金融顶层设计，发布实施"十四五"金融业发展规划。加强对国家金融管理部门服务，争取数字货币、支付清算、登记托管等国家级重要金融基础设施在京落地发展。优化北京金融功能区布局，聚焦特色禀赋，错位发展。继续办好中国国际服务贸易交易会金融展、国家级金融街论坛和全球系统重要性金融机构闭门会，打造中国参与全球金融治理、金融业国际深度交流合作、金融与实体经济良性互动、国家级金融政策权威发布的平台，全面提升北京在国际金融治理中的地位和作用。

（二）深入推进金融高水平对外开放

围绕"两区"建设进一步优化首都金融发展的政策环境，推动项目落地，形成引领示范和带动效应，增强首都金融的竞争力、影响力、吸引力。加强工作统筹和会商调度，金融领域各部门做好常态化沟通，按照市级统一部署的时间表路线图抓好任务落实。强化政策储备，在推动已出台政策落地的同时，为下一轮政策升级做好储备，基于北京作为国家金融管理中心的定位，突出数字经济、数字贸易、数字金融等特色，在资本账户开放、人民币国际化、放宽外资金融机构准入等方面，补短板扬优势，超前谋划，研究设计一批新政策。加强对外宣传，通过新闻发布会、媒体专访、论坛研讨等形式，做好政策解读，以及落地项目宣传，提升宣传效果。

（三）加快培育金融新增长点

发展绿色金融，建设国际绿色金融中心，创建国家级绿色金融改革创新试验区，推动设立以碳银行为支撑的碳金融集团，做强北京绿色交易所。发展科创金融，围绕建设国际科技创新中心目标，申建科创金融改革试验区，加大对科技创新企业的金融支持力度。发展养老金融，支持养老金融机构在京发展，开发创新标准化养老金融产品，加强"第三支柱"建设。发展财富管理，推动银行理财、保险资管、公募基金等机构落地，依托城市副中心将北京打造成为全球财富聚集地和具有国际影响力的财富管理中心。发展文化金融，用好国家文化与金融合作示范区平台，促进文化与金融深度融合，打造北京文化金融特色品牌。

（四）提高金融服务实体经济水平

加强首贷、续贷、确权、知识产权质押融资服务平台建设，持续发挥"畅融工程""北京市银企对接系统""小微金服平台"平台功能，助力科创、民营、小微企业融资。加强对拟上市企业的培育服务，持续发挥企业上市挂牌快速响应机制作用，支持更多优质企业登陆资本市场。发展供应链金融，加强对产业链、供应链龙头企业的金融服务。发展基础设施金融，推进基础设施领域不动产投资信托基金（REITs）试点相关工作，支持老旧小区改造。进一步完善私募股权二级市场试点，大力培育发展大数据交易所、知识产权交易所等交易平台。

（五）深化金融科技改革创新

推动以金融科技产业化带动金融更加专业化、数字化、智能化。加强底层技术、通用技术、监管技术对接金融应用场景能力，丰富金融服务渠道、完善产品供给、降低服务成本、优化融资服务，提升金融服务质效。加快金融科技基础设施建设，探索建立金融数据治理机制，推动数字人民币围绕冬奥会场景试点应用，发展数字金融服务。推进金融科技监管创新，在国家金融管理部门指导支持下稳步推进金融科技创新监管试点和资本市场金融科技创新试点，以金融科技安全赋能金融安全，助力首都金融业高质量发展。

（六）防范化解金融风险

加强金融法治建设，落实地方金融监管条例，支持北京金融法院发挥功能。发挥地方金融监管协调机制作用，完善地方金融组织监管制度规则，强化行政执法和行政处罚能力，加强监管和风险处置信息化系统建设。继续按照打好防范化解重大金融风险攻坚战要求，持续做好重点领域风险出清，坚决打击一切违法违规金融活动。进一步加强金融消费者权益保护，提高居民风险识别能力和风险防范意识。

参 考 文 献

[1] 涂铭、刘玉龙、王晓洁：《抓好"两区"建设落实北京将大力推动现代金融业发展》，《金融世界》2020年第11期。

[2] 王文：《加大金融对外开放布局金融强国战略》，《金融世界》2020年第1期。

[3] 杨书剑：《金融助力落实首都城市战略定位》，《中国金融》2019年第13期。

[4] 易宪容：《构建适应经济增长新模式的现代金融服务体系》，《人民论坛·学术前沿》2020年第22期。

[5] 陈建奇：《习近平关于防范化解金融风险重要论述的核心要义》，《理论视野》2020年第10期。

[6] 吴江：《北京金融业一体化发展的研究与策略建议》，《中国商论》2019年第23期。

供需双维度下门头沟区产业结构特征分析及优化方向

刁琳琳　高辰颖[*]

摘　要：产业结构是衡量区域经济发展质量和水平的重要标志，对推动经济体系优化升级具有战略性、关键性和基础性的贡献。本文以门头沟为例探讨资源转型区域的产业结构优化升级问题，从供给和需求双维度检视结构变迁动因并对其特征、影响进行深入分析。进一步立足新阶段区域功能定位和产业特征，从对标首都发展精准确定产业发展方向、紧抓区域新经济增长点培育、创新性推动产业发展思路变革等方面提出"十四五"时期门头沟区产业优化升级的具体路径。

关键词：产业结构优化；供给侧和需求侧；归因分析；"十四五"展望；门头沟区

一　问题的提出

作为理解一国或地区经济发展区别的核心变量，产业结构表征"国民经济各部门之间的内在联系和比例关系"，是要素结构、技术联系和利益关系的配置载体，其适应于经济发展而不断变动升级，体现为技术进步和主导产业依次推动结构变迁的过程，以由低级向高级演进的高级化（产业结构升级）和横向演变的合理化（产业间相互协调）为特征。已有研究表明，与技

---

[*] 刁琳琳，博士，中共北京市委党校（北京行政学院）经济学教研部副主任、教授，主要研究方向：国土与城乡规划、区域经济政策、城市空间经济；高辰颖，博士，中共北京市委党校（北京行政学院）经济学教研部讲师，主要研究方向：经济增长与宏观经济运行。

术进步、内生经济增长通过提高部门生产率促进经济效率提升有所不同，产业结构调整通过将生产要素从低生产率部门向高生产率部门转移带来的"结构红利"，实现全社会平均生产率水平提高并维持经济持续增长的目的①。传统增长理论（Solow，1956）、"库兹涅茨事实"（Kuznets，1966）等对经济增长中的产业结构问题较早即有经典探讨，在此基础上，学者们适应于中国经济发展阶段、条件和形势的变化，持续关注产业结构的测度（刘伟等，2008）、变迁动因（郭凯明等，2017）、理论机制（俞剑等，2015）及其对经济增长和波动的影响（刘志彪等，2020）等相关研究议题，近年来以资源转型区域为代表的特殊类型区域产业结构问题（李婉红等，2021）、产业结构与区域"碳中和"转型（周迪等，2019）、就业结构协同变迁（宋锦等，2019）、社会治理创新（孙飞，2021）、城市功能演进（刁琳琳，2018）等相关关系问题成为研究热点，从而将该题域带入更开阔的分析视野和更精细的分类领域中。尽管诸多研究理论预设及解释框架不同，所得结论迥异，但一系列经验研究与理论讨论的跟进，均证实了结构变动是宏观经济增长的一个重要的决定因素，决定结构变迁的生产要素流动是需求侧力量和供给侧力量共同作用的结果②。这一确定性结论为从需求驱动（由技术进步所产生的收入效应引发）和供给驱动（由技术进步所产生的替代效应引发）双维度检视产业结构升级动因奠定了重要基础。

资源转型区域普遍面临着自然资源供给和环境发展"可持续性"双重约束下的区域产业结构变动与优化问题，高度资源依赖性、产业结构重型化和单一化、生态可持续能力弱、粗放型速度效益模式等天然缺陷，决定了此类区域产业发展路径转变必然是一个复杂而漫长的过程。作为北京市西部生态涵养区和典型的资源转型区域，门头沟区历史上曾是北京重要的能源基地，在进入新时代首都经济结构和城市功能定位的战略性调整中，近年来大量传统优势矿业产业相继关停并转，资源型产业全部退出，彻底告别自辽代至今上千年京西采煤史，探索出一条生态恢复视角下充分实现区域资源环境与经济协同共生的新路径。"十三五"期间，门头沟区科创智能、医药健康、文旅体验"三位一体"产业布局和四个产业集聚区加速落地，具有生态涵养特色的绿色高精尖产业体系初步形成，产业结构整体优化程度明显提升，新旧动能转换取得阶段性成效。但同其他资源转型区域一样，在新旧矛盾交织下，从传统产业发展思维转

---

① Peneder M., "Structural Change and Aggregate Growth", WIFO Working Paper, Austrian Institute of Economic Research, Vienna, 2002.

② 吴华英、刘霞辉、苏志庆：《偏向型技术进步驱动下的结构变迁与生产率提高》，《上海经济研究》2021年第3期。

变为生态经济发展思维的过程并非一蹴而就,产业结构转型升级仍然存在着突出的瓶颈问题:如当前区内传统资源型工业不断压缩,造成产业链碎片化、规模优势丧失;高精尖替代产业培育缓慢、新兴产业尚未成势、稳定的新增长点难以建立,产业服务化程度不高;乡村旅游业收入年均增长缓慢,带动农民增收致富的效果不显著等等。

"十四五"时期是门头沟区实现社会转型升级的战略攻坚期,在推动构建"双循环"新发展格局、建设现代化经济体系、深入实施京津冀协同发展、深化落实首都城市战略定位、推进"两区"建设等重大战略背景下,有必要基于供给和需求两个维度,对门头沟区产业结构特征及其影响因素进行深入揭示,以促进其优化升级和合理布局、提升区域产业整体竞争力,这对于保持资源转型区域经济系统持续稳定发展、实现经济——生态效益最大化具有重要意义。

二 供需双维度下门头沟区产业结构特征的归因分析

根据产业结构演进的经典解释框架,在供给层面,资源供给、科学技术供给和环境供给分别是产业结构升级的物质基础、直接动力和体制机制保障,其总量和结构决定了部门产出的水平和效率。其中,资源供给主要包括资金供给、人力资本供给等;科学技术供给主要体现为区域科技创新水平;环境供给,即产业发展的硬环境和软环境,包括区域交通、通信网络、配套设施等基础设施和营商环境、对外开放程度等方面[①]。在需求层面,需求总量和结构变化引发生产结构和供给结构的变化,由此导致相关产业在整个国民经济总量中所占比重的变化,其中,消费需求是产业结构升级的市场导向,投资需求是产业结构优化升级的直接动力。

(一)供给侧分析

1. 人力资源供给特征分析

人力资源是经济活动的主导因素,其供给和配置情况关系着各产业部门的用人需求、劳动力成本以及生产效率。《北京市门头沟区"十三五"规划纲要实施情况中期评估报告》显示,门头沟区高精尖产业发展的人才需求至少在4000—5000人,如果考虑配套的科技服务和生产性服务业岗位需求,在此基础上还要再增加8000—10000人。保证高质量人力资源的供需平衡、实现劳

---

① 囿于现有数据可得性,本文供给侧分析只涉及人力资源供给和区域科技创新供给两个方面。

动力合理化配置是门头沟区产业结构升级的必要条件。

（1）人力资源总量分析

人力资源供给总量因素体现为人口总量和人口结构，尤其是人口结构优化将直接提升劳动力供给质量。表1汇总了2018年北京市及各生态涵养区人口要素的各项重要指标。从人口总量上看，2018年门头沟区常住人口规模达到33.1万人，占全市常住人口比重1.54%，在北京5个生态涵养区中人口规模最小；人口自然增长率相对偏低，仅为0.36‰；常住人口中外来人口占比15.71%，分别低于全市、怀柔区和密云区19.78%、9.17%和0.25%，人口总量、人口增长率及人口流入量特点均说明门头沟区人力资源供给的基础较为薄弱。从人口空间分布来看，全区城镇人口占比89.12%，城镇化水平高于全市及其他生态涵养区，这种人口分布格局与门头沟"一核、一带、两翼、四区"的产业空间格局相适应，能够为新城打造区域现代综合服务核心区提供重要的人力支持。同时，城镇化水平越高越有利于商业化产品的消费，消费结构越趋于多样化、高端化、服务化发展。从人口年龄构成来看，16—59岁劳动年龄人口占常住人口比重为75.23%，比北京市低3%，在生态涵养区中居于第3，劳动年龄人口以21.62%的增速高于全市及各区，但是其从业人员增速并没有相应提升，2018年为-4.3%，低于北京市5.1%。总体来看，门头沟区人力资源供给水平呈上升趋势，但以高精尖为主导的现代产业体系建设仍缺乏有力的人才保障，人口结构亟待优化。造成这个问题的主要原因有三个方面：一是目前门头沟区由产业调整引致的人口机械流入占人口增量比重较小；二是常住人口本地就业率低，"职住分离"现象较为突出；三是人口规模控制和配套服务不足增加了人才引进难度。

表1 北京市及生态涵养区人力资源要素相关指标对比（2018年）

地区	常住人口数（万人）	外来人口占比（%）	城镇人口占比（%）	劳动年龄人口占比（%）	常住人口自然增长率（‰）	劳动年龄人口增速（%）	从业人员增速（%）
北京市	2154.20	35.49	86.50	78.27	2.66	-9.05	0.80
门头沟区	33.10	15.71	89.12	75.23	0.36	21.62	-4.30
怀柔区	41.40	24.88	70.05	76.33	3.26	4.26	-2.00
平谷区	45.60	11.18	57.89	73.68	2.28	-4.08	-14.70
密云区	49.50	15.96	59.39	74.95	-0.41	-5.36	-8.50
延庆区	34.80	13.79	58.33	76.44	2.72	8.33	-1.80

资料来源：北京市统计局编，《北京区域统计年鉴2019》，中国统计出版社2019年版。

(2) 人力资源配置结构分析

人力资源供给对产业结构的影响除了总量因素外，配置结构对产业结构优化升级的作用更为直接。特别是在总量不变的情况下，劳动力向生产效率较高的行业部门转移将带来结构性增长效应，从而实现产业发展类型和层次的不断升级。通过测算 2008—2018 年门头沟区第二、三产业细分行业的就业结构和劳动生产率，汇总得到数据如表 2。由于数据可得性限制，在测算劳动生产率时，使用了非私营单位从业人员平均人数替代全部从业人员平均人数。测算结果表明：无论从就业结构、增加值结构还是从劳动生产率来看，门头沟区人力资源正加速向服务业流动。2008—2018 年间除工业、交通运输、仓储和邮政业、住宿和餐饮业的从业人员占比下降外，其他行业的从业人员比重均稳步上升。与 2008 年相比，2018 年工业从业人员占比明显下降至 11.19%，而服务业中除部分行业有所下降外，多数行业如生产性服务业从业人员比重整体上升，其中，租赁和商务服务业从业人员占比翻了近两番。由于近年来门头沟区旅游业持续发展，一定程度上提高了会展、咨询等商务服务业的就业吸纳力。劳动生产率反映了人力资源配置效率，10 年间门头沟区平均劳动生产率持续提升，从 2008 年 2 万元/人上升至 2018 年的 8.48 万元/人。但从细分行业来看，工业劳动生产率长期偏低，2008 年至 2018 年间下降了 2.66 万元/人，同类情况可见于批发零售业、公共管理与社会组织等行业部门，较低的劳动生产率表明人力资源存在过剩配置。

表 2　2008—2018 年门头沟区人力资源配置情况变化

行业	就业结构（%）2008 年	就业结构（%）2018 年	增加值结构（%）2008 年	增加值结构（%）2018 年	劳动生产率（万元/人）2008 年	劳动生产率（万元/人）2018 年
工业	48.71	11.19	11.90	-3.49	-9.26	-11.92
建筑业	6.41	7.40	0.26	1.47	0.47	7.59
批发和零售业	3.09	9.27	0.70	0.24	2.64	1.15
交通运输和仓储邮政业	0.70	0.54	-0.04	0.30	-0.64	18.85
住宿和餐饮业	2.80	1.65	0.07	0.09	0.32	2.11
信息、软件和技术服务业	0.07	0.68	0.03	0.00	4.86	-0.07
金融业	—	7.64	0.43	1.10	—	5.49
房地产业	1.85	5.33	0.83	1.17	4.99	8.69
租赁和商务服务业	5.45	10.80	0.51	0.45	0.87	1.58
科学研究和技术服务业	1.57	3.44	0.06	0.23	0.41	2.51
水利、公共设施管理业	1.65	2.80	0.18	0.06	1.19	0.75

续表

行业	就业结构（%）		增加值结构（%）		劳动生产率（万元/人）	
	2008年	2018年	2008年	2018年	2008年	2018年
居民服务、修理服务业	1.40	1.82	1.27	0.41	10.41	8.52
教育业	8.32	9.09	0.71	1.27	0.96	5.35
卫生和社会工作业	5.61	8.94	0.32	0.72	0.66	3.11
文化、体育和娱乐业	0.60	1.10	0.08	0.00	1.49	0.03
公共管理和社会组织业	11.14	17.81	6.72	2.06	7.02	4.44

资料来源：根据北京市门头沟区统计局提供数据计算。

2. 区域科技创新供给特征分析

科技创新是推动产业结构升级的根本动力，新技术、新材料等创新成果将有力推动高精尖产业成长和传统产业升级，通过科技创新与产业变革深度融合互动产生结构效益。2009—2018年门头沟区高新技术产业增加值占规模以上工业总产值的比重由14.17%提升至86%，规模以上企业中高精尖产业共涉及科技服务业、节能环保业、医药健康业、软件和信息服务业、新能源汽车、新材料、智能装备业、新一代信息技术业等8个行业类别，但多数产业发展仍然处于起步阶段，具备核心技术生产和研发能力的企业数量少、规模小。为加快培育高精尖产业发展的创新动能，应对区域创新水平和创新能力进行深入分析。

（1）区域科技创新水平分析

一般来讲，创新要素投入和产出达到一定规模，才能够提升创新效率水平，从而有效发挥科技创新对产业转型升级的驱动作用。表3是北京市及各生态涵养区科技活动重要指标对比。2018年门头沟区研究与试验发展（R&D）人员投入强度居于生态涵养区首位，每万人R&D人员数达到0.6人年，高于北京市0.32人年的投入水平；R&D经费支出占GDP比重为1.29%，明显高于全市0.90%的水平，在生态涵养区中排名第3；科技经费支出占比为0.3%，远低于北京市的5.7%的财政科技支出，在生态涵养区中居于末位。区域创新投入情况分析一方面说明了企业作为创新主体日益活跃和壮大，另一方面也体现出区域财政经费对科技活动的支持力度偏低。此外，门头沟区每万人R&D人员专利授权为3407件，不到北京市专利授权数的20%，在生态涵养区中排名最后；发明专利所占比重仅为9.33%，低于全市28.71%。发明专利是科创活动最重要的成果形式，也是拥有创新能力最重要的标志之一，门头沟区在创新成果数量和质量方面仍有巨大提升空间。在创新成果转化方面，门头沟区每万人 R&D 人员技术合同成交总额 33.92 亿元，占全市总额的 4.73%，排名第 1 位的怀柔区为门头沟区成交总额 3.34 倍，科技产出的本质在于获得市场经济效益，技术合同成交额偏低的现状反映出区域科技研究与经济活动脱节，科技成果向现实生产力转化缺乏动力。在园区产出效益方面，门头沟产业园区（石龙经济开发区）地均产出强度为 5758.33 万元/公顷，在生态涵养区中排名第 2，园区劳动生产率为 -1.96 万元/人，比全市平均水平低了 13.92 万元/人，而以万元 GDP 能耗下降率表示的综合能耗水平为 4.82%，高于全市 1%，低于平谷区（5.15%）和密云区（4.88%），在生态涵养区排名第 3，门头沟区科技创新要素的投入产出水平还有待进一步提高。

表3　北京市及生态涵养区科技活动重要指标对比（2018年）

地区	每万人R&D人员数（人年）	R&D经费支出占GDP比重（%）	科技支出占财政支出比重（%）	每万名R&D人员专利授权（件）	发明专利授权占专利授权数比重（%）	每万名R&D人员技术合同成交总额（亿元）	园区地均产出率（万元/公顷）	园区劳动生产率（万元/人）	万元GDP能耗下降率（%）
北京市	0.32	0.90	5.70	17873	38.04	717.54	6444.98	11.96	3.82
门头沟区	0.60	1.29	0.30	3407	9.33	33.92	5758.33	-1.96	4.82
怀柔区	0.46	1.71	6.13	6418	13.07	113.20	6257.27	-7.84	4.20
平谷区	0.15	0.54	0.79	9586	6.02	15.24	1236.95	0.96	5.15
密云区	0.41	1.42	1.83	4212	17.63	50.88	1938.28	0.34	4.88
延庆区	0.14	0.87	2.29	6575	13.50	87.79	2352.26	0.88	2.85

数据来源：北京市统计局编，《北京区域统计年鉴2019》，中国统计出版社2019年版。

（2）区域科技创新能力分析

基于现有数据构建门头沟区科技创新能力指标体系，从区域科技创新环境、创新投入、创新产出、创新效益4个方面衡量区域科技创新能力的变化趋势，结果见表4。2011—2018年，门头沟区域科技创新能力指数上升了11.46%，在4项一级指标中，创新投入指数上升幅度最小（仅上升1.52%），其次是创新环境指数，而创新产出指数和创新效益指数相对较高，尤其是创新产出指数提高了36.81%。总体来看，呈现以下特点：（1）创新政策环境滞后于创新市场环境的发展。表示创新政策环境的"财政科技支出比重"以及表示人力资源环境的"万人专业技术人员数"长期偏低，2011—2018年两个指数分别下降了13.15%和2.35%，而表示市场创新环境的"有科技机构企业数"在2014年超过前两个指数，并保持较高水平。（2）创新要素投入产出水平长期偏低。在创新投入和产出指数中，万人R&D人员全时当量、R&D经费占GDP比重以及发明专利占专利申请数比重较低,但表示企业自主创新意识和成效的各项指数涨幅均较为明显。(3)高新技术产业发展的规模和效率明显不足。高新技术产业增加值率和劳动生产率旨在衡量产业化水平和产业效率,但两个指数尤其是高新技术产业增加率长期在低水平波动的趋势,说明门头沟区由劳动密集型产业向知识技术密集型产业的转型步伐还需提速。

表4 2012—2018年门头沟区区域科技创新能力指数情况

指数	2011年	2012年	2013年	2014年	2015年	2016年	2017年	2018年
区域创新能力指数	100	102.81	106.27	105.71	104.84	105.30	98.26	111.46
科技创新环境指数	100	105.08	101.95	100.32	103.17	104.94	101.53	101.99
科技支出/财政支持	100	111.85	102.41	92.03	88.05	88.59	91.57	86.85
税收减免额/财政收入	100	108.12	112.38	98.84	118.01	115.86	99.28	108.83
有科技机构企业数比重	100	101.87	95.94	113.38	109.3	115.85	118.19	114.63
科技创新投入指数	100	99.81	103.2	97.35	100.72	100.65	102.41	101.52
万人R&D人员全时当量	100	100.21	103.09	85.13	79.52	93	97.32	90.66
R&D经费/GDP	100	99.08	100.94	91.57	93.61	91.59	93.21	90.22
R&D经费内部支出/主营业务收入	100	98.62	107.1	98.25	101.91	106.42	108.7	107.55
R&D人员人均设备支出	100	101.32	101.66	114.44	127.82	111.61	110.41	117.63
科技创新产出指数	100	102.65	112.14	113.68	115.16	124.73	111.4	136.81
发明专利数/专利申请数	100	93.97	95.81	90.71	80.44	79.33	80.24	87.84
万人有效发明专利拥有量	100	114.09	130.52	132.84	141.25	173.73	129.81	197.24
每百家企业商标拥有量	100	103	113.5	120.95	127.28	124.92	127.52	129.5
科技创新效益指数	100	103.69	107.78	111.49	100.31	90.87	77.71	105.54
高新技术产业增加值率	100	93.3	102.43	83.91	23.39	21.91	-35.03	74.81
新产品销售收入/主营业务收入	100	110.16	109.24	131.31	137	135.28	133.24	134.68

续表

指数	2011年	2012年	2013年	2014年	2015年	2016年	2017年	2018年
高新技术产业劳动生产率	100	93.21	80.01	86.08	87.74	96.42	100.15	96.07

资料来源：根据北京市门头沟区统计局提供数据计算。

（二）需求侧分析

"需求牵引供给、供给创造需求"更高水平动态平衡原则，决定了需求总量和需求结构的变化必然影响产业结构优化升级的方向，其作用路径体现为需求侧力量对供给驱动的结构变迁的影响。一般而言，社会总需求主要由投资需求和消费需求构成，投资需求的增长往往会带动提供投资品的制造业的产出增加，而消费需求的变化则会影响农业、服务业等消费品生产部门的变化，进而引致区域产业结构的变化。2008—2018年门头沟区平均消费率约19%、平均投资率约75%，投资需求成为区域经济增长的主引擎，消费需求呈现明显不足。虽然近年来门头沟区投资增速放缓使需求结构得以持续优化，2018年消费率上升为37%，但投资率仍然高达70.8%，并且相较于同期全市消费率60.5%（高于投资率22.7%）的水平来说，门头沟区总体消费需求仍然偏低，其经济增长贡献率26%也远低于全市消费贡献率69.4%，消费需求对经济增长的基础性作用未得到充分释放。

1. 消费需求特征分析

（1）消费总量分析

2008—2018年门头沟区社会消费品零售总额由19.49亿元增长到69.4亿元，年均增速14.73%，高于全市的10.86%，在生态涵养区中仅次于平谷区（15.57%）。但整体规模占全市社会消费品零售总额的比重长期偏低，且增速呈逐年下降趋势：由2008年的20.76%下滑至2018年的5.34%，规模占比在生态涵养区中居于末位。这说明门头沟区存在内部消费需求薄弱并难以有效吸引外部消费的问题。消费需求不足将影响门头沟区主导产业布局，如作为区域主导产业构成的文旅体验，具有跨行业、多环节配合的服务消费特性，除产业供给端缺乏高端精品项目、旅游基础设施承载能力不足等因素制约产业发展外，需求侧消费拉动不足也将影响文旅体验业的规模和效益。

表5　北京市及生态涵养区主要年份社会消费品零售总额及增速

年份		2008年	2010年	2015年	2017年	2018年
全市	数值（亿元）	4645.52	6229.30	10338.01	11575.44	11747.70
	增速（%）	21.13	17.32	7.26	5.18	1.49
门头沟区	数值（亿元）	19.49	25.36	57.55	65.88	69.40
	增速（%）	20.76	17.08	8.37	6.81	5.34
怀柔区	数值（亿元）	42.78	55.92	102.87	119.81	126.20
	增速（%）	21.60	14.95	9.30	7.47	5.33
平谷区	数值（亿元）	27.81	38.21	92.27	107.27	113.50
	增速（%）	14.16	19.52	9.34	7.09	5.81
密云区	数值（亿元）	51.15	64.29	120.06	138.97	148.10
	增速（%）	12.64	12.83	8.45	7.11	6.57
延庆区	数值（亿元）	36.91	46.04	81.05	94.18	98.30
	增速（%）	13.99	12.54	8.37	7.53	4.37

资料来源：北京市统计局编，《北京区域统计年鉴2013、2019》，中国统计出版社2013年、2019年版。

（2）消费结构分析

剔除政府消费影响，2008—2018年门头沟区城镇居民人均消费支出由14118元增加到36063元，年均增速9.03%。从居民消费支出构成来看，食品烟酒、衣着等生存资料的消费占比明显下降，恩格尔系数由33.4%下降到20.34%，而北京市城镇居民消费支出的恩格尔系数由33.8%下降到20.24%，比门头沟区低0.1%。总体而言，门头沟区城乡居民需求层次升级主要表现为：居住、医疗保健等改善型实物消费和高品质服务型消费成为消费的主要增量，消费结构趋向多层次和多样化。为适应需求侧的变化，门头沟区产业结构也同步出现服务化的特征，第三产业在产业结构中的比重由43%上升到57%，提高了14%。但是门头沟区居民消费结构仍然存在突出问题，由图1可见：居民消费支出中的教育、文化和娱乐等高层次消费比重长期偏低，在11.08%上下浮动，并且自2017年开始呈下降趋势，2018年已降至9.6%，相应的，教育、文化和娱乐业增加值占全区GDP比重变化也并不明显，10年间仅提高了0.5%。因此，消费升级的带动作用不强是门头沟区产业结构升级缓慢的主要原因之一。

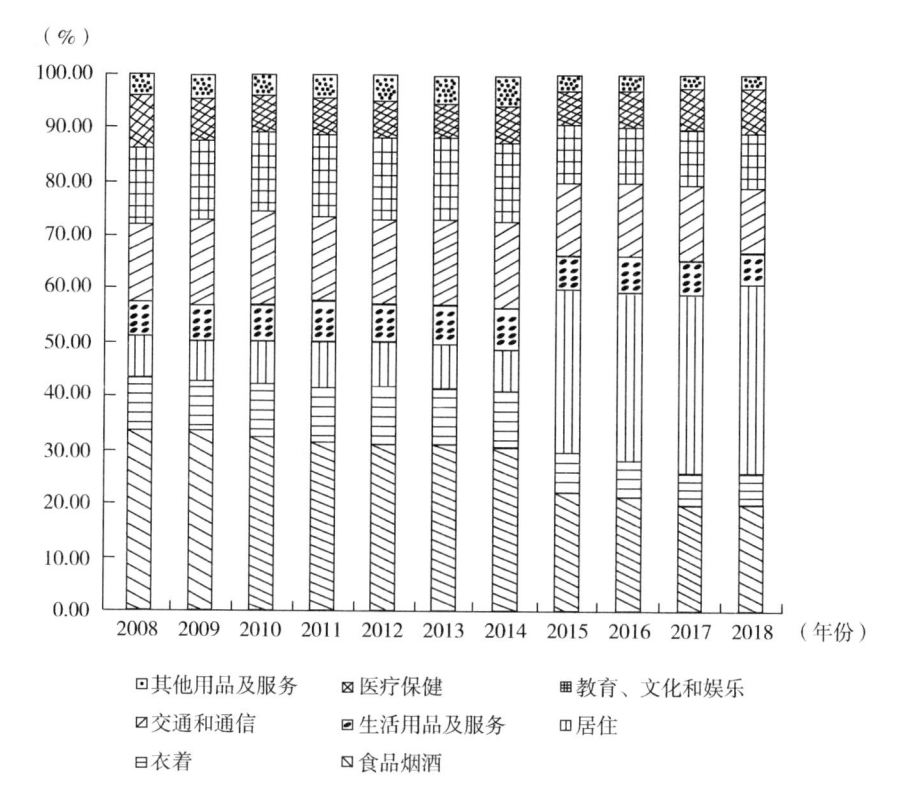

图1 2008—2018年门头沟区居民消费支出构成

资料来源：根据北京市门头沟区统计局提供数据计算。

2. 投资需求特征分析

投资需求对产业结构的影响主要有两方面：一是新的投资需求能够形成新的产业业态，比如从偏重传统基建、房地产领域的大量重复、低效投资，转向着眼于高新技术产业、"新基建"、环境治理、教育等领域的引领性、战略性、补短板式投资，以投资结构性调整推动产业结构调整和优化；二是增加对一些产业部门的投资，将会扩大这些部门的产出规模，进而改变产出结构和原有的产业结构。

（1）投资规模及投资效率分析

2018年门头沟区全社会固定资产投资额为132.51万元，尽管增速为-65.14%，但固定资产投资率依然高于全市水平，经济增长的动力机制仍需要进一步转变。以边际资本产出率（ICOR）来衡量投资效率[①]，2018年门头沟区边际资

---

① ICOR表示一元GDP变动所需要的投资增量，ICOR越高表明投资效率越低。

本产出率为9.7%，高于全市6.39%，在各生态涵养区中仅低于延庆区，这说明区域经济增长和产业结构优化还需以提升投资效率水平为突破口。

表6 北京市投资情况和投资效率横向对比（2018年）

地区/指标	全社会固定资产投资额（万元）	固定资产投资增速（%）	固定资产投资率（%）	边际资本产出率ICOR（%）
北京市	8065.60	-9.86	0.26	3.49
门头沟区	132.51	-65.14	0.70	9.70
怀柔区	149.78	5.81	0.48	6.38
平谷区	133.31	31.48	0.53	7.63
密云区	142.54	8.88	0.47	6.50
延庆区	273.00	77.11	1.79	17.35

资料来源：根据北京市门头沟区统计局提供数据计算。

（2）投资结构分析

投资流向直接影响投资结构和投资效率，产业结构优化是通过投资由低生产率部门流向高生产率部门来实现的，即某一时期内的投资流向一旦形成，该时期的投资结构也随之形成，而投资结构的确定则意味着产出结构的重塑。以资产数据代替投资数据，汇总2013—2018年门头沟区工业和服务业细分行业的资产增量，进一步计算得出资产增速，以此作为衡量投资流向的依据。由表7可知，2018年除房地产业外，门头沟区商业服务业、专业技术服务业、科技推广和应用服务业等生产性服务业资产增量均为负值，地区经济增长依然过度依赖房地产投资。由于投资结构调整相对滞后，难以发挥支撑高精尖产业发展的关键性作用，2013—2018年门头沟区软件和信息技术服务业、科技推广和应用服务业等行业资产增速和利润率均有所下降。此外，行业较长的投资回报期也影响了行业的投资流入。

表7 2013—2018年门头沟区分行业资产情况变化

行业	资产增量（亿元）2013年	资产增量（亿元）2018年	资产增速（%）2013年	资产增速（%）2018年	主营业务利润率（%）2013年	主营业务利润率（%）2018年
道路运输业	-0.10	0.14	-28.03	17.08	0.40	0.18
装卸搬运和运输代理业	0.28	0.21	21.62	19.01	1.29	0.24
仓储业	0.60	0.02	46.49	1.24	-2.88	-48.65
软件和信息技术服务业	1.68	0.68	81.18	10.88	18.43	6.95
房地产业	3.94	-16.62	16.04	-42.06	19.98	35.06
租赁业	-0.04	0.23	-11.40	58.89	0.57	2.09

续表

行业	资产增量（亿元）		资产增速（%）		主营业务利润率（%）	
	2013年	2018年	2013年	2018年	2013年	2018年
商务服务业	35.43	-2.22	27.05	-0.77	4.29	-11.69
专业技术服务业	0.74	-0.18	16.54	-16.44	26.66	1.45
科技推广和应用服务业	-6.68	-120.61	-4.88	-51.38	-72.93	-29.3
公共设施管理业	0.44	0.12	96.08	9.56	-15.10	-1.57
居民服务业	1.74	1.17	31.53	11.45	28.61	34.55
教育业	-0.02	0.00	-7.56	-1.40	-9.01	-2.24
卫生业	0.03	0.43	0.80	7.79	-0.38	-0.01
广播、电视、电影和影视录音制作业	-0.06	52.42	-11.10	175.39	-4.44	12.69

资料来源：根据北京市门头沟区统计局提供数据计算。

三 "十四五"时期门头沟区产业结构优化升级的具体路径

当前，世界经济正经历深度衰退并呈现分化趋势，逆全球化导致风险和不确定性增加。同时，北京率先探索以疏解减量推动高质量发展的新路径，构建具有首都特点的现代化经济体系也对产业发展提质增效提出了更高要求。门头沟区产业转型升级要主动融入这个新发展格局中布局谋篇，把握全球产业链供应链价值链重塑契机，从经济发展长周期和首都新发展的新特征新要求出发，立足区域功能定位，对影响产业发展的结构性问题进行全面审视，加强规律和政策研究，通过"腾笼换鸟"培育强劲持续的产业发展新动能，并以产业结构优化升级持续推动区域功能优化提升。

（一）对标首都发展，着眼建设现代化经济体系精准确定产业发展方向

《中共北京市委关于制定北京市国民经济和社会发展第十四个五年规划和二〇三五年远景目标的建议》提出："坚持以首都发展为统领"，"将'四个中心''四个服务'蕴含的巨大能量充分释放出来，促进经济社会高质量发展"。首都发展与构建现代化经济体系相辅相成、互为支撑，以"四个中心"功能建设带动产业结构优化升级，以高精尖产业体系和现代化经济体系支撑"四个中心"功能建设，是首都发展的题中应有之意。门头沟区应以首都西部生态安全绿色屏障、城市综合服务、文化休闲旅游、生态经济发展等战略定位和"十四

五"时期发展目标为指引，精准定位与区域发展方向高度契合的产业门类，加大对产业发展趋势、战略布局、竞争态势、龙头企业、新兴技术的跟踪研究力度，按照"特色鲜明、优势明显、前景可及"原则，综合考虑资源禀赋、产业基础、环境条件、政策配套，加快编制"一园四区"项目准入目录、产业招商指导目录、产业引导政务政策，构建体现区域优势与特点、立足北京、面向京津冀区域的现代化产业体系。

（二）固本创新，明确区域新经济增长点培育的具体抓手

1. 保障发展条件，厚植产业根基

一是以提质增量保障要素供给。强化高端人才要素服务保障，提供完善的基础教育和医疗保健设施，加快推动国际人才公寓落地门头沟区，营造有利于人才聚集、成长、创新创造的政策环境；复制推广琉璃文化创意产业园的资本运作模式，发挥财政资金杠杆效应引导社会资金投入，形成投资主体多元、投资方式多样、投资规模持续增长的投融资体系；改善交通、水电等基础设施，完善"一线四矿"路网结构，提升山区道路循环能力，打通门大线、京门线、丰沙线形成铁路圈；适度超前布局5G+工业互联网等新型基础设施、加快商用步伐，为主导产业数字化转型打造硬件基础。

二是以龙头企业为引领强链延链补链。发挥精雕科技等龙头企业带动作用，通过中关村精雕智造科技创新中心公共服务平台培育中小企业配套生产能力，布局关联产业进入并形成集聚效应，增强产业链上下游协同配套能力；重视对科创智能业的傲博、夏禾，医药健康业的沙东生物、朗思佳，文创产业的京西文化旅游、世熙传媒文化等潜在龙头企业的培育，通过产业金融、科技创新、特色文化等要素赋能行动计划鼓励此类有条件企业成为智能制造服务、现代医药健康、文化科技融合的创新性领军企业；统筹各类资源为高成长型初创企业、小微精品企业打造高水平孵化器，如重点发展"智能创芯"硬科技领域、德山M-Lab医药健康领域等专业孵化器。

2. 聚焦数字化转型，培育创新动能

一是以创新生态构建提升园区平台创新能力。盘活利用和挖掘老旧厂房资源，面向智能制造、生物医药等细分领域打造中试基地等开放型新技术通用研发平台和产业创新共性平台。借助政策优势、资金支持、特许经营、购买服务等方式，引导人才、技术、资金商业模式等创新要素，以及科研院所、高校及企业等创新主体向园区平台聚集，形成创新生态。园区平台应强化研发、中试、生产和经营等全链条布局，并逐渐向知识产权服务、投资基金支持、孵化器服务等后端功能拓展；要建设集生产、研发、居住、消费、休闲、娱乐等综

合功能的"人—城—产"高度融合的新型产业社区单元，打通"人—城—产"有机循环，营造"更有品质"的产城融合场景。

二是以数字化转型推动产业全链路融合创新。在科创智能领域，积极推进制造业企业融合应用物联网、数字孪生、边缘计算等信息通信技术和先进制造技术，提升智能设计、智能加工、智能装配和智能服务，培育智慧工厂、大规模个性化定制、网络化协同制造、产品全生命周期管理等智能生产新模式以及"平台＋""生产＋服务"型新业态，优化科创智能产业生态；在医药健康领域，利用信息技术对双鹤等传统医药健康企业进行数字化改造，赋能企业新药研发、临床管理、真实世界应用、供应链管理、电子处方流转、医药营销、医生患者服务等产业链供应链全链路各环节；在文旅体验领域，充分利用人工智能、超高清视频、5G、VR等技术对内容创作、设计制作、展示传播、信息服务、消费体验等关键环节升级改造，以"文化＋科技＋互联网＋服务"的方式培育智慧文旅、在线展演、沉浸式体验等文化新业态和消费新模式，丰富智慧景区、特色小镇、主题公园等新应用场景。

（三）变革理念，创新性探索产业结构转型升级的新思路

1. 增强服务意识，优化营商环境

结合区域产业特色和产业发展新趋势，以规划引导、机制创新、标准对接、市场驱动、政策支持为重点，深入推进"放管服"改革，以服务产业发展的思维为主导，营造市场化、法治化、国际化、便利化的营商环境，建立统一开放、竞争有序、畅通高效的现代市场体系。政府应围绕市场、产业、企业构建"平台＋"三元公共服务体系，并设立系统性的企业服务机构，为中关村科技园门头沟园等产业聚集区搭建融资服务平台、技术创新平台、物流服务平台和中介服务平台等，提升为企业服务的能力和水平。建议与朝阳、海淀等区组建区级联盟开放平台，同步建立平台投资双向开放制度，强化开放创新政策支持，促进要素在区域间有序流通，为门头沟区多区域、跨区域实现协同创新拓宽渠道。

2. 改革评价体系，增强制造业根植性

充分发挥好制造业高质量发展综合监测评价体系"指挥棒"作用，除产出效率、科技创新、能耗、环保、安全生产等评价指标外，根据不同评价主体增设智能化改造升级特色指标，按照分值从高到低排序，把企业或区域分为不同类别，研究分级分类管理政策措施。可借鉴广东对于规上制造业企业采用的"6＋1＋X"指标体系评价标准。其中，"6"指"亩均增加值、亩均税收、单位能耗增加值、全员劳动生产率、净资产收益率、研发经费支出占主营业务收

入比重"等指标;"1"指"单位增加值主要污染物排放当量"指标,适用于重点排放监测企业;"X"指各评价主体结合实际需要设置的特色指标及加分、扣分项。

参 考 文 献

[1] 刁琳琳:《特大城市功能变迁中产业疏解的困境与对策分析——基于北京市城六区存量企业调整退出情况的调研》,《北京联合大学学报》(人文社会科学版)2018年第2期。

[2] 郭凯明、杭静、颜色:《中国改革开放以来产业结构转型的影响因素》,《经济研究》2017年第3期。

[3] 李婉红、李娜、李策:《要素配置效率、选择性产业政策与制造业结构转型——基于东北地区的实证研究》,《产业经济评论》2021年第2期。

[4] 刘伟、张辉:《中国经济增长中的产业结构变迁和技术进步》,《经济研究》2008年第11期。

[5] 刘志彪、凌永辉:《结构转换、全要素生产率与高质量发展》,《管理世界》2020年第7期。

[6] 宋锦、李曦晨:《产业转型与就业结构调整的趋势分析》,《数量经济技术经济研究》2019年第10期。

[7] 孙飞:《产业转型升级助推社会治理的逻辑、困境与进路——以南京市栖霞区社会治理的实践为例》,《河北经贸大学学报》(综合版)2021年第1期。

[8] 吴华英、刘霞辉、苏志庆:《偏向型技术进步驱动下的结构变迁与生产率提高》,《上海经济研究》2021年第3期。

[9] 俞剑、方福前:《结构变迁与经济增长的传导机制演变》,《经济学动态》2015年第7期。

[10] 周迪、王雪芹:《中国碳排放效率与产业结构升级的耦合度及耦合路径》,《自然资源学报》2019年第11期。

[11] Peneder M. , "Structural Change and Aggregate Growth", WIFO Working Paper, Austrian Institute of Economic Research, Vienna, 2002.

"十四五"北京高质量吸引外资路径研究[*]

马相东 刘丁一[**]

摘 要："十四五"时期，北京高质量吸引外资将面临稳中提质和公平竞争的双重挑战：一方面，"稳中提质"是新发展阶段对北京高质量吸引外资的新要求；另一方面，"公平竞争"意味着不太可能对外资再有单独的优惠政策。美国地方政府吸引外资优惠政策的主要特征是"惠新惠民惠小"，即通过税收优惠、融资支持和基金资助等举措引导外资促进本地科技创新、新增就业和支持中小企业发展。借鉴国外经验，北京"十四五"时期高质量引进外资的重点路径包括：深入贯彻创新发展理念，继续保留和进一步加大"惠新"力度；加强公平竞争意识，由"惠强惠大"逐步转向"惠民惠小"。

关键词：吸引外资；高质量；惠新；惠民；惠小

利用外资是北京推动开放型经济迈上新台阶的重要组成部分。《北京市国民经济和社会发展第十四个五年规划和二〇三五年远景目标纲要》提出，"十四五"时期，推动更高水平对外开放，要坚持引资、引技、引智相结合，提升利用外资质量，"五年累计利用外资规模达到830亿美元左右"。这既为"十四五"时期北京吸引和利用外资提出了更高要求和具体目标任务，也向学术界提出了一个亟待研究的重要课题："十四五"时期，北京应如何通过优化吸引外资方略促进高质量引进外资？本文在简要分析"十四五"时期北京高质量引进

---

[*] 基金项目：北京市社会科学基金项目"对外直接投资对北京市产业结构升级的影响效应与发展对策研究"（15JGB129）。

[**] 马相东，博士，中共北京市委党校（北京行政学院）校刊编辑部副主任、副研究员，主要研究方向：国际贸易与投资。刘丁一（通讯作者），中国政法大学商学院硕士生，主要研究方向：世界经济。

外资面临的双重挑战之后，拟借鉴美国经验探讨其重点路径。

一 "十四五"时期北京高质量吸引外资的双重挑战

北京是中国对外开放的重要窗口。1980年4月，"北京航空食品有限公司"成为全国第一家中外合资企业。经过40多年的发展，北京吸引外资规模不断扩大。尤其是"十三五"时期，北京率先加大营商环境改革力度，营商环境不断得到优化，在全球跨境直接投资总量总体下降态势下，吸收外资成功实现逆势发展。据北京市商务局统计，"十三五"时期，北京累计实际利用外资824.1亿美元，年均利用外资较"十二五"时期提高超过80%，其中，2020年实际利用外资141亿美元、占全国实际使用外资总额（1444亿美元）的9.8%。尽管如此，"十四五"时期，北京高质量引进外资工作仍将面临稳中提质和公平竞争的双重挑战。

（一）"稳中提质"是新发展阶段对北京吸引外资工作的新要求

党的十八大开启了中国特色社会主义新时代，党的十九届五中全会则开启了全面建设社会主义现代化国家新征程、向第二个百年奋斗目标进军的新发展阶段。进入新发展阶段，"稳中提质"成为北京吸引和利用外资工作的新要求。

一方面，将面临"稳外资"的艰巨任务。"十三五"时期，全球产业转移呈现两大发展态势：一方面，美国、日本、德国等主要发达经济体实施"再工业化"战略，智能制造等高端制造业从中国、印度等新兴经济体向发达国家回流；另一方面，东南亚等发展中经济体利用低要素成本优势大力承接国际产业转移，纺织业等部分中、低端制造业从中国向部分拥有低廉劳动力供给的东南亚周边国家快速转移（马相东和王跃生，2018）。"十四五"时期，全球产业转移的这两大趋势仍将继续。因此，北京高质量吸引外资将面临来自发达经济体和发展中经济体的双面夹击。不仅如此，2020年突如其来且旷日持久的新冠肺炎疫情给全球跨境投资带来巨大冲击。联合国贸发会议《全球投资趋势监测》报告显示，2020年，全球外国直接投资同比大幅下降42%，为2005年以来最低，比2009年全球金融危机后的低谷还低30%。不仅如此，当前，逆全球化浪潮、新冠肺炎疫情仍在全球蔓延，国际产业链供应链格局深刻调整，外需下降、贸易投资受阻等情况恐怕短时间内较难改变（王跃生、边恩民和张羽飞，2021）。因此，"十四五"时期，北京稳外资工作仍将面临较大压力。

另一方面，将面临提高外资质量的更高要求。创新是引领发展的第一动力，更加突出创新发展是北京"十四五"时期推动率先基本实现社会主义现代化的第二大基本要求。党的十八大以来，尤其是2016年9月国务院印发《北京加强全国科技创新中心建设总体方案》以来，北京加速建设全国科技创新中心，创新发展取得重大进展。"十三五"时期，北京市研发投入强度保持在6%左右，超过了纽约、柏林等国际知名创新城市；累计获得国家科技奖奖项占全国的30%左右。尽管如此，"十四五"时期乃至到2035年，随着国际国内环境发生重大变化，北京全国科技创新中心建设仍需进一步加强。在疏解减量背景下，传统增长动力减弱，高科技领域"卡脖子"问题凸显，科技自立自强能力亟待提升。为此，北京"十四五"规划提出，要"大力推进以科技创新为核心的全面创新，积极培育新产业新业态新模式新需求，巩固'高精尖'经济结构，提高经济质量效益和核心竞争力"。这意味着，引进外资的对象，也要相应地由规模和短期效率导向转向创新促进导向。

（二）公平竞争将成为北京企业发展政策的长期主题

党的十八大以来，以习近平同志为核心的党中央科学把握新发展阶段，在贯彻新发展理念和构建新发展格局过程中，对企业发展政策的主题进行了较大调整，从对不同所有制企业量身定制，转变为构建各类所有制企业公平竞争的发展环境。党的十八大提出，全面深化经济体制改革，要"保证各种所有制经济依法平等使用生产要素、公平参与市场竞争、同等受到法律保护"。党的十八届三中全会提出，坚持和完善基本经济制度，完善产权保护制度，要"保证各种所有制经济依法平等使用生产要素、公开公平公正参与市场竞争、同等受到法律保护，依法监管各种所有制经济"。至此，形成了一个比较完整的"三公一平一同"政策方针论述（张文魁，2020）。2020年11月，党的十九届五中全会再次提出，要"坚持平等准入、公正监管、开放有序、诚信守法，形成高效规范、公平竞争的国内统一市场"，进一步凸显了公平竞争的企业发展政策。

在上述大背景下，我国吸引外资的方略也随之进行了较大调整，由过去主要靠招商政策优惠逐步转为更多靠营商环境优化。率先优化营商环境，是习近平总书记交给北京的重要政治任务。2017年7月，习近平总书记强调，"北京、上海、广州、深圳等特大城市要率先加大营商环境改革力度"。此后，北京密集出台了一系列优化营商环境政策。2017年9月，北京市委市政府印发《关于率先行动改革优化营商环境的实施方案》，从营造更加开放的投资环境、更加便利的贸易环境等5大方面推出26项改革新政。2018年3月，北京市发改委会同市财政局、市商务局等八部门联合发布"优化营商环境北京在行动"

一揽子新政，出台了涵盖办理施工许可、开办登记、纳税等9个重点方面的"9+N"政策体系。同年11月，北京正式发布《进一步优化营商环境行动计划（2018年—2020年）》，开启新一轮的营商环境优化。2020年1月1日、4月28日起，分别开始施行《北京市外商投资企业投诉工作管理办法》和《北京市优化营商环境条例》。这一系列政策和举措，一方面为北京打造国际一流的营商环境和推动高质量发展提供了有力保障，另一方面也意味着对外资引进不太可能再有单独的优惠政策。即使有优惠，也是在对不同所有制企业一视同仁的前提下推出优惠政策。如，2020年4月28日起施行的《北京市优化营商环境条例》第三条规定，市场主体"在市场经济活动中的权利平等、机会平等、规则平等""应当遵守法律法规，恪守社会公德和商业道德，诚实守信、公平竞争"。此外，北京十四五规划也提出，建设高标准市场体系，要"大力推进市场公平竞争"。

二 美国州政府高质量吸引外资的政策措施

如前所述，"十四五"时期，北京吸引外资工作面临"稳中提质"和"公平竞争"的双重挑战。如何应对双重挑战，成为"十四五"时期北京高质量吸引外资的艰巨使命。在这一方面，美国州政府的经验可资借鉴。2008年金融危机以来，美国州政府在吸引外资方面面临与北京相似难题：一方面，"再工业化"需要高质量吸引外资，即面临"稳中提质"任务；另一方面，发达经济体市场经济体制比较完善，公平竞争是其基本要求，整体而言不可能对外资单独实行特殊优惠。本文以加利福尼亚州（加州）、得克萨斯州（得州）、纽约州为例，分析美国州政府吸引外资的主要举措。之所以选择这三个州，主要是基于经济规模、经济地理等因素的考虑。从经济规模来看，这三个州系美国前三大州。据美国和世界银行统计数据，2019年，加州名义GDP达到3.14万亿美元，为美国经济总量的14.7%，超过了全球第五大经济体印度的经济总量（2.87万亿美元）；得州名义GDP为1.76万亿美元，占全美经济总量的9.2%，超过了全球第十大经济体加拿大的经济总量（1.74万亿美元）；纽约州名义GDP为1.49万亿美元，占全美经济总量的7.0%，超过了全球第十三大经济体澳大利亚的经济总量（1.40万亿美元）。从地理位置看，这三个州分别位于美国的西南部、南部和东北部，具有较好的代表性。

（一）税收优惠促进科技创新、本地就业、本地特色经济发展

税收优惠是美国各州和地方政府吸引外资的重要激励政策工具。据"选择

美国"网站统计，2020年，美国各州的税收抵扣和免除项目共891项，占所有引资激励项目总数（2165项）的41.2%。从税收优惠政策的制定目的分，美国各州税收优惠政策大体可以分为三类（表1）：一是为促进本地科研开发、科技创新和新兴产业发展。如，加州研发抵税项目、先进运输和替代能源制造销售与使用税免税项目，得州可再生能源激励措施，纽约州新兴产业就业和资本税收抵扣项目等。二是为促进本地特色经济发展。如，加州电影电视抵税项目、得州影像产业激励项目、纽约州改善商业设施的房地产税豁免项目等。三是为促进本地就业。如，加州新增就业抵税项目、纽约州刺激就业税收抵扣项目等。

表1　美国加州、得州和纽约州税收优惠项目和政策

州名	税收优惠项目和政策
加州	（1）加州竞争抵税项目：专门针对有意向来加州发展业务或继续留在加州发展或再拓展业务的企业而设立，具体抵税协议由"加州竞争抵税委员会"批准 （2）加州新增就业抵税项目：纳税人在年度单位内实现全职员工数量净增长的情况下可获取相关抵税额度，抵税额度为每个符合要求的员工薪水的35%，最高额为每员工56000美元 （3）研发抵税项目：获得的补贴可能是年度研究经费经一定计算后超支部分的15%，或是支付给第三方机构的基础研究费用的24%。研发活动须在加州境内进行 （4）加州电影电视抵税项目：对纳税人符合条件的影视产品所得州税支出进行20%的税收补贴，对于回到加州制作的电视连续剧和"独立电影"分别提供5%的额外税收抵免 （5）制造业销售与使用税豁免项目：为基础制造设备提供3.9%的销售税豁免，食品加工、研发和生物技术设备也有资格获得豁免，承租人对制造或研发的改进也可豁免 （6）农业销售和使用税豁免项目：为销售、储存、使用农业机械设备或零部件提供5%的消费税豁免，该豁免也可适用于租赁 （7）先进运输和替代能源制造销售与使用税免税项目：符合条件的项目设计、制造、生产、组装先进运输技术或可代替能源产品、组件或系统时所使用的物资设备可以免除销售税和使用税
得州	（1）个人所得税免征：没有个人所得税和用于污染控制的公司所得税，对制造机器设备也不征税 （2）得州销售和使用税免除：适用于机器、设备、替换部件以及在制造、加工、装配或修理个人有形资产中使用的寿命超过6个月的配件，新建设施以及生产商购买用于加工、包装和营销自产的农产品均可申请免除州销售和使用税 （3）从价/财产税免除：一是自由港免除，货物在得州自由港内存放175天以上，或用于组装、存放、制造、加工和装配而在自由港内存放少于175天，可以申请免除从价税；二是污染控制设备激励措施，用于污染控制的设备可获得财产税免除，以用来改善设施 （4）可再生能源激励措施：对于制造、销售或安装太阳能、风能等可再生能源设施的企业可免除特许经营税 （5）用于生产的电力和天然气：得州企业在制造、加工、装配有形个人财产中使用的电力和天然气可以免除缴纳销售和使用税 （6）得州影像产业激励项目：对于电影、电视节目、商业、视频游戏和独立后期制作项目，有资格获得5%—15%的费用资助

续表

州名	税收优惠项目和政策
纽约州	（1）投资税收抵扣：对新建厂房/办公楼宇的投资、合乎条件的研发投资，其公司特许税分别可享有5%和9%的税收抵扣 （2）污染控制税收抵扣：用于建设或改进处理污染控制设施的投资，可在投资的当年对其经营收入应付州税部分进行抵扣 （3）刺激就业税收抵扣：如果就业达到一定水平，在投资后的前两年可获得投资额2.5%的税收抵扣 （4）改善商业设施的房地产税豁免：在纽约市以外建设工商业设施，第一年可享受地方房地产税的50%豁免，以后9年豁免比例每年递减5个百分点；在纽约市指定地区内建设工商业设施可部分豁免房地产税；污染控制设施免征地方房地产税和增值税 （5）新兴产业就业和资本税收抵扣：合格新兴产业就业税收抵扣，3年内每年新增一名员工给予1000美元税收抵扣；合格新兴技术公司资本税抵扣，相当于合格投资额的10%—20% （6）资本公司保险税抵扣：凡为资本公司提供投资的保险公司，可申请投资额100%的税收抵扣

资料来源：作者根据中国驻美使馆和美国各州政府相关网站资料整理得到。

（二）基金资助激励支持新兴产业、中小企业发展和基础设施建设

各类基金资助激励政策是美国各州和地方政府吸引外资的首选激励政策工具。据"选择美国"网站统计，2020年美国各州的基金资助项目共973项，占所有引资激励项目总数（2165项）的44.9%。美国地方政府基金资助激励政策也可分为三类（表2）：一是支持新兴产业发展的政策。如，加州产业发展债券融资、得州新兴技术基金、纽约州提高竞争力支持项目等。二是支持中小企业发展的政策。如，加州融资项目、抵押援助项目和小型企业贷款担保项目都明确规定，企业的员工数不超过500或750人。三是支持企业技能培训和本地基础设施建设的政策。如，得州技能发展基金、纽约州基础设施贷款和赠款项目等。

表2 美国加州、得州、纽约州和北卡州各类基金资助激励政策

州名	各类基金资助激励政策
加州	（1）加州融资项目：鼓励参与的银行和贷款机构为不符合传统承保标准的小型企业（员工500人以内）贷款，最高贷款额为500万美元，借款人每3年最多只能有250万美元贷款参加项目 （2）加州抵押援助项目：将抵押现金来填补用于支付贷款机构发放贷款的抵押品缺口，使本不符合条件的小型企业（员工750名以内）有机会获得融资，最高贷款额为2000万美元，最高援助金额为每位借款人250万美元 （3）加州产业发展债券融资：为购买制造设施和设备的制造商提供以免税利率，其利率低于传统融资的20%—30% （4）小型企业贷款担保项目：旨在协助企业创造和保留就业岗位，同时鼓励投资进入中低收入社区，贷款必须用于加州境内不多于750名员工的小型企业

续表

州名	各类基金资助激励政策
得州	（1）得州企业基金：对于新搬迁或扩建企业，如果投资额显著且创造一定数量的高额工资岗位，将获得现金奖励 （2）得州新兴技术基金：通过现金资助以促进新兴技术的研究、发展和商业化 （3）得州技能发展基金：提供赠款帮助企业从社区学院和技术学校获得定制化职业培训
纽约州	（1）纽约州财政资助项目：州政府通过纽约州经济发展局对新办企业提供利息低于市场水平的直接贷款、常规贷款的贴息、贷款担保、创造就业拨款、资本拨款等财政援助 （2）纽约州提高竞争力支持项目：为新办企业提供拨款或其他财政援助形式的培训支持；产业效率计划/制造业延伸伙伴计划，政府提供直接技术援助 （3）纽约州基础设施贷款和赠款项目：对合乎条件的公司基础设施建设或改良等提供帮助企业获得低成本的州、地方和联邦资金混合贷款等形式的援助

资料来源：作者根据中国驻美使馆和美国各州政府相关网站资料整理得到。

三 "十四五"时期北京高质量引进外资的重点路径

以上分析表明，美国地方政府吸引外资也有税收优惠和基金资助等优惠政策，甚至有政府补贴，其主要特征是"惠新惠民惠小"："惠新"，主要是指通过税收优惠、融资支持和基金资助等举措引导外来资金促进本地研发、科技创新和新兴产业发展，以及生态环保和绿色发展；"惠民"，主要是指倾向于新增就业的数量和质量政策，对雇佣本地员工的基金资助和税收优惠等支持性政策；"惠小"，则主要是重视对中小企业的支持。

党的十八大以来，尤其是2020年9月"两区"（国家服务业扩大开放综合示范区和中国（北京）自由贸易试验区）正式设立以来，北京首创性改革竞相推出，先发优势不断凸显。截至2021年6月16日，北京"两区"建设251项任务清单，累计落地167项，实施率达到66.5%，其中不少落地措施属于全国首创首发。如在金融领域，全国首家外商独资的货币经纪公司、首家外商独资保险资管公司先后获批在京注册。不仅如此，一些细则方面北京做法甚至比美国加州、得州和纽约州等地方政府的做法更为成熟。尽管如此，美国州政府"惠新惠民惠小"部分经验仍值得北京借鉴。借鉴美国经验，可从如下两大方面优化"十四五"时期北京高质量引进外资工作。

（一）深入贯彻创新发展理念，继续保留和进一步加大"惠新"力度

创新是引领发展的第一动力。"十四五"时期，北京在吸引外资政策制定过程中，应深入贯彻创新发展理念，继续保留和进一步加大"惠新"力度。就

是说，如果外资企业可以促进北京科研开发和新兴产业发展、减少污染和推动绿色发展，政府就应该给这类企业更多的优惠政策。具体路径如下：

其一，通过税收优惠和融资支持吸引外资企业开展研发和科技创新活动。通过税收优惠和融资支持等举措引导外来资金促进本地研发和科技创新，既是美国地方政府吸引外资的通行做法，也是近年来北京吸引外资的成功经验。如，2020年底出台的中关村国家自主创新示范区特定区域技术转让企业所得税试点政策规定：在该特定区域内注册的居民企业，符合条件的技术转让所得，在一个纳税年度内不超过2000万元的部分，免征企业所得税。"十四五"时期，这一优惠政策不仅应继续保留，而且应及时推广，加大对"招才引智"的优惠力度，以助推北京全面加速建设全国科技创新中心。如，可借鉴美国加利福尼亚州研发抵税项目经验，对促进北京科研开发和科技创新的外资企业进行适当的税收抵扣甚至免除等优惠政策。与此同时，应充分发挥北京"两区"建设的独特优势，以"两区"为平台推动科技创新链和产业链深度融合，助力全国科技创新中心建设。"两区"建设是中央批复支持北京的两项重大政策，是北京推动开放创新和全国科技创新中心建设的重大机遇。"两区"建设启动以来，北京对外资的吸引力进一步增强。北京商务局数据显示，2021年一季度，北京新设外资企业379家，同比增长36.3%；实际利用外资49.4亿美元，同比增长32.7%。"十四五"期间，应充分发挥北京"两区"建设的独特优势，对落户"两区"的外资高科技企业和项目实行适当的税收抵扣、免除等优惠政策，把更好的外资项目引入到北京。

其二，通过加大金融支持和税收优惠等政策吸引外来企业投资新兴产业。如，可借鉴美国加利福尼亚州产业发展债券融资项目经验，为投资北京新兴产业的外资企业提供低息利率和免税利率。又如，借鉴美国纽约新兴产业税收抵扣政策经验，对投资北京的外资新兴技术公司进行一定比例的税收抵扣。再如，借鉴美国得克萨斯新兴技术基金经验，设立北京新兴技术基金，促进北京新兴技术的研发和商业化等等。

其三，通过税收抵免优惠和用地保障等政策吸引外来企业投资生态环保和绿色产业。如，借鉴美国纽约州污染控制税收抵扣政策经验，对推动绿色技术和绿色发展的投资，可给予一定的税收抵扣甚至抵免。又如，可借鉴美国得克萨斯州可再生能源激励措施经验，对于制造、销售或安装太阳能、风能等可再生能源设施的企业可免除特许经营税等等。

（二）加强平等竞争意识，由"惠强惠大"逐步向"惠民惠小"转变

目前，北京吸引外资的财政奖励、金融支持等优惠政策，主要是针对外来

的大企业和大项目,即所谓的"招大招强",对中小微企业和小微项目,基本排除在外。从短期财税效果看,"招大招强"固然比发展中小微企业好。但从长期发展看,这使得中小微企业在与世界500强等超大企业的竞争中处于极度不利地位,会造成"弱者愈弱,赢者通吃"的不良后果。借鉴美国地方政府"惠民惠小"政策经验,"十四五"时期,北京应加强平等竞争意识,推动吸引外资优惠政策由"惠强惠大"逐步向"惠民惠小"转变。具体路径如下:

一方面,应把吸引外资工作巧妙地往"惠民"政策方向引导。诚如习近平总书记所强调的"就业是民生之本"(习近平总书记,2013)。如果外资企业可以雇佣更多北京本地员工,特别是当外资企业能够促进北京高质量就业时,政府就应该给这类企业更多的优惠政策。发达国家地方政府对招商引资的重点企业也会有一对一的支持政策,但其非常重要的"标的物"是新增就业,以及就业人员的薪水高低。这很可能是因为,这些国家的地方政府对于当地经济增长并不承担多大责任,但地方政府却承担着增加就业这样的社会性责任。北京未来也可考虑以高质量就业为重点来设计吸引外资优惠政策。从发展趋势来看,增加就业,特别是增加高质量就业,加强员工培训以增进人力资本,帮助人员从传统行业转向新兴行业就业,都将成为"十四五"时期的支持重心之一。因此,北京吸引外资优惠政策应更多地向"惠民"政策转变。

另一方面,吸引外资工作应更加注重"惠小"。要提升产业链供应链的现代化水平,必须要保证其完整性。大企业虽然在整个链条上占据着显要的位置,却无法也永远不可能生产所有门类的产品、提供全部种类的服务。因此,"十四五"时期,应加强平等意识,确保所有市场主体平等使用资源要素,将吸引外资"惠大"政策逐步转向"惠小"政策,让外资投入中小微企业或新创中小微企业。美国加州融资项目、抵押援助项目、小型企业贷款担保项目均激励了中小微企业的新创和发展。长期以来,北京市在促进中小微企业发展上投入了很大的精力,对中小微企业的资金支持已经有了长足的发展,不过企业税贷、企业开票贷、流水贷、担保贷款等的额度相对于美国加州等地方政府来说仍有增加空间。"十四五"时期,可借鉴美国加州等地方政府经验,通过投资补贴、投资补助、劳动力补贴、税收优惠、优惠贷款等方式吸引外资投入中小微企业或新设中小微企业,发展壮大一批供应链上下游中小企业,最终形成高质量的产业生态圈。

参 考 文 献

[1] 马相东、王跃生:《新时代吸引外资新方略:从招商政策优惠到营商环境优化》,《中共中央党校(国家行政学院)学报》2018年第4期。

[2] 王跃生、边恩民、张羽飞:《中国经济对外开放的三次浪潮及其演进逻辑——兼论 RCEP、CECAI、CPTPP 的特征和影响》,《改革》2021 年第 5 期。

[3] 习近平:《把握新发展阶段,贯彻新发展理念,构建新发展格局》,《求是》2021 年第 9 期。

[4] 习近平:《开放共创繁荣,创新引领未来——在博鳌亚洲论坛 2018 年年会开幕式上的主旨演讲》,《人民日报》2018 年 4 月 11 日第 3 版。

[5] 习近平:《在天津考察时强调:稳中求进推动经济发展,持续努力保障改善民生》,《人民日报》2013 年 5 月 16 日第 1 版。

[6] 张文魁:《构建我国企业发展基本政策》,《新视野》2020 年第 6 期。

"十三五"北京低收入农户脱低攻坚实践与反思

李学俭[*]

摘　要：北京较全国更早完成了北京农民的脱贫任务，对相对贫困的低收入农户的脱低攻坚一直是北京扶贫工作的重要任务，是北京率先全面建成小康社会必须完成的硬任务，"十三五"期间按现行标准北京低收入农户已经全部实现脱低。但如何使脱低成果持续稳定并在更高标准上减少相对贫困则任重道远，本文总结"十三五"期间北京农户脱低状况、经验、问题，探索实现农民共同富裕的有效途径，为北京乡村振兴提供借鉴。

关键词：低收入农户；帮扶；北京

在国家实施精准扶贫和乡村振兴战略背景下，北京较全国更早完成了北京农民的脱贫任务，对相对贫困的低收入农户的帮扶，也就是低收入农户的脱低攻坚一直是北京的重要工作任务，是打好三大攻坚战的重点任务，是北京率先全面建成小康社会必须完成的硬任务。

一　"十三五"以前北京农民脱贫、脱低历程

改革开放前，北京市农业发展经历了三个阶段，一是土地改革时期（1949—1952），京郊农业生产处于恢复状态；二是社会主义改造时期（1953—1957），京郊农业稳定发展；三是人民公社化时期（1958—1978），农业生产低速增长。

---

[*] 李学俭，中共北京市委党校（北京行政学院）北京市情研究中心副主任、副研究馆员，主要研究方向：图书馆学。

农业结构是以单一的粮食种植为主的格局，农业生产发展缓慢，农村居民人均纯收入从1958年125元到1978年225元，20年间人均仅增加100元，年递增率为2.98%，农民整体贫困是这一时期北京的基本情况。

改革开放后，北京市对农业政策进行了重要调整，实行了家庭联产责任承包制，京郊农业突破了单一的粮食种植结构和长期形成的"以粮为纲"的禁锢，在农业规模经营和都市特色农业方面取得显著成效，开始了城郊型农业发展阶段。郊区农民的收入一直处于增长状态，到1985年北京农村居民人均纯收入775元，达到500元以上的农户比重已达到了78.1%，绝大多数农民在这一时期已基本摆脱贫困，解决了温饱问题。到1990年北京农村居民人均纯收入达到1297元，比1978年的225元增长了4.76倍，北京市政府于1986年所确定的37个贫困乡已全部实现初步脱贫的目标，人均劳动所得达到758元，比1985年的450元增长68%。在整体提升农村农民生活质量的同时，北京市农民脱贫任务完成，低收入农户脱低任务拉开序幕。

随着市场化改革的不断深入，小生产和大市场不相适应的矛盾凸显，逐步建立一种以市场为导向，稳定的、一体化的农业产业化经营体制势在必行。北京市也出台了相应的配套政策措施，扶持了一批以农产品加工为主的农业产业化龙头企业，辐射带动农户增收的能力明显增强。

"八五"期间，北京市构建了系统的强农、惠农、富农政策体系，推行"星火计划"，提高农民素质，壮大集体经济，把副食品生产放在突出位置，抓紧粮食生产，支持乡镇工业发展，加快山区的开发建设。农民收入整体呈上升趋势，1995年北京农民人均纯收入达到3208元，首次突破3000元，同比增长32.5%，是改革开放以来的最快增速，1996年20%的低收入农民人均纯收入为1526元。1995年3月北京市出台了《关于实施〈农村五保供养工作条例〉的办法》，对本市农村无法定抚养义务人或无劳动能力或无生活来源的老年人、残疾人、未成年人在吃、穿、住、医、葬上给予帮助。

"九五"期间，北京市调整农业、农村经济结构，注入科技创新动力，推进具有都市特色的现代农业发展战略，实现农民增收、农村面貌改观。2000年农民人均纯收入4687元，五年平均递增7.1%，北京市农民总体生活水平达到小康标准，向更加宽裕阶段迈进。2000年20%的北京市农村低收入农民人均纯收入为1786元。

"十五"期间，北京率先提出实现城乡一体化发展，大力发展乡镇企业，促进农民增收。2002年北京市人民政府转批市民政局《关于建立和实施农村居民最低生活保障制度意见》的通知，规定本市农业户口、上年家庭年收入人均低于户籍所在区县当年农村居民最低生活保障标准的农村居民实施或差额实施最低生活保障。2005年农民人均纯收入7860元，五年平均递增10.5%。农民收入实现了较快增长。低收入户人均纯收入3052元，其中工资性收入1920元，家庭经营收入761元，财产性收入187元，转移性收入184元。

"十一五"期间，北京启动新农村建设工程，提出共同致富行动计划。2008年12月通过《中共北京市委关于率先形成城乡经济社会发展一体化新格局的意见》，提出"占农户总数20%的相对低收入户人均纯收入到2015年翻一番"的目标。2009年4月，制定了《北京市共同致富行动计划工作方案（试行）》，提出"2009年低收入农户人均纯收入比上年增长10%以上"的目标，对全市人均纯收入低于4500元的低收入农户（20.5万户、50.4万人）进行了帮扶。2010年北京农民人均纯收入13262元，五年平均递增11.4%，"十一五"时期北京低收入农户相对集中的山区社会保障体系建设发展明显高于"十五"时期，低收入农户收入实现持续较快增长。

"十二五"期间，北京确定2011年人均可支配收入低于7750元的农户为低收入农户，低收入农户数量超过农户总数60%的行政村为低收入村。2011年北京拥有低收入农户23.33万户、58.03万人，低收入村645个。2012年，《关于推进农村经济薄弱地区发展及低收入农户增收的意见》出台；2014年，《北京市农村经济薄弱地区发展规划》公布，对低收入农户增收工作提出了全面系统地的总体要求。2013—2015年，北京市区两级财政对低收入村产业发展投入27789万元的专项扶持资金，进行生产、生活设施建设，改善低收入村发展的基础条件。2011—2014年，全市20%相对低收入农户人均可支配收入从6143元增加到9068元，年均增长14.5%，高于全市农民平均增幅2.8个百分点。2015年，全市20%相对低收入农户人均可支配收入达到8494元，同比增长12.1%，高于全市农民平均增幅3.1个百分点。

虽然"十二五"期间北京市低收入农户增收工作成效显著，但低收入农户的收入水平仍然较低。2015年，全市20%相对低收入农户人均可支配收入只相当于全市农村居民平均水平的41.3%，相当于全市城镇居民平均水平的16.1%。这是北京市率先全面建成小康社会的突出短板，"十三五"扶贫脱低任务依然繁重。

二 "十三五"期间北京低收入农户、低收入村脱低情况

2016年北京市委、市政府发布了《关于进一步推进低收入农户增收及低收入村发展的意见》的通知，以2015年北京农村家庭人均可支配收入低于11160元为标准界定低收入农户，以低收入农户数量超过本村农户总数的50%

界定低收入村，按此标准北京市精准识别7.26万户、15.6万人为低收入农户，约占全市农户总数的7%；234个行政村为低收入村，约占全市行政村总数的6%。北京市低收入农户和低收入村具有如下特征：

1. 低收入农户和低收入村自然条件受限。据统计，约83%的低收入农户和95%的低收入村集中在山区、半山区，区位边缘性特征明显，资源薄弱。农民本地就业机会少，外出就业成本高。

2. 低收入农户家庭缺乏劳动力，老幼病残占比大。据统计，低收入农民中60岁以上老年人占40%左右，残疾人占11%左右，生活不能自理者占12%左右。劳动能力较差，就业不充分、不稳定。

3. 低收入农民受教育程度低。据统计，初中文化以下的占80%，其中41%为小学文化水平。人力资本薄弱，就业范围狭小，就业岗位层次低，且可替代性强，适应能力弱，失业抗风险能力低。

针对北京低收入农户及低收入村形成原因，北京开始了"十三五"期间的精准脱低工作，目标是确保2020年底低收入农户人均可支配收入增速高于全市农民平均水平，提前实现比2010年翻一番；低收入村自主发展能力不断增强，现行标准下的低收入村全部消除。

"十三五"期间，北京市针对低收入农户及低收入村实施了"扶持产业帮扶一批，促进就业帮扶一批，山区搬迁帮扶一批，生态建设帮扶一批，社会保障兜底一批，社会力量帮扶一批"的分类精准帮扶措施。

在产业帮扶方面，市、区两级政府在"十三五"期间共投入资金14.4亿元，扶持低收入村、低收入农户产业发展项目，从供给侧发力，发展符合首都城市功能定位的特色产业，扶持了952个产业项目，包括特色种植业、林果业、休闲旅游业等。以项目建设和管护用工的形式扩大就业。

在就业帮扶方面，北京市通过技能培训，提供稳定就业机会，落实就业促进政策。对就业困难人员定制援助方案，通过助残增收基地、公益岗位托底安置、公共服务岗位优先吸纳等，大幅提高了有劳动能力的低收入农户就业率。截至2020年，北京市低收入农户劳动力就业率达到97%，工资性收入持续增长。

在搬迁帮扶方面，按照《关于实施新一轮山区农民搬迁工程的意见》，对处于山区地质灾害易发区、受洪水威胁地区及饮水困难、居住分散、交通不便等不具备基本发展条件的低收入村、低收入农户实施搬迁工程，以改善低收入农户生产生活条件。"十三五"期间，共搬迁低收入农户2574户、5342人，涉及低收入村45个。

在生态建设帮扶方面，北京市探索提高山区生态补偿标准。集中在生态涵养区的低收入村、低收入农户，在产业退出、生态建设和保护等方面做出巨大让步，因而政府出台提高生态公益性岗位待遇等政策进行生态建设帮扶。将山区生态效益促进发展资金由原来每年每亩40元提高到70元，山区有3.5万低收入农户直接受益，还通过生态建设和管护等生态就业岗位优先吸纳低收入劳动力就业，"十三五"期间，有4700余名低收入劳动力成为生态林管护员。

在社会保障兜底方面，对于因老、因病、因残丧失劳动能力的低收入农户，全部纳入社会救助范围，充分发挥城乡最低保障的收入兜底作用，实现低收入农户帮扶和社会救助政策的统筹衔接。"十三五"期间，全市有1.3万户低保户依靠社保兜底实现脱低，提高了低收入农户"三保障"水平。

在社会力量帮扶方面，建立定点帮扶考核评价激励机制，广泛动员全社会力量参与，开展市属机关、市属大型国有企业及高校定点帮扶，合力推进低收入帮扶工作，提高帮扶的实效性。"十三五"期间，实现234个低收入村结对帮扶全覆盖，通过党建、产业、就业、科技、消费、慈善等多种帮扶方式，累计帮扶金额超过4亿元。

"十三五"期间，北京脱低工作达到预期目标（见下表）。2020年，北京低收入农户家庭人均可支配收入达到17588元，全部超过11160元的标准线，全市234个低收入村全部消除。

表1 2016—2020北京市低收入农户收入情况

项目		2016年		2017年		2018年		2019年		2020年	
		绝对值（元）	构成（%）	绝对值（元）	构成（%）	绝对值（元）	构成（%）	绝对值（元）	构成（%）	绝对值（元）	构成（%）
低收入农户家庭人均可支配收入		8961	100	10698	100	12524	100	15057	100	17588	100
	工资性收入	3954	44.1	4477	41.8	4974	39.7	5583	37.1	6209	35.3
	经营净收入	775	8.6	617	5.8	467	3.7	502	3.3	542	3.1
	财产净收入	451	5	646	6	760	6.1	913	20.1	1073	6.1
	转移净收入	3781	42.2	4958	46.3	6323	50.5	8059	53.5	9764	55.5
低收入农户数	户数（户）	72600		70600		68000		2021		0	
	人数（人）	156000		151000		145000		4783		0	

三 "十三五"期间北京低收入农户、低收入村脱低工作经验

（一）完善的政策体系是脱低工作的基本保障

北京市在"十三五"开端2016年就连发若干文件对脱低工作进行部署。

2016年4月发布《中共北京市委、北京市人民政府关于进一步推进低收入农户增收及低收入村发展的意见》，界定了脱低工作帮扶的低收入农户及低收入村的纳入对象，确定了目标任务及实施分类帮扶的方针，强化市级统筹、区负总责的领导机制，这是北京"十三五"期间脱低工作的指导性文件。

为了把脱低工作落到实处，接着又发布了《贯彻实施〈中共北京市委、北京市人民政府关于进一步推进低收入农户增收及低收入村发展的意见〉重要政策措施分工方案》，将市委市政府规定的工作细分到各个部门，细分到人头，明确到谁来做、怎么做，把工作任务真正的落实下去。

为确保实施效果，市政府与区政府签订《"十三五"时期北京市推进低收入农户增收及低收入村发展工作责任书》，此责任书既是市委市政府对区委区政府下达的责任，也是区委区政府对市委市政府作出的承诺，各区也参照此做法，把任务分解到乡镇，层层分解，层层落实。

2016年市新农办制定下发了《关于开展低收入农户和低收入村精准识别及建档立卡工作的通知》，对低收入农户和低收入村精准识别工作进行了明确规定，细化工作程序，确定建档立卡的标准和步骤，要求做到对象明、底数清。

同年，市新农办、市农委、市农经办联合制定《北京市低收入农户和低收入村动态监测方案》，北京市统计局制定《北京市低收入农户统计监测实施方案》相继发布，建立起低收入农户监测信息系统，客观地反映"十三五"时期全市低收入农户收支与生活状况，反映推进低收入农户增收及低收入村发展的工作进程，有利于评估帮扶成效、制定帮扶政策、确保实现脱低帮扶工作目标。

2017年市新农办制定下发了《关于明确低收入农户动态管理有关问题的通知》，对新列入低收入农户和不再列入低收入农户的情形进行细致描述，以便动态掌握低收入农户变化情况和帮扶需求。

2018年为强化精准帮扶力度，北京市社会主义新农村建设领导小组发布《关于进一步加强低收入农户帮扶工作的措施》的通知，强化低收入农户帮扶工作的重要性和紧迫性，在帮扶方式不仅要促进低收入农户增收，还要加强教育、医疗、住房保障在内的全面系统的帮扶。

2019年1月24日，《北京市乡村振兴战略规划（2018—2022年）》正式发布，对做好低收入农户持续帮扶提出新要求，持续关注相对低收入村发展，突出精准性、实效性和可持续性。

"十三五"期间，北京构建起具有北京特色的脱低帮扶工作的政策体系，为脱低帮扶工作提供了坚强的制度保障。

（二）严密的工作机制是脱低工作的有效途径

1. 完善的组织领导机制

"十三五"期间北京的脱低工作强化市级统筹、区级负总责的领导机制。市级相关部门负责统筹、谋划、指导和监督。各区负责工作落实并动态掌握低收入村、低收入农户变化情况和帮扶需求，细致分类，做到"一村一策、一户一策"。在2016年北京市农村工作会议上，市委书记、市长与各区的区委书记，区长签订了脱低工作责任书，也可以看作是"军令状"。各区把任务清单、职责清单、问题清单分类分层后分解到乡镇，按照目标对象、工作程序进行层层落实，使工作的各个环节环环相扣，形成完善的组织机制。

值得重点强调的是第一书记工作机制。全面向低收入村的党组织精准选配了第一书记，选好脱低攻坚的"施工队长"；精准选派驻村帮扶干部，落实了选派单位的帮扶责任。这一长效机制使低收入村的党组织实现全面提升转化，支部规范化建设水平显著提高，在脱低攻坚中基层党组织的战斗堡垒作用和党员的先锋模范作用明显增强，使低收入村全部实现村规民约和党务村务财务公开，是保障脱低任务完成的重要力量。

2. 精准的识别建档立卡

2016年北京市按照"区为单位、分级负责、精准识别"的原则识别认定低收入农户和低收入村，明确规定了认定程序，在制定指导方案后，需经过宣传动员、自愿申请、入户核查、民主评议、乡镇审定的环节，公示无异议后，各乡镇将初选名单报区政府复审，确保低收入农户和低收入村识别认定过程公开公正、透明民主。

为准确掌握北京市低收入农户和低收入村的状况、低收入成因及帮扶需求，对每个低收入农户、低收入村进行建档立卡。把低收入户的基本情况，低收入成因，并评估家庭所具备的发展产业条件及预计帮扶措施等记录建档。建立北京市低收入农户登记卡，注明低收入农户每年得到的帮扶措施，取得的收入等，这个卡也可以作为低收入农户享受相关政策的依据。建档立卡，为建立低收入农户、低收入村监测管理信息系统提供数据。

3. 细致的动态管理

北京市对低收入农户实行有进有出的动态管理，精准的动态掌握低收入农户的变化情况和帮扶需求。对新发生的收入低于标准线的农户及时纳入登记；对低收入农户家庭中有新成员迁入的自然进入，要求做到随出现随核实随进入，使低收入农户及时得到帮扶。对低收入农户去世、整户转居和迁出的自然退出；对已识别的低收入农户，经核实家庭收入及财产状况有较大出入的，认定不实的情形及时予以退出；对于家庭人均收入超过11160元标准线，已实现稳定增收的低收入农户，持续观察监测，但在帮扶措施上有别于低收入农户对待。

4. 全方位的监测考核

为了科学准确地反映"十三五"时期全市低收入农户收支与生活改善状况，客观评估脱低帮扶工作成效，北京市建立了一套统计监测体系。全市低收入农户、低收入村建档信息录入系统，农户增收没有？增收多少？不受人为因素干扰，用数据说话，最大可能的保证数据客观准确。采取抽样调查的监测方法，调查内容主要包括家庭基本情况、家庭收入和消费支出情况、主要商品购买数量及支出金额、居住状况和耐用消费品拥有量等。农户监测管理信息系统的建立，不仅客观反映低收入农户增收及低收入村发展情况，为各级领导制定脱低政策提供重要依据，同时为相关职能部门及社会帮扶提供了平台，极大地促进了脱低工作的开展。

（三）持续的生态保护是脱低工作的发展根基

在"十三五"伊始，中共北京市委、北京市人民政府《关于进一步推进低收入农户增收及低收入村发展的意见》中提出：保护生态，绿色发展。牢固树立绿水青山就是金山银山的理念，把生态保护放在优先位置，确保实现绿色发展。

低收入农户和低收入村集中在山区、半山区，具有区位边缘性和人力资源劣势，但普遍富含独特的自然资源和文化禀赋优势，蕴含着极具发展潜力的生态产业前景。北京市从基础设施配套和废弃物处理等方面给予扶持，坚持生态产业发展，靠着绿水青山实现山区低收入农户的增收。利用山区生态资源优厚和环境优美的特点，发展乡村民俗旅游，催生农业循环利用模式，推进林下经济发展。

对处于地质灾害易发等生存条件恶劣的地区，不具备产业发展条件的低收入农户、低收入村实施山区搬迁帮扶，使之脱离困境。对迁出地集中进行山区土地造林营林，加大生态保护和修复力度，以免生态环境进一步恶化。

集中在生态涵养区的低收入农户、低收入村在产业退出、生态建设和保护等方面做出过巨大的经济利益牺牲，北京市以生态服务价值为依据对其进行合理的生态效益补偿。"十三五"期间逐步提高补偿标准，创立生态补偿项目，提高生态公益性岗位的待遇，最大程度发挥生态效益补偿政策对促进低收入农户增收的拉动作用。

四 "十三五"期间北京低收入农户、低收入村脱低工作存在的问题

"十三五"期间北京市低收入农户、低收入村如期脱低,但低收入农户帮扶工作离首善标准还有差距,还有帮扶落实不到位的地方,还存在若干问题。

(一) 低收入农户脱低内生动力不足问题

由于地缘关系,交通不便,信息闭塞,部分低收入农户习惯安于现状,求稳怕变、缺乏进取,长期存在"等靠要"思想,缺乏自主的劳动创造意识;由于受教育程度低,除了掌握基本种田技术,普遍缺乏谋生技能,较难适应现代市场经济发展的理念。思想和能力的制约,使得部分低收入农户自主脱低内生动力不足,把脱低攻坚看成是各级政府和干部的事情,而没有当作是自己的事情,错失对低收入户的优惠政策。

(二) 对低收入农户帮扶过程中的腐败问题

为改善低收入农户和低收入村的生活水平,政府和社会各界对帮扶脱低资金投入大,项目多,且投放密集,相对贫困地区反而成为领导干部腐败案件的高发地。有的利用掌管资金、项目的便利以权谋私;有的违规发放脱低改造资金,虚报、套取补助款;有的将自己的亲属、亲戚违规纳入低保扶助范围,优亲厚友等。这些发生在群众身边的腐败问题,虽然数额不大,但影响极为恶劣,伤害低收入农户的共同利益,使其对党的脱贫政策和全心全意为人民服务的宗旨产生怀疑,动摇党脱低攻坚的群众基础。

(三) 低收入农户与脱低产业项目融合度低的问题

北京市积极探索参与式扶助,但仍是以自上而下单向度的政府行为为主。对脱低产业项目的设计、实施和管理习惯于包办代替,低收入农户更多是被动的投工投劳,其主动参与意识没有得到足够的挖掘。对政府组织实施的产业项目责任感不强,缺乏对项目后期维护的积极性,缺乏对项目的有效监督,没有与产业项目建立利益共同体。造成了扶助产业的短期性和资源的浪费,甚至政府长期的包办代替,养成低收入农户等、靠、要的严重依赖思想,致使持续的稳定脱低效果后劲不足。

(四) 部分脱低产业规模效益不充分的问题

低收入村受山区地理因素和生态涵养的限制,挤压了经济发展的空间,发

展基础薄弱，生产较为分散。能够充分利用本地优势资源的乡村产业规模较小；依据农户特点分类设计的新型农业经营主体类型较少。部分脱低主导产业无法形成专业化、产业化经营，无法形成规模经济效益，给相对贫困地区带来长期稳定收益的能力及辐射带动作用受到限制。

（五）脱低后的农民与农村及城镇居民收入差距仍然较大的问题

统计数据显示，2016—2020年北京市城镇居民人均可支配收入远远高于农村居民人均可支配收入，农村居民人均可支配收入远远高于低收入户居民人均可支配收入（见下图）。农村低收入户与农村居民平均收入极差逐年缩小的走势并不显著，2016—2020年五年的收入极差分别为13349元、13543元、13966元、13871元和12538元。农村居民高低收入群体之间收入差距仍然较大，缩小农民内部的收入差距是北京新农村建设的重要任务。

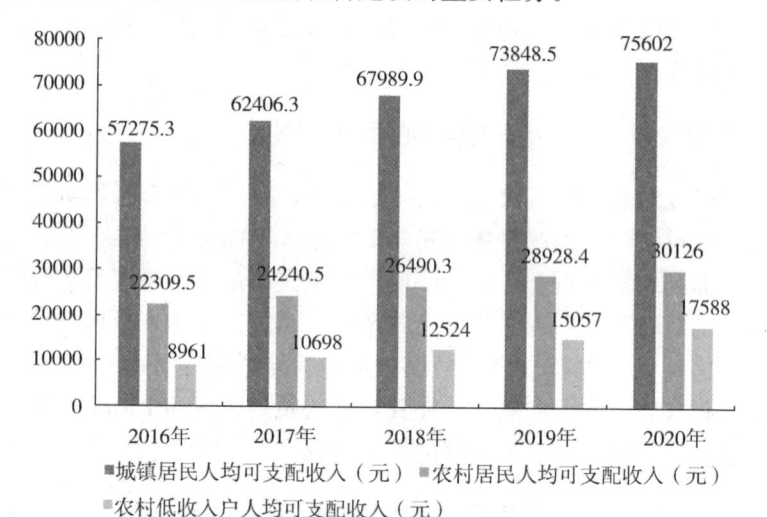

年份	城镇居民人均可支配收入（元）	农村居民人均可支配收入（元）	农村低收入户人均可支配收入（元）
2016年	57275.3	22309.5	8961
2017年	62406.3	24240.5	10698
2018年	67989.9	26490.3	12524
2019年	73848.5	28928.4	15057
2020年	75602	30126	17588

图1　2016—2020年北京市城镇、农村与低收入农户居民人均可支配收入比较图

五　北京集体经济薄弱村农民持续增收的路径

"十三五"时期结束，北京现行标准下的低收入农户及低收入村已全部脱低。但必须认清：一方面还存在着脱低农户增收不稳定及边缘农户返低的风险，另一方面北京农村居民高低收入群体之间的收入差距仍然较大，北京农村居民与城镇居民人均收入及享受的公共服务差距仍然较大。

《北京市政府工作报告（2021）》提到，要加大低收入边缘户和返低风险户帮扶力度，开展集体经济薄弱村帮扶专项行动。北京市已完成对集体经济薄弱村的精准识别，确定 600 个左右集体经济薄弱村，力争到 2025 年年经营性收入低于 10 万元的集体经济薄弱村基本消除。

（一）强化集体经济薄弱村党支部的核心作用

"村子富不富，关键看支部"，集体经济薄弱村党支部在低收入农户脱低后的常态化帮扶，低收入边缘户和返低风险户帮扶中起关键作用。一方面需要加强集体经济薄弱村党支部规范化建设，突出政治功能，提升组织力、领导力，选配好致富带头人，充分发挥党员的主力军作用，坚持始终为农民服务的正确方向。另一方面，加强基层党组织的纪检监察工作，纪监委深入集体经济薄弱村，开展帮扶救助领域专项督察，狠抓小微权力腐败，加大基层惩处力度，将监督嵌入帮扶工作全流程。

（二）加强集体经济薄弱村基础设施和公共服务建设

帮扶集体经济薄弱村需基础设施先行。第一，加强农业基础设施建设，实施标准农田建设、中低产田改造、林道建设等，改善农民生产条件，降低农户生产经营成本，提高农业的综合生产能力，增强自然灾害的抗御水平。第二，加强公共基础设施建设，实施电网改造、安全饮水、农村道路、垃圾污水处理、宽带网络建设等，减轻集体经济薄弱村的公共基础设施建管维护负担，改善农村人居环境，为当地农民提供更多的就业机会，确保家庭收入相对稳定的增长。加强基础设施建设，可以"筑巢引凤"，吸引更多的资金、项目和人才，做强经济薄弱村的主导产业，实现经济效益和生态效益协同发展。第三，完善集体经济薄弱村公共服务体系，统筹安排医疗、卫生、文化、体育、教育等公共服务设施建设，坚持教育优先、扶贫扶智；提高医疗卫生保障，防御因病返贫；发展文化事业和文化产业，满足文化需求，推进公共事业发展。

（三）优化做强集体经济薄弱村的支撑产业

集体经济薄弱就是因为没有好的产业，农民致富关键是靠产业支撑，只有产业发展起来才能彻底拔掉穷根。北京市促进低收入农户增收的产业政策效果明显，但也还存在一些实际问题，需要对集体经济薄弱村现有产业进行梳理。在调查摸底的基础上，重新审视挖掘资源方面的独特优势，找准村自主发展集体经济新的增长点，提出符合本村实际的发展计划和工作措施。第一，根据村实际情况采取闲置资源激活、乡村旅游创收、集体资产流转、物业项目增效等增收措施，实现集体经济收入来源多元化。第二，利用农村自然生态资源，进行农产品精深加工、休闲农业、乡村旅游、农村电商等多种途径发展，实现集体经济业态形式多元化。第三，探索家庭农场、农民合作社、农业企业等，打造新型农林复合体，实现集体经济经营主体多元化。第四，在资源调整重新配置过程中，要努力拓展农民参与的空间，激发农民的参与积极性，坚持产业收益分配到村、量化到户，完善利益联结机制，真正形成强大发展合力，推动农村集体经济的可持续化发展。

（四）提升集体经济薄弱村农民自我发展能力

在对低收入边缘户和返低风险户帮扶，对集体经济薄弱村帮扶中，最核心的部分应该是提高农民的自我发展能力，没有自我发展能力，在任何帮扶下，脱离贫困都不可能持久。一方面，加大对经济薄弱地区农民技能培训的力度，为错失受教育机会的农民提供创造更多机会。不仅普及农业实用技术，还需加强农业标准化生产、农产品品牌意识、投资营销等多方面知识培训，力戒技能培训的供应与需求相脱节，使农民真正掌握致富本领，有能力参与到市场竞争中去。另一方面，投资未来，加强经济薄弱地区基础教育的投入，不仅免除学生学杂费，赠送文体用品等，是要把提供优质师资作为主要的支持措施，确实地提升农村基础教育质量，使农民的子女在升学考试、职场竞争中有实力，真正走出"贫困—低教育—再贫困"的恶性循环，杜绝贫困现象的代际延续。

通过多种途径催化集体经济薄弱村集体经济自主发展的条件不断成熟，使之能够融入北京的都市型现代农业，坚持生态产业发展的方向，最终将自身的资源优势转化为增收致富机会，使集体经济薄弱村的发展拥有持续力量。

参 考 文 献

[1] 汪海燕等：《北京低收入增收的政策体系研究》，中国农业科学技术出版社2003年版。

[2] 朱京燕、包利民、罗斌、宋丽芳：《北京促进低收入农户增收的实践探索》，《北京农业职业学院学报》2017年第1期。

[3] 冯学静：《北京农民收入变化特点与促进增收的政策建议》，《中国农业资源与区划》2016年第5期。

[4] 王修达：《市委农工委谈"做好低收入农户增收工作"（2016-10-27）》，http://www.beijing.gov.cn/shipin/fangtan/。

[5] 北京市人大农村委员会：《北京市人民代表大会农村委员会关于北京市低收入农户增收工作的调研报告—2020年11月26日在北京市第十五届人民代表大会常务委员会第二十六次会议上》，《北京市十五届人大常委会公报》2020年第6期。

［6］刘宏曼：《北京市农业产业化的发展历程及趋势浅析》，《现代商业》2009 年第 5 期。

［7］中共北京市委、北京市人民政府：《关于进一步推进低收入农户增收及低收入村发展的意见》，《北京日报》2016 年 5 月 5 日。

［8］中共北京市委、北京市人民政府：《〈北京市乡村振兴战略规划（2018—2022 年）〉的通知》，《北京市人民政府公报》2019 年第 4 期。

［9］郝婧、穆希维、刘丹：《让农业科技深入农村，让精准帮扶落地生根——北京农业职业学院精准帮扶经验总结》，《北京农业职业学院学报》2019 年第 4 期。

［10］北京市统计局、国家统计局北京调查总队编：《北京六十年——1949—2009》，中国统计出版社 2009 年版。

［11］北京市统计局、国家统计局北京调查总队编：《北京统计年鉴》，中国统计出版社 2019 年版。

［12］国家统计局编：《中国社会统计年鉴》，中国统计出版社 2019 年版。

［13］北京市统计局、国家统计局北京调查总队编：《北京市经济社会统计报告》，同心出版社 2016 年版。

京津冀科研合作研究
——基于科研合作论文的统计分析

石 慧[*]

摘 要：本文基于京津冀2011—2020年合作发表的论文数据，利用文献计量学、科学计量学方法，借助VOSviewer绘制合作/共现网络图谱，探讨京津冀区域科研合作现状及演化规律。研究表明：目前京津冀大部分城市间还没有形成紧密稳定的合作关系，北京处于合作网络的核心节点位置，合作集中在北京与天津之间，河北参与不够且缺少省内联动；机构合作出现比较明显的地区聚集现象，北京与天津机构数明显多于河北，高校参与合作较多；研究主要集中于经济类话题，热点话题具有比较明显的地区合作倾向性。"十三五"时期京津冀科研合作规模逐渐扩大，合作方式呈现多样化，合作研究更加深入，研究话题更加丰富、具有鲜明的时代性。

关键词：京津冀；科技协同创新；科研合作；科学计量学；信息可视化

引言

京津冀协同发展是当前三大国家战略之一，也是重要的研究课题，其中科技协同创新是京津冀区域协同发展的核心内容和关键支撑[①]。叶堂林和祝尔娟计算得出2013—2017年京津冀科技协同创新指数从26.1394增加到88.3521，

---

[*] 石慧，硕士，中共北京市委党校（北京行政学院）北京市情研究中心助理馆员，主要研究方向：科学计量、科研评价。

[①] 李非凡：《高校科研合作网络及演化研究——以京津冀地区211及省部共建高校为例》，《农业图书情报》2019年第31卷第8期。

总体呈现快速上升态势，协同行动进展迅猛，三地创新主体加速融合，联合创新成果产出激增[1]。中国科学技术发展战略研究院最新发布的《中国区域科技创新评价报告2020》显示，京津冀科技协同创新发展稳步推进，同时指出三地存在科技创新发展不均衡的问题，北京、天津居全国综合科技创新水平指数第一梯队，河北居第二梯队，河北远远落后于北京、天津，北京作为中国创新水平最高的三大创新中心之一，引领地位凸显，辐射带动京津冀区域科技协同创新能力进一步提升[2]。京津冀区域具有科技资源丰富密集但分布不均衡的特点，在当前创新驱动发展的大背景下，如何更好地促进京津冀科技协同创新，使得该区域的已有科技资源优势转化为产业竞争优势，是当前京津冀协同发展的重要任务，也是亟待解决的问题。

科研合作是区域科技协同创新的重要方式和途径，逐渐成为现代科学研究的主要方式，合作论文是科研合作的重要载体和表现形式之一。一定时期内合作论文的数量是评价一个城市同周边城市群体交流程度的重要指标，一定程度上可以反映出城市间科学交流的状况与知识网络的疏密程度[3]。朱丽波[4]从合作论文出发，分析近十年中国科技合作态势；姜珂等[5]利用长三角区域城市间的合著论文分析长三角区域16个核心城市间的科研合作情况；梅长春等[6]基于论文和专利数据，研究京津冀创新合作特征及效率；杨扬等[7]利用京津冀合作发表的SCI论文数据进行京津冀科技协同创新研究。因此研究京津冀区域的合作论文可以成为研究京津冀科技协同创新发展的一个重要切入点，但现有研究仅从地区合作数量出发，没有从机构、学科、关键词等角度进行更为深层次地分析，缺少时序分析，缺乏科研合作随时间发展变化情况的探讨。本文以京津冀地区的合著论文为研究对象，从定量实证角度深层次分析京津冀三地间论文的合作状况以及"十二五"到"十三五"期间合作的发展变化情况，对于未

---

[1] 叶堂林、祝尔娟：《京津冀科技协同创新的基本态势》，《人民论坛》2019年第12期。

[2] 科技日报：《中国区域科技创新评价报告2020》发布！北上广科创中心引领地位凸显，https://baijiahao.baidu.com/s?id=1684506072701663541&wfr=spider&for=pc，2020-11-27。

[3] 张冬玲、王贤文、侯剑华：《中国城市间高水平科学论文合作网络的分析》，《中国科技论坛》2008年第9期；王弓、赵新力：《从SCI合著论文看海峡两岸科技合作》，《中国软科学》2007年第8期。

[4] 朱丽波：《从科学计量学角度看近十年中国科技合作态势》，《情报杂志》2015年第34卷第1期。

[5] 姜珂、于涛：《长三角区域城市间知识网络特征研究——基于论文合作的视角》，《地域研究与开发》2017年第36卷第1期。

[6] 梅长春、丛继坤、金善女：《京津冀创新合作特征及效率研究——基于专利及论文数据的分析》，《河北工业大学学报》（社会科学版）2019年第11卷第2期。

[7] 杨扬、李鸿旭、殷松益：《论文合作视角下京津冀科技协同创新研究》，《农业图书情报》2019年第31卷第8期。

来更有针对性地开展京津冀科技合作，更好推进京津冀科技协同创新具有重要的参考价值和现实意义。

一 数据来源和研究方法

（一）数据来源

中文社会科学引文索引（CSSCI）从中文人文社会科学学术性期刊中精选出学术性强、编辑规范的期刊作为来源期刊，学科覆盖法学、管理学、经济学、历史学、政治学等在内的 25 大类，为文献计量研究提供了数据来源保障，本文以中文社会科学引文索引（CSSCI）为数据源，数据库提供"作者地区"字段，可以准确地对京津冀高水平合作论文数据进行检索，分析结果可能会侧重于社会科学领域。在 CSSCI 数据库中选择"作者地区"字段为检索条件，时间跨度设置为 2011—2020 年，利用作者地区为"北京与天津"、"北京与河北"、"天津与河北"进行 3 次检索，得到京津冀任意两地之间的合作论文，检索时间为 2021 年 3 月 31 日，共检索到论文 3223 篇，去重后得到论文 3187 篇。

（二）研究方法

首先对论文数据进行清洗、处理，然后利用文献计量学、科学计量学方法对论文的发表年份、机构、第一机构、中图类号、发表期刊、关键词等字段进行分析，分析京津冀 2011—2020 年的科技合作的整体趋势、合作规模、地区/机构合作模式、合作强度、研究学科、研究热点及前沿等。

文献计量法是一种定量分析方法，以论文的作者、关键词等各种外部特征作为研究对象，采用数学与统计学方法来描述、评价和预测科学技术现状与发展趋势，其主要特点是输出必是量化的信息内容[①]。该方法可以在一定程度上克服主观随意性，还可以客观地对研究结果、数据规律及分布等情况进行分析。共词分析法是常用方法之一，该方法统计一组词在同一篇文献中两两出现的次数并对其进行聚类分析，从而可以分析出这些词所代表的学科及主题的结构变化特点[②]。

信息可视化技术是科学计量学领域的一种重要的研究方法和手段。信息可

---

① 朱亮、孟宪学：《文献计量法与内容分析法比较研究》，《图书馆工作与研究》2013 年第 6 期。
② 冯璐、冷伏海：《共词分析方法理论进展》，《中国图书馆学报》2006 年第 2 期。

视化是将抽象数据用可视的形式表示出来，以利于分析数据、发现规律（信息）和制定决策[1]。目前为止，可视化软件很多，雷登大学CWTS研究机构的研究人员Nees Jan Van Eck和L. Waltman开发的一款免费知识图谱绘制工具VOSviewer[2]为影响较大、广受关注的软件。VOSviewer在图谱展示、聚类技术等方面有其独特优势[3]。因此本文拟用其来呈现京津冀科研合作的现状和探寻发展规律。由于VOSviewer不能直接分析CSSCI论文数据，本文利用Excel宏代码（VBA）将论文数据转换成软件可识别的Endnote格式，再导入软件绘制知识图谱。

二 结果及分析

（一）京津冀合作论文数量分析

论文数是文献计量中的一个重要指标，可以反映发展程度和发展趋势。京津冀2011—2020年合作论文的数量变化情况如图1，合作论文数呈现小幅度波动，整体发文差别不大。2014年京津冀协同发展战略提出后，合作论文数有小幅度增加，但2017年后，论文数开始呈现逐年递减趋势，这可能也与CSSCI数据库收录的总论文数逐年下降的客观现实有关。虽然合作论文数量保持在300篇上下浮动，但是京津冀三地共同合作论文数保持在5篇以下，三地合作论文数仅占总合作论文数的0.56%。由于京津冀科技资源分布不均衡等原因，导致了区域之间论文合作数量、强度的差异。京津合作论文数量最多，其次是京冀，津冀合作论文数最少。说明目前北京和天津是京津冀协同创新发展中联系最紧密的，河北与天津合作发文数量较少，联系比较疏松。"十三五"时期与"十二五"时期相比，京津合作论文数增长了125篇，京冀与津冀的合作论文数量不增反减。

合作论文密度指的是发表论文总量中合作论文的比例，可用于衡量合作的疏密性，第一作者比例很大程度上决定了京津冀论文合作的方式，第一作者比例越大，在论文合作中越占据主导地位。京津冀合作论文密度和第一作者占比见表1。

---

[1] 靖培栋：《信息可视化——情报学研究的新领域》，《情报科学》2003年第7期。
[2] Van Eck, N. J., Waltman, L. Software Survey: VOSviewer, a Computer Programfor Bibliometric Mapping, *Scientometrics*, 2010, 84 (2): 523–538.
[3] 赵健、孙畅：《基于知识图谱的国内高校图书馆研究领域可视化分析》，《情报科学》2015年第33卷第3期。

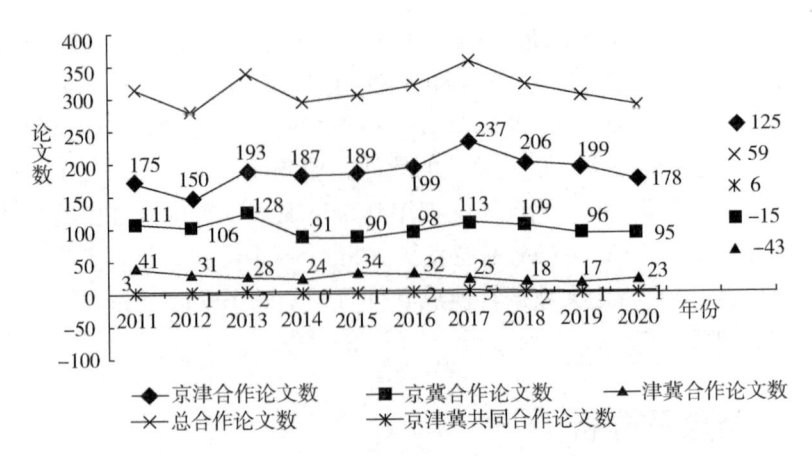

图 1 京津冀 2011—2020 年合作论文数量变化（单位：篇）

北京、天津、河北 2011—2020 年发表 CSSCI 论文总量分别为 213289 篇、26930 篇和 9158 篇，京津、京冀、津冀合作发表论文总量分别为 1913 篇、1037 篇和 273 篇。北京发文量最多，占三地总发文量的 85.53%，科研实力较强，而河北发文量最少，仅占总发文量的 3.67%。从表 1 得知，京津合作论文数不到北京总发文量的 1%，京冀合作发文量不到 0.5%，说明北京与天津、河北科研合作只是北京科研的一小部分，对北京科研的影响较小。

河北的论文密度比高于北京和天津，从"十二五"时期到"十三五"时期，河北与北京、天津的合作论文数占比呈现上升趋势，尤其是与天津的合作论文数占总发文的比例从 2.88% 增长到 11.29%，说明京津冀科技协同创新对河北 CSSCI 论文的发表有着重要的影响作用。从表 1 的一作比例来看，天津在与北京、河北的合作论文中均占主导地位，但与河北合作论文的一作比例呈下降趋势，河北的一作比例呈上升趋势，说明河北在与天津的论文合作中主导力逐渐增强。北京在与河北的合作论文中占据主导地位，但是与天津的合作中，一作比例略低于天津。

表 1 京津冀"十二五"与"十三五"的合作论文密度和一作占比情况

单位：%

	京津		京冀		津冀	
	十二五	十三五	十二五	十三五	十二五	十三五
占北京总发文比例	0.81	0.99	0.47	0.50	—	—
占天津总发文比例	6.05	8.39	—	—	1.07	0.95
占河北总发文比例	—	—	9.58	13.94	2.88	11.29
北京一作比例	41.61	40.37	54.37	53.67	—	—

续表

	京津		京冀		津冀	
	十二五	十三五	十二五	十三五	十二五	十三五
天津一作比例	53.24	52.34	—	—	63.29	52.81
河北一作比例	—	—	38.33	38.04	34.81	42.13

将合作论文按照发文机构所在城市进行标注，例如华北电力大学（北京校区）和华北电力大学分别标注为北京和保定，绘制合作图谱（见图2），节点代表城市，节点大小表示合作发文量多少，连线的粗细表示合作发文数。可以看出，北京与天津处于图谱的中心节点位置，北京作为科技创新中心，处于合作图谱的核心节点位置，与其他13个城市均有合作，与天津、石家庄和保定的合作频次较高。河北省合作发文较多的城市有石家庄、保定、廊坊和秦皇岛，其中石家庄作为河北省省会城市，合作较多，是网络的中心节点之一；虽然保定合作发文较多，大都是与北京、天津单独合作，省内合作城市局限在石家庄和廊坊。京津冀合作论文中，河北省缺少省内联动，城市之间合作比较少。35篇合作论文由3个城市共同完成，其中京津冀共同合作的有18篇，其余17篇由河北省的两个城市同北京或天津共同合作完成，占比很少，从图中也可看出，目前京津冀大部分城市之间还没有形成紧密稳定的合作关系。

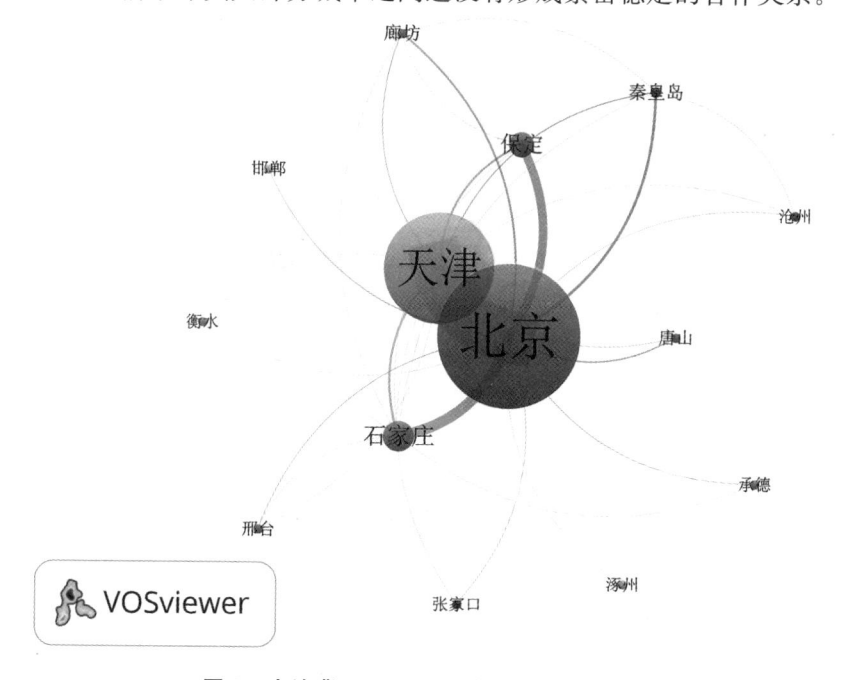

图2 京津冀2011—2020年论文合作图谱

"十三五"与"十二五"相比，北京和天津的合作发文数增加了125篇（894篇增加至1019篇）；在京冀合作论文数减少了15篇的大背景下，北京和廊坊的合作论文数增加了14篇（31篇增加至45篇）；津冀合作论文数共减少43篇，其中天津和石家庄的合作论文数减少了36篇（62篇减少至26篇）。

（二）京津冀地区合作强度分析

合作强度是用来表征合作紧密程度的指标。中国学者梁立明[①]最先提出运用Salton指数将科研合作频次进行转换，消除论文规模对科研合作的影响，从而测度科研合作强度。Salton指数的计算公式为：$S_{ij}=n_{ij}/\sqrt{C_iC_j}$。公式中，$n_{ij}$为地区$i$和地区$j$的合作论文数，$C_i$和$C_j$表示地区$i$和地区$j$发表的论文总数，Salton指数越大，表示地区间合作倾向越强。

经过计算，京津冀地区科研合作强度矩阵见表2。地区合作强度量值与地区间合作论文数量大体保持一致，目前合作发文较多的城市，城市之间的合作强度也较大。北京是京津冀科研合作的核心城市，在论文合作强度矩阵上同样出现较高值，北京与天津的合作强度最高，与石家庄、保定、秦皇岛、唐山、邯郸等5个城市的合作强度均超过0.1，"十三五"与"十二五"相比，北京与天津的Salton指数从0.736增长到0.781，合作倾向逐渐增强，但与唐山、保定的Salton指数略有下降；北京与承德、邢台的合作发文数一致，但是与承德的Salton指数高于邢台，说明北京与承德的合作强度和倾向较强。天津与石家庄、保定、秦皇岛等城市合作发文较多，但Salton指数较低，说明天津与河北的合作强度较小，合作倾向不够强。

（三）京津冀合作论文机构分析

由于机构存在多种不同写法，因此需要对同一机构的不同写法进行统一处理，本文不保留机构的二级、三级单位等，例如南开大学商学院将被统计为南开大学，但华北电力大学（北京校区）和华北电力大学由于所在城市不同，因此分为2个机构。绘制2011—2015年和2016—2020年京津冀机构合作谱图，分别见图3、图4，其中节点代表各个机构，节点大小表示机构合作发文量，连线的粗细表示机构之间合作发文数。

从图3可以看出，合作篇数14篇以上的35家机构主要分布为四个类团，第一类团是以南开大学为核心，由天津大学、北京大学、中国人民大学、对外

[①] 梁立明、沙德春：《985高校校际科学合作的强地域倾向》，《科学学与科学技术管理》2008年第11期。

表 2 京津冀地区科研合作强度矩阵（2011—2020 年）

	北京	天津	石家庄	保定	秦皇岛	廊坊	唐山	邯郸	邢台	承德	张家口	沧州	衡水	涿州
北京	—													
天津	0.759	—												
石家庄	0.335	0.086	—											
保定	0.299	0.083	0.007	—										
秦皇岛	0.158	0.076	0.008	0	—									
廊坊	0.134	0.068	0.004	0.005	0.008	—								
唐山	0.115	0.042	0	0	0	0	—							
邯郸	0.105	0.028	0.007	0	0	0	0	—						
邢台	0.079	0.022	0.037	0	0	0	0	0	—					
承德	0.085	0	0.010	0	0	0	0	0	0	—				
张家口	0.064	0.012	0	0	0	0	0	0	0	0	—			
沧州	0.059	0.006	0	0	0.024	0	0	0	0	0	0	—		
衡水	0.021	0.012	0	0	0	0	0	0	0	0	0	0	—	
涿州	0.018	0	0	0	0	0	0	0	0	0	0	0	0	—

经济贸易大学、清华大学等组成；第二类团是由北京师范大学、天津师范大学、河北师范大学、河北大学等组成；第三类团是天津工业大学、河北工业大学、北京航空航天大学、燕山大学等组成；第四类团由北京体育大学和天津体育学院组成，该类团和其他类团没有较多的联系，孤立开来；此外，还有一些合作较少的机构，如中国农业大学、天津商业大学和天津理工大学。从图中节点之间连线的颜色可看出，河北大学和南开大学、河北大学和中国人民大学、北京师范大学与南开大学之间的合作是连接第一类团和第二类团科研合作的桥梁。

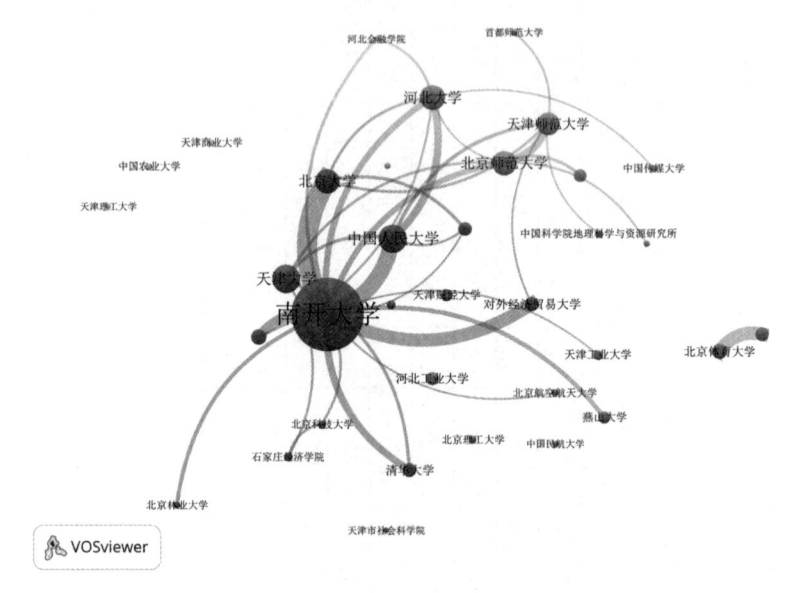

图3　京津冀2011—2015年机构合作图谱（发文频次≥15、合作频次≥5）

从图4可以看出，合作篇数大于等于15篇的40家机构主要分布为五个类团，第一类团是以南开大学为核心，由对外经济贸易大学、天津财经大学等组成；第二类团由北京师范大学、天津大学、天津师范大学、清华大学等组成，清华大学与其他机构联系比"十二五"时期更为紧密，属于第一类团和第二类团的枢纽，发展势头开始凸显出来；第三类团是以中国人民大学为核心，由河北大学等组成，其中，中国人民大学的核心地位较"十二五"时期更加明确；第四类团由北京体育大学为核心，由天津体育学院和河北体育学院组成，同"十二五"相比，虽然合作发文篇数有所减少，但是河北体育学院加入了这个类团，实现了京津冀三地共同合作，但该类团由于专业特色太明显，仍然和其他类团联系较为疏松；第五类团是以北京大学为核心，北京大学属于第一、二、三、四类团的枢纽位置，处于整个合作网络的中心节点位置，枢纽功能凸显。

从机构合作图谱可看出，参与合作的机构以高校为主，高校是支撑京津冀区域科研合作的主要力量，尤其是实力强劲的985、211高校。与图3相比，图4中合作网络中节点更多、节点间联系更紧密、合作网络密度更大，不仅增加了中共中央党校、中国社会科学院经济研究所等非高校机构，更增加了复旦大学、中山大学、华东师范大学等京津冀区域外机构，说明"十三五"与"十二五"相比，京津冀科研合作的规模有所扩大，而且与其他城市机构的联系更加紧密，京津冀科研合作的形式更加多样化。

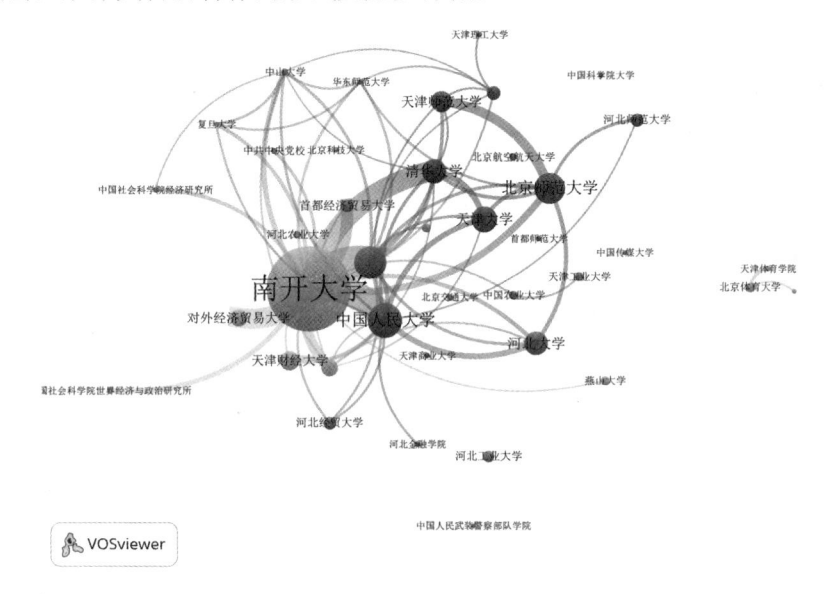

图4　京津冀2016—2020年机构合作图谱（发文频次≥15、合作频次≥5）

"十二五"与"十三五"期间合作频次排名前五的机构名单见表3，南开大学在科研合作频次中占据着绝对优势地位，与众多机构都存在合作关系，其中与北京大学合作最频繁（合作132次），南开大学除与北京大学、中国人民大学和清华大学等综合类院校有密切的合作外，还与对外经济贸易大学、首都经济贸易大学、中央财经大学等财经类院校有密切的合作，而且合作频次增加。表3中没有河北的机构，一定程度上可说明目前京津冀机构合作存在明显的地区分层现象，北京与天津的机构合作频次明显高于河北。

表3　2011—2015年与2016—2020年合作频次排名前五的机构名单

单位：次

机构名称	2011—2015年合作频次	2016—2020年合作频次	合作频次变化情况
北京大学 & 南开大学	49	83	↑34

续表

机构名称	2011—2015年合作频次	2016—2020年合作频次	合作频次变化情况
中国人民大学 & 南开大学	38	72	↑34
南开大学 & 对外经济贸易大学	31	55	↑24
南开大学 & 清华大学	17	55	↑38
南开大学 & 首都经济贸易大学	6	33	↑27
中央财经大学 & 南开大学	24	29	↑5
北京体育大学 & 天津体育学院	32	10	↓22

（四）京津冀合作论文学科分析

分类号是对论文类别的一个揭示，对研究的学科及方向有一定的体现。魏瑞斌、武夷山等认为，中图分类法目前仍然是一种能较好反映论文学科属性的选择[1]。由于论文分类号的标注具有一定的主观性，本文在统计时统一保留到中国分类法二级类目，这样处理虽然损失了研究的细度，但可以在一定程度上保证分析的准确性。京津冀合作发文分类号Top10见表4。44%的京津冀合作论文分类号是F大类（经济），其中经济计划与管理，财政、金融，世界各国经济概况、经济史、经济地理，农业经济、贸易经济都是研究的热点，具体的研究方向有国民经济管理、企业经济、城市与市政经济、产业经济学、区域经济学等，主要发文期刊有《统计与决策》《金融研究》等。G大类（文化、科学、教育、体育）也是研究较多的学科之一，其中图书馆学、信息资源及其管理、体育是研究重点。B84（心理学）也是研究较多的学科之一，主要的发文期刊有《心理与行为研究》《心理科学进展》。

表4　2011—2020年发文数量Top10分类号及其主要发文期刊

单位：篇

分类号	分类名称	发文数量	具体研究方向	主要发文期刊（论文数量）
F2	经济计划与管理	449	国民经济管理；企业经济；城市与市政经济	统计与决策（22）、城市发展研究（16）、中国科技论坛（13）
F8	财政、金融	325	中国财政；金融、银行理论；中国金融、银行	金融研究（21）

---

[1] 魏瑞斌、田大芳、武夷山：《基于中图分类号的图书情报学期刊发文现状分析》，《现代情报》2014年第34卷第3期。

续表

分类号	分类名称	发文数量	具体研究方向	主要发文期刊（论文数量）
G2	信息与知识传播	249	图书馆学；信息资源及其管理；传播理论	图书情报工作（20）、科技与出版（19）、情报科学（16）
G8	体育	182	体育基础科学；体育与其他学科的关系	北京体育大学学报（54）、天津体育学院学报（26）、中国体育科技（22）
F1	世界各国经济概况、经济史、经济地理	156	经济建设和发展；人民生活状况；地方经济	中国工业经济（5）、当代经济研究（5）
F0	经济学	144	产业经济学、区域经济学	河北经贸大学学报（11）、中国人口.资源与环境（10）
F3	农业经济	117	农业经济建设与发展、土地经济学	中国土地科学（13）、自然资源学报（8）
G6	各级教育	114	世界各国高等教育概况、研究生教育	学位与研究生教育（11）、高等工程教育研究（11）
F7	贸易经济	107	商品流通与市场、中国对外贸易	管理评论（8）
B84	心理学	105	应用心理学、心理过程与心理状态	心理与行为研究（28）、心理科学进展（22）

与"十二五"相比，"十三五"时期数量变化比较大的分类号为G8（体育），从107篇下降到75篇，说明体育方向的研究是"十二五"时期的热点研究，但"十三五"期间研究有所减少。TU（建筑科学）的相关研究在"十三五"期间增加较多，尤其是城市规划，是近两年研究的重点，也有可能成为今后几年的研究热点，K87（中国文物考古）、G434（计算机化教学）和K91（人文地理学）均是"十三五"期间研究成果增加较多的研究方向。

（五）京津冀合作论文关键词分析

绘制"十二五"与"十三五"期间京津冀合作论文的关键词共现图谱，分别见图5、图6，其中节点代表各个关键词，节点的大小表示关键词在论文中出现频次，连线的粗细表示两个关键词在同篇论文中的共现频次。

从图5可看出，经济增长、货币政策、城镇化影响因素等是"十二五"时期京津冀合作研究较多的话题，其中货币政策相关研究主要来自京津合作论文，是北京和天津在"十二五"时期的研究热点，内容分析、文献计量、运动员及其自我控制、融资约束等话题也主要来自京津合作研究。与微博新媒体相关的系列研究，农村留守儿童、城镇化、新生代农民工等则主要是京冀合作的热点研究。津冀合作的热点研究话题有经济增长、图书馆阅读推广、大数据背景下的数据挖掘等等。

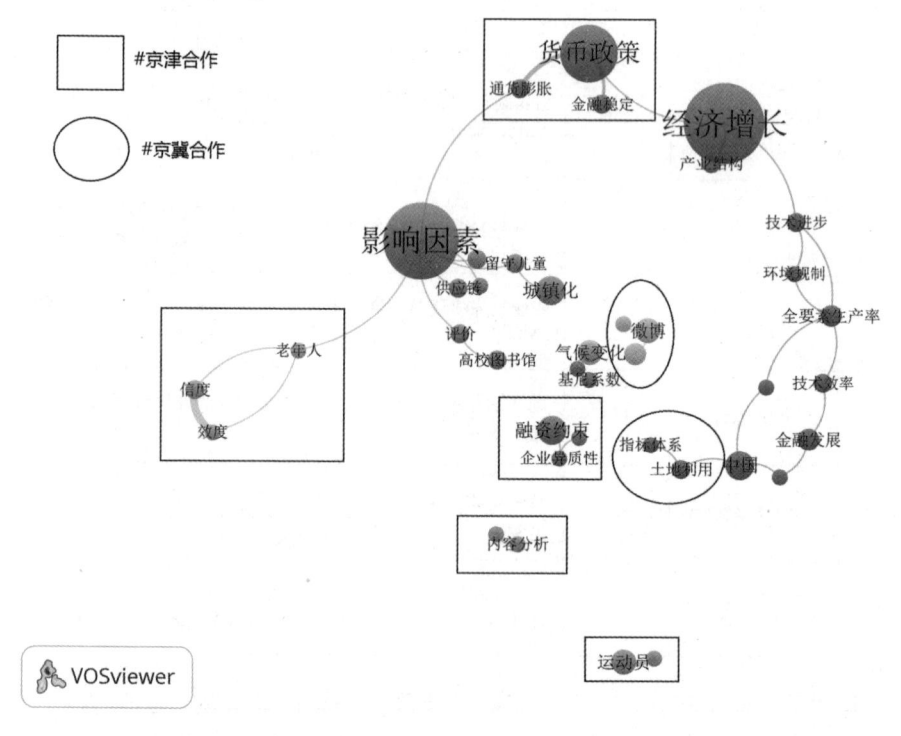

图 5　京津冀 2011—2015 年合作论文关键词共现图谱（频次≥5）

图 6 中，经济增长仍然是研究较多的话题，与"十二五"时期相比，货币政策相关研究减少，但京津冀协同发展、大数据、全球价值链开始成为热点研究话题，习近平新时代、马克思、人工智能、技术创新、一带一路、流动人口等时事热点相关研究增加。不同地区合作，研究热点话题也不同，热点话题研究具有比较明显的地区合作倾向性。例如"十三五"期间，北京和河北对于京津冀协同发展的研究开始增多，以京津冀、协同发展为关键词的论文主要来自京冀科研合作成果；全球价值链、企业创新等相关研究主要来自北京和天津科研合作；天津和河北在"十三五"时期的研究主要集中在利用大数据和模型监控处理网络舆情和突发事件方面。

与图 5 相比，图 6 的关键词共现图谱中的高频关键词更多且图谱密度更大，各个关键词之间联系更加紧密。在一定程度上可以说明，"十三五"与"十二五"相比，京津冀之间的科研合作内容更加丰富，且研究话题具有鲜明的时代特征，合作研究紧跟时代发展。

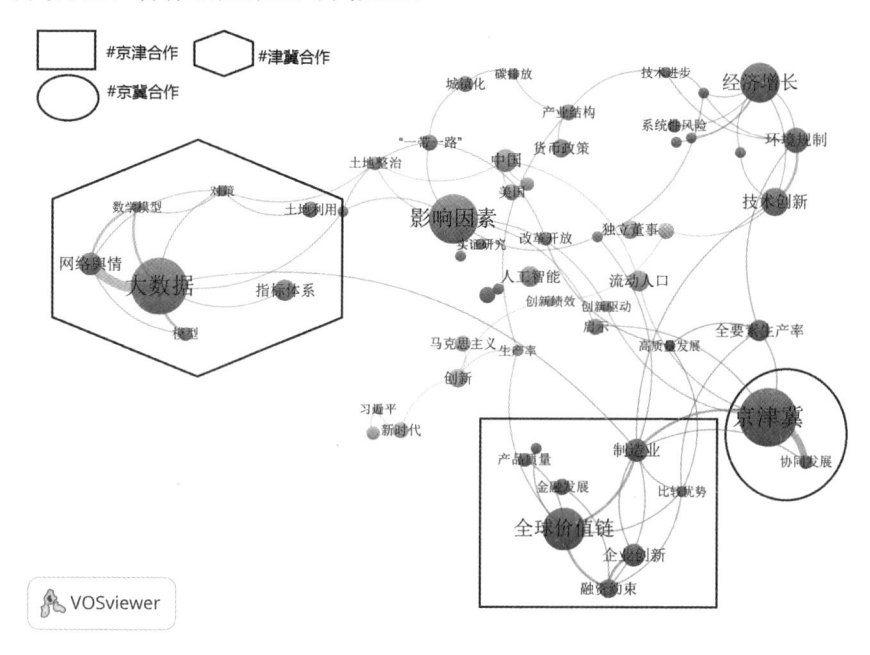

图6　京津冀2016—2020年合作论文关键词共现图谱（频次≥5）

三　结论

合著论文是科研合作的重要成果形式，也是文献计量学和科学计量学的主要研究对象。本文以京津冀在 CSSCI 数据库发表的合著论文为数据源，运用文献计量法、科学计量法进行研究，并通过表格与可视化图谱展示计量结果，便于了解京津冀区域科研合作的状况及"十二五"到"十三五"的发展变化情况，得到如下结论。

1. 目前京津冀大部分城市间还没有形成紧密稳定的合作关系，京津冀三地协同合作不够。目前京津冀科研合作主要存在于北京与天津之间，河北参与合作较多的城市有石家庄和保定，其余城市较少参与合作，且河北省缺少省内联动。北京作为科技创新中心，合作发文数量最多，是区域合作网络的核心节点，京津之间发文数最多，合作强度逐渐增强。"十三五"与"十二五"相比，津冀科研合作对于河北的高水平科研成果产出具有较大的影响作用，而且河北在津冀论文合作中主导力逐渐增强。

2. 京津冀地区机构合作网络从整体上看是一个联系比较广泛、密度较大的网络，但具有较明显的地区聚集现象。北京与天津机构数量明显多于河北，高校是支撑京津冀区域科研合作的主要力量，其他类型机构（例如科研院所）在"十三五"时期参与力度加大。各个机构归属于不同的合作团体中，南开大学、天津大学、北京大学、中国人民大学、北京师范大学等高校在整个网络中处于核心地位，这些高校科研实力强，具备合作优势。河北大学是河北省的主要合作发文机构，但省内其他机构参与度不高。部分合作团体由于专业特色太明显，同其他合作团体之间联系疏松，例如体育类高校。与"十二五"相比，"十三五"时期的京津冀科研合作规模逐渐扩大，合作方式呈现多样化，地域范围不再局限在京津冀区域，区域以外的其他机构也开始加入机构合作图谱，北京大学、清华大学、中国人民大学的枢纽功能逐渐增强，河北省机构合作参与度在逐渐提高。

3. 研究主要集中于经济类话题，这与加强京津冀区域经济交流与合作的要求保持一致。经济地理，农业经济、贸易经济等都是研究热点，近两年建筑科学，尤其是城市规划相关研究开始增加，有可能会成为今后的研究热点。经济增长、影响因素相关研究一直是京津冀合作研究的热点话题，但热点话题具有比较明显的地区合作倾向性，不同区域间合作的研究话题并不完全相同。京津冀、协同发展等相关研究主要来自北京与河北，全球价值链、企业创新等相关研究主要来自北京和天津合作，天津和河北主要研究利用大数据和模型监控处理网络舆情和突发事件。与"十二五"相比，全球价值链、企业创新、京津冀协同发展、技术创新、一带一路等话题在"十三五"时期成为热点研究，京津冀区域之间的合作研究更加深入，研究话题更加丰富、具有鲜明的时代性。

参 考 文 献

[1] 李非凡：《高校科研合作网络及演化研究——以京津冀地区 211 及省部共建高校为例》，《农业图书情报》2019 年第 31 卷第 8 期。

[2] 叶堂林、祝尔娟：《京津冀科技协同创新的基本态势》，《人民论坛》2019 年第 12 期。

[3] 科技日报《中国区域科技创新评价报告 2020》发布！北上广科创中心引领地位凸显，https：//baijiahao.baidu.com/s？id＝1684506072701663541&wfr＝spider&for＝pc，2020-11-27。

[4] 张冬玲、王贤文、侯剑华：《中国城市间高水平科学论文合作网络的分析》，《中国科技论坛》2008 年第 9 期。

[5] 王弓、赵新力：《从 SCI 合著论文看海峡两岸科技合作》，《中国软科学》2007 年第 8 期。

[6] 朱丽波:《从科学计量学角度看近十年中国科技合作态势》,《情报杂志》2015年第34卷第1期。

[7] 姜珂、于涛:《长三角区域城市间知识网络特征研究——基于论文合作的视角》,《地域研究与开发》2017年第36卷第1期。

[8] 梅长春、丛继坤、金善女:《京津冀创新合作特征及效率研究——基于专利及论文数据的分析》,《河北工业大学学报》(社会科学版)2019年第11卷第2期。

[9] 杨扬、李鸿旭、殷松益:《论文合作视角下京津冀科技协同创新研究》,《农业图书情报》2019年第31卷第8期。

[10] 朱亮、孟宪学:《文献计量法与内容分析法比较研究》,《图书馆工作与研究》2013年第6期。

[11] 冯璐、冷伏海:《共词分析方法理论进展》,《中国图书馆学报》2006年第2期。

[12] 靖培栋:《信息可视化——情报学研究的新领域》,《情报科学》2003年第7期。

[13] Van Eck, N. J., Waltman, L. Software Survey: VOSviewer, a Computer Program for Bibliometric Mapping, *Scientometrics*, 2010, 84 (2): 523-538.

[14] 赵健、孙畅:《基于知识图谱的国内高校图书馆研究领域可视化分析》,《情报科学》2015年第33卷第3期。

[15] 梁立明、沙德春:《985高校校际科学合作的强地域倾向》,《科学学与科学技术管理》2008年第11期。

[16] 魏瑞斌、田大芳、武夷山:《基于中图分类号的图书情报学期刊发文现状分析》,《现代情报》2014年第34卷第3期。

三　政治建设篇

北京市城市管理执法体制改革的历程与发展

金国坤[*]

摘　要：城市治理是国家治理体系和治理能力现代化的重要内容。习近平总书记2014年在北京市考察工作时要求，要健全城市管理体制，提高城市管理水平，尤其要加强市政设施运行管理、交通管理、环境管理、应急管理，推进城市管理目标、方法、模式现代化。北京市城市管理执法体制改革经历了五级跳跃：相对集中行政处罚权，实行城管综合执法，解决了部门林立、职责权限不清等问题；建立大城管模式，实行综合治理，解决了城市管理各自为政、管理与执法分离的现象；党建引领"吹哨报到"，解决了"看得见的管不着，管得着的看不见"的局面，形成了管理执法的合力；城市管理重心下沉，执法力量下移，则解决了最后一公里的问题，使管理者有职有权，从机制变革转向了体制转变；"接诉即办"解决了随着权力下移给基层的压力负荷变重导致的新问题。

关键词：北京市；城市管理；执法体制；改革历程

改革开放以来，从城市管理的综合执法体制改革到治理重心下移、推进党建引领"吹哨报到"和"接诉即办"机制创新，北京市把不断满足广大市民对美好生活的向往贯穿于推进超大城市治理现代化的实践探索中，为城市治理现代化提供了北京样本，贡献了北京经验。

---

[*] 金国坤，博士，中共北京市委党校（北京行政学院）法学教研部主任、教授，主要研究方向：依法行政、政府法治理论和实践。

一 相对集中行政处罚权，实行城管综合执法

自20世纪90年代以来，国家和北京市颁布了许多城市管理的法律法规，城市管理进入法制化阶段。我国计划经济条件下建立起来的行政管理体制，其显著特点是行政管理职能分工以"条条"为主，从国务院到县级以上地方各级人民政府建立相应对口的职能部门，法律、法规对行政管理和处罚的授权也具体到政府相应的职能部门。按照过去的专项执法方式，有一个法规，就要有一支执法队伍。1997年以前，北京有79支行政执法队伍，隶属于46个行政部门。这些执法队伍既各司其职又职责不清，其结果是造成"八顶大盖帽管不住一顶小草帽"的情况。这说明专项执法、分散执法的城市执法旧体制已经不适应城市管理的需要了，若要加强城市管理，必须探索建立城市执法的新体制，使城市执法从专项到综合、从分散到集中。[1]

1995年北京市人大常委会作出了《关于加强行政执法工作的决定》，明确提出了改革行政执法体制和转变机制的要求。宣武区政府于20世纪90年代初期曾进行过一项综合执法改革试验，建立了一支联合执法队伍，将工商、市容、环卫等部门的执法职能集于一体。这支队伍由区里组建，各街道设分队。这种形式的组合对城市管理起到了一定作用。但按照《行政诉讼法》的规定，执法部门需要各行其法，联合执法队伍没有执法主体资格，容易引起诉讼，这种联合执法队伍不能存在。1996年颁布的《行政处罚法》规定，国务院或者经国务院授权的省、自治区、直辖市人民政府可以决定一个行政机关行使有关行政机关的行政处罚权。这一项规定，从体制上通过相对集中行政处罚权解决了几个部门共同行使同一违法行为处罚权的问题。

宣武区政府及时地抓住这个机遇，在全国率先开展城市管理综合行政执法试点工作。1996年底，宣武区政府给时任北京市委书记尉健行同志写了请示报告，得到批准后，市政府办公厅上报给国务院法制局。1997年3月，国务院法制局发了《关于在北京市宣武区开展城市管理综合执法试点工作的复函》，原则同意北京市政府在宣武区开展城市管理综合执法改革的试点工作，并指出："在宣武区城市管理监察大队组建并开始综合执法后，原有关行政执法部门不再行使调整后由区监察大队集中行使的行政处罚权。"5月23日宣武区城市管理监察大队成立。"宣武试点"实施相对集中行政处罚权成效明显。一是

---

[1] 吴刚：《城市里的"大盖帽"与"大草帽"——北京市宣武区改革城市行政执法体制》，《中国行政管理》1999年第5期。

在人员编制上，编制200人，实际招收164人，承担了原来由600多人承担的多个部门的执法任务；二是从"分散式"的专业执法管理向综合执法管理转变，减少了多部门职责重叠引起的多头执法、职责交叉、重复处罚、效率不高等问题，呈现出统一、简明、精干的高效状态。"宣武试点"使北京城市执法管理"九龙治水"成为历史，执法效率大幅提高。

1998年7月北京市人民政府下发《关于本市城市管理综合执法试点工作扩大区域的通知》（京政办函〔1998〕110号），决定将城市管理综合执法的试点工作扩大到东城等城八区。2000年2月，试点工作由城八区进一步扩大到门头沟、房山、通州、顺义、昌平5个区的城区和平谷、怀柔、密云、大兴、延庆5个县的县政府所在地的镇。1998年12月，北京市人民政府办公厅下发《关于进一步加强城市管理综合执法组织建设和管理工作的通知》（京政办函〔1998〕169号），确定了城市管理监察大队的组织形式。区城市管理监察大队实行市、区两级管理，以区为主；区监察大队所属地区分队实行区监察大队和街道办事处双重管理。2000年9月，北京市10个远郊区县城市管理监察大队正式挂牌成立。至此，北京市城管综合执法覆盖全市城市化管理区域，相对集中行政处罚权的综合执法制度开始取代由主管部门审批、处罚为一体的多头管理、重复执法。2002年，北京市政府决定在市一级也成立综合行政执法机构，将以前设在市市政管委的城管监察办公室调整组建为市城市管理综合行政执法局，由市市政管委负责管理，对外以自己的名义行使职权，开展工作。2011年，市政府决定将市城管执法局调整为市政府直属行政执法机构。

相对集中行政处罚权在一定程度上解决了分散执法带来的问题，但这种相对集中的综合执法不仅没有彻底解决职权交叉重叠的矛盾，又出现了新的权限冲突。

实行相对集中行政处罚权后，只是将其他机关的部分行政处罚权移交给了综合执法机关，原行政机关继续存在。而且，现行法律、法规都是将行政处罚直接授予具体的行政职能部门，这样就形成多个部门都有处罚权的情况，处罚机构不但没有减少，反而还有增加。在这样的情况下，必然造成新的矛盾。现有改革仅仅限于相对集中行政处罚权方面，其他的行政许可审批等职能还在原行政部门。其他职能部门行使行政许可权，综合执法部门行使行政处罚权，因而两者之间出现了一个巨大的监管错位。职能部门作为主管部门，应当对该领域的事务行使日常的监督检查职责，综合执法部门为了行使行政处罚权，也必须对该领域的社会事务进行监督检查，由此出现了监督检查职责的交叉。在有利益可图情况下出现了"监督检查扰民"，在没有利益的情况下又都不愿履行监督检查职责，实践中也存在谁都可以管、谁也都可以不管的局面。

综合执法也导致了新的相互不衔接和协调困难。由于城市管理行政执法机关行使的行政处罚权大都是从其他行政机关分离出来，这就存在一个如何与相关行政机关在工作中相互衔接问题，如果衔接不好，综合执法的效果就很难显现。可见，相对集中行政处罚权作为一种解决部门之间职权交叉重叠的有益尝试，起到了一定的作用，但同时也带来了许多新的问题，而这些问题并不是通过完善综合行政执法制度所能根本解决的，事实上即使原来的主管机关不再行使已经划转的行政处罚权，它还有其他的行政处罚权需要保留，仍然需要有自己的执法队伍。很难想象所有机关的行政处罚权全部移交给统一的综合执法机关。北京市至今尽管已经集中了300多项处罚权，一个综合机构仍不足，还有文化市场执法大队，两个执法大队之间仍然有可能产生权限冲突。况且，相对集中的只是行政处罚权，而不包括其他许可、检查和强制等方面的权力，而行政管理是一个动态的过程，处罚只是下游的一个环节，它有时以许可为前提，通过监督检查才能发现是否违法。如何界定划转的处罚权和保留的处罚权之间的界线，综合执法部门如何与行业主管部门之间进行配合，是无法回避的问题。所有这一切需要通过其他途径予以解决，综合执法情况下依旧存在与其他部门职权的协调问题。[1]

二 建立大城管模式，实行综合治理

针对专业化管理背景下出现的多头管理、重复管理、协调困难等问题，从2005年底开始，北京市开始探索综合化管理。

2005年10月，东城区为推进城市精细化管理，依照"综合管理"的设想，将市政市容管理委员会更名为城市综合管理委员会，明确区环保局、民防局、园林绿化局、城管大队、城管监督中心、环卫服务中心、园林绿化管理中心为城管系统成员单位，赋予城管委对城市管理工作进行统一组织、协调、监督、指挥、服务的职能，实行"大城管"管理模式，变"部门分割"为"集团作战"。与此同时，实施城市网格化管理，将城市管理辖区按照一定的标准划分成1652个"万米网格"，通过网格监督员巡视、上报问题、平台调度、专业人员现场解决等流程，落实市政管理责任，切实维护市政设施安全。在实施网格化管理的过程中，构建了多层级综合执法平台及体系，即构筑区级社会服务管理综合指挥中心、街道社会服务管理综合指挥分中心、社区社会服务管理综合工作站"三级平台"和区、街道、社区、网格"四级管理"体系。在每个网

---

[1] 金国坤：《行政权限冲突解决机制研究》，北京大学出版社2010年版，第60页。

格均配齐网格管理员、网格警员、网格助理员、网格督导员、网格党支部书记、网格司法人员、网格消防员等7种力量，7种力量按照职责分工承担执法和公共服务工作，做到了执法力量的高度融合、执法手段的高度集合、执法资源的高度整合。[1]

从2014年8月至2015年3月，市委市政府在石景山区开展了城市管理体制改革先行试点，创新完善城市管理体制机制。石景山区委设立中共石景山区委城市综合管理工作委员会，并在石景山区市政市容管理委员会的基础上，组建石景山区城市综合管理委员会，区委城管工委与区城管委合署办公。区城管委是负责统筹协调、督促落实本区城市环境建设、环境秩序整治工作，负责本区市政基础设施、市政公用事业、市容环境卫生、交通水务等行业管理工作的区政府工作部门，由主管副区长兼任工委书记。区环保局、区园林绿化局、区民防局、区城管执法局、区城管监督指挥中心、区环卫中心等部门归口区委城管工委、区城管委管理，不再保留北京市石景山区市政市容管理委员会。对街道进行扩权，街道成立综合执法队伍，包括公安、消防、交通、安监、环保、城管、工商、食药监在内的8个部门，每个部门都派两名工作人员常驻街道，统一办公、统一管理、统一执法、统一装备、统一考核，每天在街道实施联合执法，把联合执法真正常态化。围绕市容环境、生态环境、设施环境和秩序环境这"四大环境"，形成"区级指挥、部门共治、街道统筹"的三级响应体系。通过以上改革，在城市管理领域实现了党建统领和业务统筹，建立和完善了以党建引领为关键、以"综合""下沉"为重心的城市综合管理体系，彻底改变了"多头管理"下"九龙治不了水"的低效治理模式，提升了城市治理水平。2015年北京市《政府工作报告》提出，要深化城市管理体制改革，总结推广石景山区试点经验，出台街道社区管理体制改革意见，推进城市管理重心下移、力量下沉。

笔者承接的2018年首都高端智库重点项目《深化北京市城市管理和执法体制改革研究》经过调研发现，城市规划、建设、管理和执法链条严重脱节。本来，规划、建设、管理和执法是城市管理的一个链条，规划是前提，建设是基础，管理和执法是保障。但长期以来，北京市城市管理中存在重建轻管的现象，作为城市管理链条末端的管理和执法部门，无法介入前端规划建设的审批事务，造成规划建设与管理执法脱节，规划漏项，建设甩项，管理和执法就陷入困境。末端执法不仅成为"万能兜"，而且执法困难重重。如部门新建小区存在缺少垃圾楼、公共厕所等配置环境卫生公共服务设施的

---

[1] 刘宗琦、李俊杰：《北京市东城区：网格化精细管理》，《时事报告》2011年第7期。

问题，主要原因在于规划建设阶段，后期管理阶段补建则难以实施。因此，研究报告建议夯实城市管理委员会作为城市管理综合部门的基础性地位，实行"委带局"的城市管理体制。2018年11月，在北京市机构改革中，市委组建了市委城市工作委员会，市委城工委为市委议事协调机构，办公室设在市规划和自然资源委员会。城管执法是城市管理的重要组成部分，2020年，北京市城管执法局调整为市城市管理委管理的副局级行政执法机构。城管执法机构改革是为了贯彻落实党的十九届四中全会精神，构建更加有效的首都治理体系所作出的重大决策，对推进首都城市治理体系和治理能力现代化具有十分重要的时代意义。

综合治理模式解决了管理各部门之间的协调问题，但各部门仍然是松散的联盟，派驻街道的人员人事关系仍在原单位，由各自所在单位对外承担法律责任，街道对其统筹受到体制制约。城市综合管理委员会也名不符实，并没有将城市治理涉及的所有部门都综合起来，难以实现城市治理的一体化。

三 党建引领"吹哨报到"，平谷开创"三协同模式"

针对基层治理中长期存在的"条块"责任、权力匹配悬殊、"条块"之间缺乏执法响应管理的联动机制、"条条"之间的联合执法缺乏协调配合、"条块"之间缺乏常态化管理响应执法的联动机制等难题，2017年初，平谷区推出了"街乡吹哨、部门报到"党建引领基层治理机制，其主要做法为：实行党建引领；坚持问题导向，实施清单式执法；赋予乡镇强制执法部门到位执法的召集权、综合事项统筹协调、指挥和督办权、辖区重大事项意见建议权、区政府派出机构领导人员任免建议权、综合执法派驻人员日常管理考核权等权力，实现权责匹配；构建"街乡吹哨、部门报到""一门主责、其他配合""部门要求、街乡落实"三协同执法链模式。这一机制解决了大量多年想解决而没有解决的基层治理的痼疾顽症，有效地解决了基层执法力量不足、权责匹配不合理、协同机制不完善等基层执法难题，成为北京市在基层治理方面的首创和有益探索，被中央全面依法治国委员会办公室评为法治政府建设示范项目。

以党建为引领，在不改变目前机构设置的前提下，建设一个服务基层的柔性机制，使资源、力量、职能实现即时调度，形成破解难题的合力。街乡发现问题，吹响召集哨，各职能部门闻风而动到基层报到，根据职责拿出解决办法。事不完，人不走。2017年9月，北京市委常委会决定，将平谷区的"街乡吹哨、部门报到"作为2018年全市"1号改革课题"，向16区推广。

四 城市管理重心下沉，执法力量下移

"吹哨报到"仍是一种联合执法的模式，职责权限在区政府各职能部门，街道只是起到指挥协调作用，真正解决问题有赖于各部门的配合。如何实现"看得见的管得着"，则涉及体制改革。中共北京市委、北京市人民政府2019年2月23日发布的《关于加强新时代街道工作的意见》提出，街道是城市管理和社会治理的基础，在超大城市基层治理体系中发挥着不可替代的中枢作用，要求制定《北京市街道办事处条例》深化街道管理体制改革，推动重心下移、权力下放、力量下沉，切实发挥街道在城市治理中的基础作用。这就要求构建实体化街道综合执法机构，按照有关法律规定相对集中行使行政处罚权，以街道名义开展执法工作，并接受上级主管部门的业务指导和监督，逐步实现一支队伍管执法。除中央明确要求实行派驻体制的机构外，区直部门设在街道的机构原则上实行属地管理。

2019年11月27日北京市第十五届人民代表大会常务委员会第十六次会议通过的《北京市街道办事处条例》明确规定，街道办事处依法行使与居民生活密切相关且能够有效承接的行政执法权。具体行政执法事项清单由市人民政府制定并向社会公布。2020年4月16日，《北京市人民政府关于向街道办事处和乡镇人民政府下放部分行政执法职权并实行综合执法的决定》发布。依据相关法律法规规定，市政府决定将由市、区有关部门承担的部分行政处罚权、行政强制权共431项行政执法职权下放至街道办事处和乡镇人民政府，并由其依法行使与之相关的行政检查权，实行综合执法。自2021年5月1日起，将原由城管执法部门行使的固体废物污染环境防治、生活垃圾管理、物业管理、燃气管理、建筑垃圾处置管理方面的18项行政处罚权、3项行政强制权共21项行政执法职权再下放至街道办事处和乡镇人民政府并以其名义相对集中行使。

北京市地方立法的经验，为国家修改《行政处罚法》所采纳。新修订的《行政处罚法》第24条规定，省、自治区、直辖市根据当地实际情况，可以决定将基层管理迫切需要的县级人民政府部门的行政处罚权交由能够有效承接的乡镇人民政府、街道办事处行使，并定期组织评估。决定应当公布。承接行政处罚权的乡镇人民政府、街道办事处应当加强执法能力建设，按照规定范围、依照法定程序实施行政处罚。有关地方人民政府及其部门应当加强组织协调、业务指导、执法监督，建立健全行政处罚协调配合机制，完善评议、考核制度。可以说，这是继相对集中行政处罚权试点以后，北京市行政执法体制改革

经验对国家立法的再一次重大贡献。

不同于相对集中行政处罚权,是否授予街道办事处行政执法主体资格,不是《行政处罚法》第16条关于相对集中行政处罚权的问题,而是涉及第20条关于管辖的规定。即使根据国务院授权或省级人民政府决定,授予街道办事处这一行政机关行使其他行政机关的权力,但管辖权问题是一个绕不开的法律障碍。原《行政处罚法》第20条规定,行政处罚由违法行为发生地的县级以上地方人民政府具有行政处罚权的行政机关管辖。法律、行政法规另有规定的除外。赋予乡镇街道行政处罚实施权显然不符合管辖的规定。相对集中行政处罚权解决的是多头执法的问题,决定由一个行政机关行使其他行政机关的行政处罚权,这些行政机关是平行的关系,原因是法律、法规将不同的行政处罚权分别授予了多个行政机关。执法重心下移解决的是"看得见的管不着、管得着的看不见"的问题,是执法层级的划分,是区县级管辖,还是街道乡镇管辖的级别管辖问题。两者的立法目的不一样。管理重心下移是将原来由各部门行使的职责移交给街道乡镇统一行使。街道办事处以行政主体的名义行使行政执法权,特别是行政处罚权,实质上是需要将原来由市区政府职能部门行使的部分执法权授予街道办事处行使,涉及级别管辖权的转移。因此,在修改《行政处罚法》时,不是对相对集中行政处罚权的扩展,而是应当修改第20条关于管辖权的规定。因此,在修订的《行政处罚法》中,授予街道乡镇行政处罚权,是在"行政处罚的管辖和适用"而不是"行政处罚的实施机关"这一章中规定的。

五 "接诉即办"向未诉先办、主动治理转化

2019年元旦,在市委的直接领导下,一项直接面向群众、服务群众的新举措"接诉即办"正式推出。原来分散在各部门的几十个热线电话,融合成全新的"12345市民服务热线",服务内容概括起来就一条——一号通办。供电供暖、垃圾分类、交通拥堵、邻里纠纷……不论啥事,只需一个电话,就会有人主动联系,及时回复。自2019年推出以来,"接诉即办"以其对民生关切的高回应性,迅速找到了基层治理抓手,激发了基层治理合力。"一打就通、一通就办、一办就好",12345愈发成为百姓心中"能管事儿"的热线。据统计,自热线开通以来,群众来电数量以年均20%以上的速度快速增长。2020年,有440万市民通过热线反映了1100多万件诉求。[①]

---

① 《以党建引领超大城市基层治理》,《人民日报》2021年5月6日第11版。

接诉即办，是指对自然人、法人或者其他组织等诉求人通过12345市民服务热线和北京12345网络平台搭建的接诉即办平台提出的咨询、求助、投诉、举报、建议等诉求给予快速响应、高效办理、及时反馈的为民服务机制。市民热线服务工作机构对求助、投诉、举报、建议类诉求，属于承办单位职责范围内的，根据职权法定、权责对等、属地管理、分级负责的原则，按照接诉即办派单目录，即时派单至承办单位依法办理；超出承办单位职责范围的诉求，告知诉求人通过市场、社会等其他渠道解决，可以视情况推送有关单位。承办单位办理诉求应当及时联系诉求人，听取诉求人意见建议，了解诉求具体情况；依法履行职责，及时办理诉求；在规定时限内向诉求人和市民热线服务工作机构反馈办理情况。接到诉求的街道办事处、乡镇人民政府应当整合辖区资源，运用党建引领"街乡吹哨、部门报到"机制，畅通社区群众性组织等社会力量参与渠道，统筹协调、指挥调度各方资源共同研究解决相关诉求。诉求办理时限届满，市民热线服务工作机构通过电话、短信、网络等形式对诉求人进行回访，了解诉求办理的响应、解决、满意度等情况。通过建立健全以响应率、解决率、满意率为核心，以督促承办单位依法履职为导向的接诉即办考评机制，定期点评、通报考评结果。

接诉即办不仅是"首都治理体系和治理能力现代化"的重要一环，也为构建"以人民为中心"的超大城市治理体系，提供了"北京方案"。从法治视角看，接诉即办解决了依法行政与满足人民群众需求之间的不对称。根据依法行政原则要求，行政机关职能分工、职权法定，应当在各自的职权范围内严格依法办事，不得越权，也不得失职。对于群众的诉求，不属于本机关本部门的管辖范围内的事项，应当告知当事人向有职权的行政机关请求办事。但由于行政机关间职权不清，或随着机构改革经常调整职责，当事人并不清楚哪个是主管行政机关。整体型政府要求行政机关对外应当是一个整体，宪法规定县级以上地方各级人民政府依照法律规定的权限，管理本行政区域内的经济、教育、科学、文化、卫生、体育事业、城乡建设事业和财政、民政、公安、民族事务、司法行政、计划生育等行政工作。至于地方各级人民政府设立哪些工作部门来具体负责，则是机关内部的事情，对外应当是统一的。这样，按照专业分工需要制定的行政管理法律法规确立的职权范围与整体型政府的要求之间就产生了矛盾，接诉即办通过建立12345市民热线平台，解决了职能分工与一体化之间的冲突。职能部门还是各司其职，但通过一条热线统一接诉，然后派单给相应的部门办理。如果超出了接单机关的职责范围，则可以利用"吹哨报到"机制组织相关部门共同办理。同时，"接诉即办"又是"吹哨报到"改革的深化。通过接诉，了解了哨源，避免了吹哨的随意性。人民群众的诉求就是哨源。

"接诉即办"让北京变成"百姓吹哨、管理部门总动员"。

行政不同于司法，具有主动性。行政机关根据社会发展规划的要求需要主动作为。"接诉即办"带有被动性。以人民为中心，既要有一办一，更要举一反三，为人民主动办实事。一通电话，表面看是解决一件诉求，背后的大数据分析已经将其纳入整个城市的治理闭环。通过全口径对数据库进行分析，难点问题重点解决，个性问题针对性解决，共性问题一揽子解决。政府部门应当及时梳理总结接诉即办工作反映的普遍性、规律性问题，完善相关制度机制，提升行业治理能力。群众提出诉求也是群众参与基层治理的形态。两年多来，从"闻风而动、接诉即办"，一个诉求一个诉求地解决，到"向前一步、未诉先办"，主动发现并打包解决一类问题，再到"每月一题、标本兼治"，聚焦民生痛点难点集中解决一批高频问题，随着治理经验的愈发充实，治理姿态也更加主动。固化"接诉即办"改革成果的《北京市接诉即办条例》列为2021年北京市立法项目，市人大常委会已经进行审议，在首都治理体系和治理能力现代化探索中形成生动实践的"接诉即办"将有法治保障。北京对"接诉即办"工作实行首接负责制，接到派单的单位应当即时接受派单，不得推诿。街道办事处、乡镇人民政府应当整合辖区资源，运用党建引领"街乡吹哨、部门报到"机制，畅通社区群众性组织等社会力量参与渠道，统筹协调、指挥调度各方资源共同研究解决相关诉求。同时，对"该办不办、接诉才办"的行为作出禁止性规定。根据《北京市接诉即办条例（草案）》，本市采取措施推动接诉即办向主动治理、未诉先办深化，推动解决社会普遍关注的突出问题，加强对诉求反映集中的重点领域或者区域治理。本市对持续时间长、解决难度大、事关民生福祉的重大问题，建立定期调度、重点解决机制，集中时间、集中资源、集中力量推动问题解决。

小　结

北京市在超大城市基层治理，走向治理体系和治理能力现代化的过程中大胆创新，实现了五级跳跃。相对集中行政处罚权解决了部门林立、职责权限不清等问题；"大城管"解决了城市管理各自为政，管理与执法分离的现象；"吹哨报到"解决了"看得见的管不着，管得着的看不见"的局面，形成了管理执法的合力；职能下沉则解决了最后一公里的问题，使管理者有职有权，从机制变革转向了体制转变；"接诉即办"更是解决了随着权力下移给基层的压力负荷变重导致的新问题，借助"吹哨报到"，使基层成为中枢系统，让基层依法成为行政主体的基础上，能够作为指挥者统筹调度服务管理所有主体共同为人民群众提供满意的服务，实现治理的现代化。

参 考 文 献

［1］习近平：《在北京考察工作时强调　立足优势　深化改革　勇于开拓在建设首善之区上不断取得新成绩》，《人民日报》2014年2月27日第1版。
［2］吴刚：《城市里的"大盖帽"与"大草帽"——北京市宣武区改革城市行政执法体制》，《中国行政管理》1999年第5期。
［3］金国坤：《行政权限冲突解决机制研究》，北京大学出版社2010年版。
［4］刘宗琦、李俊杰：《北京市东城区：网格化精细管理》，《时事报告》2011年第7期。
［5］《以党建引领超大城市基层治理》，《人民日报》2021年5月6日第11版。
［6］孙一平：《"吹哨报到""接诉即办"的时代意蕴》，《前线》2019年第12期。
［7］胡宇齐：《以制度力量推动接诉即办向前一步》，《北京日报》2021年6月4日第3版。

城乡基层治理的实证研究
——基于北京市门头沟区镇街基层治理群众满意度分析

何 玲 皇 娟 张治银 聂淑芳
雒 婕 汪 洋 赵佳慧[*]

摘 要：本文选取群众满意度作为城乡基层治理绩效的评价指标。从治理主体、治理内容、治理方式，围绕北京市"接诉即办"、民生重点任务，建立基层治理评价指标体系。通过对门头沟区13个镇街138个社区（村）入户调查，获得有效问卷1421份。调查显示，门头沟区群众对城乡基层治理整体情况较为满意（85.7分）。群众对"治理主体"中党委领导评价最高；对"治理内容"中疫情防控、平安建设满意率最高；对"治理方式"的属地特色服务最为认可。基层治理主体和治理方式对治理内容产生较大的影响和作用（整体解释力高达75.7%）。党委领导与基层各项治理内容、治理方式融合度较高（相关系数0.523—0.698），首次用实证的方法检验了"党委领导、政府负责、民主协商、社会协同、公众参与、法治保障、科技支撑的社会治理体系"并量化了内部要素间的关系，诠释了"红色门头沟"党建引领"绿色发展"基层治理机制的有效性。

关键字：基层治理；群众满意度；实证研究；门头沟

党的十八届三中全会以来围绕着国家治理体系和治理能力现代化的目标，

---

[*] 何玲，中央团校（中国青年政治学院）青年发展战略研究院教授，主要研究方向：社会调查与统计分析、政府满意度测评、基层治理；皇娟，中国社会科学院大学政府管理学院副教授，主要研究方向：公共行政理论与实务、非营利组织管理、基层治理、公共部门绩效评估；张治银，中央团校（中国青年政治学院）科研与智库工作部副教授，主要研究方向：马克思主义中国化的理论与实践；聂淑芳、雒婕、汪洋、赵佳慧，分别为北京市门头沟区委综合考评委员会办公室主任、副主任、科长、科员。

各地不断探索城乡基层治理的创新。党的十九届四中全会指出，要"健全党组织领导的自治、法治、德治相结合的城乡基层治理体系"。这对我国的城乡基层治理提出了更高的要求。

一 研究背景

近年来，关于城乡基层治理的研究主要集中在以下几个方面：一是从城乡统筹发展的角度分析城乡基层治理结构和治理创新；二是基于治理理论，从国家治理、整体性治理、共治等角度分析城乡基层治理中多元主体的协作与融合；三是从基层民主与多元参与的角度分析城乡基层社会治理模式的改革；四是从城乡基层公共服务的供给，尤其是公共服务的非均衡供给探讨城乡基层治理现状与改革。这些研究多为理论探讨，实证研究较少，质性研究、案例研究和经验研究较多，缺乏实践层面大规模的数据调研和要素之间的关系研究。

随着我国国家治理在实践领域和理论研究领域的发展，以及政府绩效评估在各级政府的推广，对于城乡治理成效研究也逐渐增多，这方面的研究主要集中在对社区治理成效评估的研究和对地方政府尤其是县级政府的治理评价研究。部分学者分析了影响城乡基层治理绩效的因素[1]，部分学者对城乡基层治理的评价框架和指标体系的构建进行了理论上探讨。这方面有代表性的研究如彭莹莹从社会治理的内涵、外延以及党和政府对于社会治理的要求和实践，构建了包括治理主体、治理方式、治理平台、治理对象、治理绩效5个一级指标，16个二级指标、48个三级指标在内的社会治理评估指标体系[2]。马德勇和张蕾根据治理的价值诉求，提出了包含42个指标的"中国村镇、村级层次地方治理指标"[3]。樊红敏和张玉娇从善治过程的可预测性和社会治理向度的有效性，提出包括过程性评估和效果性评估的县域社会治理综合评估框架[4]。学者们基于不同的角度构建了社会治理评价指标体系。但是，当前研究中运用评价指标体系对城乡基层治理进行评价分析的实证研究较少。

---

[1] 这方面的研究如，陈朋：《县域政治生态评估体系：建构理论与框架设计》，《探索》2017年第5期；陈文正：《基层民主实践与乡村治理绩效——基于温岭的调查与分析》，《中共浙江省委党校学报》2008年第1期；狄金华、钟涨宝：《变迁中的基层治理资源及其治理绩效——基于鄂西南河村黑地的分析》，《社会》2014年第1期。

[2] 彭莹莹：《社会治理评估指标体系的设计与应用》，《甘肃行政学院学报》2018年第2期。

[3] 马德勇、张蕾：《测量治理：国外的研究及其对中国的启示》，《公共管理学报》2008年第4期。

[4] 樊洪敏、张玉娇：《县域社会治理评价体系：建构理论与评估框架》，《河南师范大学学报》（哲学社会科学版）2017年第1期。

基层治理是一个政治制度框架或政治结构之中最基层的权力运作过程。在这个过程中，各种不同的行为者都是参与主体，他们遵循特定的制度规则和程序，以合作、协商的方式持续地推进公共利益[①]。镇和街道是城乡基层治理基础，是巩固基层政权、落实党和国家路线方针政策的依托，是联系和服务群众的纽带，在超大城市基层治理体系中发挥着不可替代的中枢作用。十九大报告提出，要"推动社会治理重心向基层下移"，瞄准"精治、共治、法治"这个风向标。因而，从最基层的镇街治理入手，了解基层人民群众对基层治理成效的满意度，对强化各镇街社会管理和公共服务职能，促进基层治理能力和水平提高具有非常重要的意义。尤其了解党建引领在城乡基层治理发挥的作用，在此基础上提升城乡基层治理的水平，促进中国特色的城乡基层治理现代化非常重要。

二 研究设计

在政府服务领域，群众满意度是群众对消费公共服务和公共物品之前的预期效用与消费后的实际感受之间差距的认知，当群众的实际感受与预期保持一致时，群众满意度提高。这种满意度会产生一种持续性的态度，进而影响到群众日后对公共服务机构的选择与信任的意愿[②]。城乡基层治理的成效是城乡基层治理的结果、效能和效益。评价城乡基层治理成效有很多客观的指标。习近平同志指出："为人民服务是我们党的根本宗旨，也是各级政府的根本宗旨。"人民满意不满意作为人民的主观感受能够直观反映社会治理的成效。乡镇街道作为最基层的行政机关，是国家治理体系中的重要一环，是城乡基层治理的关键。因而对镇街基层治理的群众满意度评估能够从服务对象切身感受的角度有效地反映城乡基层治理的成效。

根据党的十九届四中全会《决定》中提出"完善党委领导、政府负责、民主协商、社会协同、公众参与、法治保障、科技支撑的社会治理体系，建设人人有责、人人尽责、人人享有的社会治理共同体"的界定，围绕北京市"接诉即办"、民生重点任务、结合四个条例（《北京市街道办事处条例》《北京市生活垃圾管理条例》《北京市物业管理条例》《北京市文明行为促进条例》）落实情况，以人民群众能感知到为标准，设计本次满意度评估的指标体系如表1：

---

① 陈家刚：《基层治理：转型发展的逻辑与路径》，《学习与探索》2015年第2期。
② 朱国玮、郑培：《服务型政府公众满意度——测评理论与实践》，科学出版社2010年版，第6—10页。

表 1　门头沟区镇街基层治理群众满意度评估指标体系

一级指标	二级指标	三级指标
治理主体	党委领导	整体评价
		党组织
		党员
	政府负责	接诉即办
		未诉先办
	社会协同	社会协同
	公众参与	公众参与
	公共服务	民生保障
		便利服务
		便民设施
	城乡管理	环境保护
		秩序治理
		垃圾分类
		物业管理（街道）/农业发展（镇）
		应急管理
	社会治理	精神文明
		平安建设
治理方式	现代化	信息化服务
	制度化	制度上墙
	创新性	镇街创新举措

满意度调查围绕治理主体、治理内容、治理方式三个方面开展，包括党委领导、政府负责、社会协同、公众参与、环境保护、秩序治理、垃圾分类、物业管理/农业发展、应急管理、精神文明建设、平安建设和疫情防控等工作。

本次调查采用五级量表评定满意程度，其中1分代表"非常不满意"、2分代表"不满意"、3分代表"一般"、4分代表"满意"、5分代表"非常满意"，分数越高代表越满意，本文将五分制换算百分制（85分以上表示百姓比较满意），同时将选择"非常满意"与"满意"的比例之和简称"满意率"，作为满意度评价的一个度量指标，90%以上表示百姓满意程度较高，90%以下表示还有改进空间。

本次调查实施时间是2020年8月，调查范围全面覆盖门头沟区9个镇和4个街道，调查对象分为居民、村民和类居民（指拆迁上楼村民）三类，调查采取等比例随机抽样入户调查的方式。综合考虑各镇街人口比例、村居民类型，物业管理类型等因素，在全区 138 个社区（村）中共收集有效问卷 1421 份，表扬类评价 820 条、具体意见建议 446 条（其中物业管理意见建议 167 条，垃圾分类意见建议 78 条，文明行为促进意见建议 33 条，其他方面的意见建议 168 条）。

三 调查结果分析

（一）群众对城乡基层治理整体情况较为满意，城乡、群体之间存在差异

调查显示：门头沟区基层治理整体评价得分为 85.7 分（整体满意率为 90.01%），总体上看，镇街基层治理取得一定成效，镇街工作得到了群众的认可。同时，调查数据显示了在城乡之间、不同群体之间存在一定的差异。

1. 居民满意度高于类居民和村民。调查显示，居民满意率为 91.75%、类居民满意率为 89.74%、村民满意率为 89.41%。居民对疫情防控、组织参与社区建设、党员发挥先锋作用等工作的满意率较高；类居民对疫情防控、平安建设、生态环境等工作的满意率较高；村民对党员干部争当红色先锋、疫情防控、生态环境等工作的满意率较高。

2. 门城地区群众满意度高于浅山区和深山区。调查显示，城区群众满意率为 93.91%、浅山区群众满意率为 83.62%、深山区群众满意率为 87.18%。城区群众对疫情防控、重点时期治安巡查、组织参与社区建设等工作的满意率较高；浅山区群众对疫情防控、党员发挥先锋作用、小区环境卫生、环境秩序维护等工作的满意率较高；深山区群众对疫情防控、空气质量和生态环境、党员发挥先锋作用等方面满意率较高。

3. 不同人群对基层公共服务的关注和诉求不同。调查显示，老年人对基层治理满意率评价明显低于中青年人；不同人群对基层公共服务的关注重点也不一样，老年人关心养老便民服务，中青年人关注停车问题，儿童关注体育器材。

（二）"治理主体"调查突出多元化，群众对党委领导评价最高

"治理主体"调查包括党委领导、政府负责、社会协同和公众参与等四个维度，分别对应党委、政府、社会、公众等四种不同的参与主体。主要调查镇街强化党建引领发展、发挥基层党组织战斗堡垒作用、主动回应诉求主动治理、组织社会力量参与治理、推动群众参与公共事务等工作情况。调查结果显示，"治理主体"满意率为 92.13%，其中党委领导群众评价最高，满意率达到 93.07%。

1. 党委领导、政府负责得到高度认可。调查显示，在党委领导维度，"党建引领绿色发展"、"基层党组织发挥战斗堡垒作用"以及"党员干部争当红色先锋情况"满意率分别为92.8%、92.9%和93.5%，说明镇街党组织和基层党支部切实发挥了引领作用，广大党员干部较好地践行了"讲奉献、争第一"的门头沟精神。在政府负责维度，镇街及社区及时回应和主动治理工作，平均满意率为90.7%。说明镇街及社区能够及时回应居民诉求，发挥村居干部、街巷长、楼门长、网格员、志愿者的作用，做到主动治理，解决群众身边的操心事、烦心事、揪心事。

2. 社会协同、公众参与较为满意。在社会协同维度，镇街及社区统筹组织社会力量参与社区治理情况满意率为92.1%，说明"门头沟热心人"在基层治理和服务中较好地发挥了作用。在公众参与维度，社区组织动员居民、村民通过"民主公开日"等多种形式参与社区（村级）建设和公共事务管理情况的满意率达到了92.2%，说明群众对社区以多种形式动员群众参与社区建设工作较为认可。

（三）"治理内容"调查突出民生导向，群众对疫情防控、平安建设满意率最高

治理内容包括公共服务、城乡管理、社会治理等三个维度，主要侧重于调查镇街民生保障政策落实、深化就业创业服务、小区环境秩序治理、农村人居环境整治、物业管理服务、垃圾分类、落实文明行为促进条例、治安维护和安全稳定保障、疫情防控等工作情况。调查结果显示，"治理内容"满意率为89.25%，其中疫情防控群众评价最高，满意率达到95.08%。

1. 公共服务中便民设施建设仍有需求。主要调查了民生保障政策落实、深化就业创业服务及便民服务建设等，其中民生保障政策落实和便利服务的满意率均在90%以上。便民服务建设的满意率略低，配套便民设施建设满意率为82.6%，活动场所、设施利用及文化休闲活动开展工作满意率为86.1%，说明各类民生保障相关政策能够落实到位，群众在便民服务建设方面还有较多诉求。例如小区老年人活动场所、健身器材、公共厕所少，部分门城地区的小区出行、购物还不方便，部分山区群众反映就医难等。

2. 城乡管理中小区物业管理服务满意率较低。主要调查村居环境秩序治理、垃圾分类、物业管理服务、精神文明建设等，其中村居环境、垃圾分类和精神文明建设工作满意率均超过90%，物业管理服务满意率仅为78.9%，群众意见也较集中。

一是村居环境秩序治理方面，空气质量和生态环境、小区环境卫生和环境

秩序维护、农村人居环境整治和美丽乡村建设等工作的满意率均在90%以上，说明门头沟区在环境改善方面工作得到群众认可，群众对扬尘、露天烧烤和私搭乱建治理、村庄环境绿化美化、道路公厕设施管护等方面评价较好。

二是在垃圾分类方面，门头沟区围绕《北京市生活垃圾管理条例》落实，宣传普及指导工作全面铺开，群众满意率为92.7%。全区生活垃圾分类设施配备基本到位、日常维护及时，农村地区生活垃圾定时定点上门收集全面推广，群众满意率为92.3%。群众反映的意见建议主要集中在垃圾分类收运存在混装现象、有关分类知识的宣传指导还需要进一步强化、居民参与力度还需提升，对不按要求投放的监督惩罚力度需要加大等。

三是在物业管理方面，门头沟区围绕《北京市物业管理条例》，开展了系列主题宣传活动，业委会及物管会组建等相关法规的宣传普及工作推进有序，群众基本知晓，满意率为84.5%。按照有无物业管理，将本次调查小区分为规范化物业小区、准物业小区、无物业小区三类，其中规范化物业小区群众满意率为78.25%，准物业小区群众满意率为80.55%，无物业小区群众不参评。群众反映的意见建议主要集中在物业企业服务质量与物业收费不匹配、小区停车管理不规范、绿化卫生和设施故障维修不及时、出入口管理较松散等问题。

四是在精神文明建设方面，门头沟区围绕《北京市文明行为促进条例》落实，开展了形式多样的宣传活动，引导和促进文明行为，群众较为认可，满意率为91.6%。对全国文明城区创建，群众生活环境改善、文明健康生活倡导工作评价普遍较好，满意率为91.2%。结合爱国卫生运动，群众对精神文明建设宣传、引导居民养成良好卫生习惯的评价较高，满意率为91.6%。同时，门城地区和浅山区群众对养狗不文明行为提出的意见建议较多，如遛狗不拴绳、狗粪便清理不及时以及无证养狗等。

3. 社会治理中疫情防控获群众高度认可。主要调查了平安建设和疫情防控，满意率分别为92.5%和95.8%，均获得群众较高的评价。

一是在平安建设方面，群众对门头沟区组织实施重点时期"烟花爆竹禁限放"宣传教育、治安巡查等工作评价最高，满意率为94.6%；对治安维护、安全稳定保障工作较肯定，满意率为92.5%；对辖区组织实施消防宣传演练、防火巡查和隐患查改等工作较认可，满意率为90.4%。

二是在疫情防控方面，门头沟区各级严格落实疫情防控工作要求，通过加强村、小区出入口管理、开展"敲门行动"排查等工作，生动书写了门头沟战"疫"故事，获得群众高度认可，满意率为95.8%，高居本次基层治理满意度调查首位。

(四)"治理方式"调查突出多样性,群众对属地特色服务最为认可

调查包括创新性、制度化和现代化三个维度,主要侧重于调查镇街创新性特色服务工作、依法依规办事、利用科技手段服务群众等工作情况。调查结果显示,"治理方式"满意率为91.03%,其中创新性特色服务工作群众评价最高,满意率为93%。

1. 因地制宜的创新性治理举措得到群众肯定。例如,龙泉镇"村居共建、联防联控"疫情防控工作、永定镇利用拆违空地改造"八大公园"、清水镇村级垃圾分类指导员上门收运村民生活垃圾、斋堂镇疫情期间为村民提供生活用品代购服务、城子街道疫情防控运用"社区盾"、大台街道推行"五户联治+平安户长"管理模式等治理创新都得到了群众的高度评价。

2. 基层治理依法依规得到群众认可。围绕社区的"三务公开"、村级重大事项落实"四议一审两公开"、各类政策制度上墙情况,镇街在各项工作中增强制度意识,依法行政、依规办事,群众满意率为91.5%。

3. 治理"现代化"满意率不高,有待加强。群众对利用信息化科技手段,为居民提供便民服务工作满意率为88.6%。门城地区利用微信小程序、微信群或APP等科技手段,服务群众覆盖面较大、使用率较高,群众满意率为93.3%。群众对疫情期间通过信息化手段,实现"少出门、能办事"、线上实时获取信息等服务,提出了诉求和期望。

四 主要发现和政策建议

门头沟区深入贯彻中央和北京市委市政府关于基层治理的各项要求,积极开展党建引领基层治理工作,在实践中产生了积极的治理效果,得到了群众的认同。

(一)主要发现

1. 基层治理主体和治理方式对治理内容产生较大的影响和作用

近年来,中央高度重视超大城市基层治理,但是结合地方实际,构建精细化的基层治理模式和长效的治理机制还需要在实践中进一步探索。本次调查首次通过实证研究,验证了"党委领导、政府负责、社会协同、公众参与"治理主体在基层治理中的作用,并对治理主体、治理内容、治理方式之间的关系进行了分析。回归调查分析可发现,治理主体和治理方式对治理内容整体解释力高达75.7%,说明治理主体和治理方式对基层治理内容产生较大的影

响和作用。

当下可以根据满意度调查分析，抓实反馈问题整改，提升基层治理服务水平，后续可通过连续开展基层治理社会评价满意度调查，跟进追踪治理主体和治理方式作用发挥情况及取得成效，构建符合门头沟区实际的基层治理模式。

2. 以"红色门头沟"党建引领为抓手，推进城乡基层治理机制和成效得到验证

根据满意度调查分析，发现"党委领导"与各项治理内容、治理方式相关系数 0.523-0.698（表2），说明党委领导与基层各项治理内容、治理方式融合度较高，尤其在环境保护、垃圾分类、物业管理、应急管理、精神文明建设、平安建设、治理制度化中发挥了重要作用。门头沟区坚持"红色门头沟"党建引领"绿色发展"，高位统筹、整体谋划、系统落实，治理成效在实践中得到检验。

表2 门头沟区治理主体、治理内容和治理方式相关性分析

		党委领导	政府负责	社会协同	公众参与
治理主体	党委领导	1			
	政府负责	0.713**	1		
	社会协同	0.658**	0.678**	1	
	公众参与	0.666**	0.679**	0.660**	1
治理内容	民生保障	0.671**	0.725**	0.692**	0.672**
	便利服务	0.678**	0.708**	0.670**	0.639**
	便利设施	0.587**	0.637**	0.591**	0.559**
	环境保护	0.537**	0.485**	0.481**	0.488**
	秩序治理	0.595**	0.608**	0.563**	0.556**
	垃圾分类	0.664**	0.643**	0.601**	0.610**
	物业管理	0.523**	0.462**	0.429**	0.418**
	农业发展	0.567**	0.528**	0.492**	0.564**
	应急管理	0.539**	0.518**	0.518**	0.524**
	精神文明建设	0.695**	0.695**	0.666**	0.666**
	平安建设	0.698**	0.697**	0.644**	0.642**
治理方式	制度化	0.660**	0.694**	0.673**	0.657**
	现代化	0.632**	0.676**	0.632**	0.606**
	创新性	0.601**	0.530**	0.476**	0.477**

资料来源：门头沟区镇街基层治理群众满意度调查。

在基层治理中，建议门头沟区继续坚持党建引领治理各领域各环节，建立

各级党建工作制度，完善党建引领下的共建共治共享机制，充分发挥好基层党组织战斗堡垒作用，努力将党的政治优势转化为基层治理优势，打造群众普遍认可的基层治理新格局。

3. 强化基层党建，以精细化制度化破解基层治理中的难题

习近平总书记指出，城市管理要像绣花一样精细。越是超大城市，管理越要精细。门头沟区结合实际，加强社区和村制度化建设，将公共卫生、文明行为、农村人居环境整治等纳入村规民约，各社区（村）积极推进网格化治理，有序推进基层治理创新，探索了社区（村）"微治理"模式，在疫情防控、垃圾分类、环境治理等各项工作中，群众均给予了较高的评价。但是本次调查显示，门头沟基层治理在物业管理、便民服务和设施、文明养狗等方面还存在短板。社区（村）是基层社会治理的重中之重，是党和政府联系群众的"最后一公里"。建议门头沟区进一步加强基层治理，增强执政本领，尤其是精准施治的本领，开展精细化治理，如通过调查发现问题和点位，继而落实改进促提升，做到重心下移、力量下沉、资源下倾，更好地为群众提供精准有效的服务和管理。

建议在基层治理中发挥好社区（村）自治制度，完善村民居民公约，统筹好辖区资源，进一步探索社区（村）"微治理"模式。坚持民生导向，紧扣"七有""五性"需求，用好"接诉即办"大数据，从解决群众普遍关心的事入手，准确研判群众诉求，不断提高服务精细化和精准度。乡镇街道不仅是"行政末梢"，也是城乡基层治理的治理末梢，乡镇街道需要进一步提高治理能力，以实现我国城乡基层治理能力和效能的提升。

（二）政策建议

面对复杂的城乡基层治理难题，门头沟区政府结合实际，坚持"红色门头沟"党建引领"绿色发展"，形成了有效的基层治理主体和机制，强化基层能力建设，提高为民服务水平，得到了群众的普遍认同。但同时还存在社会协同和公众参与不足，便利设施和服务、物业管理等方面不够精细，治理方式现代化程度不够等问题，需要在今后的工作中进一步提升。强化基层党建，以推进基层治理。

一是继续坚持用习近平新时代中国特色社会主义思想武装党员、教育人民、指导工作。开展党史学习教育活动，建立不忘初心、牢记使命的制度。党员干部学习贯彻党的基本理论、基本路线、基本方略，使党的基层治理工作顺应时代潮流、符合发展规律、体现人民愿望，得到门头沟人民衷心拥护。

二是加强薄弱区域的党组织建设。扩大党组织覆盖面，加强无物业小区、准物业小区、乡村等基层治理薄弱区域党组织建设，使党组织在教育、管理、监督党员，组织、宣传、凝聚、服务群众等方面全面发挥作用。

三是全面增强执政本领，尤其是精准施治的本领。突出老年人等特殊群体宣传引导，有针对性解决党和政府做了工作、宣传却不到位等问题。突出物业公司、城乡群众利益协调工作，加强农村薄弱村和城市老旧小区治理，促进城乡人口流动和社会融入。寻找利益共同点，画出最大同心圆。

四是要推进基层群众性自治组织规范化建设，健全党组织领导的基层群众自治机制，推动自治、法治、德治相结合，不断推动政府治理和社会调节、居民自治良性互动，构建起以基层党组织为核心、全社会共同参与的基层社会治理新格局。不断完善党委领导、政府负责、民主协商、社会协同、公众参与、法治保障、科技支撑的社会治理体系，建设人人有责、人人尽责、人人享有的社会治理共同体。

参 考 文 献

[1] 朱国玮、郑培：《服务型政府公众满意度——测评理论与实践》，科学出版社2010年版。

[2] 马德勇、张蕾：《测量治理：国外的研究及其对中国的启示》，《公共管理学报》2008年第4期。

[3] 狄金华、钟涨宝：《变迁中的基层治理资源及其治理绩效基于鄂西南河村黑地的分析》，《社会》2014年第1期。

[4] 陈文正：《基层民主实践与乡村治理绩效——基于温岭的调查与分析》，《中共浙江省委党校学报》2008年第1期。

[5] 陈朋：《县域政治生态评估体系：建构理论与框架设计》，《探索》2017年第5期。

[6] 陈家刚：《基层治理：转型发展的逻辑与路径》，《学习与探索》2015年第2期。

[7] 彭莹莹：《社会治理评估指标体系的设计与应用》，《甘肃行政学院学报》2018年第2期。

[8] 樊洪敏、张玉娇：《县域社会治理评价体系：建构理论与评估框架》，《河南师范大学学报》（哲学社会科学版）2017年第1期。

论国家政权建设视角下的基层治理
——以北京市"接诉即办"实践为例

乔 迈 矣成汉[*]

摘 要：本文简要介绍了西方国家政权建设理论的源起、内涵与主要特点，分析了国家政权建设理论对于当代中国基层治理的借鉴意义，重点阐述了北京市推行"接诉即办"机制的运行逻辑，并提出了几点思考意见。"接诉即办"机制通过强化"人本逻辑"凸显"人民至上"的原则；强化"基层导向"推动权力下放、条块结合，实现国家权力与基层治理的有效对接；运用现代通信技术等高科技手段进行"科技赋能"，便捷地将民众诉求直接推送至高层政府，最终使"以人民为中心"的执政理念切实落地落实。

关键词：国家政权建设；科层制；基层治理；接诉即办

西方的国家政权建设理论，强调基层官僚建设，尊崇科层制"事本逻辑"，即经过文本规则裁剪后的公共事务方能成为官僚系统运作的触发机制。本文运用国家政权建设理论探讨"接诉即办"这一创新举措，亦是借助国家政权建设理论的研究进路，尝试对"接诉即办"予以学理阐述，探析其深层次的运作机理，发现问题并提出相应对策。

---

[*] 乔迈，博士，北京警察学院思想政治理论教研部讲师，主要研究方向：先秦政治哲学、中国政治文化；矣成汉，中国人民公安大学博士研究生，主要研究方向：基层治理、治安治理。

一 西方国家政权建设理论

(一) 源起

社会科学中,关于"国家—社会"关系的研究进路一般可分为"社会中心"与"国家中心"两种范式,"社会中心"范式遵循自下而上的研究路径,认为"国家不过是被视作展现社会利益、进行社会斗争的竞技场"。[①] 这一研究范式有意无意地遮蔽了国家功能,而作为独立行动主体,国家的实体性与能动性将不可避免地对两者关系产生深刻影响。通过历史比较研究和总结前人研究成果,斯考切波等学者认为,"作为一种对特定领域和人民主张其控制权的组织,国家可能会确立并追求一些并非仅仅是反映社会集团、阶级或社团之需求或利益的目标,这就是通常所说的'国家自主性(state autonomy)'"[②],因此,"国家作为一个主要概念变量应该回到社会科学中的中心位置"[③]。"国家—社会"研究也逐渐由"社会中心"范式向"国家中心"范式转移,呈现两种研究范式的分殊与并存。

国家政权建设的概念最早由查尔斯·蒂利提出,基于对西欧国家形成过程的历史考察,他认为"国家政权建设指的是政权的官僚化、渗透性、分化以及对下层控制的巩固"[④]。具体而言,国家通过官僚化、理性化的政权建设,推进国家权力向社会渗透,进而达致整体提升社会控制能力的目的,同时,为满足国内财税和对外战争的需要,不断强化国家向社会汲取资源的能力。国家政权建设理论一经提出,便受到学界的广泛关注,受蒂利启发,杜赞奇运用国家政权建设理论探析了1900—1942年间基层政权在华北农村的运作情况,他认为,封建帝国依靠"双重经纪体制"维系了国家对基层社会的统治与动员,连年征战造成的政权动荡加速了国家对乡村社会的资源掠夺,导致"保护型经纪"逐渐被"营利型经纪"超越。由于缺乏必要的监控与管制措施,大量的农

[①] [美] 埃里克·A.诺德林格:《民主国家的自主性》,孙荣飞、朱慧涛、郭继光译,江苏人民出版社2010年版,第37—38页。

[②] [美] 彼得·埃文斯、迪特里希·鲁施迈耶、西达·斯考克波:《找回国家》,方力维等译,生活·读书·新知三联书店2009年版,第10页。

[③] 田野:《探寻国家自主性的微观基础——理性选择视角下的概念反思与重构》,《欧洲研究》2013年第31期。

[④] Charls Tilly, *The formation of national states of western Europe*, Priceton Univercity Press, 1975.

村剩余资源被国家的基层社会代理人——经纪人中饱私囊，由此引发国家政权的内卷化，"内卷化的国家政权无能力建立有效的管理机构从而取缔非正式机构的贪污中饱——后者正是国家政权对乡村社会增加榨取的必然结果"①。国内学者也多有借助国家政权建设理论探寻中国政权建设之作。②③④

（二）反思与启示

任何借助西方理论解释中国社会现象的尝试都无法回避来自本土适用性的诘问。西方国家政权建设理论的产生具有浓厚的社会文化背景：一方面，西方封建贵族阶层介于农民与国王之间，一定程度上充当了"经纪人"角色，充沛的税收财政和强大的私人武装使其具备了挑战国王权威的能力，封建贵族横亘在国王与农民之间，造成国家权力过于分散，中央政府难以在领土范围内形成高度的中央集权统治；另一方面，资本主义的繁荣促进了市民社会的形成，社会成员呼吁构建制度化的公共规则和政权。可以认为，"欧洲的国家政权建设是君主与新兴市民阶层合谋的产物，是自上而下的政权建设与自下而上的权利争夺的双向过程"。⑤ 与之相反的是，中国社会长期处于高度集权的中央统治，地主与贵族阶层并不具备挑战中央政权的资格与实力，地方割据造成国家权力分散的局面并不多见；同时，特殊的文化背景和发展路径，使得中国社会并未出现类似于西方世界的公民社会。似乎，西方的国家政权建设理论因缺少对中国社会历史进程的学术关照，而难以肩负解读本土议题的重大使命，甚至有学者认为"妄谈所谓'国家政权建设'，既是对这一体系自身生成、发展的历史的片面理解，也缺乏对中国历史发展脉络的整体把握"⑥。

诚然，机械式的学术移植必将引发本土议题的分析困境。然而，立足中国特殊的文化渊源和国情背景进行灵活适度的学术借鉴，以期回应理论与实务界对探寻中国社会现象的强烈渴望则并非一无是处。纵观新中国成立后，国家采取的一系列巩固政权、强化控制的诸多举措，无一不在进行国家政权建设的努

---

① ［美］杜赞奇：《文化、权力与国家：1900—1942年的华北农村》，王福明译，江苏人民出版社2008年版，第54页。
② 龙太江：《乡村社会的国家政权建设：一个未完成的历史课题——兼论国家政权建设中的集权与分权》，《天津社会科学》2001年第3期。
③ 吴理财：《村民自治与国家政权建设》，《学习与探索》2002年第1期。
④ 纪程：《"国家政权建设"与中国乡村政治变迁》，《深圳大学学报》（人文社会科学版）2006年第1期。
⑤ 赵晓峰：《公私定律：村庄视域中的国家政权建设》，博士学位论文，华中科技大学，2011年。
⑥ 李发根：《"国家政权建设"与中国近代乡村史研究省思》，《近代史研究》2019年第1期。

力与尝试。

二 国家政权建设理论视角下"接诉即办"改革的意义

国家政权建设强调基层的组织建设,作为国家政权的神经末梢,基层政府部门与街道乡镇政府则成为国家代理人,承担了"接诉即办"的几乎全部任务。组织系统尊崇科层制的"事本逻辑",追求理性主义与规则主义,详实清晰的制度文本为组织系统划定了明确的职权边界与工作界面,经过文本规则裁剪后的公共事务方能成为组织系统运作的触发机制。然而,基层事务呈现高度的复杂性与不规则性,为触发组织系统运作,将不可避免地被文本规则切割,进入组织系统后的基层事务无法保留原初形态,基层事务中那些无法言说却又极为关键的"隐秘"部分被技术性忽略,由此也造成了"政府百姓两头急"、"部门间推诿扯皮"等怪象的产生。

"接诉即办"的出现则是为了突破当下的科层制局限,强调"人本逻辑""基层导向"和"科技赋能",通过现代通信技术将民众诉求直接推送至高层政府,实现基层百姓与政府高层的直接互动,消解了基层政权的信息不对称态势。同时,在街道层面对政府职能部门进行功能整合,努力避免因文本规则造成的治理切割,从而实现国家权力在基层治理上的渗透和整合,使"以人民为中心"的执政理念切实落地落实。

三 "接诉即办"改革的运行逻辑

"接诉即办"改革是新时代条件下,北京市委市政府深入贯彻落实习近平新时代中国特色社会主义思想,落实党的十九大和十九届四中全会精神,推进首都治理体系和治理能力现代化的重要举措,"开创了面向人民、面向问题、面向基层的超大城市治理变革实践"[1]。在价值取向上遵循"人本逻辑",强调"以人民为中心"的发展理念;在组织实施上遵循基层导向,强调权力下放,赋予基层更多自主性;在实体运行中,遵循科技赋能,强调大数据辅助科学决策和社会治理,由此形成了极具建设意义和推广价值的超大城市治理变革实践。

(一)价值取向上的"人本逻辑"。

"接诉即办"改革坚持"人民至上、需求导向"的原则,紧扣"七有""五

---

[1] 李文钊:《北京市"接诉即办"的设计原理》,《前线》2021年第3期。

性"要求,聚焦人民群众的操心事、烦心事、揪心事,强调民有所呼、我有所应,实际上就是要把工作重点转移到群众的诉求上,"围着群众转,奔着问题去,沉到一线干,到群众身边解决问题"[①],从而确立了新时代首都城市基层治理新格局中"以人民为中心"的治理理念,有力地廓清了首都城市治理能力现代化的人民指向。

"接诉即办"改革是12345北京市市民热线的升级。民众打市长热线所反映的往往是不起眼的"小事"。说是"小事",是因为相对于政府管理的宏观事务,每名群众的具体事情自然是极为微观的"小事"。但对于群众而言,这些"小事"极为重要,对他们自身而言又是"天大的大事"。接诉即办中的"即"字强调处理问题的快速响应,也重新界定了处理城市治理问题优先顺序的标准,也就是优先处理民众"天大的小事"。"接诉即办"改革是对政府管理模式上的重大变革,显著体现就在于关注点从宏观的大政方针政策等问题,转移到民众具体需求的落实上,从而真正解决抓落实"最后一公里"的难题。

管理模式转变的背后还有强大的动力做支撑,那就是绩效评价方面的制度设计。北京市"接诉即办"改革构建了完备的考评体系,对37个政府部门、16个区、333个街道乡镇进行全面监测,并重点考核"三率",即响应率、解决率和满意率,根据三率成绩的好坏将各个单位部门进行分类排名,共分为先进类、进步类、整改类和治理类"四类"。同时,建立月度绩效沟通会议机制,北京市委书记蔡奇等市领导出席会议,并对各区接诉即办情况进行现场通报表扬或批评,同时,各区区委书记也会进一步对各街乡镇书记召开类似的点评会,从而使压力层层传导,促使各级领导干部重视接诉即办工作,真正解决民众问题。[②] 脱胎于市长热线的"接诉即办"机制正是国家政权建设的有力抓手,可以有效地实现基层民意与政府高层的沟通对接,从而解决国家政权建设存在的"政府百姓两头急"的问题,实现国家治理效能的提升。

(二)组织实施上的基层导向

"接诉即办"改革坚持"基层统筹、条块联动"的原则,强调"小事不出社区、大事不出街乡、难事条块一起办",是"枫桥经验"在首都的生动实践,通过将工作重心下移、权力下放、力量下沉,来更好地为人民群众提供家门口的服务。

[①] 祁梦竹、刘菲菲:《蔡奇在调研12345市民服务热线时强调以"吹哨报到""接诉即办"为抓手在服务群众中践行初心使命》,《北京日报》2019年7月2日。

[②] 参见马亮《数据驱动与以民为本的政府绩效管理——基于北京市"接诉即办"的案例研究》,《新视野》2021年第2期。

"接诉即办"改革是"街巷吹哨、部门报到"机制的升华。首先，12345北京市市民热线接到群众诉求后，直接给街乡镇派单，从而变"问题上交"为就地解决，推动了城市治理重心向基层下沉。其次，"接诉即办"改革实现了从"条块分割"到"条块结合"的转变。以往各个职能部门"条块分割"，难以形成合力，问题的解决往往要靠上级权力部门从中协调，而"接诉即办"改革则以基层单位（包括街道乡镇、国家职能部门的基层派出机构）为基本单元和行动主体，形成了相关部门集中到问题发生地解决问题的城市基层协同治理机制体系。最后，"接诉即办"改革注重调动社会力量和人民群众的广泛参与，能够整合网格员、街巷长、社区工作者等各方基层力量，实现了城市基层治理的共建共治。

治理机制直接影响城市基层治理中沟通和合作的有效性。"接诉即办"改革强化"大抓基层"的导向，要求将群众诉求由12345北京市市民热线直接派单到街乡镇，省去了中间环节，提高了办事效率。同时，"条块结合"的部门协作机制克服了科层制政策执行中存在的"部门间推诿扯皮"等问题，确保了各项惠民政策在基层的贯彻执行，激发了首都城市基层治理现代化进程中的机制转型和创新，为更好地进行国家政权建设提供了宝贵经验。

（三）实际运行上的科技赋能

"接诉即办"改革遵循"改革创新、科技驱动"的原则，充分运用大数据、云计算、人工智能等先进科技手段优化城市管理手段、管理模式，建立大数据辅助科学决策和社会治理机制，推动了"城市大脑"建设，提升了基层治理的科学化、精细化、智能化水平。

利用大数据技术对12345北京市市民热线来电进行梳理分析，有助于全面深入地了解民情民意，有助于对民众诉求进行精准分类，对潜在风险进行有效预警，从而帮助决策者做出正确的判断、制定有效的解决方案和对策。因此，"接诉即办"改革是利用大数据构建"橄榄型城市管理模式"的重要途径[①]，通过大数据驱动社会治理创新和发展，有助于形成全民共建共治共享

---

① 宋刚、刘志、黄玉冰在《以大数据建设引领综合执法改革，创新橄榄型城市治理模式，形成市域社会治理现代化的"北京实践"》一文中认为，北京市2018年的党建引领"街乡吹哨、部门报到"、2019年的"闻风而动、接诉即办"改革，2020年的执法大数据平台建设引领综合执法，三项城市基层治理创新举措互为支撑，基于大数据应用构筑起面向城市精治、共治、法治的新时代首都智慧城市治理体系，推动形成"面向市域综合治理的从综合规划决策、到社会化专业运行服务管理、到综合执法监察'两头收敛、激活中间'"的橄榄型现代城市治理结构，形成了市域社会治理现代化的"首都样本"。《办公自动化》2020年第5期。

的社会治理格局。

值得强调的是，12345北京市市民热线所汇集成的民意大数据还能够从深层次上促进政府举一反三，从被动接单向主动治理延伸，对城市问题进行预防性源头治理，实现"未诉先办"。同时，这些民意数据在隐私保护和合规合法的前提下，还可以应用于企业、学术机构和民众自身，为商业价值和公共价值的创造提供可能。国家政权建设在新的历史条件下，也需要注重对高新科技手段的运用，这样才能更好地解决自身存在的僵化、死板、职能分割等问题，推动国家治理体系和治理能力的现代化。

四 "接诉即办"的几点思考

"接诉即办"自推行以来取得了巨大成功，但客观而言，依然存在以下值得思考的问题。

一是如何形成长效机制。接诉即办本质上是一种自上而下的治理模式，甚至可以说是"一把手"工程，主要领导干部的重视对于接诉即办起着至关重要的作用。因此，必须加强法治和制度建设，形成长效机制，用制度保障机制长久运行下去。

二是如何确保各职能部门主责主业不受影响。不得不承认，"接诉即办"机制增加了基层公务员的工作量，尤其是相关职能部门，本就承担了大量的基础工作，在应对、处理"接诉即办"投诉过程中，还要兼顾"三率"，就必然要投入大量的人力和时间在接诉即办上，从而担忧主责主业受到负面影响。这要求相关部门首先在认识上要坚持大局意识。海量的来电投诉中，虽然也不乏一些无理取闹的成分，但大部分都是群众的切实困难和问题，即使牵扯了基层公务员的精力，也要认真对待，确保"事事有回音，件件有着落"。其次要注重方法创新和效率提升，及时梳理"接诉即办"相关数据，找出重难点问题所在，集中力量予以解决，从而实现举一反三，"未诉先办"。

三是如何使考评不出现偏差。一方面，不同区域民众的经济社会状况和参政议政意识存在差异，使得不同区域的投诉量也存在差异，因此要综合考虑人口规模、经济文化水平、社会资源等因素，确保绩效管理能够一视同仁。另一方面，还要避免一些部门弄虚作假来提高绩效排名，要加强监督力度，对来电及时回访确认，对数据进行跟踪比对，剔除全部异常、虚假数据，确保最终的考核结果公平公正。

综上，"接诉即办"机制通过强化"人本逻辑"凸显"人民至上"的原则；强化"基层导向"推动权力下放、条块结合，实现国家权力与基层治理的有效对接；运用现代通信技术等高科技手段进行"科技赋能"，便捷地将民众诉求直接推送至高层政府，最终使"以人民为中心"的执政理念切实落地落实，是贯彻落实习近平新时代中国特色社会主义思想的北京实践，值得大力推广。

参 考 文 献

[1] [美]埃里克·A.诺德林格：《民主国家的自主性》，孙荣飞等译，江苏人民出版社2010年版。

[2] [美]彼得·埃文斯、迪特里希·鲁施迈耶、西达·斯考克波：《找回国家》，方力维等译，生活·读书·新知三联书店2009年版。

[3] [美]杜赞奇：《文化、权力与国家：1900—1942年的华北农村》，王福明译，江苏人民出版社2008年版。

[4] Charls Tilly, *The formation of national states of western Europe*, Priceton Univercity Press, 1975.

[5] 龙太江：《乡村社会的国家政权建设：一个未完成的历史课题——兼论国家政权建设中的集权与分权》，天津社会科学2001年版。

[6] 吴理财：《村民自治与国家政权建设》，《学习与探索》2002年第1期。

[7] 纪程：《"国家政权建设"与中国乡村政治变迁》，《深圳大学学报》（人文社会科学版）2006年第1期。

[8] 赵晓峰：《公私定律：村庄视域中的国家政权建设》，博士学位论文，华中科技大学，2011年。

[9] 李发根：《"国家政权建设"与中国近代乡村史研究省思》，《近代史研究》2019年第1期。

[10] 李文钊：《北京市"接诉即办"的设计原理》，《前线》2021年第3期。

[11] 祁梦竹、刘菲菲：《蔡奇在调研12345市民服务热线时强调以"吹哨报到""接诉即办"为抓手 在服务群众中践行初心使命》，《北京日报》2019年7月2日第1版。

[12] 宋刚、刘志、黄玉冰：《以大数据建设引领综合执法改革，创新橄榄型城市治理模式，形成市域社会治理现代化的"北京实践"》，《办公自动化》2020年第25卷第5期。

[13] 孙一平：《"吹哨报到""接诉即办"的时代意蕴》，《前线》2019年第12期。

[14] 孟天广、黄种滨、张小劲：《政务热线驱动的超大城市社会治理创新——以北京市"接诉即办"改革为例》，《公共管理学报》2021年第2期。

[15] 马亮：《数据驱动与以民为本的政府绩效管理——基于北京市"接诉即办"的案例研究》，《新视野》2021年第2期。

[16] 《中共北京市委北京市人民政府关于进一步深化"接诉即办"改革工作的意见》，《北京市人民政府公报》2020年第44期。

[17] 田野：《探寻国家自主性的微观基础——理性选择视角下的概念反思与重构》，《欧洲研究》2013年第31卷第1期。

西城区"疏解整治促提升"专项行动效果评估研究

谢 惠　张晓光　张延超[*]

摘　要：为全面评价三年多来西城区"疏整促"的工作成效，课题组通过走访调研，围绕非首都功能疏解和人口调控效果、城市环境改善、首都功能优化提升、群众满意度四个方面，对 2017 至 2020 年上半年西城区"疏整促"专项行动实施效果进行评估，旨在总结成功经验，梳理现存短板，厘清推进思路，明确工作重点，调整政策着力点，为下一步工作提供参考，更好地促进西城区高质量发展。

关键词：西城区；疏解整治促提升；效果评估

为深入贯彻习近平总书记对北京市系列重要讲话精神，有效推进京津冀协同发展，着力疏解非首都功能，优化提升首都核心功能，加快建设国际一流的和谐宜居之都，北京市政府于 2017—2020 年在全市范围内组织开展"疏解整治促提升"（以下简称"疏整促"）专项行动[①]，西城区积极落实，取得显著成绩。2020 年是第一轮"疏整促"收官之年，为全面评价三年多来西城区"疏整促"工作成效，课题组通过走访调研，围绕非首都功能疏解和人口调控效果、城市环境改善、首都功能优化提升、群众满意度四个方面，对 2017 至 2020 年上半年西城区专项行动实施效果进行评估，旨在总结成功经验，梳理现存短板，厘清推进思路，明确工作重点，调整政策着力点，为下一步工作提

---

[*] 谢惠，中共北京市西城区委党校副教授，主要研究方向：区域经济；张晓光，中共北京市西城区委党校副教授，主要研究方向：城市有机更新；张延超，北京市西城区发改委人口规划科。

[①] 北京市人民政府关于组织开展"疏解整治促提升"专项行动（2017—2020 年）的实施意见，《北京市人民政府公报》2017 年第 9 期。

供理论层面参考，更好地促进西城区高质量发展。本文中所用数据均来源于《西城区"疏解整治促提升"专项行动完成情况（2017—2019年）》和《西城区2020年上半年"疏解整治促提升"总结》，若无特别说明，数据来源不再在文中和表中赘述。

一 西城区"疏整促"专项行动取得的成效

（一）非首都功能疏解和人口调控效果明显

1."疏整促"专项行动任务完成情况

从总体上看，2017—2019年，西城区"疏整促"专项行动总体完成进度分别为计划的156.3%、119.8%、147.7%，2020年上半年完成全年任务的56.3%，前三年均超额完成任务。

2. 人口调控效果明显

随着部分非首都功能疏解、产业转移，西城区在常住人口疏解方面取得明显效果。2014年以来，西城区常住人口逐年下降，特别是近两年，减少进度均在105%以上，且呈现出逐年递增趋势（见表1），2020年上半年常住人口调控完成进度110%。

表1 西城区2014—2019年常住人口变化情况

单位：万人；%

年份	常住人口数	减幅
2014年	130.2	—
2015年	129.8	0.31
2016年	125.9	3.01
2017年	122	3.10
2018年	117.9	3.36
2019年	113.7	3.56

资料来源：西城区统计年鉴2013—2020。

3. 区域性批发市场疏解圆满收官

2017年，"动批"东鼎市场闭市，2018年底"官批"闭市，西城区区域性批发市场疏解任务完成。西城区区域性批发市场累计疏解面积约44.7万平方米，疏解摊位2.07万个，疏解从业人员6.3万余人。

4. 疏解部分公共服务功能及部分行政性、事业性服务机构任务取得阶段性进展

西城区4所职业教育疏解工作完成，共腾退12处校址，面积总计102405

平方米。持续压缩校外培训机构,任务量从 2017 年 4 所,增加到 2018 年 15 所、2019 年 16 所,各年任务均已完成,2020 年上半年完成全年任务的 60%。

在医疗资源疏解方面,三年间疏解三家民营医院,严控区域内新增医疗资源。在推进卫生系统用工规范化方面,2017—2019 年共疏解 250 人。2020 年上半年受新冠疫情影响,用工规范化工作进展相对缓慢。

在行政事业单位疏解方面,随着北京市政府东迁,部分行政性、事业性服务机构也相继迁往城市副中心。因建设工期及市级部门统筹安排等原因,还有部分行政性、事业性服务机构疏解工作仍在持续推进中。

从 2018 年开始,西城区大力推动用工规范化专项行动,通过生态涵养区解决岗位就业核减、推进社会保险跨省转移、开展劳动保障监察、集体户口清理、促进辖区劳动力本地就业、区属企业用工规范化等措施,2018 至 2020 年上半年,涉及人口变化总数分别为 7622 人次、8923 人次、4289 人次。

(二) 城市环境得以改善

1. 部分腾退土地实现"留白增绿"

西城区利用腾退空间建口袋公园、城市森林公园等,推进增绿扩绿工作,2016 至 2019 年四年间,共建设口袋公园 64 处、小微绿地 138 处,新增城市绿地 17.12 公顷,公园绿地 500 米服务半径覆盖率为 97.18%,实现了边角地、畸零地、闲置地和市政遗留项目的播绿、植绿,让绿荫走进百姓生活。

2. 分类推进街区更新工作

西城区突出抓好城市设计,编制街区整理城市设计导则、街区公共空间管理办法,启动编制老旧小区和平房、四合院地区设计导则。成立由 15 名专家组成的城市品质提升艺术审查委员会,分类组建设计团队,将全区共划分 101 个街区。在街区更新基础上,持续推进"精品亮相街区"的选定和建设,截至 2019 年底,广内、广外等 11 个街道的街区整理展示中心已建成开放。

3. 城市综合治理整体提升

西城区通过开展"拆除违建和整治'开墙打洞'""整治占道经营、无证无照和'七小'门店""整治地下空间和群租房"等专项行动,城市综合治理得以提升。2017 至 2020 年上半年,西城区共拆除违建 70 万平方米,保持了新生违建的"零增长",创建德外街道的新风中直社区、德外大街东社区两个无违建小区;"整治'开墙打洞'"等专项行动在完成任务后,保持动态监管,防止反弹;781 条背街小巷通过市级达标验收;规范整治再生资源回收网点 284 处。加强与交界区域的联合执法,开展无照经营、占道经营、黑车非法运营等环境秩序问题专项整治。

(三) 首都功能得以优化提升

1. 腾退空间优化提升首都功能

有效利用腾退空间,突出金融产业优势。围绕首都功能核心区的整体定位,在确保政治中心、文化中心、国际交往中心功能前提下,突出金融产业优势,在部分腾退空间中引入金融、科技等产业。如"动批"正在打造成为北京金融科技创新和专业服务技术创新的示范区,成为首都金融科技发展新的增长极。

2. "一加一减"产业结构进一步优化

随着部分不符合首都功能定位产业的转出,西城区的产业结构更加高端化。总体上看,2018年,西城区第二产业比重下降,第三产业的比重较2014年提升0.8个百分点,服务业所占比重占到91.2%。就第三产业而言,金融产业优势更加明显。与2014年相比较,批发和零售业、租赁和商务服务业均下降2.3个百分点,金融业则提高4个百分点,占全部生产总值的47.9%。整体来看,金融产业优势进一步凸显,与西城区作为北京市金融管理中心的定位更加契合(见表2)。

表2 西城区2014、2018年三次产业结构表

合计	2014年占比	2018年占比	变化幅度
第二产业	9.6	8.8	-0.8
第三产业	90.4	91.2	0.8
工业	7.3	6.5	-0.8
建筑业	2.3	2.2	-0.1
批发和零售业	8.9	6.6	-2.3
交通运输、仓储和邮政业	1.9	2.3	0.4
住宿和餐饮业	1.3	1.1	-0.2
金融业	43.8	47.9	4.1
房地产业	3.7	3.6	-0.1
租赁和商务服务业	9	6.7	-2.3
科学研究和技术服务业	5.6	5.8	0.2
水利、环境和公共设施管理业	0.4	0.5	0.1
居民服务、修理和其他服务业	0.5	0.4	-0.1
教育	2	2.2	0.2
卫生和社会工作	2.9	3.3	0.4
文化、体育和娱乐业	2.6	2.5	-0.1

续表

合计	2014年占比	2018年占比	变化幅度
公共管理、社会保障和社会组织	4.1	4.6	0.5

资料来源：北京西城统计年鉴2015、2019。

3. 助力低效楼宇向"高效、特色、集约"发展转变

结合区域功能和产业定位，在全市率先出台《西城区支持低效楼宇改造提升若干措施》，加大对低效楼宇改造的支持力度。2019年启动25栋低效楼宇改造，2020年重点推进39栋[①]低效楼宇向高效、特色、集约方向发展，持续推动产业升级。

4. 老城保护更新项目向纵深发展推进

西城区是古都北京的发祥地及核心地带，是北京市的文物大区之一。结合专项行动，西城区积极探索老城保护更新模式新路径。2019年创新启动菜西片申请式退租，并充分利用菜西片试点经验，继续谋划砖塔胡同、北海公园东片区、铁树斜街等更新项目的组织实施，通过疏解人口，降低人口密度，使老城静下来。

在文物保护腾退工作方面，2018至2020年，大力推进全区不可移动文物腾退保护工作，使一批存在重大安全隐患、具有重大历史文化价值的文物腾退亮相。到2020年底，全区被认定为不可移动文物的会馆和名人故居全部实现腾退。

（四）群众满意度有较大提高，社会热点进一步聚焦民生问题

西城区统计局、西城区经济社会调查队自2017年6月开始持续开展的专项民意调查显示，专项行动成效明显，得到了西城区居民的较高认同；同时，居民也对这项行动寄予较大期望。

1. 居民对专项行动总体满意度较高

从总体上看，专项行动受到全区八成以上居民关注，居民对专项行动工作整体满意度也逐步提升，从2017年的95.4%上升到2020年上半年的96.7%，提高了1.3个百分点，其中，"非常满意"比例上升幅度较大，达到34.2%，相比2019年上半年（19.7%）上升14.5个百分点[②]，为2017年以来最高值。这表明，随着专项行动的完成度越来越高，居民对专项行动的意义逐渐认可，居民对专项行动的满意度极大提升。

---

① 数据来源：西城区"疏解整治促提升"专项行动2019年完成情况和2020年工作计划。

② 数据来源：《西城区疏解整治促提升民情调查》2017—2019。

2. "疏整促"工作整体成效明显

专项行动工作成效明显,居民"点赞"安全宜居环境,2019年有91%的居民认可社区新改善,比2018年上半年的83.8%提高了7.2个百分点,较2017年提高了19.7个百分点①,社区居民生活水平改善较大。2017至2020年上半年,新建和规范提升各类便民商业网点226个,新建或改造百姓生活服务中心18个。西城区基本生活性服务业网点规范化率、连锁化率大幅提高,生活便利度与服务品质进一步提升。

3. 居民对未来发展的期盼进一步聚焦民生问题

多次民意调查反馈信息显示,当问及"您对本次疏解整治促提升工作还有哪些需求与建议"时,居民的回答主要聚焦在增加停车位、增加超市等与居民日常生活息息相关的民生问题期望在居民生活的宜居性及便利性等方面得到进一步改善与提升。

二 西城区"疏整促"专项行动具体做法及特点

(一)具体做法

1. 注重创新机制,强化协同配合

一是完善领导机制。成立由西城区主要领导任组长的领导小组,下设14个工作组,组建西城区协同办公室,直接负责牵头、协调工作。二是强化条块结合机制。推动区属部门、指挥部和街道条块有机结合,部门与街道有主责、有协同,对职能交叉的领域,共同承担重任。三是加大督查机制。以联合督查、现场督察等多种形式,对工作进度、存在问题等进行分析、研判、督查和考核。四是强化数据报送机制。形成社区、街道、全区三级台账,对人口等数据进行监测、汇总及分析。五是创新出台政策措施。围绕街区更新优化提升,各单位结合实际,加大政策创新力度。

2. 注重重点带动,坚持首善标准

西城区专项行动以重点区域和治理类街乡镇为突破,聚焦重点难点区域,如"三金海"地区等,做实做深集中连片整治提升,开展利用腾退空间优化提升首都功能试点,探索通过项目化方式抓实优化提升工作,解决百姓身边问题。

3. 注重统筹推进,实施"挂图作战"

在专项行动推进中,西城区强化"叠图作业""挂图作战""挂旗拔旗"意

---

① 数据来源:《西城区疏解整治促提升民情调查》2017—2019。

识，建立健全工作手册制度。详细梳理各专项任务台账明细，明确完成时限，列出任务清单，落点落图，形成专项行动"一张图"管理，形成"周有工作调度，月有重点攻关，季有阶段性呈现"，实现工作进度可视化。

4. 注重民生需求，优化提升城市品质

西城区专项行动坚持"民生工程民意立项"，注重以民生需求为导向，注重优化功能，切实提升城市品质。以12345市民热线及"七有""五性"指标体系为抓手，突出问题导向，主动治理。深化"街道吹哨，部门报到"改革，进一步改善生态环境、提升居住品质，不断增强广大市民的获得感、幸福感、安全感。

5. 注重成果巩固，强化综合治理

西城区专项行动强化巩固提质，坚持深化治理与防反弹控新生并重，制定方案、采取措施、强化考核，加强日常巡查检查，聚焦易反弹专项任务以及高发点位，定期开展回头看，确保成效得到巩固。

6. 注重舆论宣传，突出共治共享

加强宣传动员，发动人大代表、政协委员等各界人士及居民群众积极参与，合力攻坚。围绕专项工作中的经验成果，在中央、市属媒体开展主题宣传，进行深入报道。加强专项行动舆情监测与应对，对群众反映的问题第一时间进行综合梳理和分析研究，妥善完成舆情应对。

（二）特点

1. 专项行动完成进度和实施难度不均衡

经过三年多的大力整治和全面推进，各专项行动完成进度和实施难度出现不均衡现象：部分专项行动取得决定性的成效，已开始逐步进入后期收尾或保持"动态清零"阶段。部分专项行动治理数量与规模逐渐减小，所带动的人口变化也日趋弱化。部分专项行动开始进入"攻坚克难"、触及更深层次利益的阶段。

2. 适应城市治理需要，专项行动不断向纵深和精细化发展

随着专项行动开展，各项任务不断深入拓展。如表3所示，西城区专项行动由2017年10大项21项可量化具体任务，增加至2020年的15大项40项。在市级专项行动任务的基础上，西城区每年都会结合区域特色及发展实际，新增区级任务。专项行动数量及可量化具体任务增多，覆盖面扩大，说明西城区不断挖掘新的不符合首都功能定位的疏解任务，不断提升首都功能。

专项行动可量化的具体任务增多，涉及区属职能部门单位数量也增多，由2017年全区的39家增加到2019年机构改革前的48家单位，专项任务的主责单位进一步明确，各项工作开展更具针对性。

表3　西城区 2017—2020 年"疏整促"专项行动统计情况

单位：项；个

	2017年	2018年	2019年	2020年
专项行动数量	10	13	14	15
可量化具体任务	21	40	46	40
涉及区级单位数量	39	43	48	43

资料来源：西城区"疏解整治促提升"专项行动实施方案 2018—2020。

3. 政策红利作用减弱，专项行动涉及人口变化力度逐年降低

部分专项任务或已完成，或已到收尾阶段，专项行动涉及人口变化的数量呈递减趋势。西城区专项行动涉及人口变化的数量从 2017 年初始的 178373 人，逐年递减至 2018 年的 106549 人，2019 年的 96433 人，截至 2020 年上半年，涉及人口变化 35218 人。这表明，专项行动中涉及人口数量变化较大的任务，如"动批""天意"等批发市场疏解对人口疏解的带动作用较大。随着这些任务的完成，未来专项任务带动人口疏解的力度将逐步降低。

4. 疏解整治初见成效，提升任务将成为工作重点

三年多来，随着疏解力度逐渐加大，尤其是 2017 年疏解区域性市场的完成，西城区疏解任务集中在公共服务功能疏解及用工规范化方面。但是，相当一部分公共服务功能疏解的主动权在市级及中央部门，疏解任务依然严峻。从近些年专项行动任务的大类来看，疏解任务仅占十余项中的一项，整治及提升的任务逐渐增多。由此可见，未来一段时间，西城区专项行动将更侧重于提升环节。

三　西城区"疏整促"专项行动的不足及原因分析

（一）"疏解促"进入新的发展阶段，西城区人口调控面临更多的挑战

1. 受区域条件约束，专项行动对户籍人口的调控力度较小

三年多来，西城区通过棚户区改造、简易楼腾退以及在菜西片开展平房院落自愿腾退试点等专项行动，带动户籍人口向郊区疏解，取得相当成效。但是，西城区自身不能解决拆迁房源问题，申请住房保障轮候家庭的公租房房源问题有待市里给予支持。随着核心区控规落地，西城区将要在现有人口的基础上进一步调控人口，而目前专项行动对外来常住人口的调整力度逐渐降低。未来，西城区人口调控的重点，将进一步聚焦户籍人口，加大对户籍人口的调控

力度，借此降低人口密度。

2. 公共资源依然占据绝对优势，户籍人口持续上升

与其他区域相比，西城区在公共服务资源供给方面具有绝对优势。区域之间公共服务水平的显著差异，给户籍人口疏解带来极大影响。一是区内户籍人口变动异常活跃。近两年，受二胎政策放开、人才引进等政策的影响，户籍人口呈现波动式增长，除2017年短时期下降外，2018、2019年连续两年递增，尤其是2019年，户籍人口增长3.8万人，增长率高达2.6%。二是集体户不易迁出。辖区内中央及市级部门众多，考虑到子女上学的需要，辖区内部分中央及市级部门集体户不易迁出；部分单位即使已疏解，但集体户口仍保留在西城，并且新迁入单位在原地址上新增集体户。西城区面临集体户库存量虚高、难以清理，中央单位直管公房和军产房难以有效控制等诸多难题。

3. 人口就业结构不断优化，"提质增效"仍面临挑战

近几年，通过非首都功能疏解，西城区的产业结构继续转型升级。与此相关的就业人口中，目前对西城区人口就业结构影响大、吸纳劳动力多的行业分别是"金融业""租赁和商务服务业""交通运输、仓储和邮政业""批发和零售业""科学研究和技术服务业"及"房地产业"等。近两年，"居民服务业、修理和其他服务业"和"交通运输、仓储和邮政业"的从业人数及其占比"双增"；从业流动人口人数最多的前三个行业，分别是"住宿和餐饮业""居民服务、修理和其他服务业"和"批发和零售业"，三者合计占从业流动人口总数的近一半，这类就业人口的增多也说明是对居民日常生活需求的回应。而对于吸纳就业人口多、劳动生产率水平偏低、业态复杂多样且参差不齐的行业，还有待于进一步提质增效。

（二）受区位因素影响，涉及中央、市属机关单位的专项行动进展缓慢

中央部委及市级部门的疏解工作，由中央或市属机关统一部署，西城区主要是做好服务与配合工作，受区位因素影响，西城区涉及中央、市属单位的专项行动进展相对缓慢。

（三）缺乏统筹规划及具体政策引导，腾退空间利用不足

随着专项行动的推进，西城区腾退大量空间，并在全市率先出台《西城区疏解腾退空间资源再利用指导意见》。西城区疏解腾退空间要优先保障中央政务功能，完善城市服务功能。目前，在腾退空间利用上，西城区主要是在发展高精尖产业、补齐民生短板、留白增绿等方面进行了有益探索。由于腾退空间存在分布广、用地散、责任主体多、产权复杂等特点，对腾退空间利用进行统

筹规划比较困难，也未出台相关标准、规范；在具体操作层面上，缺乏具体的政策引导；在优先保障中央政务服务方面，尚未与上级部门建立有效对接机制，导致腾退空间利用率不高，部分腾退空间处于闲置状态。

（四）对专项行动整体认识高度不够，重"疏解""整治"轻"提升"

"疏整促"专项行动中，疏解、整治、提升三个环节节节相扣，疏解、整治是路径、手段，提升是目的、效果，疏解、整治的目的是促提升。就目前来看，疏解与整治工作任务较多，进展较快，取得成效显著。提升工作虽然在全部任务中的比重呈逐年上升趋势，在2020年全部15项任务中占据3项，但是提升工作所占比重仍然相对较低，与疏解及整治工作配套不够。

（五）平台建设相对滞后，社会组织及居民参与度不高

随着专项行动深入开展，西城区注重引进部分专业机构，在进行民意调查时，对居民提出的意见及需求赋予一定的权重。但是，从总体上看，专项行动的实施主体仍是政府各职能部门，尚未搭建起便于社会组织及居民有效参与的平台，甚至缺乏居民了解相关工作的途径。如2020年上半年民意调查中，45.8%[①]的居民认为整治过程中存在宣传较少，居民不太了解的情况。在各专项任务执行过程中，居民只能被动接受，没有畅通反映居民自身利益诉求的渠道。

（六）法治权威发挥不够，部分专项行动现有法规政策不完善

在"开墙打洞"整治、违法建设拆除等专项任务中，现有的法规政策有些已经滞后，有些衔接不够，有些缺乏操作细则，对专项行动的支持、保障力度有待提高。如地下空间如何"适度"用于便民商业网点，在实施层面缺乏标准、手续等具体规定。专项行动中涉及的法规政策不完善，影响到专项行动的深入开展。

（七）专项行动评估主体单一，评估机制有待进一步充实、完善

当前，西城区对专项行动效果进行评估的主体，仍以政府部门为主。评估主体相对单一，尚未形成包括社会公众、新闻媒体、市场主体、第三方在内的多形式、全方位、多层次的评估机制，效果评估内容也不够全面，尚未与接诉即办、市民服务热线反映的问题等重点工作紧密结合，专项行动效果的评估机制还有待于进一步优化提升。

---

① 数据来源：《西城区疏解整治促提升民情调查》2017—2019。

四 进一步深化"疏整促"专项行动的对策建议

(一) 坚持以人民为中心的发展思想，以有效供给满足百姓真实需求

牢固树立以人民为中心的发展思想，充分考虑群众对美好生活的需求，不断完善和提升居民生活服务配套设施及服务，努力提高优质公共服务的有效供给。专项行动要与接诉即办有机结合，按照"七有""五性"要求细致解决群众反映强烈的共性问题，努力实现"未诉先办"；要与解决市民服务热线反映的诉求有机结合，提高案件办理质量和效率。始终坚持以"人民满意"作为检验工作成效的最高标准，积极推动相关问题的解决。

(二) 以人口调控为着力点，选准新一轮专项行动的"抓手"和"突破口"

根据核心区控规要求，西城区常住人口在 2020 年的基础上还需要进一步增强调控力度。西城区现有的"疏非控人"途径和手段很多已进入收尾、保持"动态清零"阶段，带来的人口变化已明显弱化。新一轮的"疏整促"工作重点在促提升，迫切需要选准新的"抓手"和"突破口"。

一是继续发挥常住外来人口减少对常住人口减量发展的作用。从就业入手，对需要重点甄别和"疏整促"的行业加大调控和引导力度。继续以专项行动为抓手，通过加大拆除违法建设、促进文物腾退等与居住空间密切相关项目的力度，引导人口疏解，降低人口密度。

二是借助建设城市副中心和雄安新区的机遇，以非首都功能外迁为契机，配合中央和市级部门，推进辖区内央企和市级部分行政性、事业性服务机构外迁。

三是进一步均衡教育、医疗等公共服务资源，加大"疏非"引导力度。主动协助有关部门，加快公共服务的均衡布局，缩小与中心城区的差距，以均等化公共服务供给促进非首都功能的有效疏解，引导人口有序分流，尤其是带动户籍人口的转移。

四是以直管公房和单位公房管理机制改革为突破口，积极推进直管公房、简易楼房腾退；鼓励申请式腾退和自愿登记式改善居住条件，分批改善人口居住密度大、环境不宜居的平房院落，争取上级部门在资金、房源、政策等方面的支持力度。

五是细化对产业结构和人口就业结构的类别甄别，促进重点关注行业提质增效；加强对吸纳从业人口较多的"租赁和商务服务业""住宿和餐饮业"以及"交通运输、仓储和邮政业"等重点行业的分析，推进业态提升，带动就业

人口减少。

（三）以整体认识为指引，实现"提升"与"疏解""整治"同步推进

专项行动中，疏解、整治、提升三者是辩证统一、不可分割的整体。疏解及整治工作在开展的同时，要及时跟进后续服务，注重"提升"与"疏解""整治"无缝衔接。以提升为导向，围绕"七有""五性"，加快补短板强弱项。研究增设"优化提升"分类指标体系，明确实施办法和考核标准，引导全区各部门、各街道及时转变工作思路，做到疏解整治优化提升并举，力争为专项行动带来新突破。

（四）以统筹协调为基础，提高资源整合水平

疏整促是一项民生工程，需要辖区内各部门各街道"条块"之间的相互配合。各单位要各司其职，有主责、有协同，特别是对一些职能交叉的领域，要强化信息互通，不推诿，形成共治合力。

为更好推进专项行动，西城区应将需要上级部门统筹解决的问题进行汇总并反馈，积极争取相关部门制定有利于推进专项行动开展的各项政策，做好市、区有关政策调整的对接；加强与央属机关、企事业单位的沟通，继续加大需要央属部门、部队支持项目的推进力度。

（五）以腾退利用为着眼点，提高腾退空间利用率

西城区疏解腾退空间要优先保障中央政务功能，完善城市服务功能。为此，应借助大数据手段，在摸清全区腾退空间底数的前提下建立腾退空间信息平台，按照减量发展原则，编制全区腾退空间利用方案，探索多元化土地开发模式，加快制定疏解腾退空间资源利用细则，完善激励机制，吸引国有企业、民营资本进入，合理利用腾退空间，进一步提高疏解腾退空间资源管理和使用效率。

（六）以平台建设为突破口，提升社会组织与群众参与度

当前社会治理日益多元化。疏整促是一个系统过程，具体任务涉及面非常广，政府职能部门在更多时候的主要任务是加强统筹管理，动员、组织社会各方积极参与。通过建立专项行动协调会等方式，进一步动员社会力量，主动与中央单位、驻京部队沟通联系，及时了解其参与非首都功能疏解工作的进展情况；充分利用微博、微信等平台，完善社会组织与群众多元参与的制度化安排，有序参与到专项行动中来；注重培养公众参与意识，使公众逐渐养成参与

公共事务管理的习惯，形成全社会共同参与的合力和氛围，通过"共驻共治共享"，推动专项行动深入发展，维护专项行动成果。

（七）以法制建设为保障，提高社会治理和政务服务水平

进一步强化"依法治国"意识，明确执法实施主体，强化法治思维和法治方式，深化城市管理综合执法体制机制改革，加强综合执法，严格依法行政，促进疏解整治、城市管理纳入法治化轨道。针对部分法规政策滞后现象，建议请市级相关部门加快研究制定适合现实工作需要的政策法规，保障专项行动顺利开展。

（八）以多元参与为支撑，完善专项行动效果评估机制

进一步完善专项行动效果评估体系，明确评估的基本宗旨、主要内容、考核指标等，推动评估与政府日常工作考核、社会各界评价、百姓真实感受有机对接，使之发挥更大的导向作用。充分发动包括社会公众在内的各项主体，通过多种途径和适当方式，参与评估。在评估内容上，结合12345市民热线、"七有""五性"指标体系等工作重点，对专项行动实施效果进行多形式、全方位、多层次的评估。进一步完善专项行动评估和发布机制，客观反映专项行动取得的成效。

参 考 文 献

[1] 北京市西城区统计局：《北京西城统计年鉴》，2015—2019年。
[2] 《西城区政府工作报告》，2018—2020年。
[3] 《西城区住建委（重大办）》，《2019年工作总结与2020年工作思路》
[4] 《北京市人民政府关于组织开展"疏解整治促提升"专项行动（2017—2020年）的实施意见》，《北京市人民政府公报》2017年第9期。
[5] 本刊调研组：《"疏解整治促提升"：京华大地向美而行》，《求是》2019年第17期。
[6] 谈绪祥：《绘疏整促长卷谱首都治理新篇》，《前线》2020年第10期。
[7] 周頔：《北京：加强非首都功能疏解，持续优化京津冀协同发展》，《民主与法制时报》2020年3月29日。

村级后备干部队伍建设现实困境及路径探索
——以北京市丰台区王佐镇为例

王 芳[*]

摘 要：村级后备干部队伍是全面实施乡村振兴战略的重要生力军。选拔、培养、建设一支数量充足、质量过硬、结构合理、活力充沛的村级后备干部队伍，对进一步改善优化村级干部队伍、推动乡村人才振兴、加快乡村治理现代化有着重要的现实意义。本文以丰台区王佐镇为例，介绍了党的十八大以来，村级后备干部队伍建设取得的成绩，分析了村级后备干部队伍建设面临的"无人可选""育而不强""备用脱节""留而不得"的现实困境及其成因；提出以"镇招村用"为突破口，以"行动学习"为抓手，以"实岗锻炼"为平台，以"创新发展"为着力点，破解这些现实困境的建议，为"妙笔生花看丰台"储备战略人才，为丰台乡村振兴提供助力。

关键词：乡村振兴；后备干部；现实困境；突破路径

没有乡村人才的振兴，乡村振兴就缺乏支撑。党的十九大、十九届五中全会强调，实现乡村振兴，必须推动乡村人才振兴。《中共中央国务院关于实施乡村振兴战略的意见》指出：实施乡村振兴战略，必须造就更多乡土人才，聚天下人才而用之。村级后备干部队伍建设是乡村人才振兴极其重要的组成部分。选拔、培养、建设一支数量充足、质量过硬、结构合理、活力充沛的村级后备干部队伍，对进一步改善优化村级干部队伍、推动乡村人才振兴、加快乡

---

[*] 王芳，博士，中共北京市丰台区委党校教师，主要研究方向：中国特色社会主义、核心价值观、党的建设等。

村治理现代化有着相当重要的现实意义。本文以丰台区王佐镇的调研情况为例对村级后备干部队伍建设情况、特点，面临的困境及成因进行分析，提出解决对策。

一 王佐镇村级后备干部队伍建设的基本情况

北京市丰台区地处北京南中轴之上，是典型的城乡接合部。乡村振兴的人才储备直接关系丰台区的未来发展。在新时代乡村振兴战略的大背景下，丰台区王佐镇要想抓住"妙笔生花看丰台"的发展机遇，融入新时代首都整体发展的大格局，必须立足自身禀赋着力建设好农村未来发展的人才战略储备。

王佐镇位于丰台西南郊区，是河西两镇之一，下辖8个中心村，36个自然村，农村人口2万余人。村级两委成员79名，学历均为大专以上。其中49人为党委成员，交叉任职20人，平均年龄44岁，党员70人，占88.6%。村书记主任10人，一肩挑6人，4名机关干部到村任第一书记。从王佐镇8个中心村地调研中发现，党的十八大以来，王佐镇村级后备干部队伍相较过去有了很大地改善发展，主要呈现出以下四个方面的特点。

一是力量不断充实。据2020年10月王佐镇的统计数据显示，8个中心村共有村级后备干部20人，其中男性11人，占55%，女性9人，占45%；中共党员15人，预备党员1人，入党积极分子4人。村级后备干部全部建立了档案，每个村都有1—3名后备干部，达到了2018年市委组织部、市委农工委发布的《关于进一步加强村级后备人才队伍建设的实施办法》中的基本要求。

二是素质持续提升。20名后备干部的第一学历均在大专以上，其中还有两名研究生。同时区、镇结合工作实际需要，为村级后备干部举办不同形式、规模、内容的培训班，平均每年开展1—2次。另外各村结合实际情况，充分发挥村里老干部、老党员的传帮带作用等，村级后备干部的综合素质和村务管理能力不断得到提升。

三是结构趋于合理。从学历来看，王佐镇20名村级后备干部学历均在大专以上，其中研究生学历2人，占10%；本科学历9人，占45%；大专学历9人，占45%。从年龄上来说，30岁以下1人，占5%；30—35岁有7人，占35%；36—40岁有5人，占25%；41—45岁有7人，占35%。可以看出，无论从年龄还是学历上来看，总体呈现出橄榄型发展的趋向，结构逐步趋于合理。

四是作用发挥较好。从具体任职的职务情况来看，20名后备干部都在村内或村集体公司内任职，其中交叉任职2人，在村公司任职的有13人，占

65%，其中 11 人任村公司副经理，占 85%；在村内任职的 9 人，占 45%；担任村"两委"班子成员的 1 人，占 5%。从中可以看出，20 名后备干部都在相应的岗位上发挥着切实的作用。

二 王佐镇村级后备干部队伍建设面临的现实困境

党的十八大以来，王佐镇村级后备干部队伍建设在整体上得到了有效推进。随着走访调研座谈的深入，我们发现王佐镇村级后备干部队伍建设在"选""育""用""留"等环节，仍然面临着一些普遍性的现实困境。

（一）"无人可选"之选拔困境

在调研座谈中，沙锅村村委会常务副主任在谈到关于年轻后备干部的选拔时说："好选拔，也不好选拔。"这一句看似很"矛盾"的话，形象地道出了村级后备干部队伍建设长期以来面临的"无人可选"之选拔困境。一方面，"好选拔"是指想进入、愿意进入后备干部队伍中的人选数量较多；另一方面，"不好选拔"是指真正满足组织需求和乡村发展需要的人才少之又少。

造成这种困境的原因主要有：一是优秀人才流失严重。城乡发展差距造成本地优秀人才大量外流，留在村里的以学历低、工作能力不高的村民为主，直接导致村干部的选择范围变窄，从源头上造成后备干部力量"供给不足"；同时现存村级干部中的优秀年轻干部主要由大学生村官或选调生、乡村振兴协理员和村庄内部培养的后备干部等组成。这些干部中很大一部分将现在的工作岗位作为一个过渡，并不打算扎根村里，本次调研接收访谈的选调生都表示在选调期满后希望能到镇里或区里工作。二是选人工作存在短板。调研发现，目前镇里将选拔工作完全交由各村自己负责，其中部分村在面向村民选拔后备干部时只是在有限的范围内进行宣传，覆盖率和知晓率都不太高，导致真正报名参加的人员较少，其中有的还是从与村干部私人关系较好的村民中挑选的。三是岗位吸引力不够。村级干部虽然称之为干部，但不属于国家干部序列，相较于乡镇以上国家干部而言社会地位不高；同时，村级干部工作强度大，薪酬待遇较低，保障激励机制不健全不到位，尤其是职业发展晋升空间很小，概言之就是"政治上没有奔头，经济上没有搞头，精神上没有盼头"。

（二）"育而不强"之培养困境

在调研座谈中，大多数后备干部都表示，区镇两级有不少针对后备干部的培训学习，然而真正起到实际作用的培训却很少，很多情况下都是"为了培训而培训，走个必要的程序"。这句发自后备干部的肺腑之言，真实地道出了村级后备干部队伍建设长期以来面临的"育而不强"之培养困境。一方面，无论是区镇还是各村都在积极推进培养工作；另一方面，真正满足后备干部之需的培训却少之又少。

造成这种困境的原因主要有：一是缺乏系统规范的培养机制。镇一级虽有相对规范的各种培训班，但培训完后续的监督激励保障等措施跟不上；村一级的不仅不规范且带有纯自然状态，主要就是靠老干部、老党员的传帮带。基本没有任何的书面培训管理方案，尤其是年终考评比较随意粗放，不能精确反映后备干部的工作成效，影响后备干部"想干事、能干事、干成事"的热情。二是培训管理雷同度高、多流于形式。如同一门课程多年由同一位老师教授或同一位老师讲授多门课程，培训方式常年以课堂讲授为主，通常就两三天时间等，导致培训更多时候是走过场，对后备干部本人的实际作用并不大，培训的结果背离培训的初衷。三是培养积极性不高。有的村的后备干部只是形式上的，只是为了应付区镇的工作要求，并未将他们作为真正的后备干部对待；有的村"两委"虽然口头上大讲后备干部很重要，但是认为后备干部将来会代替自己，从而怠慢甚至有意阻碍后备干部的成长；有的村"两委"认为后备干部和选调生、乡镇协理员等后备干部的有力人选迟早要被调走或自己选择走，培养后备干部的积极性深受打击。

（三）"备用脱节"之使用困境

在调研座谈中，有一些后备干部表达了他们的共同担忧，即"如果在预期的年龄段没有得到晋升，很可能就是'白了少年头，空悲切'"。如此诗意的一句话，深刻地反映出了村级后备干部队伍建设长期以来面临的"备用脱节"之使用困境。一方面"备多用少""一备到老"，每个村按照规定都有后备干部储备，然而有的后备干部已经备了六七年了都没有调整，甚至是得等到现任退休才有希望提拔，这个希望也"只是理论上的提拔希望"；另一方面要么与岗位要求有距离难委以重任，"备而难用"；要么换了新领导被闲置起来，"备而不用"；要么非后备干部后来居上，"用而不备"。

造成这种困境的原因主要有：一是村级领导班子换届缺乏完备的干部接替机制。村民委员会成员可以连选连任，一定程度上减少了后备干部的发展空间，影响了后备干部的工作积极性；上任领导干部选拔的后备干部，在新一任领导时多数情况会被闲置起来，转而重新进行选拔；后备干部在换届选举多数情况下相对现任干部不占优势等。二是后备干部使用体制机制不健全，如透明度不高、目标不明确、管理不到位，缺乏长期规划等，如一部分后备干部被安排在妇女委员、会计、党建办公室、计生等岗位上，不参加实质性的管理工作，存在感不强，威信度不高；还有一部分后备干部主要在村集体企业任职，几乎不参与村里的其他工作，以致不熟悉村务相关工作；还有些后备干部的大量时间和精力都被用在填报数据表格、整理文档资料、撰写各种文件材料等相对具体的事务上；还有乡镇甚至上一级机关借调年轻干部协助开展业务工作等。这些都使得后备干部少有机会接触真正的基层工作，久而久之，后备干部就会离群众越来越远，基层工作能力得不到有效锻炼。三是后备干部的自身时代特性使然的先天不足和后天乏力。现在的大部分年轻后备干部都是从学校毕业之后直接进入乡村工作，虽然都是从本村村民中选拔的，但是从初中或更早就在外读书，其实早已脱离了农村生活，对农村有了一定的陌生感和距离感，同时很多年轻后备干部白天在村里上班，晚上回城中心休息的"候鸟式"生活，这些都导致年轻后备干部和农村基本处于脱离状态，使其不愿也无法真正深入村民中开展工作，或者需要经过更长时间来重新融入乡村。

（四）"留而不得"之留用困境

在调研座谈中，有很多干部和受访村民都表示说，"不是我们不愿意留住能干有为的年轻干部啊，而是人家不愿意留在我们这穷地方呀！"这无奈的话语，一语道破了村级后备干部队伍建设长期以来面临的"留而不得"之留用困境，即经济发展和人才留用二者之间矛盾关系的死循环。一方面，改变村域经济发展落后的现状迫切需要各级各类的人才，尤其是优秀人才的支撑助力；另一方面，丰台区有7个经济薄弱村，王佐就占了4个，现实发展条件和未来的发展机遇相对很有限，导致很难引进并留住优秀人才助力村域发展。

造成这种困境的原因主要有：一是城乡差距逐步拉大。王佐镇离城中心不远，交通发达，此外镇域范围内还有北京第三热电厂等企业行业，年轻人的就业机会很多，但凡有机会在外发展，不会选择回村里。二是理念认识的局限性。在调研访谈中，可以发现经济发展落后的村子大都认为，是因为错过了所谓的发展黄金期，是因为历史遗留难题的阻碍等。因此很多干部思维仍然停在如何突破政策上，而不是思索在政策范围内如何探索新的发展思路，"等、靠、要"的思想还有存在的现象；没有从思想上树立起"人才是第一资源"的理念，创新发展意识不强。三是村域发展不平衡，全镇的大部分集体企业都集中在镇中心，同时集体经济的支柱产业缺乏，村域基础设施薄弱，产业用地建设缓慢、受政策限制多等，有些村虽然已经初步形成了主导产业，但是相关产业尚未形成稳定的业态，产业的品牌效应和聚集效应影响不大，部分产业还处于起步阶段，造成村域经济发展进度总体缓慢，这从根本上制约了人才留用的未来可能性。

三 村级后备干部队伍建设的路径探索

为政之要，唯在得人。在2018年全国组织工作会议上，习近平总书记明确指出："要注重吸引和使用人才，但各地引才政策要符合实际，坚持需求导向，统筹考虑就业、教育、医疗、交通等承载能力，不要乱发'帽子'，不要简单许诺一大堆物质条件，不要没有目的地撒大网，要坚持从实际出发，把人才工作做扎实。"[1] 因此，破解新时代王佐镇农村后备干部队伍建设面临的诸种现实困境，必须充分结合王佐镇各村的实际情况，认真总结，深入研究，紧紧抓住问题的要害，探寻务实可行的对策。

（一）以"镇招村用"为突破口

习近平总书记指出，选拔后备干部，要打破封闭式和神秘化的传统选拔方式，按照公开、平等、竞争、择优的原则，积极探索选拔后备干部的新方法、新途径。[2] 王佐镇的8个村无一例外都是自己组织招聘后备干部，除了南宫有相对完善规范的招聘制度外，其余村的后备干部选拔基本上以各村自己推荐为主，缺乏一定的制度机制。基于此，我们从"选"这一环节探索"镇招村用"的后备干部招聘机制，以此为突破开口破解"无人可选"之人才困境，着力解决后备干部来源的"量"和"质"。

实际上，"镇招村用"的招聘模式并不新鲜，其他地方已有类似做法，然而王佐镇的"镇招村用"有自己的特点，总体来说，就是8个村的招聘工作统一由镇一级层面统筹进行安排，通过广泛宣传、专业化考试和正规化面试等逐步完善招聘各环节，并给予适当的关爱保障，吸收更多的优秀人才加入村级后备干部队伍。具体来说，其优势具体在于：首先，坚持公开透明，任人唯贤。在一定程度上可以避免人情因素干扰，尽力保证选拔推荐后备干部的过程的公平公正，同时借助镇级平台的优势，扩大后备干部的来源。其次，突破地域限制，探索跨村任职。可以考虑不囿于村域户口限制，将能干的优秀人才选聘到经济落后的村担任后备干部，以科学统筹后备干部的安排使用。最后，镇一级协助各村做好考察考核，最大程度保证选拔的客观性。由于"镇招村用"中

---

[1] 习近平：《在全国组织工作会议上的讲话》，共产党员网，http://www.12371.cn/2018/09/17/ARTI1537150840597467.shtml。

[2] 《中共中央组织部关于进一步做好培养选拔优秀年轻干部工作的意见》，湖北师范大学组织部网，http://www.zzb.hbnu.edu.cn/2010/1012/c843a44077/page.htm。

"镇"不负责后备干部的主要保障事宜，因此可以以第三方的身份公正客观地对后备干部进行考核考察，最大程度保证考核考察的客观性和公正性，供村一级参考，为镇储备可用人才。

（二）以"行动学习"为抓手

随着时代的发展、干部的成长特点及乡村需要人才都在不断发生变化，培养理念与模式亦必须紧跟时代步伐，最大限度满足干部成长需要。《2018—2022全国干部教育培训规划》明确指出，探索运用访谈教学、论坛教学、行动学习、翻转课堂等方法。今年区委组织部、区委党校专门开了一个培训年轻干部的行动学习班，很受年轻干部的欢迎，效果很不错。基于此，我们从"育"这一环节，探索"行动学习"的后备干部培养机制，以此为抓手破解"育而不强"之培养困境，着力提升培训学习的实效性。

首先，行动学习法以问题为导向。后备干部未来要挑更重的担子，必须迎接前所未有的挑战，系统解决复杂问题的能力是必备，行动学习法正好契合了这点。其次，行动学习法以团队为依托，强调团队成长。它除了为后备干部搭建交流学习平台，更重要的是共同探讨只有通过互相配合才能解决的问题，从而锻炼后备干部的沟通协调能力，培养他们带队伍解决实际工作问题的能力。第三，行动学习法以行动为手段，强调"在学中干，在干中学"。它认为学习的有效性必须置于实际工作当中，通过实际工作进一步促进学习。最后，行动学习法以反思为关键。传统的干部教育培训更多地强调的是理论知识的积累，很少考虑学员反思能力的培养。行动学习相反，它强调学员需要发现并提出问题，将反思贯穿于行动学习始终，如对小组其他成员的见解进行批判性分析，对解决问题的实际方案进行不断复盘等。这些活动帮助学员对自己先前的思维和行为有所反思，进而改进，从而不断提高解决问题的觉悟和创新能力。

（三）以"实岗锻炼"为平台

"实岗锻炼"的目的是提高后备干部的实际村务工作能力，其内涵不仅仅限于必须设立一、二实际岗位而已，而是要加强岗位对后备干部的实际的培养使用，把后备干部放在有为有位的岗位上进行切实锻炼，真正认识到村子的持续发展和未来发展离不开优秀人才的支撑。基于此，我们从"用"这一环节，探索"实岗锻炼"的后备干部使用机制，以此为平台破解"备用脱节"之使用困境，提高后备干部的成才比率。

首先，建立以自愿服务与服务定量相结合的实岗锻炼机制，即把村级后备干部放在村相关岗位的负责人位置上，真正压担子进行锻炼，并且将其作为常态化的硬性机制。其次，对长期从事行政工作或党务工作的后备干部，要有计划、有步骤地进行岗位轮换，并要有相应的换岗考察考核机制。第三，除了安排后备干部列席班子会议、村民代表会议外，适当安排后备干部承担一些急难险重的工作任务，着力提高后备干部处理村级事务的实际能力。第四，积极创造条件，及时选拔培养成熟的后备干部进入主要领导岗位，打破年龄、资历、学历框线，逐步提高后备干部的使用比例。最后，探索建立后备干部退出机制。如对超过年限或经实践检验不符合后备干部条件的要及时做出调整，或者加大优秀村干部考录机关事业单位的支持力度，让后备干部既无后顾之忧，又看得见出路与未来。

（四）以"创新发展"为着力点

以"创新发展"为着力点，在已有的政策法规之下，通过创新积极破解当下村域经济发展面临的困境，逐渐改变当下村域经济发展落后、缓慢的现状，为留住更多的优秀人才打下坚实的经济基础。正如马克思所讲，"人们的奋斗所争取的一切，都同他们的利益有关"[①]。基于此，我们从"留"这一环节，以"创新发展"为着力点，探索乡村经济发展有效之路，破解"留而不得"之留用困境，夯实后备干部留用的经济基础。

首先，在政策允许的范围内，持续加大相关财政投入，提高资金使用效率。丰台区、王佐镇要继续加大对各村，尤其是4个经济薄弱村的财政投入力度，提高各村经济结构调整资金等资金的使用效率，提高经济效益。同时强化以城带乡，投入更多的资源和力量优先发展农业农村，尤其是经济薄弱村。其次，坚持高质量发展之路，坚持创新引领，加快巩固已有新型集体主导产业，创立品牌效应，逐渐形成产业聚集效应，带动村域经济整体向前发展。第三，强化"造血"功能，创新产业培育。严格执行疏解非首都功能相关精神，逐步淘汰落后产业，同时积极贯彻落实党的十九届五中全会精神，开动脑筋，将创新放在乡村建设的核心位置，抢抓机遇给产业转型升级，根据各自村落的资源禀赋开发具有自身特色的产业，丰富乡村经济业态，培育乡村发展新动能，如怪村的油菜花海，王佐的农耕文化节等就是很好的尝试探索。最后，加强对各村经济发展的顶层设计规划，不要一窝蜂上项目，不要一味模仿别村，积极探索适合本村的经济发展之路。栽好梧桐树，自有凤凰来！

---

① 马克思、恩格斯：《马克思恩格斯全集》第1卷，人民出版社1956年版，第82页。

参 考 文 献

[1] 中央组织部干部教育局：《2018—2022 年全国干部教育培训规划》，党建读物出版社 2019 年版。

[2] 中共中央国务院关于实施乡村振兴战略的意见，(2018 年 2 月 4 日) [2020 年 7 月 20 日], http：//www.gov.cn/zhengce/2018-02/04/content_5263807.htm。

[3] 习近平：《在全国组织工作会议上的讲话》，人民出版社 2018 年版。

四　文化建设篇

北京中轴线申遗：变化与收获

李建平[*]

摘　要：北京中轴线是世界上独一无二的城市中轴线，有着深厚的中华文化底蕴与内涵，其中最突出的主题是"中正和谐"，展现了北京都市文化特色；"守正创新、与时俱进"的文化品质也揭示出北京中轴线文化内涵的重要特点。10余年来，推进北京中轴线申遗已经成为北京历史文化名城整体保护的契机，成为北京历史文化名城保护的强有力抓手，使北京整座老城的文物和文化遗存得到保护、传承和利用。推进北京中轴线申遗，给北京市民，特别是生活在北京中轴线区域内的老百姓带来了实惠，人们的居住环境和生活品质得到提升。目前，北京中轴线申遗正在加快步伐，需进一步加大对北京中轴线历史文化价值的宣传，动员老百姓积极参与其中。

关键词：北京中轴线；申遗；文化内涵；发展变化

进入新千年，在"绿色奥运、科技奥运、人文奥运"理念引领下，北京成功举办了2008年第29届奥运会。以此为契机，人们越来越认识到北京城市发展的最大优势是文化，北京最突出的特点是历史文化名城。由此，北京在成功举办奥运后很快就转入了"人文北京、科技北京、绿色北京"建设，北京中轴线申遗提上了议事日程。2011年6月1日是中国第六个文化遗产日，北京正式启动中轴线申遗文物保护工程；2012年11月17日公布了中国世界文化遗产预备名单更新结果，北京中轴线以高票入选；2016年"推动中轴线申遗"

---

[*] 李建平，北京市哲学社会科学规划办公室原副主任、研究员，北京史研究会会长、中共北京市委党校（北京行政学院）北京市情研究中心顾问。

被正式写入北京市《政府工作报告》；2020年1月北京市《政府工作报告》再次提出"推进中轴线申遗保护"的工程规划，并将其列入"近期工作目标"；2020年4月发布的《北京市推进全国文化中心建设中长期规划（2019年—2035年）》再次强调北京将大力推动中轴线申遗，打造国家文化遗产保护的标杆。从2008年至今，北京中轴线申遗已经走过十余个年头。在这十余年中，北京中轴线申遗给北京带来了哪些变化？

一 重建北京中轴线——古建筑得到腾退、复建或修缮

从新千年开始，北京中轴线上的主要历史建筑几乎都得到修缮或修复，充分体现了北京作为首善之区开展文化遗产保护工作的新特点，即引领、示范、加强文物保护力度，对文物、文化遗产怀有敬畏之心。

在这其中，最突出的是在新千年之初复建永定门，恢复北京中轴线南端点。永定门始建于明嘉靖三十二年（1553）年，寓意"永远安定"。城楼形制为重檐歇山三滴水楼阁式建筑，楼顶为灰筒瓦绿琉璃瓦剪边，面阔五间，宽24米；进深三间，进深10.5米，楼阁连城台通高26米。永定门城楼复建源于"人文奥运"建设工程，于2003年启动，2004年8月复建工程完工。

永定门城楼复建，遵循了文化遗产保护的基本要求，在有限的条件和环境下，努力做到"原址、原样、原材料、原工艺"。在复建过程中，首先勘测了原址，在原址上复建；保持了原来的样式，即清朝乾隆年间修建的城楼。永定门在复建中大量使用老城砖也是一个特点。在丰台区一处五金仓库中发现了4000多块当年拆除永定门及城墙的老城砖，这些老城砖被清理后直接用到城楼城墙的复建上。除了使用老城砖，在整个复建过程中，新烧制的城砖是按明代老城砖样式制作的。这些城砖来自河北易县，制作过程中坚持原工艺流程，取材黄土和干土晾晒，晒干后碾压细磨，制成砖长36厘米、宽24厘米、厚12厘米砖坯后烧制。值得一说的还有城楼"永定门"石匾。在2004年复建永定门城楼时，出土了这块明朝嘉靖年间的老石匾，后收藏在首都博物馆。为了体现历史风貌，复建城楼时按原样复制了一块石匾镶嵌在城楼南向城台上，非常值得观赏。

在推进北京中轴线申遗过程中，不仅永定门城楼得到进一步保护，古都文化也得到进一步挖掘，遗址空间得到进一步利用。在永定门城楼内，举办了"老北京城墙城门"展览。在永定门城楼前后还开辟了广场，修建了历史文化标识，将之建设成为一个公共文化活动空间。在永定门城楼修复后，北京大学侯仁之教授曾坐着轮椅来到现场，对这项工作给予充分肯定，他说（城楼）比

想象的好多了。可以说这是新千年北京老城步入整体保护的一个重要标志，也是北京老城城楼复建的有益探索。

在北京中轴线申遗过程中，文物腾退、文化场所对外开放成为新亮点。天坛、大高玄殿、皇史宬、景山寿皇殿、中山公园（社稷坛）和劳动人民文化宫（太庙）等一批古代建筑得到腾退和修缮。

最值得说的是景山公园内的寿皇殿。在北京中轴线申遗过程中，寿皇殿得到整体腾退、完整保护和对外开放。寿皇殿修建于清乾隆年间，仿照太庙规制，属于中国古代最高等级的建筑，也是北京中轴线上高规格的古代建筑群。这一古代建筑群在北京解放后一直由北京市少年宫使用，在推进北京中轴线申遗过程中，北京市少年宫有了新址，进行了搬迁，寿皇殿建筑群也于2015年3月开始修缮。在这次修缮中，文物管理部门和修缮施工队紧密配合，始终坚持文物保护是第一位的，始终坚持不改变古建筑原结构、保证最少干预，坚持古建筑群要保持原格局、原样、原材料，只对局部残损的一些瓦件进行了更换，对彩画进行了除尘，对寿皇殿室内的一些与历史风貌不符的建筑进行了拆除。经过4年的规划、修缮、布展之后，景山公园寿皇殿两进院落的古建筑群已经对外开放，并推出"景山寿皇殿历史文化展"，用大量珍贵历史照片、文物、复原陈列以及多媒体展示等，展示寿皇殿的前世今生。

在推进北京中轴线申遗过程中，受益的还有天坛这座世界瞩目的文化遗产。在皇家祭坛——天坛列入世界文化遗产目录后，北京市就加大了对天坛公园整体保护的力度。但是，长期作为办公场所、居民住房难等问题一直困扰着天坛内古代建筑和文物的腾退与修缮，影响到整体皇家祭坛及园林的保护。北京中轴线申遗提供了新的契机，在全民文化遗产保护意识空前提升的氛围下，市委市政府和文物主管部门积极推进天坛居民楼的拆迁，其中最突出的是天坛南部圜丘坛的文物保护与腾退。天坛内坛腾退2017年启动，涉及圜丘坛的泰元门和广利门，泰元门内有市园林机械厂和绿化队的办公区和住户，腾退总建筑面积为715.04平方米；广利门被园林机械厂占用。为推进北京中轴线申遗，这里的住户和企业进行了彻底搬迁，圜丘坛四座天门——泰元门、昭亨门、广利门、成贞门原貌得到了整体修缮与保护，圜丘坛也恢复了皇家祭坛的古都风貌。

二 整体保护——北京历史文化名城的家底与未来图景

北京中轴线申遗恰逢北京落实全国政治中心、文化中心、国际交往中心、科技创新中心四个中心建设。在推进全国文化中心建设中又提出"一核一城三带两区"的总体布局。"一城"即北京历史文化名城；"三带"就是"三个文化带",即大运河文化带、长城文化带、西山永定河文化带。在推进北京历史文化名城保护中,人们越来越认识到北京中轴线的作用。北京中轴线是北京历史文化名城的脊梁和灵魂,是推进北京历史文化名城整体保护的抓手。人们越来越认识到"一城聚一线,一线统一城",即北京中轴线起着统领全城的作用,北京前后起伏、左右对称的城市建筑或空间布局都是以北京中轴线为依据的。由此,抓住北京中轴线就等于抓住了北京城市文化建设的主线,就能提纲挈领地了解北京,了解北京城,了解北京城市格局,了解北京城市规划与发展。

北京老城是一个整体,这个整体是由一条中轴线统领的四重城。四重城分别是古代的宫城,也称紫禁城,现在是故宫博物院;然后是皇城,皇城之外围是内城,内城南面是外城。老北京人概括这四重城是"内九外七皇城四","内九"即内城有九座城门,南面正中是正阳门,左右是崇文门和宣武门;东面是朝阳门与东直门;西面是阜成门和西直门;北面是德胜门与安定门。"外七"指的是外城的七座城门,南面正中是永定门,左右是左安门和右安门;东面是广渠门;西面是广安门;北面是东便门与西便门。皇城和宫城对应着各有四座城门,也是宫城和皇城进出的通道;宫城四门为午门、神武门、东华门与西华门;皇城四门为天安门、地安门、东安门与西安门。经过新中国70多年发展建设,这些城墙、城门已经发生了变化,唯有统领四重城的北京中轴线没有变,文化还在延续,文脉还在传承。

从历史文化名城保护重点之一的老城来看,城墙城门消失了,街巷胡同也少了很多,现实告诉我们,老城再也不能拆了,胡同再也不能扩了,老城再也不能长高了[①]。首先我们需要理清一下北京老城城墙城门现存的家底。

北京外城现在复建了永定门、外城东南角楼,如果再积极推进一下,修复外城西南角楼,外城南面就会形成三点连成一线的景观,大大提升外城的城迹轮廓。北京内城现在保留有正阳门城楼、箭楼,德胜门箭楼,内城东南角楼和部分明清城墙遗迹,内城西城墙南段与外城西便门东城墙交汇处保留有残城墙,应该说内城东、南、西、北还都保留有城迹,如果能在现有基础上再推进一下,内城的城迹轮廓会进一步凸显。经过实地考察,内城九门(正阳门除外)城楼都是城市交通节点,恢复均有难度,但是角楼位置地处偏僻,恢复还是有可能的。尤其是内城西南角楼,如能恢复,也可增强内城南城墙三点一线的城迹轮廓。内城西北和东北角楼也可以进行实地勘测,进行恢复或可行性调研。

作为历史文化名城,北京老城列入保护重点区域的除了城墙城门,还有护

---

① 老城再也不能拆了,指今二环路以内老城区,重点是胡同与四合院,无论什么理由再也不能拆了;胡同再也不能扩了,指现有胡同不易拓宽,行机动车可以划单行线;老城再也不能长高了,指在二环路内老城区新建筑要严格限制其建筑体量和高度。

城河，也就是古人提出的"城池"这一概念。我们再看一下北京老城护城河的家底。

保存最好的是宫城（紫禁城）护城河，俗称"筒子河"。天安门前流淌的金水河可以视为皇城护城河，保护也很好。目前值得重视的是内城与外城护城河的保护与修复。原来北京老城东、南、西、北四面都有护城河，尤其内城南护城河从前三门前流过，形成水穿老城的景观。现在保存下来的有外城护城河，内城北护城河，缺内城南护城河、东护城河、西护城河，这对北京老城整体保护，特别是"凸"字形北京老城城迹轮廓整体保护还有欠缺。其中，最值得关注的是内城南护城河，这条河已经从明河变成了暗河，按原河道修复是有可能的，修复后不仅使内城南城墙城迹清晰，而且对生态北京建设至关重要，是北京老城实现蓝绿交织、水城共融、水穿京城的关键河流。

在推进北京老城整体保护进程中，《首都功能核心区控制性详细规划（街区层面）（2018年—2035年）》提出的"六海映日月、八水绕京城"[①]已经引起人们的关注。六海作为都城独特的城市景观是北京老城的重要通风廊道和水系景观，同时围绕北京老城的天坛、地坛、日坛、月坛、先农坛整体保护也提上日程。这些水域、坛庙不仅与老城有着密切关系，还是北京源远流长的古都文化重要载体。现在天坛作为皇家祭坛已经列入世界文化遗产名录，而地坛、日坛、月坛、先农坛作为北京老城的"五坛八庙"组成部分，还缺乏整体保护意识。

在老城整体保护中，前后起伏、左右对称的城市规划布局，也就是老城的城市肌理保护值得重视，这些是北京老城的重要组成。北京老城有哪些前后起伏和左右对称的空间或历史建筑呢？我们先从前后起伏、左右对称的北京中轴线上来寻找。北京中轴线南起永定门，永定门是起，伏是长长的御道；又起是正阳门城楼、箭楼，又伏是天安门广场；又起是天安门、端门的城楼，又伏是午门广场；又起是午门，又伏是太和门前广场；又起是太和殿、中和殿、保和殿，又伏是乾清宫、交泰殿、坤宁宫。景山作为宫城的靠山，又是内城的中心点和制高点，显然是大起，而寿皇殿到地安门是大伏。地安门是起，地安门至鼓楼前的街市是伏；鼓楼、钟楼是起，周围分布的胡同、四合院是伏。北京老城左右对称的空间或历史建筑太多了，可以说比比皆是，从南向北，尽管千变万化，但仍可体会北京老城整体布局中左右对称的文化表述和内涵。

在探讨北京中轴线"中心明显、左右对称"根源时，可以说太庙、社稷坛

[①] 六海：南海、中海（中南海）、北海、什刹前海、后海、西海（统称"什刹三海"）；八水：通惠河（含玉河段）、北护城河、南护城河、前三门护城河、紫禁城护城河（俗称"筒子河"）、金水河、长河、莲花河。

是这座城市左、右对称之根，也是最早关照到礼制的都市规划。这个礼制就是《周礼·考工记》提出的"左祖右社"。北京老城的左右对称可以从南向北捋一下：首先是左（左安门）、右（右安门）对称，然后是文（崇文门）、武（宣武门）对称，进了内城是仁（孔庙）、义（关岳庙）对称，东、西对称（被称为东庙的隆福寺、被称为西庙的护国寺）等。在街道上还有东单（原东单牌楼）、西单（原西单牌楼）；东四（原东四牌楼）、西四（原西四牌楼）等。

在推进北京中轴线申遗过程中，人们越来越认识到，北京老城是一个整体，中轴线是整座城池的脊梁和灵魂。要以推进北京中轴线申遗为契机、为抓手、为标准，就要认真贯彻《北京历史文化名城保护条例》，提升北京老城整体保护意识，推进北京老城整体保护措施落实。

三 再认识与阐释——北京中轴线文化内涵揭示

在推进北京中轴线申遗过程中，人们越来越发现北京中轴线的文化内涵非常丰富、厚重，是文化富矿，需要一层层去挖掘，去认知，去揭示。目前，人们已经初步了解到有多条文化带，既有物质的历史建筑及景观，还有非物质的传说、老字号、传统工艺与技艺、戏剧等，更有中华城市、特别是都市的文化特征和理念。

第一，北京中轴线体现了中华民族"尚中"的思想，这一思想源远流长，几乎与中华文明曙光同步出现。中原远古先民将庙堂建筑在中心的位置，随后出现的宫阙呈现明显的中轴线与左右对称特点。考古工作者在北魏邺北城考古遗址中已发现了城市中轴线。北京金中都城市中轴线就传承了唐宋以来中国都城中轴线的布局和特点，即皇城、宫城居中，城市南北中轴线从中穿过，南端抵达南城墙正中城门，北端抵达北城墙正中城门。由此，"中轴""中正"成为北京都市规划建设的显著特点。这一特点在北京中轴线上可以找到其文脉传承的充分证据。例如，永定门居外城南城墙正中，左安门、右安门左右对称；正阳门居内城南城墙正中，崇文门、宣武门左右对称；皇城、宫城居中建筑比比皆是，左右对称建筑也是比比皆是。突出中正的标志性历史建筑不仅有正阳门，还有端门，文化理念上也是讲究端正的，与宫城午门形成"端午"，还是追求"中正"。

第二，在追求中正的文化理念基础上，又突出了中华"和"文化。清初将北京中轴线上最核心的建筑——紫禁城三大殿分别改名为"太和殿、中和殿、保和殿"。何为太和？乃是天地、阴阳之大和；何为中和？乃是致中和，是中华儒家文化的核心思想，按《礼记·中庸》解释"喜怒哀乐之未发谓之中，发而皆中节谓之和;中也者,天下之大本也,和也者,天下之达道也。致中和,天地位焉,万物育焉";何为保和?乃是要求人要保持心志和顺,身体安适。《易经》在乾卦中也解释"乾道变化,各正性命,保和太和乃利贞。"在古人都城、皇城、宫城设计中,紫禁城三大殿不仅是城市轴线核心,还是向天设都、天上人间、天、地、人的一个中心点。将中华"和"文化与中正文化理念融合,就形成了北京中轴线"中正和谐"的文化内涵。这一文化现象不止于紫禁城(故宫),景山峰顶上五座藏传佛教的亭式建筑整齐对称,也是中正和谐文化的一种展现;北京中轴线北端点的鼓楼钟楼,作为元、明、清城市中轴线上的报时中心,所展示的"天人合一"文化理念,也是中正和谐的展现。

第三,在深入挖掘北京中轴线文化内涵的同时,人们还注意到,北京中轴线展现的是活态文化,是不断发展的城市轴线,具有"执中守正、与时俱进"的文化品质。北京中轴线奠基于元大都城、发展于明北京城、进一步完善于清北京城,与时俱进于民国和新中国北京城。元大都确定北京中轴线为3.8公里,是从城市的中心台向南延伸,经过海子桥(万宁桥),穿过宫城大内,直抵外城南城门——丽正门。明永乐皇帝朱棣定都北京,修建都城、皇城和宫城时,将北京中轴线向南延伸约1公里,中轴线为4.8公里;明嘉靖年间修外城,再将北京中轴线从正阳门延长至永定门,长度为3公里,使北京中轴线全长达到7.8公里。清朝主要贡献是对北京中轴线上的历史建筑进行修缮或复建,修缮了从永定门至钟楼所有历史建筑,复建的有明末焚毁的紫禁城三大殿、天安门城楼等,因火灾复建的有正阳门城楼、永定门城楼、钟鼓楼等;还新增加了历史建筑群,例如景山五座亭式建筑,寿皇殿归位中轴线,永定门城楼增高,钟楼复建为砖石建筑等。清末民初对正阳门城楼、箭楼的复建与修缮也是值得关注的,尤其是民国初年对正阳门瓮城进行改造,方便了市民交通与出行。新中国天安门广场改造,将封闭式宫廷广场变为开放的公共空间,突出了人民至上,也就是人民当家作主的新时代文化主题。北京中轴线经过不断发展、延伸、完善、改造、与时俱进,始终坚持和维护北京中轴线的文化特征"执中守正",以及"突出中心,左右对称"的城市规划与布局。例如,在天安门城楼两侧修建了红色观礼台,既维护了天安门城楼的中心位置,又从左右、颜色和体量上维护了天安门城楼的中正和谐;天安门广场改造,人民英雄纪念碑矗立正中,人民大会堂和国家博物馆左右对称,维护了北京城市文化的布局与突出特点。

四 保护与活化——市民获得感增强

人民对美好生活的向往是我们奋斗的目标,增进民生福祉是城市发展的根本目的。推进北京中轴线申遗，很重要的工作是将历史文化遗产保护与改善居住地人居环境有机结合，让北京市民从中受益。北京老城是棋盘式街区，众多的胡同、四合院历史悠久，房屋需要维修、环境需要治理。因此，在推进北京中轴线申遗过程中，不仅要保护好这条线上的历史建筑，还应做好周边的环境整治。

通过一院一策地调研规划、"共生院"[①] 模式的推广，在北京大街小巷，尤其是胡同中多了街头绿地、垂直绿化、口袋公园，甚至在腾退搬迁后在较大的空间上修建了城市森林公园。在北京老城，特别是中轴线古代建筑群中，还有很多古树名木，其年代可以追溯到隋唐，明清古树更多一些。通过对古树名木的统一编号，确定年代，北京老城显得更加古色古香。在胡同环境整治、提升中，诞生了一批知名的胡同，例如东城区西总布胡同率先实现了胡同内不停放机动车，环境治理得到当地老百姓的赞誉；史家胡同不仅创办了北京首个胡同博物馆，而且整条胡同都得到规划和治理。治理后胡同不仅整洁干净了，北京胡同文化也被发掘出来，在胡同中出现了一批文化创意园区。值得说的还有南锣鼓巷的雨儿胡同。雨儿胡同是北京的老胡同，路窄却堆放杂物特别多，老房子没有上下水设施，居室中没有独立卫生间和厨房，反映了中轴线两侧居民区普遍存在的生活环境和质量问题。针对这种情况，地方政府及管理部门在居民的支持下，采取了一系列整治措施：第一是通过民意调查，充分了解市民对居住环境的意见与改进意愿；第二是尊重市民意愿，对愿意搬走的居民住户，采取合理的安置和补偿措施；第三对留下的居民和住户，在保留传统民居样式和结构的情况下，改造了基础设施，包括修建共享厨房、增加污水处理设置、居室内安装现代抽水马桶等，彻底改变了胡同脏、乱、差的生活环境，为留下的居民创造了良好的生活条件和空间。

这种变化正在形成一种新的模式，称为胡同与四合院"申请式"改造。例如，2021年4月，在对钟楼维修同时，钟鼓楼地区开始了申请式退租，这是中轴线上首个申请式退租项目，涉及东城602户居民、119处院落，西城185户居民、38处院落。申请式退租与原来旧城改造出现的大拆大建已经完全不同。其中，胡同基本不做改动，只是对院落进行调整。对愿意搬迁住户可以申请退出租赁房屋，获得补偿或重新安置；对不愿意搬迁、留下的住户将保持原居住面积和条件，同时对腾退、搬迁后腾出房屋进行修缮，对修缮后的房屋将引入茶室、图书室、文创工艺坊等新业态，提供公共服务和活动空间。这种申

[①] "共生院"是北京老城胡同四合院有机更新创造的一种模式，即在胡同四合院保护过程中，不再大拆大建，不仅要留住老房子，还要有老居民，使新老建筑共存、新老居民共生、新老文化共融。

请式退租，完全尊重民意，对多年来想改变生活居住条件和环境的居民来讲，提供了机遇；留下的老住户也提升了居住条件和生活环境。同时，对钟鼓楼地区古都风貌保护、推进中轴线申遗将有很大促进。

在北京中轴线申遗过程中，提高市民知晓和支持也是一项重要的工作。北京中轴线上既有实实在在的物质文化遗产，又有丰富的非物质文化遗产，是人类物质文明与精神文明的双重杰作。因此，了解中轴线文化遗产是文物保护与传承的应有之意。

为营造全民参与文化遗产保护，北京市通过举办丰富的宣传活动，吸引更多民众走近中轴线，营造全民参与文化遗产保护的氛围，为中轴线文化遗产更好的传承与保护奠定坚实的群众基础。例如，利用每年的文化遗产日，加大了北京中轴线文化遗产的宣传；市人大正在制定《北京中轴线保护条例》，已经多轮讨论并广泛征求意见，邀请市民为保护好北京中轴线出好点子，同时宣布北京中轴线文化遗产将向社会公众全部开放。一些文化单位还主动开展工作，加强对北京中轴线的宣传。例如，比较早举办北京中轴线展览的有东城区图书馆、景山公园，北京晚报与东城区图书馆还成立"我与中轴线"征集委员会，出版了《我与中轴线》，鼓励市民写出自己与北京中轴线的故事；帝都绘工作室推出的《中轴线》用图文并茂的形式将北京中轴线的缘起、演化、功能、色彩、对称、延伸等基本概念普及开来。北京联合大学开展的"走读中轴线"活动已经成为品牌，他们利用该校北京学研究优势，突出理论联系实际特点，用脚步丈量和实地感受的方式，由老师带着学生一段一段行走北京中轴线，了解北京中轴线的历史与文化。在走读过程中，还鼓励毕业大学生创办"走读中轴线"文旅公司，带领游客分段走读和了解北京中轴线。这一创意已经引起市文旅部门重视，一些旅行社已经开始北京中轴线一日游项目的探索。

在北京中轴线申遗过程中，企事业单位围绕北京中轴线开展的文化创意活动也值得关注。例如，首都博物馆特别策划了"读城——探密北京中轴线"展览，天坛神乐署推出《中和韶乐》演出，北京民族交响乐团推出了《中轴》乐章，北京电视台专门推出了"春妮五月特别策划"，请十位专家讲述北京中轴线，北京广播电台特别策划了《北京中轴线的智慧》等。在运用新科技手段方面，网易将推出《北京中轴线》系列动画制作，在北京市文化发展基金会支持下，中共北京市东城区委宣传部与嘉尚科技企业正在制作沉浸式的文旅产品《天坛神韵》，西城区委宣传部与台商科技企业联手推出文旅项目《穿越中轴》等。

目前，北京中轴线申遗脚步逐步加快，申遗准备工作不断细化，各项工作正在积极推进，2021年北京中轴线申遗文本将基本完成。对北京来讲，北京中轴线申遗还不是终极目的，只是阶段成果。这是因为，世界上独一无二的北京中轴线不仅是北京城的，更是中华民族的文化遗产，是世界的文化遗产，即人类共同的文化遗产。由保护好中轴线文化遗产，传承、利用好中轴线的文化与传统，不仅是北京的金名片、北京人的责任，更是北京城市发展的资源所在、优势所在。由此，各级领导干部要关心、关注北京中轴线，要讲好中轴线的故事，让世界了解北京中轴线，让北京中轴线走向世界。

参 考 文 献

[1] 李建平：《北京中轴线的文化积淀与特色》，《北京联合大学学报》（人文社会科学版）2015年第2期。
[2] 李建平：《魅力北京中轴线》，文化艺术出版社2008年版。
[3] 本书编委会：《我与中轴线》，北京出版社2012年版。

北京公共文化服务体系发展历程、现状与路径

于书平[*]

摘　要：公共文化服务体系建设是贯彻落实国家文化战略和文化建设部署的重要组成部分，也是促进文化大发展大繁荣、提升文化软实力的内在要求。本文在前人研究的基础上，将北京公共文化服务体系发展历程分为三个阶段，即孕育阶段、构建阶段、现代公共文化服务体系建设阶段；分析了北京"十三五"时期公共文化服务在政策体系、基础设施、文化产品、活动、融合、示范等方面的发展成效，存在问题及未来发展路径。

关键词：公共文化服务；公共文化服务体系；发展历程；现状；路径

文化是一个国家、一个民族的灵魂。文化自信是更基础、更广泛、更深厚的自信，是更基本、更深沉、更持久的力量。北京是世界著名古都，有着3000多年建城史、860多年建都史。新中国成立以来，文化中心一直是北京的重要功能。党的十八大以来，北京全面贯彻落实习近平新时代中国特色社会主义思想和习近平总书记对北京重要讲话精神，根据"四个中心"城市战略定位，确定全国文化中心建设的总体框架——"一核一城三带两区"，着力做好首都文化这篇大文章。北京作为全国文化中心，积极贯彻落实中央关于加快构建现代公共文化服务体系的意见精神，出政策、建机制、搭平台、树品牌，在公共文化服务标准化、均等化、便利化、数字化方面不断推陈出新，努力构建

---

[*] 于书平，硕士，中共北京市委党校（北京行政学院）北京市情研究中心副主任、副研究馆员，主要研究方向：图书馆学、文献学、公共文化服务。

和完善具有"首都特色,首善标准"的北京现代公共文化服务体系,发挥示范带动作用。

一 北京公共文化服务体系发展历程

公共文化服务体系建设是贯彻落实国家文化战略和文化建设部署的重要内容,亦是促进文化大发展大繁荣、提升文化软实力的内在要求。北京公共文化服务体系发展历程,大致可分为三个阶段。

(一)公共文化服务体系孕育阶段:1978—2004年

这一阶段是从传统的文化事业管理向公共文化服务转型的时期。改革开放初期,随着拨乱反正在文化领域的展开,各类公共文化设施得以恢复和发展。各类博物馆、纪念馆持续增长,办馆主体呈现出行业办馆、地方办馆的特点。在中宣部、文化部等联合下发的《关于加强和改进图书馆工作的报告》的精神指导下,北京公共图书馆的数量、馆舍面积及藏书量不断增加,出现了少儿图书馆、家庭图书馆等适应人民文化需求的新型图书馆。同时,对各区县文化馆进行改建、新建。20世纪90年代以来,随着《北京市博物馆条例》的颁布,博物馆的数量快速增长,类型更为多样。北京西周燕都遗址博物馆、中华世纪坛艺术馆等均在这一时期建成。档案馆的馆藏利用率不断提升,出现了一批大学、企业档案馆。进入21世纪,随着《北京奥运行动规划》的制定,为践行"人文奥运"理念,北京加大文化环境建设,国家大剧院、国家图书馆二期、中国美术馆二期、首都博物馆新馆等都在这一时期开始兴建,展示了全国文化中心的良好形象。这一时期的主要特点就是公共文化基础设施发展迅速,为人们提供了大量的文化场所,可以称其为公共文化服务体系1.0时期。

(二)公共文化服务体系构建时期:2005—2012年

自2005年党的十六届五中全会首次提出"公共文化服务"这一概念以来,公共文化服务建设与研究已走过了十五年的发展历程。国家、北京相继出台了各项政策,举办各种文化活动,推动公共文化服务深化发展。

在国家层面,2005年10月,党的十六届五中全会提出了要逐步形成覆盖全社会的"比较完备的公共文化服务体系";2007年8月,中共中央办公厅、国务院办公厅印发了《关于加强公共文化服务体系建设的若干意见》,阐明了公共文化服务体系建设的基本原则和目标,成为当时的指导性文件,2010年12月,原国家文化部与财政部联合发文《关于开展国家公共文化服务体系示范区（项目）的通知》，在全国范围开展示范区的创建，极大地促进公共文化体系建设。2011年10月，《中共中央关于深化文化体制改革推动社会主义文化大发展大繁荣若干重大问题的决定》获得通过，明确了未来的发展目标、任务措施，这是我国文化建设领域的里程碑式文件。

在市级层面，北京先后制定并颁布《北京市十一五时期文化事业发展规划》《关于进一步加强北京市农村文化建设的实施意见》《北京市基层公共文化设施管理办法》等文件。2011年，北京市委又制定了《关于发挥文化中心作用加快建设中国特色社会主义先进文化之都的意见》。2012年6月，中共北京市委第十一次党代会再次强调要加大首都文化改革力度，加快建设具有世界影响力的文化中心城市和中国特色社会主义先进文化之都的战略目标。

北京"市、区、街道（乡镇）、社区（村）"四级公共文化服务体系已经实现全覆盖，公共文化产品和文化服务的供给力度持续增强，文化惠民工程和公共文化活动日益丰富，公共文化品牌资源和特色资源建设成为北京文化软实力的重要体现。推出公共文化十大工程，包括设施提升、服务达标、示范先行、社区数字化、24小时自助图书馆等。公共文化服务开始向农村等基层领域拓展。这一时期的主要特点就是加强了公共文化服务体系的顶层设计，出台了一系列政策法规，提升了公共文化服务基础设施建设，开展了大量的文化活动，增强了文化产品的供给，文化服务的范围不断拓展，这一时期可以称作公共文化服务体系2.0时期。

（三）现代公共文化服务体系建设时期：2013年至今

这一时期，在国家"十二五"规划中，提出继续建立健全公共文化服务体系，增强公共文化产品和服务供给。部署了"全国公共文化服务体系示范区（示范项目）、公共电子阅览室工程等"。2013年，党的十八届三中全会进一步提出建立"现代公共文化服务体系"的目标任务。原文化部颁布了《"十二五"时期公共文化服务体系建设实施纲要》，2015年，中共中央办公厅、国务院办公厅印发了《关于加快构建现代公共文化服务体系的意见》，同时印发了《国家基本公共文化服务指导标准（2015—2020年）》，对新时代公共文化服务体系建设进行了新的制度设计。《公共文化服务保障法》于2017年3月开始实施，《公共图书馆法》也于2018年颁布，现代公共文化服务体系的"四梁八柱"制度框架基本形成。

北京市于2014年明确提出"构建现代公共文化服务体系"的发展任务，2015年在全国率先出台地方性省级实施意见"1+3"公共文化政策文件；2016年6月，北京市政府发布《北京市"十三五"时期加强全国文化中心建设规划》，提出要促进公共文化服务首善之区的发展，强化文化产品供给能力和质量。2020年4月，《北京市推进全国文化中心建设中长期规划（2019年—2035年）》颁布，对北京公共文化服务体系建设从顶层设计方面作出了新的战略安排；《北京公共文化服务体系示范区中长期规划（2019年—2035年）》，作为第一个专项发展规划为北京公共文化服务体系建设提供了基本遵循。

这一时期，北京以"保基本、促公平、提品质、强服务"为核心，积极构建具有"首都特色、首善标准"的现代公共文化服务体系。公共文化服务体系示范区建设深入推进、公共文化示范带动效应明显，公共文化服务呈现均等化、标准化、社会化、数字化发展态势，文化和旅游、文化和科技的融合发展蓬勃兴起。这一时期，北京的现代公共文化服务体系进入了全面跃升时期，向高质量发展大步迈进，可以称其为公共文化服务体系3.0时期。

二 "十三五"时期北京公共文化服务体系的发展现状

"十三五"时期，北京市委、市政府高度重视公共文化服务建设，把构建现代公共文化服务体系纳入全市改革发展大局中，大胆实践、积极探索，出台了一系列公共文化政策，在公共文化设施、活动体系、品牌建设、文化产品供给、公共文化服务示范区创建、融合发展、示范带动效应、管理运行机制等方面取得了显著成效。

（一）北京公共文化服务体系发展成效

1. 公共文化服务政策体系不断健全

2016年北京继续落实"1+3"的公共文化政策，即《北京市人民政府关于进一步加强基层公共文化建设的意见》和《首都公共文化服务示范区创建方案》《北京市基层公共文化设施建设标准》《北京市基层公共文化设施服务规范》。8月，北京市发布《关于政府向社会力量购买公共文化服务工作的实施意见》，这是北京市深化文化体制改革，构建现代公共文化服务体系的重要举措。2016年制定并发布《北京市"十三五"时期加强全国文化中心建设规划》《"十三五"期间北京市公共文化服务体系建设任务和分工》《关于支持戏曲传承发展的实施意见》。2017年，出台了《关于加快推进公共文化服务体系示范区建设的意见》，提出到2020年要率先建成现代公共文化服务体系。2018年，发布《北京市非物质文化遗产条例（草案）》《关于推进文化创意产业创新发展的意见》《关于保护利用老旧厂房拓展文化空间的指导意见》《北京市关于支持实体书店发展的实施意见》，2019年研究出台《关于推进北京市文化和旅游融合发展的意见》，2020年印发《北京市公共文化服务体系示范区建设中长期规划（2019年—2035年）》《北京市公共文化服务体系示范区建设标准》。这些政策涵盖了发展规划、实施意见、服务标准、服务规范等，形成了一个比较健全的公共文化政策体系，为公共文化服务的高质量发展提供了制度保障。

2. 公共文化服务设施网络实现四级全覆盖

北京公共文化服务设施四级网络体系已实现全覆盖。到2020年，公共文化服务设施6844个，覆盖率99%，"15分钟公共文化服务圈"已建成[①]，东城区等部分地区达到了"10分钟公共文化服务圈"的水平。2020年末北京有公共图书馆24个，总藏量7208万册；档案馆18个，馆藏案卷977.3万卷件；博物馆197个，其中免费开放90个；群众艺术馆、文化馆20个[②]。一批国家级标志性公共文化设施在京城南北谋篇布局，如通州城市副中心剧院、图书馆，亦庄的演艺中心等，在促进公共文化基础设施在城乡、区域之间均衡发展方面做出努力。

此外还利用疏解整治的契机把一些腾退出的空间资源和一些老厂房升级改造成文化基础设施（见表1）。

表1 北京市腾退空间改建公共文化服务空间一览表

原设施	改造后	改造后的主要功能	开放时间
石景山区首钢3号高炉	首钢博物馆、北京工业博物馆、展示平台	文化展示、高端产业综合服务	2019
东城区大磨房面粉厂	粮食博物馆、文创园区	文化展示、文化产业	2019
北京三露厂	非遗主体文化园	文化展示、文化产业	2019
朝阳区远东仪表有限公司厂房	码字人书店	书店、文化沙龙	2018
海淀区北安河老厂房	苏家坨镇图书馆	图书馆、群众文化活动	2017
朝阳区高碑店锅炉厂	势象空间	画廊、美术馆、文化产业	2017

资料来源：根据网上资料整理而得。

3. 文化活动品牌日益增多

文化活动是提供公共文化服务，满足群众文化需求的重要载体，成为北京文化软实力的重要体现和亮点。"十三五"期间，每年举办首都市民系列文化

[①] 刘贵民：《"十三五"时期，北京按下推进全国文化中心建设的快进键，取得这些成就》，北京发布，http://whlyj.beijing.gov.cn/zwgk/xwzx/szfdt/202102/t20210208_2279473.html。

[②] 北京市统计局：《北京市2020年国民经济和社会发展统计公报》，http://www.beijing.gov.cn/gongkai/shuju/tjgb/202103/t20210312_2305454.html，2021-5-12。

活动 2 万多场，"群众演、演群众、演给群众看"成为首都一道亮丽风景线。通过引导全社会力量参与，北京形成了一批具有广泛影响力的活动品牌。如 2016 年推出的"春苗行动""北京故事""京津冀精品剧目展演"、"歌唱北京""舞动北京""戏聚北京""艺韵北京""影像北京""阅读北京"等活动，都已成为北京公共文化活动的知名品牌。北京国际电影节、中国戏曲文化周、北京国际音乐节等文化品牌活动在全球产生了一定的影响力。此外，还涌现出一批特色阅读空间，如"砖读空间""角楼图书馆""春风习习"等，成为文化活动新的品牌。

4. 公共文化产品供给能力不断增强，文化消费不断升级

为提高公共文化产品供给能力，北京成立了全国首只省（市）级艺术基金——"北京文化艺术基金"，重点围绕"舞台艺术创作、文化传播交流推广和艺术人才培养"三个方向进行资助，每年投入资金达 1 亿元。自 2016 年至 2020 年底，累计资助项目 576 个。北京拥有近万家影视制作机构，占全国 1/3；信息网络传播视听节目持证机构 125 家，占全国 1/5，还有近百家影响力广泛的短视频、直播、社交、资讯聚合平台，网络原创节目 2300 余部，北京有 17 部作品入选 2017 年、2019 年精神文明建设"五个一工程"奖，原创民族舞剧《天路》第十六届文华大奖表明北京文化产品质量不断提高，涌现出一批口碑票房俱佳的文艺作品。

"十三五"时期，北京出台"院团 18 条"，加大财政扶持力度，对文艺院团实施"两效统一"的绩效改革，成立北京剧目排练中心，推动解决长期困扰院团的排练演出"场所难"问题，将文艺院团改革引向深入。

培育和促进文化消费，是现代公共文化服务体系的重要功能和任务。自 2013 年开始，北京创办了"文化消费季"活动，"十三五"期间持续举办，自 2016 年起陆续推出惠民"文化消费季""文化消费品牌榜"等一系列举措，为国家文化消费试点提供经验。

5. 公共文化服务融合发展力度持续增强

（1）公共文化与科技的融合。"十三五"以来，北京大力推进公共文化服务数字化建设，以数字文化惠民工程为主要抓手，积极推动"全国文化信息资源共享工程""数字图书馆推广工程"和"公共电子阅览室建设计划"三大工程建设，促进公共文化服务与科技的融合发展。2018 年北京市公共电子阅览室达 300 多家，实现了 16 区全覆盖，2002 年开始建设的北京市文化信息资源共享服务平台到 2018 年点击量超过 3000 万次。此外，北京也重视媒体融合发展，打造新型传播平台，建有文旅局网站、"文化北京"官方微博和微信公众号，各区也打造了公共文化服务的"云平台"。公共文化信息资源的内容不断丰富和拓展。网络化、多媒体化的博物馆服务、数字图书馆服务积极拓展公共文化的服务载体、服务方式，公共电子阅览室、24小时城市街区自助图书馆等新服务形态不断涌现。

（2）公共文化与旅游的融合。2018年11月，北京市文化和旅游局完成组建工作，本着"以文促旅，以旅彰文"的原则，大力促进文化和旅游的进一步融合发展。在2018年发布的《推进北京市文化和旅游融合发展的实施意见》中提出要建设"文博旅游""红色旅游""研学旅游"等产品都与公共文化资源、公共文化服务设施密切相关，二者之间的相互融合将实现"诗与远方"的美好前景。2019年制定促进文化和旅游消费12项措施，进一步扩大文化和旅游消费。2020年，积极引导市民有序"逛京城、游京郊"，推出精品旅游线路100余条，实施"漫步北京""畅游京郊""点亮北京"行动计划。

（3）公共文化与金融的融合。2016年，文化资产融资租赁业务不断发展，文化"PPP"模式启动，文化领域投资并购不断深化。推动文化金融创新服务，安排专项资金5亿元，支持文化创意产业项目327个，带动社会投资达75亿元，推进国家文化金融合作试验区创建，进一步完善北京市文化投融资的服务体系建设。2019年，文旅局与北京银行股份有限公司开展新一轮战略合作，为北京市文化和旅游企业提供全面金融服务。东城区获批成为全国首批"国家文化与金融合作示范区"之一。

6. 公共文化服务体系示范区建设深入推进

北京近年来持续推进国家公共文化服务体系示范区建设，包括国家公共文化服务体系示范区（项目）和首都公共文化服务体系示范区两类。目前已有朝阳、海淀、东城、石景山四个区成功创建国家公共文化服务体系示范区，8个区的8个项目获得国家公共文化服务示范项目。（见表2）

表2 北京市国家公共文化服务体系示范区（项目）一览表

	国家公共文化服务体系示范区		国家公共文化服务体系示范项目	
	时间	区	区	项目名称
第一批	2011	朝阳区	东城区	公共文化资源分类供给
			大兴区	公共文化设施空间拓展方式
第二批	2013	东城区	海淀区	高新技术企业园区构建公共文化服务长效机制研究
			延庆区	村级群众文化组织员建设工程
第三批	2015	海淀区	石景山区	公共文化服务目录制
			房山区	公共文化资源整合的"房山模式"

续表

时间	国家公共文化服务体系示范区		国家公共文化服务体系示范项目	
	时间	区	区	项目名称
第四批	2017	石景山	门头沟区	公共文化服务配送机制建设
			西城区	公共文化服务设施社会化运营——特色阅读空间运营模式

资料来源：根据国家公共文化服务体系示范区项目整理而得。

朝阳区在2011年被确定为北京市首个国家示范区后，出台了一系列区级层面的专项政策，并在全国率先提出"2+5"公共文化服务评价指标考核体系，即《公共文化服务评价指标体系》《街乡公共文化服务评价指标体系》2个评价指标体系和设施、供给、享受、管理和保障5个绩效考核指标体系，成为公共文化服务标准化的首个评价指标体系。

首都公共文化服务体系示范区创建工程于2016年启动，石景山、大兴、丰台、通州、房山五区获得创建资格，2018年通过验收。至2019年，首批首都公共文化服务示范区基层公共文化设施硬件条件不断提升，改扩建街乡综合文化中心33个，覆盖率由2016年的88%提升至100%。2019年《北京公共文化服务体系示范区中长期规划（2019年—2035年）》编制完成，为公共文化服务示范区建设做好了顶层设计。《首都公共文化服务示范区创建标准》共包括7个部分40项93个指标（见表3），创建有效期2年，2年后复核。

表3 首都公共文化服务示范区创建标准指标一览表

创建标准	项数	指标个数
公共文化设施网络建设	6项	19个
公共文化服务供给	9项	30个
公共文化组织支撑	4项	10个
资金、人才和技术保障	6项	11个
公共文化服务评估	1项	5个
整合资源情况	3项	7个
首都特色指标	11项	11个

资料来源：根据《首都公共文化服务示范区创建标准》整理。

7. 公共文化示范带动效应明显

新版的《全国文化中心建设中长期规划》强调，坚持首善标准，用首都文化发展的生动实践体现价值追求和使命担当，为全国文化建设创造经验、做出表率。当好文化建设的排头兵，推动京津冀三地文化发展实现一体化谋划、联动式合作、协同性发展。加强北京与全国各地的联动，引导文化产品和文化服务、文化人才等各类要素有序流动，推动首都文化建设成果和资源共享，促进全国文化建设水平整体提高。

为更好发挥北京对津冀乃至全国的示范带动作用，北京积极作为，取得了一些实效。2015年北京市推动京津冀地区公共文化服务共建共享，联合11家单位签署了合作协议，成立"京津冀公共文化服务示范走廊"发展联盟，同年，签署了《京津冀演艺领域深化合作协议》并成立京津冀图书馆联盟。2017年，《通武廊三地文化领域协同发展战略框架协议》签订，在文化服务、文化产业、历史文化保护等方面开展合作。2018年，"首都市民音乐厅"等品牌活动到河北、天津等地进行惠民演出，三地还联合举办群众精品文艺节目展演、搭建博物馆间合作绿色通道，召开2019年京津冀文化和旅游协同发展工作会，签署《京津冀文化和旅游协同发展战略合作框架协议》，这些措施促进三地在公共文化服务的各方面进一步协作。2018年，北京市上线备案各类网络原创视听节目2300余部（档），辐射全国8亿多网民。

8. 公共文化服务管理运行机制有进展

建立北京市公共文化服务体系建设联席会议协调机制。市文旅局、市发改委等19个部门联合建立了市级的联席会议制度，16个区各自建立相应的联席会议制度，并实现市区联动，公共文化服务治理体系与治理能力得到不断提高。牵头成立国际文化节庆活动专项工作小组，建立工作机制，统筹推进全市国际文化节庆活动的各项工作。近年来，北京按照国家要求尝试在公共文化服务机构中推行法人治理结构，建立理事会制度。2019年取得阶段性进展，首都图书馆、北京文化艺术活动中心理事会成立。一些民营文化机构、社区图书馆、公私合营的新型城市阅读空间则实行了理事会监督、社会化共享联动的运营模式。

（二）北京公共文化服务存在的问题

1. 公共文化服务设施分布不均衡

北京的公共文化服务设施已经实现了四级网络基本全覆盖，但在布局上还存着分布不均衡的问题。大部分设施集中分布在中心城区，远郊区占比较少。首都功能核心区的大中型文化设施数量丰富，一批文化地标性建筑如国家博物馆、首都博物馆、故宫博物院等都密集在此，五环以外的地区，尤其是远郊区，还缺乏大中型文化设施，缺乏带动区域公共文化服务整体水平的文化场所。

2. 公共文化服务存在"剪刀差"

近年来，北京开展了很多"送文化"下乡活动，但送书下乡、送戏下乡、送电影下乡等都是从服务提供者的角度出发，送去的服务与群众的文化需求存在一定的错位，不能引起群众的共鸣，好像走过场，摆样子，没有达到活动的目的。这种文化"剪刀差"的存在，在于公共文化服务的供需双方缺乏一个很好的沟通交流平台。

3. 公共文化服务的供给主体还需拓展

目前公共文化服务的供给主体还是政府，各类文化设施主要靠政府投资，文化活动也是政府主导。在财政资金投入不足的情况下，还需要广泛吸引社会力量参与，允许社会力量开展更多的符合市场需求的文化演出项目、经营项目和经营方式，允许并鼓励高校、事业单位、企业的文化设施有序向社会开放，使其发挥最大效能；同时，鼓励个人和民营经济从事公共文化服务活动。

4. 公共文化服务数字平台需整合

公共文化服务数字平台效能未充分发挥。数字化平台和实体服务机构最大的不同在于其超越地域性的特点，人们足不出户就可以访问他需求的网络平台。目前，公共文化服务数字平台内容良莠杂陈，精品文化资源不足，服务资源需要整合，服务系统更新不及时。如数字图书馆的建设依靠首都图书馆的服务平台发挥作用，日访问量较少，内容建设方面缺少互动，不能吸引人。各区图书馆的数字内容建设也是各自为战，没有一个统一的利用平台，难以得到有效利用。

三　北京现代公共文化服务体系建设的发展路径

《北京市推进全国文化中心建设中长期规划（2019年—2035年）》中明确提出，要"坚持'政府主导、社会参与、重心下移、共建共享'的工作理念，推动公共文化服务设施覆盖身边化、服务内容品质化、供给主体多元化、服务方式智能化，建成完备、便捷、高效、优质的现代公共文化服务体系，充分满足人民群众日益增长的公共文化需求。完善人民文化权益保障制度，全面建成公共文化服务体系示范区，在全国发挥示范引领作用"[①]。北京要完成这一建设任务，需要从以下几方面发力。

（一）推动公共文化设施网络群众身边化

北京的公共文化设施已经实现了四级网络全覆盖，今后的任务由"打造十

---

① 北京市推进全国文化中心建设领导小组：《北京市推进全国文化中心建设中长期规（2019年—2035年）》，首都之窗，http://www.beijing.gov.cn/zhengce/zhengcefagui/202004/t20200409_1798426.html。

五分钟文化服务圈"转向"设施覆盖身边化"。重点加快城市副中心剧院、图书馆、博物馆等重大文化设施建设，推动国家"文化重器"（中国美术馆新馆、国家工艺美术馆等）落户北京。同时，编实织密设施网络、优化布局，高标准规划建设区域性综合文化中心，加快推动新建大型文化设施向回龙观、天通苑等人口密集地区及文化设施薄弱地区布局，全面提升基层综合文化设施标准化、信息化建设水平，让市民能够更便捷地获得普惠、实用的公共文化服务。此外，还可利用疏解整治腾退空间，打造多样化的公共文化空间。

（二）推动公共文化服务供给品质化

优质的公共文化供给会培育、激发并引领文化消费水平，使公众有更多的文化获得感、幸福感。要提高公共文化服务供给的品质化，就要引入市场竞争机制，深化公共文化服务供给侧结构性改革，培育多元化供给主体，要以"五都一城两中心"提升公共文化服务供给的美誉度，"五都"指设计之都、影视之都、演艺之都、音乐之都、网络游戏之都，"一城"指世界旅游名城，"两中心"指艺术品交易中心、会展中心；要构建复合型多层次的公共文化配送体系，进一步完善百姓点单、政府送菜等多种形式的配送体系，特别是要利用数字化、网络化、智能化的配送体系为群众提供更加便捷、丰富的配送内容；同时，完善群众文化需求征集和反馈机制，建立公共文化服务标准动态调整机制，办好"首都市民系列文化活动"等品牌活动，完善线下线上一体化的配送体系，有效对接群众文化需求，打通公共文化服务的"最后一公里"，推动公共文化服务高质量发展；要充分发挥好北京"双奥之城"的资源，打造"双奥之城"的文化品牌。

（三）推动公共文化服务智能化

加快公共文化设施数字化转型升级，促进公共文化资源共建共享。推进公共文化服务和设施管理平台建设，建好用好公共文化服务云系统。到2035年，将实现各区数字图书馆、数字文化馆全覆盖。主要措施包括：要加快公共文化服务数字化建设、平台建设，如用户管理、预约、活动查询、设施地图等；要实现公共文化的业务管理智能化，如文化设施的统计管理、设备管理、团队数量等；要推动数字文化内容建设，充分利用智能化平台提供更多的数字文化资源；要丰富公共文化服务智能化应用场景，如成套装备的研发应用、对残障人士提供特殊文化服务等。

（四）推动公共文化服务体制机制创新

在公共文化服务体制机制上要不断创新，既要充分发挥政府的主导作用，也要调动社会各方面的力量,为群众提供更多更好的公共文化产品和服务。政府的主要作用是要"保基本、促公平",社会力量要发挥补充和辅助作用。要鼓励专业院团提供文艺精品,社会化企业要通过市场机制提供优质的产品和服务,鼓励小微企业进入公共文化服务领域;文化能人、志愿者、非营利组织要提供老百姓喜闻乐见的特色公共文化服务。激发公益性文化事业单位活力,推进公共图书馆、文化馆等文化事业单位法人治理结构改革,吸纳群众参与管理。完善政府向社会力量购买公共文化服务机制,推广政府和社会资本合作的模式,激发社会组织、企业和市民的文化创造活力,提供更多优质公共文化产品和服务。

结　语

北京公共文化服务体系经过10多年的建设发展成绩斐然,遍及城乡的四级公共文化服务网络已建成,4个区完成了国家公共文化示范区创建,基本公共文化服务标准化均等化发展在全国领先,公共文化数字化发展不断创新。专项发展规划已编制完成,北京的公共文化服务还需在均衡充分发展,合理布局基础设施空间,丰富服务内容,提升高品质公共文化产品和服务方面持续发力,力争早日建成具有首都特色、首善标准的北京现代公共文化服务体系,推动公共文化服务高质量发展,在全国发挥示范带动作用,履行全国文化中心的职责与使命。

参 考 文 献

[1] 北京市统计局:《北京市2020年国民经济和社会发展统计公报》(2021-03-12)[2021-04-10], http://www.beijing.gov.cn/gongkai/shuju/tjgb/202103/t20210312_2305454.html。

[2] 北京市推进全国文化中心建设领导小组:《北京市推进全国文化中心建设中长期规(2019年—2035年)》(2020-04-09)[2021-04-10], http://www.beijing.gov.cn/zhengce/zhengcefagui/202004/t20200409_1798426.html。

[3] 李建盛主编:《北京文化发展报告(2018—2019)》,社会科学文献出版社2019年版。

[4] 李建盛主编:《北京文化发展报告(2017—2018)》,社会科学文献出版社2018年版。

[5] 李建盛主编:《北京文化发展报告(2016—2017)》,社会科学文献出版社2017年版。

[6] 李建盛主编:《北京文化发展报告(2015—2016)》,社会科学文献出版社2016年版。

[7] 刘贵民:《"十三五"时期,北京按下推进全国文化中心建设的快进键,取得这些成就》,(2021-02-08)[2021-04-10], http://whlyj.beijing.gov.cn/zwgk/xwzx/szfdt/202102/t20210208_2279473.html。

"十三五"时期北京市公共图书馆发展研究

杨乐怡[*]

摘　要： "十三五"时期，北京市公共图书馆加快服务体系建设，推进改革创新发展，在基础设施建设、"一卡通"服务、文化活动服务、数字化建设、社会化合作等诸多领域均有新举措、新亮点、新成就，获得了全方位、多层次、系统性的发展成效。但同时，均等化发展、社会化合作机制、读者服务模式等方面仍然存在一些问题，难以满足人民群众日益增长的文化需求，需进一步提升数字化服务水平、完善社会力量参与机制、建立科学考核评估体系，深入挖掘服务价值，推动北京市公共图书馆高标准、高质量发展。

关键词： 北京；公共图书馆；"十三五"时期

2017年，北京市出台的《关于加快推进公共文化服务体系示范区建设的意见》提出："到2020年，公共文化服务体系示范区建设将取得显著成效，率先建成均衡发展、供给丰富、服务高效、保障有力的现代公共文化服务体系。"[①] 北京市公共图书馆作为公共文化服务体系中的重要环节，在"十三五"时期加快服务体系建设，推进改革创新发展，取得了全方位、多层次、系统性的发展成效。

---

[*] 杨乐怡，博士，中共北京市委党校（北京行政学院）北京市情研究中心助理研究员，主要研究方向：互联网视听传播、媒介文化传播。

① 首都之窗：《关于〈推进公共文化服务体系示范区建设的意见〉的政策解读》，http://banshi.beijing.gov.cn/zcjd/201710/t20171001_30460.html。

一 北京市公共图书馆发展的背景与环境

（一）政策支持，规划先行

"十三五"以来，北京市公共图书馆的相关政策体系更加完善，公共图书馆在北京市经济社会发展的多个领域中承担了重要角色。

完善公共文化服务体系的建设。"十三五"期间，北京市先后出台《关于政府向社会力量购买公共文化服务的实施意见》《北京市关于加快推进公共文化服务体系示范区建设的意见》《北京市加快推进公共文化服务体系示范区建设行动计划（2017—2020年）》《中共北京市委关于新时代繁荣兴盛首都文化的意见》《北京公共文化服务体系示范区中长期规划（2019年—2035年）》《2020年重要民生实事工作方案》等文件，持续推进公共文化基础设施建设，创新公共文化产品和服务供给方式，提升公共文化服务品质，完善全覆盖、高品质的市、区、街道（乡镇）、社区（村）四级公共文化服务体系，更好地满足市民多样化文化活动需求。

提升公共图书馆的资源整合和服务效能。2016年，为推动基层图书资源整合，北京市文化局先后出台《北京市基层图书服务资源整合实施方案》和《北京市基层图书服务资源整合实施管理办法》，强化供需对接，提升服务效能。2017年，《北京市人民政府关于培育扩大服务消费优化升级商品消费的实施意见》强调，"深入推进公共图书馆、博物馆、美术馆、文化馆和基层文化设施免费开放工作。"[①] 2018年，北京市人民政府办公厅印发的《关于支持实体书店发展的实施意见》提出，"支持书店、社区图书馆参与政府或公益机构组织的阅读活动"；"支持社区图书馆与实体书店开展合作，充分利用社区图书馆资源优势，拓展实体书店经营空间。"[②]

发挥公共图书馆在经济社会发展中的作用。2016年发布的《北京市大数据和云计算发展行动计划（2016—2020年）》和《北京市人民政府关于积极推进"互联网＋"行动的实施意见》均强调了图书馆的数字化和互联网化建设。2016年发布的《北京市人民政府关于加快推进残疾人小康进程的实施意见》和2018年发布的《北京市进一步促进无障碍环境建设2019—2021年行动方

[①]《北京市人民政府关于培育扩大服务消费优化升级商品消费的实施意见》，《北京市人民政府公报》2017年第24期。

[②]《北京市人民政府办公厅印发〈关于支持实体书店发展的实施意见〉的通知》，《北京市人民政府公报》2018年第28期。

案》，先后对市、区级图书馆设立盲文阅览室、配置盲文读物和助视阅读设备提出了明确要求。此外，北京市人民政府办公厅于2016年印发的《北京市全民科学素质行动计划纲要实施方案（2016—2020年）》提出，"引导公园、商店、书店、医院、影剧院、图书馆等公共场所增加科普设施，利用橱窗、电子屏等设施进行科普宣传。"[①] 2017年印发的《关于保护利用老旧厂房拓展文化空间的指导意见》鼓励"挖掘老旧厂房空间资源，承载文化馆、图书馆、博物馆、美术馆、实体书店、艺术影院、非遗展示中心等文化设施功能，提升公共文化服务保障能力"；"对保护利用老旧厂房改建、兴办文化馆、图书馆、博物馆、美术馆等非营利性公共文化设施的，依规批准后可采取划拨方式办理相关用地手续。"[②]

（二）创新驱动，需求多元

经济实力稳步提升，疫情倒逼图书馆创新发展。"十三五"以来，北京市全面落实高质量发展要求，经济实力进一步提升，经济结构持续优化，新兴动能加快成长。但新冠肺炎疫情的突袭和流行，很大程度上制约了图书馆等文化设施的开放服务，全市众多图书馆先后闭馆长达数月之久。2020年4月，北京市文旅局发布了《新冠肺炎流行期间北京市图书馆防控指引》，规定各级公共图书馆应统筹考虑本单位整体情况，在疫情防控措施到位的前提下确定恢复开放的时间，全面实行实名制预约参观方式，实现读者错时分批入馆，并进行实时监测预警，暂停线下讲座等人员聚集的公共活动。不过，在疫情期间，北京市公共图书馆并未暂停读者服务，而是坚持"闭馆不停网，服务不打烊"，以创新、丰富的线上读者服务和活动形式，焕发了图书馆服务的新活力和新面貌。

阅读行为日趋多元，文化生活需求与日俱增。经过历年发展，北京市在多元主体的共同文化参与下，公共图书馆服务体系逐渐扩大，新型阅读空间、数字化阅读与听书的发展影响带动着居民的阅读理念与阅读行为，人民群众对美好的文化生活的需求与日俱增，文化建设对于推动实现经济社会高质量发展的作用更加明显，北京市公共图书馆迎来了发展的新机遇与新挑战。2020年，据首都图书馆发布的《北京市公共图书馆读者阅读调查报告》显示，在阅读载体方面，75.28%的受访者通过纸质书阅读，纸质书仍是非常重要的阅读媒介；在阅读时长方面，超六成读者每天阅读超过30分钟；在图书获取方面，

---

① 《北京市人民政府办公厅关于印发〈北京市全民科学素质行动计划纲要实施方案（2016—2020年）〉的通知》，《北京市人民政府公报》2016年第33期。
② 《北京市人民政府办公厅印发〈关于保护利用老旧厂房拓展文化空间的指导意见〉的通知》，《北京市人民政府公报》2018年第2期。

67.05%的读者自己购买图书或电子书，83.14%的受访者选择数字阅读，只有31.71%的受访者选择图书馆借阅。据言几又书店和喜马拉雅联合发布的《2020年亲子阅读趋势报告》显示，北京是喜马拉雅亲子内容消费额最高的城市。近年来，北京市人民群众的文化需求正悄然发生改变，公共图书馆需调整馆藏重心，以创新驱动发展，更好地满足人民群众日益增长的文化生活需求。

二 北京市公共图书馆发展的现状与亮点

"十三五"时期，北京市公共图书馆发展硕果累累，基础设施明显完善，北京市已建成"市—区—街乡—社区（村）"四级公共文化服务设施网络，基本达成"十五分钟公共文化服务圈"。截至2020年底，全北京市四级公共图书馆（含市、区、街道\乡镇、社区\村）数量共5934个，馆舍面积67.5万平方米，阅览坐席14.9万个，文献藏量4927万册，文献资源购置费9262.9万元，接待读者数546.8万人次，阅读活动数23368次，活动参与人数5130.2万人次。[①] 北京市公共图书馆在基础设施建设、"一卡通"服务、文化活动服务、数字资源服务、社会化合作等方面的发展均卓有成效、亮点颇多。

（一）基础设施持续完善，服务体系推入新阶段

公共图书馆服务基础不断夯实。北京市公共图书馆积极推进"一卡通"建设，云中图书馆、北京工业大学耿丹学院图书馆等纷纷加入一卡通服务体系。截至2020年底，全市333个街道（乡镇）已实现了"一卡通"全覆盖，"一卡通"成员馆达到420个，其中通借通还馆386个。此外，城市副中心图书馆也已开工建设。

公共图书馆服务体系不断完善。截至2020年底，全市公共图书馆共计5934个图书馆（室），其中：市图书馆1个、区图书馆21个、街道图书馆159个、乡镇图书馆186个、社区图书室2193个、村图书室3374个。[②] 首都图书馆作为中心馆，统筹协调管理、业务管理、联机编目管理、信息服务网络管理、"一卡通"物流配送管理；各区以区图书馆为总馆，街道（乡镇）图书馆为分馆、社区（村）图书室为基层服务点。总馆对分馆的指导和支持逐渐深入，四级公共图书馆体系发挥更充分的作用。近五年，通过"阅读北京·十佳优读空间——百姓身边的基层图书室推优活动"，北京市基层图书室积极落实

---

① 资料由首都图书馆提供，因统计口径不同，或与北京市文化和旅游局最终公布数据有所差异。
② 资料由首都图书馆提供，因统计口径不同，或与北京市文化和旅游局最终公布数据有所差异。

"1+3"公共文化政策，整合基层图书服务资源、提升基层服务效能，助力打通公共文化服务的最后一公里。

（二）社会力量多元参与，全民阅读释放新活力

随着"全民阅读"八入政府工作报告，开展全民阅读活动、提高国民素质成为各省市文化社会发展的共识。北京市作为全国文化中心，全民阅读工程一直走在全国前列，由中共北京市委宣传部、北京市文化和旅游局主办，首图图书馆、北京市各区图书馆、北京市图书馆协会协办的"阅读北京"活动，自2016年持续至今，涵盖了诵读大赛、十佳优读空间、"阅读之城"、最美书评、阅读伴我成长等板块，并不断推陈出新，丰富北京市民的精神文化生活。2021年，中共北京市委宣传部委托中国新闻出版研究院制定《北京市全民阅读发展规划（2021—2025）》，将全民阅读工程上升为首都文化建设核心工程，构建"阅读典范之城"。在全民阅读的推进中，公共图书馆与其他文化机构的社会化合作更加广泛，在资源整合、优势互补、协同合作中深入推动全民阅读与"书香北京"的建设。

以西城区为例，西城区公共图书馆充分发挥资源优势，与社会力量协同打造复合型特色阅读空间，提升服务品质与服务效能，推进全民阅读多元化发展。"十三五"期间，西城区十分重视"书香西城"的建设，相继出台《促进全民阅读建设"书香西城"的若干意见》《西城区全民阅读"十三五"时期发展规划》《北京市西城区特色阅读空间考核指标体系》《西城区特色阅读空间公益理事会章程》《西城区特色阅读空间奖励补贴的实施办法（试行）》《北京市西城区实体书店、阅读空间扶持资金暂行管理办法》等一系列文件，对特色阅读空间发展进行了中长期规划，吸引社会力量积极参与公共文化服务。2020年成立区文旅局所属事业单位西城区阅读推广中心，专门负责全民阅读的各项工作。截至2020年底，西城区已形成了以2家区级公共图书馆，20家街道级图书馆为支撑，150家实体书店为依托，47家公共阅读空间为特色，5处24小时夜读书房为亮点，以流动阅读、数字阅读为补充的结构完整、多元立体的"书香网络"，不断充实和完善西城区全民阅读标准化体系的架构。[1] 五年间共举办阅读推广活动2.25万余场，惠及群众750万余人次，形成了全民阅读建设的"西城模式"。

以朝阳区来看，"十三五"期间，朝阳区建成覆盖城乡的"区—地区—街

---

[1] 文旅中国：《北京西城推动"书香西城"向更高品质发展》，https://baijiahao.baidu.com/s?id=1686833734188792789。

乡—社区（村）""3+1"公共文化服务设施网络，街乡文化中心和社区、村文化活动室覆盖率达100%。朝阳区公共图书馆自2016年起牵头建设朝阳城市书屋，积极调动多元社会主体参与阅读服务的主动性和积极性，始终坚持公益底线，构建特色公共阅读服务体系。在政府引导和社会力量参与下，截至2020年底，共建成春风习习、良阅书房等36家城市书屋，并以点带面，借力周边产业资源、社区资源、文化资源打造了10个"阅读生活圈"，形成了城市书屋建设的"朝阳模式"。

（三）服务创新亮点频出，线上活动引发新爆点

随着经济社会的发展和互联网在日常生活方方面面的融合，人民群众的文化需求日益多元化、个性化，北京市公共图书馆不仅积极引入社会力量，而且在文化服务的内容和形式上开拓了创新转型之路，以满足读者多元化、个性化的需求。

持续推进数字化服务，创新线上活动形式。北京市积极推进公共图书馆的数字化、智能化建设。大力推进数字文化工程，加强社会力量的合作，引入电子书、听书、课程等更多、更丰富的数字资源；加速打造24小时智能图书馆，为读者提供全时便捷的服务；积极开通、经营"两微一端"等数字化服务平台，创新图书网借的借阅方式。2020年，在疫情的影响下，北京市公共图书馆将线下服务转为线上服务，开展了"首图讲坛"等多种形式的线上读者活动，参与人次近4000万，丰富了人民群众的精神文化生活；开展"阅读北京——2020年度首都市民阅读系列文化活动"线上运营，截至2021年1月8日，"阅读北京"全年微博话题阅读人次1660万，双微平台文章阅读人次346.8万，直播活动观看量达850.4万，活动参与和关注人次达1260.6万。[①] 此外，各区根据自身特点，积极探索、创新活动形式，加强读者的参与和互动。例如，西城区图书馆"西图盲友一家亲"读者微信群，为视障群体分享书评和阅读感受；东城区角楼图书馆"读城行动"，邀请文化名人、专家学者通过直播形式带领读者"云"游北京，走访著名文化遗产景点；平谷区图书馆在APP发起"书脸秀"摄影活动，让书籍封面"活"过来；朝阳区图书馆推出"悦"读直播间等活动，带领读者深度了解、线上体验城市书屋的资源和服务。

注重提升个性化服务，创新读者服务方式。2017年北京市出台的《关于加快推进公共文化服务体系示范区建设的意见》强调，构建公共图书、文化活

---

① 中国新闻出版广电报/网：《2020"阅读北京"系列文化活动落幕　优质阅读资源吸引千万市民》，https://www.chinaxwcb.com/info/568732。

动、公益演出、公益电影等配送体系，采取"菜单式""订单式""点单式"等服务方式。① 随着社会个性化需求的增长，北京市各个公共图书馆纷纷推出"你看书，我买单"、图书快递上门等个性化便捷服务，充分满足读者的多元化、个性化需求，让服务更加精准和高效，让文化惠民、便民。

三 北京市公共图书馆发展的问题与不足

北京市公共图书馆的政策体系逐渐健全，服务体系逐渐完善，创新活动逐渐激发，文化惠民逐渐深入。但同时也应意识到，北京市作为中国首都和全国文化中心，以"首善"标准引领全国公共图书馆的建设仍然任重道远。

遥望京外，北京市公共图书馆的发展与上海等城市相比还存在差距。根据国家统计局数据，2019年，北京与上海的区县级以上公共图书馆数量均为23个，常住人口数量也较为相近，分别为2153.6万②和2428.14万③。但与上海市相比，北京市在总藏量和人均拥有图书馆藏量、有效借书证数、总流通人次、书刊外界册次、计算机和电子阅览室终端数等多方面均稍逊一筹（见表1）。此外，通过表1的数据可以看到，北京在组织讲座活动的数量上虽明显优于上海，但参与人次数却不及上海。经计算得出，北京和上海每场讲座的平均参与人次分别为69和105。由此看出，北京市公共图书馆讲座活动的群众参与度和认可度仍需要进一步挖潜。北京市公共图书馆的建设虽成绩斐然，但仍未在公共文化服务方面达到首善标准。

表1 北京市与上海市公共图书馆数据

地区	北京	上海
公共图书馆（个）	23	23
总藏量（万册件）	3012	8063
人均拥有公共图书馆藏量（册）	1.4	3.32
有效借书证数（万个）	183.30	263.18
总流通人次（万人次）	1969	2734
书刊文献外借人次	445	506
书刊文献外借册次（万册次）	1266	2151

---

① 首都之窗：《关于〈推进公共文化服务体系示范区建设的意见〉的政策解读》，http://banshi.beijing.gov.cn/zcjd/201710/t20171001_30460.html。

② 资料来源：北京市统计局编，《北京统计年鉴2020》，中国统计出版社2020年版，第2页。

③ 资料来源：上海市统计局编，《上海统计年鉴2020》，中国统计出版社2020年版，第30页。

续表

地区	北京	上海
阅览室座席数（个）	15510	23771
组织各类讲座次数（次）	3009	2488
参加讲座人次（万人次）	20.75	26.17
举办展览（个）	585	379
参观展览人次（万人次）	251.56	213.77
举办培训班（个）	1624	1752
参加培训人次（万人次）	6.01	7.56
计算机（台）	4461	6643

资料来源：国家统计局社会科技和文化产业统计司编，《中国社会统计年鉴2020》，中国统计出版社2020年版，第277—278页。其中，北京市公共图书馆数据不包含中央属馆（国家图书馆）数据。

回看京内，北京市公共图书馆自身的发展也存在诸多问题与困境，尚无法充分满足北京人民群众日益增长的多元文化需求。

（一）发展不均衡问题长期存在

目前，北京市公共图书馆服务设施已全面覆盖，服务体系不断健全，但服务的均等化水平仍然有待提高，北京市各区公共图书馆之间、区级与基层公共图书馆之间、各基层公共图书馆之间的发展不均衡问题由来已久，且仍然突出。

其一，各区之间发展不均衡。虽然北京市各区公共图书馆在基础设施方面相差不大，但北京朝阳、海淀、西城、东城等城区由于资源、人才、技术等方面的优势，在资源利用、服务创新和服务效能上表现更好，相对偏远的郊区则表现欠佳。

其二，区级与基层公共图书馆之间发展不均衡。大多数基层公共图书馆在馆舍条件、资金、资源、人才、管理、服务、创新等多方面均无法与区级图书馆相提并论。作为总馆的区图书馆目前只对分馆进行图书配送、业务指导、人员培训和部分活动支持，无法直接参与管理，基层公共图书馆依赖于街道（乡镇）的管理，在资金和人才方面的投入远不及区级图书馆。此外，基层公共图书馆的管理员多为兼职，专业化水平不高，创新能力不足，难以提供高质量的读者服务。

其三，各基层公共图书馆之间发展不均衡。由于北京市基层公共图书馆采用属地管理模式，因此各个街道、乡镇的财政水平、人才队伍和文化意识的差距造成了不同基层公共图书馆之间服务质量的差距。其中，角楼图书馆、云中图书馆等发展较好的基层公共图书馆，具有较高的服务质量和人气，而发展较差的基层公共图书馆甚至无法保障馆舍的固定位置和正常开放，甚至存在地址反复变动、馆门时开时关、无法保障阅览座席的现象。

（二）社会化合作机制不够精细

虽然近年来北京市积极鼓励社会力量参与公共图书馆建设，采用项目外包、整体外包、社会合作等方式，不仅降低了公共图书馆的财政成本和人员成本，更提升了阅读服务的专业性、创新性，扩展、丰富了图书馆的读者服务，取得了不错反响。但是，关于政府购买服务等社会化力量合作的政策、规范、制度尚不完善，事业与产业之间的合作也容易出现诸多问题。

其一，社会化合作方的招标机制相对固化，鼓励政策不够完善，制约了更多优质的文化机构积极参与到公共图书馆的建设中，合作方的选择性和竞争性也不高。

其二，社会化合作方和公共图书馆合作的规范、标准和机制不够完善，容易造成经营管理上的混乱摇摆、公益与商业之间界限的模糊不清，造成或公益底线失守，或社会资源无法得到充分利用的局面。

其三，社会化合作方的资金受当年政策和各区域财政影响较大，合作方人员的待遇水平和激励、考核的机制不够完善，使合作的持续性和服务质量受到挑战。

（三）读者服务模式有待优化

随着经济和技术的发展，公共图书馆的传统服务模式越来越无法满足北京市人民群众日益增长的多元文化需求。为了解北京市公共图书馆的读者印象，本研究对大众点评平台上东城区第一图书馆和可搜集到的全部基层公共图书馆（共85个）的评论数据进行了提取和分析，并综合2020年西城区第一图书馆《公众满意度评估报告》的结果发现，读者对于北京市公共图书馆的意见主要集中在自习室、开放时间和服务态度等方面[1]。

其一，学习需求高涨，自习功能需要扩展。2016年，北京市14个委办局联合发布了《北京市学习型城市建设行动计划（2016—2020年）》，积极推动学习型城市的建设。北京是一座学习氛围浓厚的城市，公共图书馆、城市书房、咖啡厅等成为很多年轻人自我提升和学习的重要场所。其中，公共图书馆作为公益性的文化设施，成为自习的绝佳场所，但目前公共图书馆在自习方面的供需对接仍处于失衡状态，服务模式远远达不到读者的需求，"一座难求""时间不够""设施不齐"等问题屡见不鲜。在"公众对西城区第一图书馆的期

---

[1] 资料由西城区图书馆提供。

望印象"中,公众对"自习室"的提及最高,主要涉及增加自习室座席、增加斜面桌子阅览座位、开放更多自习座位等建议。在大众点评平台上,无论是评星五分、人气颇高的优质图书馆——东城区第一图书馆,还是整体评价中等偏上、差强人意的基层公共图书馆,"自习"都成为差评中读者吐槽的高频词汇(见图1和图2),很多读者反映自习座位少、部分基层公共图书馆不让自习等问题。

图1 东城区第一图书馆差评热词图

其二,态度影响体验,服务意识有待增强。在大众点评平台上,关于北京市公共图书馆的评价,除了对于自习的关注外,用户的差评也较多集中在部分图书馆工作人员素质不高、服务态度不好的问题上,"态度""不好""不让""管理员""工作人员""服务"等词汇出现频率较高。

其三,读者范围狭隘,开放时间需要优化。近年来,北京市大力提倡公共图书馆的延时开放、错时开放,但在人员和资金的紧缺状态下,延时服务的开展并不深入,目前的开放时间仍然难以满足上班族和上学孩童的需求。2020年西城区第一图书馆《公众满意度评估报告》显示,"开放(开放时间)"是公

图2　北京基层公共图书馆整体差评热词图

众期望印象的高频词之一,有些群众提出"延长周末闭馆时间""延长开放时间""白天晚点开门,给上班的同志留出1个小时"等期望。

四　北京市公共图书馆的发展趋势与建议

随着社会转型、技术创新的加速发展,人民群众的文化需求日益多样,在"十四五"时期,北京市公共图书馆需要与时俱进,持续加强创新、转型和融合,加快完善公共图书馆的政策体系和管理机制,大力提升公共图书馆服务的标准化、均等化、数字化和社会化水平,积极推动公共图书馆高质量发展。

(一)提升数字化服务水平,推进智慧图书馆建设

在数字化高速发展的时代,公共图书馆作为公共文化基础设施的地位开始下降,传统公共图书馆的服务模式已无法满足人民群众的文化需求,数字化阅读、听书、网络直播与短视频成为群众更青睐的文化获取方式,这为公共图书馆的数字化转型迎来了更高的挑战与难得的机遇。首先,调整馆藏资源的重心,加大数字资源和在线活动的投入力度,提供更多元的数字化阅读方式和在线活动;其次,加强数字资源的整合和共享,以数字化建设缩小区域之间的差距,提升公共文化服务的均等化建设;最后,加强数字化服务平台的知名度、

互动性和个性化，完善各公共图书馆自身的微信等数字化服务平台建设，提升其知晓度、利用度，扩展其服务模块和互动反馈功能，并进一步通过大量的用户数据提供群众更满意、更具个性化的服务，以智慧化建设推动图书馆高质量发展。

（二）完善社会力量参与机制，推进文化融合发展

多元社会主体的参与，可以优化图书馆空间结构，延长阅读服务时间，创新活动内容和形式，促进图书馆的均等化、社会化发展。"十四五"期间，应积极深化"图书馆＋"的社会化融合，鼓励社会化力量参与公共图书馆的建设，明晰事业和产业之间的界限，加强首都图书馆对区级公共图书馆的指导作用，完善政府购买服务、社会化合作的准入机制、合作流程、奖惩机制、考核机制和资金保障制度，通过公共图书馆与书店经营的"馆店融合"、与学校教育资源的"馆校融合"、与社区服务的"馆区融合"等更广泛的文化融合，形成资源整合、优势互补，最大化提升公共文化服务的范围、资源和效能。

（三）建立科学考核评估体系，促进良性循环发展

推进公共图书馆的发展需要收放自如，在开放融合的同时也要科学把控，完善动态的监督和考核体系，使评估方式更加科学、全面，更适应时代的发展。一是以人民为导向，增加新媒体影响力、公众满意度等关乎基层群众文化获得感、幸福感的软性指标考核，注重公众对图书馆环境设施、服务态度、管理方式等多方面的反馈和评价；二是以区域为基准，细化考核的分类标准，避免"一刀切"，因地制宜地考虑到馆舍面积、书籍纳新程度、辖区特点和周边居民人数、居民需求等馆舍条件和区域环境的因素；三是以发展为目标，及时、动态调整考核内容、形式和数据，使之不断适应社会和需求的发展，让文化服务更贴合时代，更贴近民心。

总体来说，"十三五"时期北京市公共图书馆的各项工作稳步推进，改革发展持续深入，在多个领域取得了一些突破和亮点，为"十四五"发展奠定了良好根基。当然，在转型与变革的社会发展时期，北京市公共图书馆的发展仍然任重道远，需要守正创新，持续改善现存问题，深入挖掘服务价值，以公共图书馆推动北京市文化建设的高质量发展，以首善标准推进社会主义文化强国建设。

参 考 文 献

[1] 李建盛、王林生、陈红玉、陈镭：《北京文化发展报告（2019—2020）》，社会科学文献

出版社2020年版。

［2］《北京市人民政府办公厅印发〈关于支持实体书店发展的实施意见〉的通知》，《北京市人民政府公报》2018年第28期。

［3］《北京市人民政府办公厅印发〈关于保护利用老旧厂房拓展文化空间的指导意见〉的通知》，《北京市人民政府公报》2018年第2期。

［4］《北京市人民政府关于培育扩大服务消费优化升级商品消费的实施意见》，《北京市人民政府公报》2017年第24期。

［5］《北京市人民政府办公厅关于印发〈北京市全民科学素质行动计划纲要实施方案（2016—2020年）〉的通知》，《北京市人民政府公报》2016年第33期。

［6］首都之窗：《关于〈推进公共文化服务体系示范区建设的意见〉的政策解读》，http://banshi.beijing.gov.cn/zcjd/201710/t20171001_30460.html。

［7］文旅中国：《北京西城推动"书香西城"向更高品质发展》，https://baijiahao.baidu.com/s?id=1686833734188792789。

［8］中国新闻出版广电报/网：《2020"阅读北京"系列文化活动落幕 优质阅读资源吸引千万市民》，https://www.chinaxwcb.com/info/568732。

北京市实体书店扶持发展的现状与思考

李铁牛[*]

摘　要：北京市实体书店近些年发展速度很快，截至 2020 年底，已经完成了全面建成小康社会万人拥有实体书店指标任务。这是北京市实体书店扶持政策的不断完善以及资金投入持续增加等措施的结果。但就目前实体书店扶持情况来看，仍存在着评价标准边界不清晰、产业转型升级中创新发展动力不足、实体书店的扶持工作在城市公共文化事业中如何发挥更大作用等问题。要让实体书店的扶持工作更加科学化，就要通过明确评价标准，统筹精准扶持；对接读者需求，提高服务质量，加快产业升级，达到自我造血；创新政府管理部门与实体书店的合作方式，实现共建共享共赢，助力全国文化中心建设。

关键词：实体书店；政策扶持；文化中心；文化产业；北京市

一座城市的发展，离不开城市文化的助力，而城市文化水平高低的重要指标之一就是其公共文化服务的质量。党的十八大以来，公共文化服务建设持续提档升级，公共文化服务的数量和质量得到明显提升[①]。实体书店作为公共文化服务产业发展不可缺少的重要组成部分，是城市文化的窗口和重要的公共文化基础设施，它的存在与发展也是国家文化建设以高质量文化供给增强人民群众的文化获得感的重要手段。

从 2014 年到 2021 年，"全民阅读"已连续 8 年写入政府工作报告。习近平总书记强调："要提倡多读书，建设书香社会，不断提升人民思想境界、增

---

[*] 李铁牛，中共北京市委党校（北京行政学院）校刊编辑部副主任、副编审，主要研究方向：新闻出版。

① 李铁牛：《做强实体书店优势　健全公共文化服务体系》，《中国社会科学报》2021 年 5 月 20 日。

强人民精神力量,中华民族的精神世界就能更加厚重深邃。"[1] 2013年,国家新闻出版广电总局联合财政部首次发布了《关于开展实体书店扶持试点工作的通知》,在全国12个城市开展优秀实体书店奖励试点。2015年,实体书店扶持试点工作范围扩大到北京等16个省市。2016年,中宣部、国家新闻出版广电总局、国家发改委、教育部、财政部等11个部门联合发布《关于支持实体书店发展的指导意见》(以下称《指导意见》),明确指出,实体书店是重要的文化设施和文明载体,在促进城乡文化产业发展和文化市场繁荣、巩固先进文化传播阵地、推动全民阅读、建设书香社会、提高全民族素质等方面具有重要作用。目标到2020年,要基本建立以大城市为中心、中小城市相配套、乡镇网点为延伸、贯通城乡的实体书店建设体系,形成大型书城、连锁书店、中小特色书店及社区便民书店、农村书店、校园书店等合理布局、协调发展的良性格局[2]。《指导意见》发布以来,全国很多省市都相继出台了支持实体书店发展的扶持政策,从信贷措施、财政补贴、税收优惠等方面鼓励实体书店升级发展。全国各地的实体书店抓住机遇,在政策利好的激励下,进入了发展的快车道。

一 政策鼓励与资金支持让北京市实体书店快速发展

近年来,北京市积极推进全国文化中心建设,实体书店有了迅速的发展。截至2020年12月31日,全市实体书店总数为1994家,居全国第一。在中国书刊发行协会主办的"新时代杯"2020时代出版中国书店年度致敬活动中,荣获年度"书店之都"荣誉称号。目前,北京市16+1个区已全部完成每万人0.8个书店建设任务,"一区一书城"成为各区标配,超过1000平方米的综合书城达到41家,其中5000平方米以上特大型综合书城7家,已经完成全面建成小康社会万人拥有实体书店指标任务[3]。这些成绩的取得来自北京市对实体书店扶持政策的持续发力。

(一)扶持政策不断完善

北京市的实体书店扶持工作开始较早。2014年4月,北京市海淀区出台

---

[1] 王坤宁等:《满足人民文化需求 提升人民思想境界 增强人民精神力量——习近平总书记在读者出版集团考察调研时的重要讲话精神在出版界引起强烈反响》,《中国新闻出版广电报》2019年8月26日。
[2] 中宣部等:《关于支持实体书店发展的指导意见》,《中国出版》2016年第13期。
[3] 路艳霞:《北京拥有实体书店1994家 荣获"书店之都"荣誉称号》,《北京日报》2021年2月16日。

的《海淀区扶持书店行业健康发展暂行办法》是北京市首个出台的实体书店扶持政策。海淀区以400万专项资金用于扶持区内的实体书店,扶持资金采用项目补贴、奖励、贷款贴息等方式安排使用,每个单位奖励金额最高不超过50万元[①]。

2015年,北京市与其他15个省市,被纳入全国实体书店扶持试点范围,每个试点省市各下达600万元[②]。2015年初,北京市启动了全市实体书店扶持工作的申报立项工作。2016年,根据《指导意见》的文件精神,北京市"十三五"时期公共文化服务体系建设将实体书店扶持工作纳入其中。提出通过"十三五"期间财政资金的扶持与引导,促使北京市有相当数量的实体书店实现可持续发展,并逐渐走上品牌化、特色化发展之路,涌现充满活力的多层次、全类型、有特色的实体书店群体,形成生动活泼蔚为风气的全民阅读良好局面[③]。规划目标为:到2020年,基本形成布局合理、功能完善、主业突出、多元经营的实体书店发展格局。同时,还通过出台《北京市实体书店扶持资金管理办法(试行)》《北京市实体书店扶持项目管理规定(试行)》《北京市实体书店扶持项目评审细则(试行)》等扶持细则和规定,积极开展实体书店扶持项目的征集和评选。

2018年,北京市制定了《关于支持实体书店发展的实施意见》(以下简称《实施意见》),提出要加大财政支持力度,完善财政扶持政策,支持实体书店建设和发展更加具体的目标,计划到2020年,以大型书店为骨干,打造一区一书城的综合文化体验中心;以特色书店为依托,打造重点街区标志性文化品牌;以社区书店为抓手,打造15分钟公共阅读服务体系[④]。根据《实施意见》,2018年北京市实体书店扶持资金项目相较前两年进行了较大调整:一是在扶持方式上,将以往奖励为主扶持方式改变为奖励、补贴与购买服务分别使用,包括补贴特色书店和社区书店的房租,以及对积极开展公益性文化活动的实体书店,以购买服务的方式给予支持。通过增加政府购买服务的补贴方式,明确了实体书店作为社会意识形态的文化窗口作用,让实体书店在传播党的方针政策、弘扬社会主义核心价值观、提供公共文化服务等方面发挥更大的作

---

① 路艳霞:《北京海淀每年400万元扶持实体书店》,《北京日报》2014年4月25日。
② 《2015年扶持实体书店试点范围扩至北京等16个省市》,中国新闻网,http://www.chinanews.com/cj/2015/07-17/7411533.shtml。
③ 王坤宁、李婧璇:《北京出台实体书店扶持政策 今年1800万扶持实体书店》,中国社会科学网,http://www.cssn.cn/ts/ts_wxsh/201608/t20160811_3159021.shtml。
④ 张贺:《实体书店迎发展新机遇:已有28省区市出台支持发展具体措施》,《人民日报》2019年1月9日。

用。二是在申报条件上，去掉了以前申报单位经营必须满3年以上这个条件，只要取得了《工商营业执照》和《出版物经营许可证》的实体书店均可申请。这一政策调整扩大了申报范围，不仅使得在发行行业有一定影响力，读者认可度较高，经营状况良好的实体书店得到资金鼓励，也让一些刚刚开业，急需资金支持的实体书店有机会获得补贴，申报门槛大大降低。三是在扶持方向上，扶持政策重点关注在定位、内容、服务和风格方面有特色的特色书店，以及在开展服务周边社区及企事业单位工作有成绩的社区书店。按照首都功能定位和市民实际需求，突出实体书店的服务功能和特色，通过"补短板""创品牌""惠民生"等做法，打造"有特色、聚人气"的社会基层文化空间。

2019年，北京市出台《北京市实体书店扶持资金管理办法》和《北京市实体书店扶持资金项目管理实施细则》。强调实体书店要符合城市功能定位和区域布局，积极参与政府主办的公共文化活动；鼓励在环境布置、装饰设计、图书陈列、管理服务、衍生品开发等方面具有鲜明特色，艺术性、主题性、专业性和学术性突出；提倡经营模式新颖，多业态融合发展成效显著，实现跨领域、跨行业发展，探索馆店结合、场店结合、院店结合、线上线下结合[①]。在面对经营成本、电商冲击，以及数字阅读的普及等实体书店的压力不断增大的情况下，扶持政策客观上起到了号召实体书店要通过转型升级实现行业"突围"的作用，并提出实体书店的经营要提供综合阅读服务，创新规划出新的经营模式和多业态融合发展的路径格局，助力实体书店的改造以及跨领域跨行业发展，增强实体书店的吸引力，同时，让实体书店在政府的购买服务中，可以发挥更大的作用。

2020年的新冠肺炎疫情给实体书店带来了前所未有的冲击。北京市在全国第一个出台专项救市政策——《关于应对新型冠状病毒感染的肺炎疫情影响促进中小微企业持续健康发展的若干措施》（京政办发〔2020〕7号），积极解决实体书店面临的实际困难。同时，提前启动2020年实体书店扶持项目评选，扩大评选范围，加大扶持资金力度，着力解决实体书店房租成本补贴难点。从2月26日启动，到3月28日首批扶持资金到位，用时仅一个多月。资金到位的时间比2019年提前了8个月。实体书店扶持工作的"北京速度"极大地缓解了经营压力。经过几年的政策扶持，截至目前，北京市实体书店建设发展政策体系已经构筑完善。市区两级相继发布了一系列以《实施意见》为核心，涵盖实体书店审批、建设、扶持等多个环节政策规定，为扶持工作提供重要的政

---

① 《鼓励书店高质发展，北京各区实体书店扶持解读2行业视点》，北京市新闻版权局网站，http://www.bjxwcbj.gov.cn/zt/stsd/a41306da0beb4eb7911bcd5a73b6db86.html。

策支撑。同时，也形成了一套上下贯通的工作推进机制。北京市实体书店建设联席会议成员单位涵盖财政、发改等十余个责任部门，各区也相应建立了工作组织机构，形成了校园书店、商场书店等工作专班，确保了实体书店各项工作全市一盘棋[①]。

（二）扶持数量和扶持资金不断增长

从2014年海淀区开始实体书店扶持全市试点以来，到2015年作为全国实体书店扶持试点城市，北京市积极探索对实体书店的扶持工作。2016和2017年，北京市连续两年每年投入1800万元扶持资金，扶持金额比之前试点时的几百万（海淀区区内试点扶持资金400万，北京市全市试点扶持资金600万）有显著提高，平均每年有70多家实体书店得到奖励扶持，最高奖励100万元。2018年，北京实体书店扶持资金上调到每年5000万元，再次大幅提高的扶持资金让151家实体书店受益，其中特色书店57家、社区书店94家。2019年，共有239家北京实体书店获得项目扶持，扶持资金又创新高，达到了1.06亿元。2020年，北京市加大资金力度，扩大入选范围，让更多的实体书店有机会获得扶持和帮助，最终有485家实体书店入围扶持资金，在获得资金扶持的书店中，有200家特色书店和17家最美书店，据统计，市级实体书店扶持资金总金额达到1亿元，全市资金总额超过了2.4亿元。短短几年，扶持资金已经增长了几十倍（见图1）。

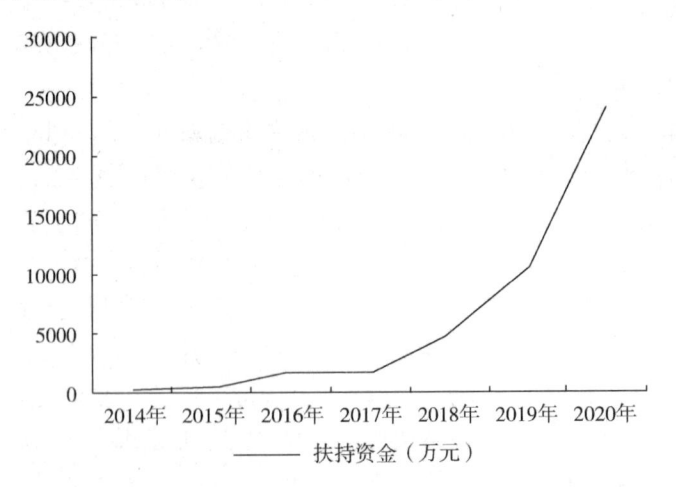

图1 北京市实体书店扶持资金投入2014年至2020年变化图

数据来源：互联网新闻数据。

[①] 张君成、李婧璇：《北京实体书店发展迈上新台阶》，《光明日报》2021年3月11日。

对实体书店扶持资金的持续加大投入，扶持项目由单纯奖励到实实在在的补贴和购买服务，实体书店扶持工作的思路也由过去单纯的"锦上添花"变成了贴心的"雪中送炭"，同时，与扶持政策配套相关的优化行政审批流程等"放管服"改革措施不断优化营商环境，再加上对"书香社会""全民阅读"的积极宣传，提升了实体书店的社会影响力，也创造了较好的外部发展条件。仅以2020年为例，在新冠肺炎疫情的影响下，北京市的实体书店数量不降反升，同比增加695家，增幅53.5%。根据《2020年实体书店生存情况调查》显示，虽然线下图书零售业务在2020年与2019年相比下降了67.79%，但书店人对未来发展的信心指数平均为6.95分（满分10分）[1]，调查还显示实体书店从业者的信心主要来自政府的扶持政策，包括资金扶持和财税减免等等。

二 北京市实体书店扶持发展需亟待解决的问题

北京市实体书店在政府部门积极的扶持政策以及资金大力投入的帮助下，得到了快速发展，在全国居领先地位，但也有一些不能回避、亟待解决问题值得思考。

（一）扶持结构不均衡，评选标准不严谨

政府部门每年都投入大量扶持资金，但仍存在资金扶持力度不均衡不科学现象。从2020北京市实体书店扶持资金入围的情况看，被扶持最多的是朝阳区127家，50家以上的行政区分别为海淀区71家、西城区56家、东城区55家，此外，其他各区实体书店的扶持数量均在30家以下，最少的是门头沟区只有4家。而回溯2019年，这种不均衡的情况也同样存在（见图2）。这表明，在各区综合实力和文化发展水平不均衡的前提下，实体书店扶持力度的不均衡，势必会加大各区文化发展差距。结合当前北京市人口发展政策和趋势来看，中心城区的居民正在向周边行政区以及城市副中心疏解，随着市民向近远郊区的迁移，他们对居住地公共文化设施的需求越来越高。特别是通州区，作为北京城市副中心，是新兴的文化高地，扶持结构的不均衡，会直接影响公共文化基础设施建设，以及市民对首都城市文化的获得感。

从扶持资金的申报评选项目来看，主要有特色书店和最美书店两类，但两

---

[1] 《小刺，我们是否仍能仰望繁星？——2020年实体书店生存情况调查》，《出版人》2021年第1期。

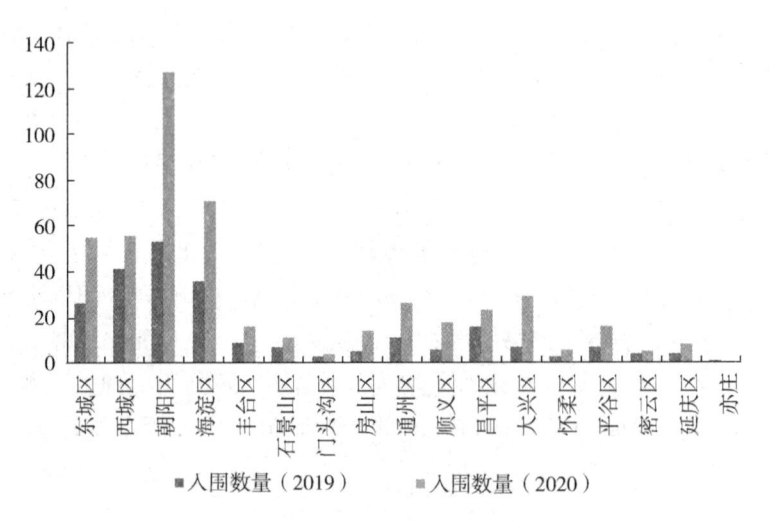

图 2　2019 年和 2020 年扶持资金项目各区入围实体书店数量对比图

数据来源：北京市新闻出版局网站。

类奖项的评奖并没有在评价标准上完全分开，比如"环境布置、图书选品、空间设计、管理服务"这几个项目极易造成特色书店与最美书店的评价标准重叠，不仅会出现重复奖励的情况，也会造成实体书店在自身发展设计过程中的概念模糊。在笔者调研的几家特色书店和最美书店中，不少最美书店除了装饰装潢精致漂亮，经营的图书也有明显的特色；有的特色书店也挂有曾获得过最美书店的奖牌。此外，现在的奖励一般是按照书店的营业面积发放资金，而店面的大小并不是衡量实体书店在实现社会效益和经济效益有机结合的标准。

（二）扶持工作对提升书店自我造血能力不强

随着数字化时代的到来，人们的阅读习惯在悄然发生着改变，不仅纸质图书的阅读总量在减少，而且网络书店的兴起也是让人们买书可以不用去书店，在"指上"轻松实现。这使得实体书店的生存发展受到了严峻的挑战。数据显示，2020 年实体书店售书和前几年相比下降幅度进一步扩大，同比下降 33.8%，网购书的占比持续上升[1]。面对这种形势，实体书店单一经营的生存空间正在被挤窄。调研发现，不少实体书店还处在简单的叠加经营项目阶段，没有真正

---

[1] 申婵：《2020 出版业回顾：销售呈下降趋势，实体书店探索开创新模式》，《新京报》2021 年 3 月 31 日。

实现"书店＋"产业化转型。除了图书以外，其他经营项目基本集中在文具、玩具、小艺术品、轻食和饮品，没有与人民群众所需的大众文化产业形成有机结合。而本应该作为实体书店主打特色的文创产品，不仅形式比较单一，很多产品还停留在钥匙牌、便纸签的水平，并没有真正融入群众文化生活。一些实体书店进货渠道更是五花八门，来自南方小商品市场的产品占比较高，质量和版权也难以保证。

目前对实体书店的专项扶持资金只是用在事后的评选和补贴上，对实体书店未来的产业化升级改造没有涉及，很容易造成实体书店在经营上产生维持现状的惰性心理。如一些书店内的查询图书硬件设备，还停留在系统内的简单查询，没有形成跨系统乃至于全市的联网互动。当前实体书店的转型发展已经到了关键时刻，书店生存的外部环境已经发生了根本的改变，不转变营销模式很难发挥引领全民阅读的文化服务示范作用。

（三）购买服务目标不明确，形式单一，专业人才缺乏

作为门槛最低、分布最广的公共文化设施，实体书店应该是最贴近基层，也最能够满足基层社区居民文化需求的场所。在北京市实体书店未来发展的规划中，要求"书店与社区结对子"，举办书店进社区全民阅读常态化活动，鼓励每家书店对接周边5—10个社区，为居民提供图书销售、书籍借阅，以及定制特色服务和专属空间，打造完善15分钟阅读圈。这些要求将服务目标清晰地指向了社区居民。但调研发现，一些地理位置相对社区较近的书店没有利用好地理位置的优势，虽然也开展一些活动，但不少是为了完成街道和社区职能部门的一些任务，并没有按照社区居民的真正需求，安排经营策略，活动叫好不叫座的情况比较多，难以建立实体书店与社区居民良好的服务关系。还有的社区书店由于和居委会、街道的工作交叉，出现了行政化倾向，失去了书店本来优势。

实体书店是传播知识的媒体，必须具备高素质的经营管理人才。一些个人独立书店，有的经营者只是根据自身喜好，怀揣开办一家书店的情怀，在装潢设计以及图书选品上，不能按照书店的经营规律办事，造成与周边群众的需求距离较远；有的经营者在经营书店之前从事其他行业的工作，对新闻出版发行政策了解少，又没有书店的经营经验，势必会影响书店未来的发展。根据1991年4月1日起施行并一直沿用至今的《北京市图书报刊市场管理实施办法》，对于申请从事图书报刊零售和出租业务的个人只有"必须本市常住户口和初中以上文化程度"的要求，这种缺少对书店经营者文化素质基本要求的行业规范，直接会影响实体书店文化服务的质量。

三　北京市实体书店扶持发展的几点建议

（一）科学统筹实体书店评价标准，提高精准扶持力度

完善实体书店评价标准体系，改变对实体书店的评奖指标的粗放管理。一方面，要细化评价标准，将"最美书店"与"特色书店"的评选标准明确分开。"最美书店"可以从装潢布置、阅读空间、服务特色等角度入手，搭好沉浸式场景的"外在美"平台；而"特色书店"则更加注重"内涵气质"内容，包括专业书店，主题书店等，强调与周边的特色环境相互融合支撑，以及内容的精准供给，满足不同层次、不同专业的群体需要。另一方面，在开展评价时，应注重实体书店发展的事前项目研发，鼓励积极开展产业转型的创新做法，不要简单地用经营面积、人员数量作为评奖依据和奖金等级，要根据服务市民的效果，即便是人员较少、场地不大的实体书店只要是在推动"书香北京""全民阅读"工作中有实际成效，就可以获得扶持。同时，要把一部分投票权交给读者，通过投票，帮助那些代表首都特色、具有地标性质、群众喜爱、读者认可的实体书店获得更好的发展机会。

针对北京市各区文化产业发展不均衡的现状，实体书店的扶持政策要统筹安排，有所侧重，提高精准扶持力度。要注重优化城乡公共文化资源配置，将扶持资金用在最需要的地方，要推动城乡公共文化设施从"有没有"向"好不好"转变、从高数量向高质量转变，从全覆盖向高效能转变，让实体书店的服务真正走进人们的生活空间。可喜的是，我们已经从现有实体书店扶持发展的成果上看到了一些变化。通过对 2019 年和 2020 年北京市各行政区每 10 万人均拥有扶持入围书店数据，可以发现，像平谷、延庆这样的远郊区，每 10 万人均书店的拥有的数据已经有明显上升，甚至超过了部分城区的水平（见图3）。这种改变不是偶然的，延庆区和平谷区都有过承办国际重大活动的经历，而延庆区还是北京冬奥会的承办地之一，两个区文化设施受重视程度不断提高，因此推动了实体书店快速发展。从这个角度看，其他区的实体书店建设也要从提高文化服务意识上来考量，因地制宜，按需发展，加大扶持力度，这样才可以使北京市实体书店的整体发展水平得到提高。其中，特别是通州区作为城市副中心，更有这样的迫切要求。

因此，我们建议将部分扶持资金的筛选权下放到各区，在全市分级（市区）分层（大型、中型、小型）开展评比。这样做可以防止在扶持过程中形成马太效应，避免造成强的越强，弱的更弱的情况出现。要特别关注远郊区的实体

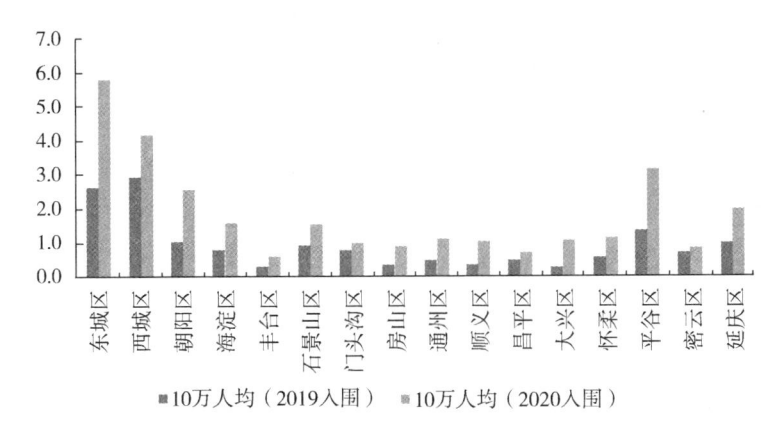

图 3　2019 年和 2020 年，北京市各区 10 万人均扶持入围书店对比图

数据来源：新闻出版广电局网站，北京市数据手册 2019 和 2020。

书店建设，统一规划实体书店的选址，利用大数据分析区域人口分布情况，将资金扶持向社区书店、乡村书店倾斜，使得扶持工作可以更加精准发力。

（二）"造血式"扶持，激发实体书店产业创新升级

虽然网络数字化时代的到来给实体书店带来了很大挑战，但实体书店所独具的场景优势是网络书店所没有的。著名作家王蒙曾说过，"虽然购书便捷的网络书店给实体书店带来冲击和挑战，但实体书店仍可以依靠环境的多元和服务的丰富打造文化地标、文化沙龙，让人们愿意去。就像一家餐厅，不仅仅提供菜肴，还要用好的厨师和氛围吸引大家。"[①] 实践证明，实体书店的便捷、位置、空间等优势是符合消费者需求的。要拓宽实体书店的经营思路，以"变"应"变"，通过产业化创新升级开拓新的发展空间，实现自我造血。当前，实体书店的经营已经形成"书店＋"的多元化发展格局，无论是文创产品、轻食饮品、图书借阅，还是出版、展览、住宿、演艺，都要做到真正满足读者所需。只有抓住读者需求才能有收益，只有突出特色，形成服务品牌，才能建立与读者之间的黏性联系。打造市民 15 分钟阅读服务圈就是要匹配实体书店供给和读者的阅读需求，改变以往功能单一的传统书店形象。在这个过程中，实体书店也要注意不能盲目跟风上项目，那样不仅会造成浪费，还会形成千店一面，出现同质化现象。要做到对读者需求的精准画像，然后针对不同需求设置服务内容。比如，很多人对书店 24 小时不打烊非常关注，但并不是任

---

① 杨春、王腾腾、王蒙：《实体书店可依靠丰富服务打造文化地标》，《南方日报》2014 年 4 月 24 日。

何地方都适合开 24 小时书店，发现书店对周边环境是否有吸引力非常关键，像人流量大的商业街区和文化氛围较浓厚的高校聚集区等区域，对阅读的空间和时间需求，会使得发展 24 小时实体书店的服务意义更大。

随着实体书店"书店＋"的文化产业模式会越来越丰富，政府部门应重视对实体书店产业链建设的扶持力度。实体书店的产业链是实体书店生存的生命线，要顺应新零售发展趋势转型创新，出台相关政策打通和规范实体书店上下游渠道。一方面要建立监管严格、公开透明的图书批发市场，盘活在京出版社的资源，让国有书店与个体独立书店站在同一赛道上，通过更加灵活的进货方式，降低进货成本，加强物流服务，保障图书货源的及时供应；另一方面，要严把质量关，保护知识产权，加强盗版等非法出版物的打击力度，维护图书市场的公平竞争。同时，还要发挥好文创产品的盈利潜力，鼓励实体书店通过各种方式建立自己的文创团队，扩大文创产品的种类范围，开发具有自己知识产权的文创产品，从有特色、个性化、实用性入手，增强文创产品的生命力和吸引力。

（三）创新合作方式，实现社会购买服务的共建共享共赢

习近平总书记指出，"要推动公共文化服务标准化、均等化，坚持政府主导、社会参与、重心下移、共建共享，完善公共文化服务体系，提高基本公共文化服务的覆盖面和适用性。"[1] 这不仅为公共文化服务的发展提供了根本遵循，也为实体书店指明了科学发展方向。

实体书店作为最接地气的公共文化场所，其在时间、空间和参与手续上相较于博物馆、图书馆其他公共文化机构有明显优势——经营时间长、距离居民近、分布最广、没门票等繁杂手续，这些低门槛的优势极大地方便了读者走进实体书店。《2021 中国书房与阅读现状洞察》报告数据显示，中国 72.8％的家庭没有书房，人均书房面积仅 $0.65m^2$。从城市规模来看，城市越大，书房面积越小。一线城市近九成家庭没有书房，人均书房面积仅 $0.26m^2$。北京与上海、深圳、广州、南京成为全国人均书房面积排名垫底的五大城市[2]。这项调查与其说的是关注书房，不如说是对舒适阅读空间的调研。越是大城市，人口密度越大，寸土寸金，舒适的阅读空间越少，这是一个不争的事实。而实体书店的空间优势正好是城市阅读空间不足的有力补充。很多人喜欢把书店称作"城市之光"，是因为书店给人们提供了一种阅读、聆听与交流的生活方式，在

---

[1] 张晓松、黄小希：《习近平在全国宣传思想工作会议上强调举旗帜聚民心育新人兴文化展形象 更好完成新形势下宣传思想工作使命任务》，《光明日报》2018 年 8 月 23 日。

[2] 苏墨：《0.65m², 也不能阻挡你抵达诗与远方》，《工人日报》2021 年 4 月 25 日。

精神层面让人们感到温暖。书店的优势、市民的需求与国家倡导的全民阅读通过书店这个既普通又独特的文化场所完美融合，自然形成了政府部门提高全民文化素质的有力抓手。在这样的背景下，实体书店与政府部门共同参与的购买服务不仅要增量，更要提质，需要通过创新的合作方式，建构起政府主导、社会参与的全民阅读公共文化服务体系。对于实体书店的购买服务要重视给读者提供更加个性化特色化的产品和文化体验，减少活动表面热热闹闹，实际并没有深入人心的样子工程。要做到购买服务叫好又叫座，就要关注读者个体需求，从"为买书服务"到"为买书人服务"，突出阅读空间特色化、产品服务创新化，还要积极投入共建书店所在区域的文化生态建设。

此外，只有解决好实体书店的发展问题，才能让实体书店在未来发挥更大的文化助力作用。政府部门一方面要为实体书店的经营把好关，不能降低书店经营审批的门槛，要把培养专业人才放在帮助实体书店发展的重要位置；另一方面要在与实体书店的合作过程中，不过多干预实体书店的经营，保证实体书店经营时间等优势不被弱化。这样才能构建以书店企业为主体、政府扶持为引导的实体书店行业发展的文化消费新格局，真正实现共建共享共赢。

参 考 文 献

[1] 李铁牛：《做强实体书店优势 健全公共文化服务体系》，《中国社会科学报》2021年5月20日。

[2] 王坤宁等：《满足人民文化需求 提升人民思想境界 增强人民精神力量——习近平总书记在读者出版集团考察调研时的重要讲话精神在出版界引起强烈反响》，《中国新闻出版广电报》2019年8月26日，https：//check.cnki.net/smlc/SingleRed.aspx? FileNumber＝41849619_000 & rightfilename＝XYDU201912014。

[3] 中宣部等：《关于支持实体书店发展的指导意见》，《中国出版》2016年第13期。

[4] 路艳霞：《北京拥有实体书店1994家 荣获"书店之都"荣誉称号》，《北京日报》2021年2月16日。

[5] 路艳霞：《北京海淀每年400万元扶持实体书店》，《北京日报》2014年4月25日。

[6] 《2015年扶持实体书店试点范围扩至北京等16个省市》，中国新闻网，（2021-05-30）[2015-07-17]，http：//www.chinanews.com/cj/2015/07-17/7411533.shtml。

[7] 《北京市人民政府关于进一步加强基层公共文化建设的意见》，《首都之窗》（2021-05-30）[2019-05-22]，http：//www.beijing.gov.cn/zhengce/zhengcefagui/201905/t20190522_58673.html。

[8] 王坤宁、李婧璇：《北京出台实体书店扶持政策 今年1800万扶持实体书店》，《中国社会科学网》（2021-05-30）[2016-08-11]，http：//www.cssn.cn/ts/ts_wxsh/201608/t20160811_3159021.shtml。

［9］张贺：《实体书店迎发展新机遇：已有28省区市出台支持发展具体措施》，《人民日报》2019年1月9日。

［10］《鼓励书店高质发展，北京各区实体书店扶持解读2｜行业视点》，《北京新闻出版局网》（2021-05-30）［2020-07-21］，http：//www.bjxwcbj.gov.cn/zt/stsd/a41306da0beb4eb7911bcd5a73b6db86.html。

［11］张君成、李婧璇：《北京实体书店发展迈上新台阶》，《光明日报》2021年3月11日。

［12］韩寒、滕贤慧：《2020年全国新增店面网点4061家——实体书店面临格局之变》，《光明日报》2021年4月11日。

［13］小刺：《我们是否仍能仰望繁星？——2020年实体书店生存情况调查》，《出版人》2021年第1期。

［14］申婵：《2020出版业回顾：销售呈下降趋势，实体书店探索开创新模式》，《新京报》2021年3月31日。

［15］《北京市推进全国文化中心建设中长期规划（2019年—2035年）》，首都之窗，（2021-05-30）［2020-04-09］，http：//www.beijing.gov.cn/zhengce/zhengcefagui/202004/t20200409_1798426.html。

［16］杨春、王腾腾、王蒙：《实体书店可依靠丰富服务打造文化地标》，《南方日报》2014年4月24日。

［17］张晓松、黄小希：《习近平在全国宣传思想工作会议上强调举旗帜聚民心育新人兴文化展形象更好完成新形势下宣传思想工作使命任务》，《光明日报》2018年8月23日。

［18］苏墨：《0.65m²，也不能阻挡你抵达诗与远方》，《工人日报》2021年4月25日。

北京海洋文化遗产的传承与活化
——以北京东岳庙海神殿为例

潘志宏[*]

摘　要：北京作为历史文化名城，拥有各种类型文化遗产，包括海洋文化遗产。北京虽然位于内陆，但是在历史上曾拥有过丰富的海洋文化。妈祖文化是中华优秀传统文化的重要组成部分，也是中国海洋文化的主要代表之一。北京目前仍然保留着以海神妈祖宫庙为代表的海洋文化遗产。位于北京东岳庙西路的海神殿是一座保存较为完整的海洋文化遗产建筑，记载北京曾经灿烂的海洋文化及漕运历史。如今，东岳庙海神殿已得到修缮和恢复，代表海洋文化与妈祖文化在北京的延续与发展。本文分析了海神殿的历史与现状，对海神殿在管理中存在的问题，提出了对策建议，以期更好地活化和利用北京海洋文化遗产。

关键词：北京；海洋文化遗产；妈祖文化；东岳庙；海神殿

北京是一座内陆城市，历史上也曾建造过许多的海洋文化建筑。今天的北京似乎难觅海洋文化的踪迹，但是留存至今的海洋文化遗产建筑仍然在记录和诉说着北京历史上海洋文化的风貌。坐落于北京朝阳门外大街北侧的东岳庙原是道教正一道在中国华北地区的第一大庙宇。2008年5月3日，在党和政府的推动及支持下，北京东岳庙作为道教活动场所正式登记开放，现在也是北京民俗博物馆的所在地。在北京东岳庙的西路内有一座海神殿，是北京现存的为

---

[*] 潘志宏，博士，中共北京市委党校（北京行政学院）北京市情研究中心市情部主任、助理研究员，主要研究方向：中国哲学、民间信仰、文化遗产。

数不多的海洋文化遗产建筑,见证了北京海洋文化的兴衰演替。

一 海洋文化与北京

(一) 中国的海洋文化

目前关于海洋文化的概念说法众多,莫衷一是。曲金良认为:"海洋文化,就是人类缘于海洋而生成的文化,即人类缘于海洋而创造和传承发展的物质的、精神的、制度的、社会的文明生活内涵。"[①] 徐晓望提出:"人类的海洋文化应是囊括一切人类涉及海洋活动的文化,它有三个层次:其一,海洋经济,凡是人类涉及海洋的一切经济活动,都属于海洋文化的经济基础,它包括海洋交通业、海洋商业、海洋矿业、海洋工业、海洋手工业、海洋渔业、海洋种植业等等;其二,海洋社会,即涉及海洋的人群所形成的社会特点,他们的社会结构、家族、家庭、习俗。这些人群又可以分为:军人、工人、渔民、水手商人等等;其三,狭义的海洋文化,其中包括涉及海洋的神话、信仰、宗教、戏剧、文学、艺术等等。"[②]

但是在黑格尔的眼里,亚洲和中国似乎是海洋文化落后的地区,西方才是海洋文化兴盛之地。他在《历史哲学》一书中说:"这种超越土地限制、渡过大海的活动,是亚细亚洲各国所没有的,就算他们有更多壮丽的政治建筑,就算他们自己也是以海为界——像中国便是个例子。在他们看来,海只是陆地的中断,陆地的天限;他们和海不发生积极的关系。"[③] 对此言论,妈祖文化作为中国海洋文化的杰出代表,给出了最有力的反驳。自宋迄今,妈祖文化的辉煌历史就是中国海洋文化的最佳佐证。

海洋文化是中华优秀传统文化中的重要组成部分,中华优秀传统文化绝不仅仅是农耕文明。妈祖文化是海洋文化的主要代表之一,而海洋文化是妈祖文化的重要内涵,妈祖文化与海洋文化相互交叉、关系紧密。妈祖作为中国历史上最著名的海神,见证了中国海洋文明的发展。通过梳理妈祖文化的海洋文化特征和海洋文化遗产,可以更好地研究中国海洋文化的内涵和外沿,对构建新时代中国海洋文明观、助力"一带一路"沿线区域和平友好共建、倡导"人类命运共同体"意识具有积极的意义。

[①] 曲金良:《中国海洋文化基础理论研究》,海洋出版社 2014 年版,第 16 页。
[②] 徐晓望:《妈祖的子民——闽台海洋文化研究》,学林出版社 1999 年版,第 12 页。
[③] [德]黑格尔(G. W. F. Hegel):《历史哲学》,王造时译,上海书店出版社 2001 年版,第 93 页。

（二）北京的海洋文化

历史上，海洋文化与妈祖文化在北京曾有过广泛传播。北京作为元明清三朝国都，见证过妈祖信仰在京师的传播和兴盛，但官方和民间信仰的原因各不相同。自宋以后，妈祖文化开始逐渐受到历代朝廷的重视。北京虽然远离大海，但至少自元泰定年间大都就有海神天妃祠庙的建置，其建造的缘由主要是护卫漕运。北京图书馆善本组辑元代熊梦祥的《析津志辑佚》中的"祠庙·仪祭"是目前所见的关于元代北京天妃祭祀最早的记载。妈祖信俗随着运河漕运的发展，在北京的影响力逐渐增大。

自元朝定都北京之后，元大都的粮食运输主要是依靠海运。河道运输遇到很多问题，一是运河的走向蜿蜒曲折，二是运河经常会有泥沙淤积堵塞的情况，严重影响了漕运的效率。后经元朝取直疏浚，进一步通到北京，同时海道运输也逐渐得到朝廷的重视。妈祖文化在漕运的影响之下，传播进入了北京城。驾驶漕粮船舶的舟师们，对妈祖文化传播发展到北京起到了积极作用。到了明代，由于海运一度停止，海神妈祖在部分地区同时扮演着河神的角色。至清代，妈祖信俗得到了更大的发展，依托运河这条清晰的脉络由南而北进入京城。北京的运河两岸一度曾有数座妈祖庙，这也表明了妈祖信俗在北京曾经繁荣流行过。河运、海运的航船者以海神妈祖为精神寄托，希望能够保佑平安、风调雨顺，将漕粮顺利运输到岸。另外，明清时期北京的闽人会馆内大都建有天后宫，这些天后宫是福建人带入北京的妈祖信俗的标志性建筑。明代中叶后，随着福建文化教育方面大力发展和重视，使福建地区的科举考试日益发达盛行，进京会试的举子大量增加。这些学子，到达遥远的京城需要度过漫长而艰险的水路。于是，妈祖成了他们的精神支柱，祈祷能够平安到达京城并高中功名。而会馆不仅是学子赶考落脚的地方，更是福建官员、商人联络感情与祭祀妈祖的重要场所。此外，众多福建商人的商业活动也将妈祖信俗传播至北京，使妈祖信俗在北京得到了进一步地弘扬和发展。

（三）北京的海洋文化遗产

北京地区在历史上曾经有许多妈祖宫庙建筑，如北京通州北门内外的两座天妃宫、莆阳会馆、福州会馆、延邵会馆和汀州会馆等闽人会馆内的天后宫，北京怀柔有一座始建于明朝的"娘娘宫"，北京大通桥边的天妃宫，马大人胡同的天后宫，圆明园的惠济祠，通州佑民观，以及北京东岳庙的海神殿等等。这些建筑或多或少地受到了一些福建建筑风格、样式的影响。但是现如今，这些妈祖庙大部分已经消失或者损毁，不复当年之盛。根据文献资料和调研情况来看，北京城里现存的妈祖宫庙建筑已经为数不多了。其中保存比较完好的有北京通州张家湾镇里二泗村的佑民观，以及北京朝阳门外东岳庙西路内的海神殿。

北京东岳庙位于朝阳门外大街，始建于元代延祐六年（公元1319年），主要祀奉的是泰山的山神东岳大帝，是道教在正一派在华北地区最大的宫观，也是全国重点的文物高呼单位。1995年，东岳庙被辟为北京民俗博物馆，这里每年举行春节庙会，馆内经常有各类专题展览，每逢传统民俗节日都会举办丰富多彩的民俗活动。2008年5月3日，在党和政府的推动及支持下，北京东岳庙作为道教活动场所正式登记开放。东岳位于中国东方，主发育万物，故为诸岳之长。以北京东岳庙为代表的东岳文化，内容包含儒、道、释、民俗、国家礼制等诸多内涵，集中体现了传统文化之精华，是中华优秀传统文化与中华民族精神的代表之一。

海神殿是祭祀中国最著名海神妈祖的宫庙，坐落在东岳庙的西路里，与仓神殿一同作为火神殿的左右配殿，仓神殿位于火神殿的西侧，海神殿位于火神殿的东侧。海神殿之后为两排厢房和延寿殿，共同围成一个四合院。在海神殿的门前立有一块石碑——《海神殿山门平台碑》，介绍了海神殿的建造历史和捐建人。在"文革"破四旧的运动之中，东岳庙及其中的海神殿也不幸遭受到严重破坏。20世纪80年代，海神殿得到了重建，并按图纸恢复了原貌。如今，海神殿内部供奉的是从福建莆田湄洲妈祖庙迎请分灵而来的妈祖神像。

二 北京东岳庙海神殿的历史与现状

（一）北京东岳庙海神殿的选址特点

北京东岳庙所处的朝阳门历代以来都是十分便利的运输通道，为元明清三代漕运必定要路过的重要交通枢纽。海神殿位于东岳庙西路内，坐北向南，与仓神殿一同作为火神殿的左右配殿，位于火神殿的东侧。明代、清代，每年从南方各省运来的漕粮，一部分由陆路从通州运转，另一部分由船运至大通桥而转换至陆运，都是从朝阳门进入京城粮仓。北京城各仓亦多分布于朝阳门内外，如万安仓、禄米仓、富新仓、南新仓、兴平仓、太平仓、旧太仓等。因此，朝阳门外的东岳庙西路内有主消灾的斗母与主防火的火神，二者对于漕运粮食运输和储藏具有重要意义，而清代新建的海神殿、仓神殿则更是与漕粮运输的平安顺利密切相关。因此，海神殿是基于当时漕运历史的背景和漕运行业发展的需求所建立的。

海神殿与仓神殿共辅火神殿两侧，有其历史渊源。《重建斗坛延寿殿碑》记载："又此院内住持等发愿修立海神、仓神左右配殿，谓此斗母主于消灾、火神永护平安，海神通于津淀，仓神保于粮储，皆赖众善之力，以祈神明之福"[①]。斗母主司消灾、火神主管防火安全，而朝阳门外的北京东岳庙内的海神、仓神则与漕运、海运以及粮食的储存运输有着直接的联系，他们的特殊性是由当时相关行业需求以及老百姓的信仰需求决定的。道光六年，在漕运、河运之外，海运又被朝廷重新采用，于是海神妈祖又承担了保护漕运的工作。因此，海神殿的修建也说明海运、漕运对于当时京城人民的粮食安全有一定影响。此外，对于起源于福建、主要流行于沿海地区的海神妈祖信仰来说，传播到北京的历史自然无法与火神相比，而且缺少天然的海洋地理环境和海洋文化作为支撑。因此，海神殿只能作为火神殿的配殿，与海神信仰与火神信仰在北京传播发展的历史背景相关。

海神殿的修建与清代北京东岳庙与漕运仓储相邻的地理位置有关，同时也与清代推行的海运有着深刻的联系。北京东岳庙海神殿的修建约在清道光十六年（1836）。此时，正是清代推行漕粮海运的起始期。漕运是否通畅直接关系到北京城的经济命脉，历来有"天庚正供"之称，关系重大。清朝漕运仍以明朝制度为准，主要通过河道运输。清代漕粮等民食之需通过河道运送到通州段的石坝和土坝，用驳船将石坝漕粮经通惠河各闸口运到东便门外大通桥附近停靠卸粮，再用车辆运送到各京仓。但是，清朝中叶以后，社会问题日渐突显，政治腐败黑暗，人民生活在水深火热之中，漕运的很多问题也随之突显。由于管理部门的贪污腐朽，运河的水利工程被忽视，导致河道经常被淤泥堵塞，漕运货船无法通过，甚至严重危及京城粮食安全。因此，漕粮海运再次被提上了议程。于是在道光六年，开启了清朝的首次漕粮海运序幕。漕粮海运施行的直接结果，就是海神信仰的传播之北京。在当时，全国影响力最大的海神就是妈祖。

（二）北京东岳庙海神殿的历史演变

关于东岳庙海神殿的历史记载，目前流传下来的文献史料并不多，其中最重要的文献是位于海神殿门前的《海神殿山门平台碑》和仓神殿门前的《重建斗坛延寿殿碑》。这两段石碑是二十世纪末期，在修复东岳庙西路的过程中被发现和保护起来的。这两篇碑文是研究海神殿历史的重要来源，碑文如下：

---

① 关昕：《北京东岳庙海神殿、仓神殿考》，第四届"东岳论坛"国际学术研讨会论文集，2008年，第205页。

《重建斗坛延寿殿碑》[1]

京师朝阳门外东岳庙巍为古祀，庙貌常新，惟西廊内斗坛延寿殿、火祖殿日渐倾圮，住持等发愿重修。又此院内住持等发愿修立海神、仓神左右配殿，谓此斗母主于消灾，火神永护平安，海神通于津淀，仓神保于粮储，皆赖众善之力，以祈神明之福。鸠工成立，焕然一新，住持道官马宜麟等立石乞文，书刻以垂久远时。

道光十七年夏五月

经筵讲官太子少保体仁阁大学士　管理兵部阮元

《海神殿山门平台碑》

尝闻群流奔赴，海居四渎之宗。百穀告成，仓为万箱所汇，系生民之大命，历经古而常新，孰主宰是？苍水使恍与追，陪寔式凭焉。紫相公让其灵爽，非止冥能治水？俎豆平祧，岂徒农可称神？馨香共祝，茧茧之众，赤赤在旁，诚昭格以无违，皆皈依而恐后。化日光天之下，淫祀必除，龢风甘雨之秋，明禋宜肃。迩吞海不扬波，鲎帆顺利，仓多余粒，鼠蠹潜消。揆厥端倪。佥曰，疑有神助，虔于报赛，斯足仰答神庥。鸠工易甚，乃召司空，鹢吻孔彰，大启尔宇，灵旗缥缈，龙堂与贝阙交辉，法座森严，珠实偕金，禳永获鲸吼而钟鸣声，肖来朝合。溯冯夷翚飞而禽缞弗忧，迎迓宛同田诅苾苾芳芳。特焕蒸尝规制，兢兢业业，用识香火因缘。

钦命提督浙江学政刑部右侍郎姚元之书

这两篇碑文是关于海神殿的屈指可数的宝贵资料。《重建斗坛延寿殿碑》的碑文记载海神殿的建造时间约为清道光十六年（1836年），海神殿和仓神殿最初是作为斗坛延寿殿和火祖殿的配殿而修建，但是没有记载东岳庙西路的建造时间。海神殿修建的主要原因是斗坛延寿殿、火祖殿的日渐坍塌毁坏，于是当时的东岳庙住持等人发愿要重新修建二殿，并发愿修建海神殿、仓神殿作为左右配殿，其目的是希望斗姆元君主职消灾、火神永远守护平安、海神护佑运河湖泊等船运的畅通、仓神能保护粮食储存的安全。因此，斗坛延寿殿、火祖殿、海神殿、仓神殿的重修与建立，表现出群众对海神等众神能护佑平安好运的盼望。

海神殿的建立与北京东岳庙所处的地理位置及行业历史有很大关系。东岳

---

[1] 关昕：《北京东岳庙海神殿、仓神殿考》，第四届"东岳论坛"国际学术研讨会论文集，2008年，第205—206页。

庙所在的朝阳门外历来为明清两代漕运的必经之路，再通过朝阳门运送至京城各处粮仓，海神殿的建设说明了海神妈祖与漕运行业的历史兴衰有着天然的内在联系。碑文记载的海神殿建立时间为清道光十六年（1836），这个时间恰好是清代开始推行漕粮海运的初期。由于清晚期朝廷日益堕落腐化，导致京城运河的漕运经常出现河道淤积堵塞等问题，直接影响京城皇族官员与百姓的粮食供应。而漕运的重要性不言而喻，历来受到朝廷的高度重视。于是在道光六年，清朝历史上的首次漕粮海运正式出发起航，此后漕粮海运逐渐盛行，显示出海运的便捷优越。漕粮海运政策的施行帮助海神妈祖信仰在京城更广泛地传播，深入到京城百姓的日常生活中，影响各行各业的人。海神殿的碑阴提名者包括在京城经营的各类商号，例如《海神殿山门平台碑》碑阴提名中的德盛木厂、广裕当、复兴木厂、通和砖窑、兴泰米局、福泰粮店、万源翠局、天一银楼、永兴号、公兴轿铺、干裕粮店、鼎茂酱房、日盛轩，他们来自各行各业，并不仅限于等与漕粮运输有关的几个行业。《重建斗坛延寿殿碑》碑阴提名者的所属部门则包括惠王府、惇王府、岫贝府等王府，这说明至少在此时海神妈祖信仰已经影响到京城的王府领域。总之，海神殿的修建与海神护佑水上安全的神职、东岳庙的地理位置及道光年间起始的漕粮海运密切相关，并且海神妈祖的影响逐渐扩展至各行业和领域。

（三）东岳庙海神殿的建筑特征

北京东岳庙按整体布局可分为中路、东路和西路三大部分。中路的正院殿宇多达近四百间，包括岱岳殿、育德殿、七十六司、碑林等主要建筑遗产，布置对称庄严，错落有致，鳞次栉比。东路由六个小院组成，包括娘娘殿、御座房、伏魔殿、义学殿等建筑。西路的殿宇布局较为分散，主祀各类民间俗神，如：鲁班殿、马王殿、火神殿、海神殿、仓神殿、玉皇殿、斗姥殿、药王殿、月老殿、岳帅殿等。从建筑的规模和数量来讲，北京东岳庙都是具有相当历史文化价值的地标性建筑。如图1所示，为海神殿周边建筑平面图。

海神殿与仓神殿作为火神殿的配殿，坐北向南，形成左右对称的一组建筑。后方是由延寿宝殿和两排厢房，在空间布局上组成规模较大的一个四合院。火神殿前有一排小型建筑，距离较近，导致殿前空间紧凑局促。海神殿规模较小，作为配殿的建筑地位较低。海神殿的屋顶样式在北京较为常见，采用卷棚式硬山屋顶、灰瓦屋面、抬梁式木构造、两柱两架椽，上有彩绘，以双龙纹和花纹为主，整体风格属于典型的北方建筑。建筑的功能与形制决定建筑的地位，海神殿的建筑特征体现出海神在东岳庙中的信仰特点，表明海神在西路众神中并不突出。

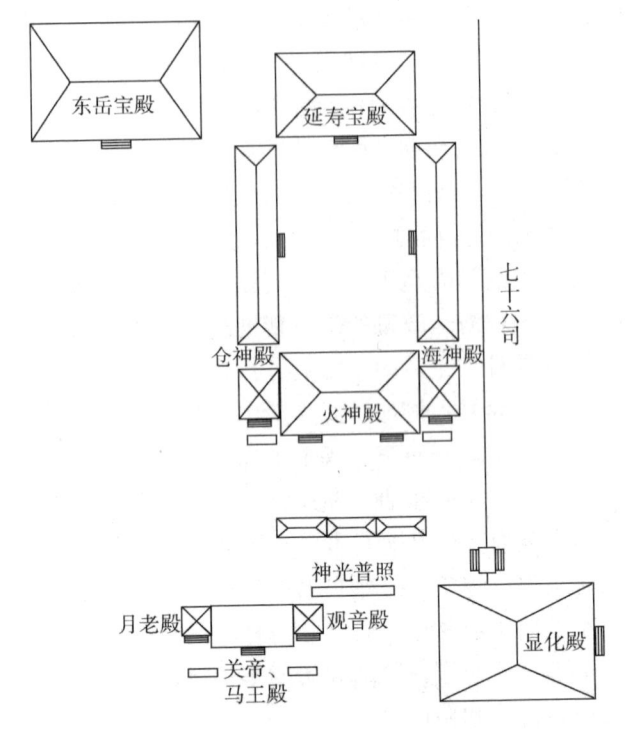

图 1 海神殿周边建筑平面图
资料来源：作者绘制。

海神殿的基本构成元素有：大门、山门平台碑、屋顶、神台、香案、祭祀器具、妈祖神像等。两位侍女位于妈祖神像两侧，手持长柄日月团扇。在神台前方两侧有千里眼、万里耳的塑像。据了解，妈祖、侍女、千里眼、万里耳等神像均从福建莆田湄洲妈祖祖庙分灵而来，由北京妈祖文化交流协会，受北京民俗博物馆委托，在湄洲妈祖祖庙发现并驾车运至海神殿中。

从海神殿的建筑特征来看，其规模形制在西路建筑中较小。海神殿的建筑样式、地理位置，与海神妈祖信仰在北京的流行程度相关。在清朝，妈祖信仰曾经繁荣兴盛过，但是信仰的人群与传播的范围有限。一方面与历史地理客观因素有关，另一方面由民众的现实生活需求决定。在某种意义上，海神殿作为海洋文化遗产记录了海神妈祖信仰在北京历史上的兴衰。

（四）北京东岳庙海神殿的现实情况

海神殿作为妈祖信仰在北京传播的历史见证和文化承载，经历了近两百年的沧桑变化。海神殿至今经历了繁荣、萧条、破坏、占用、腾退、老化与修缮等生命历程，记录了海洋文化与妈祖文化在北京的发展历史。东岳庙西路中的行业祖师信仰习俗，使东岳庙成为京城行业组织及其信仰活动的中心之一。海神殿是在东岳庙西路内众多行业神庙中的规模形制较小的一个，与海洋文化、漕运历史和行业支撑紧密联系。但是，海神殿在修建之后文献记载极少，在新中国成立前和"文革"期间又屡遭破坏，直到近些年才得到修缮和恢复。

海神殿在经历了破坏和重建、修缮之后，如今又重新开放。众多在京工作生活的妈祖文化爱好者与妈祖信众，期盼在北京有一个固定场，以瞻仰和供奉海神妈祖。因此，在主管单位监督指导下，由一系列非营利性妈祖文化社会团体，如"中华妈祖文化交流协会""中华妈祖文化发展公益基金会""北京妈祖仁爱慈善基金会""北京妈祖文化交流协会"等妈祖文化公益组织，以及由在京福建民众为代表的妈祖文化爱好者，为海神殿的修缮与恢复付出了努力，使海神殿能够更完整的展现历史风貌和建筑神韵，让北京地区的妈祖文化爱好者与妈祖信众找到精神家园，标志着妈祖文化在北京的再次发展。

作为北京为数不多的、保存较为完整的海洋文化遗产代表性建筑，北京东岳庙海神殿的意义较为特殊，它是连接起老北京与海洋文化、妈祖文化的一座桥梁。海神殿的建立有着漕运行业支撑的历史原因，随着清代漕粮行业的没落，海神殿的海神妈祖信仰也随之萧条。如今，海神殿又获得重生，每逢初一、十五，妈祖诞辰日、升天日，就有大量的妈祖文化爱好者与妈祖信众从四面八方纷至沓来，延续着海洋文化与妈祖文化在北京的新发展。同时，海神殿是北京海洋文化遗产的代表性建筑，展现出了北京对于各类民俗、信仰、传统文化的包容性。

三 北京东岳庙海神殿的保护与活化

（一）北京海洋文化遗产的保护问题

北京东岳庙海神殿是海洋文化遗产与妈祖宫庙建筑在北京的一处综合体，包括宫庙建筑、服装服饰、石碑木刻、祭拜供品、绘画雕刻等海洋文化特征，以及内容多样、丰富多彩的民间传说、妈祖庙会与祭祀习俗等非物质文化遗产。海神殿作为海洋文化与妈祖信俗的代表性载体，在北京海洋文化遗产中具有特殊价值和意义。近年来，海神殿虽然得到了修缮与恢复，但是在管理与保护过程中也存在着一些问题，具体表现在以下几个方面：

首先，在东岳庙内部的所有宣传内容中，关于海神殿的宣传、展示与介绍内容极少。除了在平面图上能看到海神殿的位置，其他地方很难找到关于海神殿的历史沿革的内容展示。东岳庙西路的恢复较晚、宣传较少，甚至很少有人知道海神殿的存在，并且海神殿的内部缺少专业的文字性介绍，展示和陈列的方式还有改善的空间。

其次，海神殿基本由北京妈祖文化交流协会人员管理，开放时间为每月初一、十五及妈祖的诞辰和升天纪念日，其他时间一般为关闭状态，对于妈祖文化爱好者和普通游客来说管理模式较为单一、封闭。

再次，当前的海神殿对于妈祖文化爱好者与信众来说吸引力有限，难以融入日常的维护与信俗活动中，产生了一定的距离感，传统妈祖信众逐渐流失，发展为局部人群活动。繁华的地理位置与海神殿产生了强烈对比，海神殿的妈祖信仰似乎遇到了现实危机。

（二）北京海洋文化遗产的对策措施

海神殿的原真性和独一无二的特性承载了北京海洋文化与妈祖信俗传播历史，如果缺少相应的保护对策与措施，就会造成了意识上的狭隘，无法展示丰富的历史内涵。北京地区的海洋文化遗产数量较少，应当重视北京海洋文化遗产的保护现状，如果得不到及时的保护和抢救，可能成为无法挽回的历史。

首先，海神殿的管理者应借助和利用好东岳庙这个大平台，增加对海神殿历史、海洋文化与妈祖文化的宣传和介绍。在东岳庙的外部与内部的宣传海报、官方网站、期刊、微信公众平台以及庙会、主题活动中，加强对海神殿与妈祖信俗的展示，开办海洋文化与妈祖信俗展览展示区，吸引更多的专业人才进入到研究与保护工作中。同时，要利用科技手段与专业技术来确保北京海洋文化遗产保护的原真性和完整性，使保护与维护工作在正规化轨道上进行。

其次，海神殿在日常管理中，需要提高管理者的服务意识、管理能力及专业水平，发挥海洋文化与妈祖文化博大包容、仁慈无私的特点，积极发动传统妈祖信众与爱好者参与到海神殿的保护与民俗活动中来，以免不断流失传统信众，最后沦为管理者的舞台。另外，管理者需要更好地展示和说明建筑的历史和文化特征，利用技术平台进行宣传和介绍，普及文化遗产保护知识，增加对海神殿的专业性宣传介绍，提高民众的保护意识，吸引更多群众、研究者与爱好者参与海洋文化遗产的保护事业。

再次，海神殿的保护工作需要由东岳庙主导，民间组织与协会配合工作，发动群众共同参与。海神殿目前由北京东岳庙与民间协会联合管理，需要加强对海神保护的制度建设，制定北京海洋文化遗产的相关保护目标、方法和管理制度，充分发挥群众在保护中的积极作用，将海神殿的保护工作纳入东岳庙的整体发展和保护管理中。因此，海神殿的开放时间，应当与东岳庙同步，不能仅限于农历初一、十五及妈祖的诞辰和升天纪念日。

最后，北京海洋文化遗产的保护，应在历史与现代的交融中找到平衡点，既要发掘城市的历史文化底蕴，也要继续推进城市的现代化建设发展。城市的经济建设与文化遗产的保护之间的冲突是不可避免的，这时一定要以保护文化遗产为主，因为经济的发展只是一时的，但是文化遗产的价值却是永恒的。

（三）北京海洋文化遗产的活化利用

北京海洋文化遗产的活化利用既是一种保护也是发展和传承。北京东岳庙海神殿是北京海洋文化与妈祖信俗在北京传播的历史见证和文化遗存，如今虽然海神殿的漕运意义逐渐淡化，但是海神妈祖信仰在当代仍然有现实需求，因此需要充分活化与利用，挖掘海神殿的当代价值和功用，更好地保护与维持北京的海洋文化遗产。

北京海洋文化遗产的旅游和民俗价值开发应成为今后活化和利用的方向。旅游价值的开发和经营，首先在观念上必须跟上时代的脚步，突出海洋文化与妈祖信俗特色，充实文化内涵品味。通过举办海洋文化与妈祖信俗活动，展示北京海洋文化遗产的价值和特色，吸引更多的游客参观和游览，扩大影响力，提高认知度，更灵活地融入市场中。民俗开发也是对北京海洋文化与妈祖信仰的更好传承，只有将遗产建筑充分利用起来，让信众融入建筑的生命中，才能使其承载的文化信俗活化起来，并融入游客和信众的切身体验中，让他们对于海洋文化遗产的历史和现状有更深入的理解。

海神殿作为妈祖信俗的文化遗产，在使用与保护过程中要利用民众的力量，让建筑活化性再生，更好地进行传承。例如，一些博物馆的日常工作是由志愿者来完成，海神殿乃至东岳庙可将信众、爱好者和志愿者有机的结合起来，让他们成为讲解员等身份可以更持久地传承海洋文化、妈祖信俗，及东岳庙西路的俗神文化。开发海神殿的旅游价值，应结合博物馆的形式，开展各类海洋文化展览活动，将建筑的文化、技艺和历史融入其中，用科技手段全面展现中华优秀传统文化的魅力，使其具有更高的艺术文化观赏价值。

四 结语

中华文明五千年的悠久历史贯穿于众多独一无二的文化遗产之中，而海洋文明就铭刻在海洋文化遗产之中，保护好这些珍贵的不可再生的财富，是对中华优秀传统文化的继承和弘扬。

北京东岳庙海神殿集功能性、宗教性及艺术性于一体，承载了海洋文化与妈祖文化在北京传播的历史；元明清时期从皇室成员到普通百姓对妈祖信俗都极为推崇，建造了一系列有宗教影响力和建筑艺术价值的妈祖宫庙建筑，促进了妈祖信俗在北京的传播和发展，因此北京地区的妈祖宫庙建筑综合了漕运文化与海洋文化价值。通过对海神殿的研究，本文分析了清代妈祖信仰在北京兴衰的线索和脉络，这对于传承北京海洋文化、保护海洋文化遗产来说是非常重要的实证。由于诸多原因，妈祖信俗和妈祖宫庙建筑在北京的传承历史中逐渐落寞。但是，北京东岳庙海神殿在经过修缮与开放、活化与利用之后，展示了海洋文化与妈祖文化在北京的综合形象，有助于丰富北京的城市文化内涵、提升文化实力、坚定文化自信。

参 考 文 献

[1] 曲金良：《中国海洋文化基础理论研究》，海洋出版社 2014 年版。
[2] 徐晓望：《妈祖的子民——闽台海洋文化研究》，学林出版社 1999 年版。
[3] [德] 黑格尔（G. W. F. Hegel）：《历史哲学》，王造时，上海书店出版社 2001 年版。
[4] 陈巴黎：《北京东岳庙喜神殿碑识读》，《民俗研究》2006 年第 3 期。
[5] 高寿仙：《国家祀典、儒家理念与民俗信仰的冲突与交融——以北京东岳庙为中心的考察》，河南大学出版社：《黄河文明与可持续发展（第五辑）》，河南大学黄河文明与可持续发展研究中心 2013 年版。
[6] 关昕：《北京东岳庙海神殿、仓神殿考》，《第四届"东岳论坛"国际学术研讨会论文集》，2008 年。
[7] 潘志宏：《北京妈祖宫庙建筑的传承与保护》，硕士学位论文，北京理工大学，2015 年。
[8] 潘志宏：《妈祖文化思想研究》，博士学位论文，中共中央党校，2018 年。

古都与京味
——民国中期北京文化形象的生成与建构

王宇琛[*]

摘　要：民国中期，北京屡经北洋政府、国民党政府和日军占领的政治权力更迭，在宏观的国家政府层面和微观的日常生活层面分别生成古都文化和京味文化两个面相。本文梳理了这两个概念在1926—1941年生成和建构过程中的知识谱系以及相互关系，认为它们分别代表了北京的"城"与"人"两方面。其中古都文化偏重城市的古建古迹、空间规划等物质的层面，京味文化则聚焦在城市里的人以及这些人所实践的日常生活，两者一为骨一为肉，一为表一为里，均为北京文化不可或缺的重要组成部分。

关键词：古都；京味；文化形象；生成；建构

2020年4月，北京市发布了《北京推进全国文化中心建设中长期规划（2019年—2035年）》，指出了全国文化中心建设应坚持"四个文化"基本格局与"一核一城三带两区"总体框架。所谓"四个文化"，即源远流长的古都文化、丰富厚重的红色文化、特色鲜明的京味文化、蓬勃兴起的创新文化。从价值的角度说，"四个文化"基本格局的提出将抽象落地到实践，由概括转化为具体，指明了全国文化中心建设的主要任务和前进方向。从内容的层面讲，近现代以来北京在城市发展转型的过程中形成了多歧复调的城市形象，"四个文化"基本格局对多元的北京城市文化特征进行了高度提炼与总结。

无论古都文化、京味文化，还是红色文化与创新文化，在一定程度上都是

---

[*] 王宇琛，博士，中共北京市委党校（北京行政学院）北京市情研究中心助理研究员，主要研究方向：都市民俗学、历史民俗学。

城市作为客体在人们主观世界中的反映，与特定政治、经济与社会条件下的人们如何认识与感知北京有着密切的关系。尤其是"古都"与"京味"这两个概念可谓渊源有自，其产生和发展深受北京近代以来政治权力更迭的影响。不同时期、不同人群怀着各异的心态在特定语境中谈论他们对北京城市的感知和记忆，由此产生了一系列话语与实践，并最终围绕着"古都""京味"等符号沉淀下来。本文即拟梳理这两个概念在民国中期生成和建构过程中的知识谱系以及相互关系，通过这项"知识考古"的工作，揭示既定方针背后的历史轨迹，进一步阐释"四个文化"基本格局的丰富内涵。

一　古老与衰朽：政治动荡带来的城市形象转变

从十九世纪后半叶开始，北京本土经济受到全球资本主义扩张的冲击，太平天国北伐、义和团运动、1900年八国联军之役等内外战争带来大量贫困人口，再加上清政府落后的城市管理水平，北京城市发展阻滞不前。北洋政府时期，北京在市政建设上有所改善，一时呈现出趋新面貌。但袁世凯死后军阀混战不断，尤其是1926年4月20日临时总统段祺瑞辞职后到1927年6月16日，直奉两派争夺内阁控制权，北京政潮迭起，政府财政困难，政府工作人员、军警和教师工资难以发放，公职人员生活困顿不堪[1]。1927年4月，北伐军击败了奉军主力，18日，蒋介石在南京成立国民政府，发表了《建都南京宣言》[2]，北京的政治局势越发混乱，大量人员从北京流往外地，各谋生计。政府和教育机构人员的流失、市场的萧条给北京城市形象蒙上一层衰退的色彩。

北京居民感知到了社会的凋敝，他们在报刊这一公共平台上明确表达了自己的观察和感受。1926—1927年间，社会学家李景汉在《现代评论》上发表《数十年来北京工资的比较》[3]《数十年来北京生活程度的比较》[4]《北京的穷相》[5]等文章。在《北京的穷相》（1927）一文中，他指出"十余年来北京的贫民一天比一天多，穷相也一天比一天显。"他粗略归纳了原因，包括旗人丧失生计、灾荒、战争等。同年，在曲殿元《过去一年北京经济的衰退》[6]，召

---

[1] 北京大学历史系《北京史》编写组：《北京史》，北京出版社1998年版。
[2] 中国社会科学院近代史研究所中华史研究室：《中华民国史资料丛稿·大事记》（第十三辑），中华书局1984年版，第86页。
[3] 李景汉：《数十年来北京工资的比较》，《现代评论》1926年第4卷第80期。
[4] 李景汉：《数十年来北京生活程度的比较》，《现代评论》1926年第4卷第92期。
[5] 李景汉：《北京的穷相》，《现代评论》1927年第1期。
[6] 曲殿元：《过去一年北京经济的衰颓》，《现代评论》1927年第5卷第115期。

的《凋敝的北京》①《北京的寒气》②等评论中，都描绘了一幅商业萧条、人民贫困、人口外流的图景。他们认为发生这种情况的主要原因在于政治中心转移和财政困难带来的政客、教师、学生向南方迁移。

"北伐"胜利后，蒋介石政治集团控制了中央政府。1928 年 6 月 21 日，国民党中央政治局召开第 154 次会议，决定将北京改名为"北平"③，北京无可挽回地丧失了首都的特殊地位。民国时期，北京没有发展起自己的工业体系，也没有形成辐射周边地区的贸易中心，在政治中心南移后经济继续衰退④。"不意国都南迁，各部解散，市面萧条。兼以富室离平而去，资金因以减少，金融破绽，岌岌可危。⑤"海派文人虽然远在南方，也大多给这一阶段的北京贴上沉寂落后的标签。上海通俗读物《紫罗兰》曾刊登刘恨我的文章《旧都新语》，将北平与"旧"字联系起来。在他的感知中，北平道路泥沙俱下，电影放映的片子陈旧，市面萧条，八大胡同的娼妓业倒是颇为兴盛⑥。

与经济和城市景观这些可见的衰败相比，对于北京形象侵蚀更甚的是南北政见分歧带来的意识形态攻讦。北京久为皇庭所在，沿袭了人们对封建王朝的历史记忆，更兼辛亥革命后北洋军阀窃取了革命果实，长期以北京为执政中心，北京在北伐胜利后遂被左翼进步文人和国民党政府目为封建帝制、军阀政治和腐败官僚的象征。

正由于承接了这些额外的政治意涵，北京的城市形象遭受了负面评价。如中国国民党南京特别市党部宣传部在 1929 年印发的小册子《新都南京的认识》称，"北平是近代中华民族衰落的中心场，南京是近世中华民族复兴的纪念地。⑦"1928 年 7 月，国民革命军将领李品仙在赴西山吊唁孙中山途中见到仍有留前清发辫、着前清凉帽的丧葬队伍，大为讶异，批评北京"为军阀盘踞之所，以及帝制遗毒，以致风俗习惯，腐化甚深。⑧"政府的舆论导向影响了社会的普遍评价，一批趋附南京国民政府的文人在有政府背景的报纸杂志上撰写

---

① 召：《凋敝的北京》，《现代评论》1927 年第 5 卷第 118 期。
② 召：《北京的寒气》，《现代评论》1927 年第 5 卷第 123 期。
③ 中国社会科学院近代史研究所中华史研究室：《中华民国史资料丛稿·大事记》（第十四辑），中华书局 1985 年版，第 174 页。
④ 董玥：《民国北京城：历史与怀旧》，生活·读书·新知三联书店 2014 年版，第四章，"生产：新经济体系中的北京"。
⑤ 朱辉：《建设北平意见书》，北京市档案馆，工务局档案，J1/4/1。
⑥ 刘恨我：《旧都新语》，《紫罗兰》1930 年第 4 卷第 24 期。
⑦ 中国国民党南京特别市党部宣传部：《新都南京的认识》，南京，1929 年。
⑧ 《李品仙慷慨演说　实现民族主义打倒帝国主义　裁兵目标大公无私》，《北京益世报》1928 年 7 月 1 日第 3 版。

了大量文章渲染北京的灰暗衰落。据高兴的研究，这些文章数量不小，贬抑的范围包括天气、战争阴云、迂腐的教授文人、警察、学生、报业、官场政客、娼妓业、社会氛围等等，不一而足①。

新文化运动的时代精神尊"德先生"和"赛先生"为师，进化论思想逐渐深入人心。在经济、政治等多方面因素的作用下，北京的形象越发固定在落后的一面，而以进化论社会线性发展的观点看来，落后与"旧"、"古老"之间彼此交融密不可分。无论是出于否定的立场，甚或是在政治失势时重新确立北京之价值，人们的关注点不约而同集中在它"古老"的特性上，北京之"古都"形象的感性认知自此逐渐树立起来。

二　从古物到古建：城市生存之道与身份重建

在失去政治中心的地位后，北京面临的生存困局急需解决办法，居住者也产生了城市身份认同焦虑。政府和社会各界纷纷出谋划策，各方的注意力聚焦在北京丰富的历史文化遗存上，在城市发展的宏观层面逐步形成了以文化立市的社会共识。

1929年，内政部长薛笃弼提出将北平建为"东方文化游览中心"的建议。河北省政府公开征集意见后，收到了市民提交的《建设北平意见书》，信中为北京的繁荣兴盛制定了基本原则，提出北京远景发展的目标定位是"国故之中心""学术美术艺术之中心""东方文化表现之中心"以及"观光游览之中心"②。1930年，国民党中央政治会议决议设立指导整理北平市文化委员会，旨在将北平打造成一个"文化市"③。无论是自上而下，还是在民众自发的认识中，北京虽然失去了政治资源这个"东隅"，但仍可依赖文化的"桑榆"弥补在经济和认同上的发展缺失，北京城市形象中"文化"特质开始凸显。在这一阶段，人们认识中的"文化"所指还比较笼统，"凡教育技术及各种工艺，皆可目为文化之代表，不止古迹古物已也。④"

1931年—1933年，日军进犯华北，逼近平津，北平的存亡与历史文物的命运前所未有地绑定在一起，原本宽泛的"文化"概念具体化为帝京时代遗留下来的可移动古物和不可移动的古代建筑。1931年"九一八"事变爆发，北平局势危急。1932年9月21日，故宫博物院理事会理事长江翰，古物保管委

---

① 高兴：《民国文人看北京（1927—1933）》，《北京社会科学》2011年第1期。
② 朱辉：《建设北平意见书》，北京市档案馆，工务局档案，J1/4/1。
③ 《所期望于文化指导者》，《北平晨报》1930年12月22日第1版"社论"。
④ 《再论整理文化与北平》，《京报》1930年12月6日第2版"评坛"。

员会委员刘半农、徐炳昶，古物保管委员会北平分会主任委员马衡，中国营造学社负责人朱启钤等三十余人召开会议，向政府提出建议解除北平军备，定北平为"文化城"。此举寄希望于国际社会的舆论压力，以北平的不设防换取免于日军炮火打击。虽然有一厢情愿之处，但设北京为"文化城"根本目的在于完整地保护北平的古建筑和古物。倡议者认为"这种表扬国光，寄付着国家命脉，国民精神的文化品物，却是断断不可以牺牲的。[1]"设立"文化城"的建议最终没有得到国民党政府的响应。1933年1月3日榆关失守，尽管遭到北平地方人士的强烈反对，故宫博物院文物于2月7日开启南迁。鲁迅为此事特定作讽刺诗一首："阔人已骑文化去，此地空余文化城。文化一去不复返，古城千载冷清清"。

"文化城"的建议和古物南迁事件将"文化"落脚在古物古建上，强调了北京城市特质中帝制时代留存下来的有形文化遗产方面，这个倾向在随后袁良主政北平期间借由建设"游览区"计划得到进一步的加强。

北平古物南迁后，城市景观更为衰败，受世界经济大萧条影响，欧美等国赴平观光游客大为减少。1933年5月，《塘沽协定》的签署给北平带来短暂的宁静。6月，毕业于早稻田大学的袁良任北平市市长，大力推行市政建设计划。该计划由《北平游览区建设计划》《北平市沟渠建设计划》和《北平市河道整理计划》三部分组成，其中最核心的部分即将北京建设为游览区，目的一为繁荣经济，一为增进国际交往，为战争阴霾下的北平争取更多国际同情[2]。此时古物已然南迁，只有无法移动的那些帝京空间景观——皇家建筑、名胜古迹——可资外国人游览观瞻。正由于古建筑成为游览的直接对象，《北平游览区建设计划》随即改称《旧都文物整理计划》。1935年，旧都文物整理委员会成立，此后北平市成立了文物整理实施事务处负责具体实施。在第一期工程中，天坛、颐和园、明长陵、城楼、城门、牌楼等主要建筑得到修缮。有人评论，"在北平城中心登高一望，倒是金碧辉煌，衢路修直，一种新气象反比帝制时代还要整齐些。[3]"

北平游览区建设计划的实施更新了人们对于北京的认识。一方面，失去了政治中心的北京树立起文化中心的形象，古物南迁后文化又进一步凝冻在不可移动的古代建筑上。另一方面，过去被弃之如敝屣、代表落后事物的帝京都城

---

[1] 《平教育界请定北平为文化城》，《世界日报》1932年10月4日第6版；《平教育界请定北平为文化城》，《申报》1932年10月9日第2版"社评"。

[2] "期以拓此旧都，蔚为雄镇，集各流之揽胜，宏国际之观光，一方藉以繁荣市区，一方以转移中外视听，振作朝气，启发新机。"《市政评论》1934年11月1日。

[3] 铢庵：《北平的运命》，《宇宙风》1936年第31期。

此时成为继承了中国传统的精华所在，北京形象中的"古都"特质凸显出来。在政府的构想中游览主体是欧美游客，如何塑造吸引西方人眼球的东方风情成为主导北平建设的关键因素。此时抛开革命的思维，（想象中）来自西方的凝视塑造了北京形象，象征了都城严整规划的城墙城门城楼以及皇家气象的宫苑庙坛被当成最具特色的中国文化，成为北京与国际世界对话的媒介。

三　微观叙事：城市体验的个人书写

作为五方杂处之地，北京的文化形象必定是多面的、持续生成中的，且与国际的、政治的局势息息相关。1937年以前，在国家意志和政府决策的主导下北京文化古都的形象逐步清晰，与此同时，书写个体体验下北京日常生活的微观叙事也在发展之中。

中国自汉唐以来向有文人笔记记录地方岁时风土的传统，南宋孟元老的《东京梦华录》开启了以通俗语言记述市民日常生活、回忆都市繁华的文本样式，并在后世得到不断承继赓续[1]。北京作为皇城帝都，在明清两代涌现出大量书写京中生活的文人笔记。辛亥革命虽然推翻了帝制，但民国时期这一书写帝京的传统并未断绝，30年代夏仁虎的《旧京琐记》就是其中一个代表。夏仁虎（1874—1963）籍贯南京，光绪二十三年（1897）通过科举拔贡考试后留任北京，清朝覆亡后他在北洋政府先后担任多个要职，国民政府迁都南京后他退出官场专心著述。《旧京琐记》起初连载在《京报》，后在1932年左右印行。《旧京琐记》分俗尚、语言、朝流、宫闱、仪制、考试、时变、城厢、市肆、坊曲十卷，详细记述了夏仁虎本人在京生活期间的日常居处，包含了岁时节日、方言土语、大众时尚、宫廷官场见闻、市场、娱乐等内容[2]。《旧京琐记》是清末社会生活亲历者的文化追忆，也是带有个人色彩的城市经验记录。

1937年前后，在日军的步步紧逼下，北京成为一座被放弃的孤城，无论是局内人还是局外人对北京的观感都颇为复杂。在当时四分五裂的时局下，未被占领区、沦陷区和伪满洲国的文人纷纷追忆北京的风土人情。尽管他们写作的出发点、对北京境况的态度立场各不相同，但客观上促使人们对于北京的印象从物质的"城"转向城中的"人"与"人的生活"。

对于未被占领区和沦陷区的人们而言，追忆北平最常见的主题之一就是对失去（或即将失去）的北京都市生活的纪念。1936年5月1日，上海《宇宙

---

[1] 伊永文：《以〈东京梦华录〉为中心的"梦华体"文学》，《求是学刊》2009年第1期。
[2] 夏仁虎：《枝巢四述　旧京琐记》，辽宁教育出版社1998年版。

风》杂志对外征稿,"征求关于北平的风光文物,衣食住行,城市个性,胡同生活,书摊庙会,花市鸟集,戏园茶馆,及一切社会民生之断片速写等等文稿,小大由之,长短不论。"[①]"北平特辑"共出了3辑,其中的41篇被编为《北平一顾》一书在同年12月出版发行。1937年北平沦陷后,包括上海等沦陷区文人对北京的描述也呈现出偏重日常生活与感官体验之倾向,在沦陷区杂志如《古今》(上海)、《风雨谈》(上海)、《朔风》(北平)等多见此类文章。在30年代的伪满洲国,也不乏有北京生活经历的旗人描摹出一幅清末北京的社会生活图景。1934年,旗人作家、记者穆儒丐在沈阳的《盛京时报》"神皋杂俎"专栏共刊出125期"北京梦华录"系列笔记文章。"北京梦华录"的内容涵盖了清末北京人的饮食习俗,娱乐与游艺,民间工艺,风俗礼节等方方面面。学者季剑青认为,穆儒丐写作"北京梦华录"的初衷在于怀念故乡北京,但是由于其旗人身份的局限以及与日伪政权的关系,不免在描画清末北京风流繁华景象的同时,对民国政府治下的北京含有否定之意[②]。

  以上所举各例,其为北京京味形象张本立传的历史原因复杂,但有一个共同的社会背景即日军侵华活动。面临北京的深重危机,人们或者因为无力抵抗而悲歌缅怀之,或者以美好回忆鼓励祝福之,或者因在民族大义上大节有亏而故意回避政治讨论,或者通过追忆前清旧事拥护伪满洲国。尽管书写的动机大相径庭,最终都汇聚于对北京城市生活的微观叙事上。

  值得注意的是,这些叙事都具有一定传播力。从晚期开始,北京和上海的报业日渐发达,以上关于北京社会生活的记录和回忆在载体上并非敝帚自珍的文人笔记,而是采取了报刊连载公开发表的形式,在表达作者心声的同时也构成了市民社会公共话题的一部分,很容易快速传播,在较大范围产生影响带动舆论。另外,它们均具有个人体验性,即作者作为生活的一分子记录下自己亲身经历的北京生活。如夏仁虎声明,《旧京琐记》的内容并非摘抄古书而来,而是记录个人见闻:"其非见闻所及者,有昔贤之记录在,宁阙焉"[③]。因此,这些对北京风土、社会民生的记述不但反映了作者本人对北京生活的亲身体认,同时也引导和塑造着广大读者心目中的北京形象,让人们在宏大的古都叙事之外,感受到岁时节日、饮食居处、风俗礼仪、器物工艺等鲜活的感官体验与日常生活实践,正是这些生活中的人和人的生活构成了北京的京味文化维度。

---

  ① 《宇宙风北平特辑征稿》,《宇宙风》1936年第16期。
  ② 季剑青:《追忆逝去的北京——民国时期北京的"梦华体"著述》,《山东师范大学学报》(人文社会科学版)2016年第4期。
  ③ 夏仁虎:《枝巢四述 旧京琐记》,辽宁教育出版社1998年版,第80—81页。

四　知识的建构：对京味文化的自觉记录

对城市生活的个人体验式书写是对京味文化的自发记录，而有意识地对各民俗事象进行发掘、整理、记录，建构起有关京味文化的知识体系，则属于自觉的研究行为。二十世纪三十年代，与体验式书写同时进行的是一场有关京味文化的知识性建构。学者进行有目的有计划的调研活动，将北京人的坐卧居处、饮食声色等从既成的、理所当然的日常生活中剥离出来，客体化为专门的研究对象。若论有意识地将京味文化从"生活"转换为"知识"，金受申、齐如山二人在其中用力甚勤，留下不少著述。

金受申（1906—1968）是旗人，世居北京。他对于搜集整理北京掌故怀有一种本地人的责任感。"我生在光绪年，经过民国三十年，对于近代史实总要多少注意点。尤以在北京住了多年，祖宗坟墓在北京也有几世，对于风土人情，更应当留意，以尽本地人的责任，这便是我谈北京近代史实和北京通的缘故。[1]"在方法上，他不盲目取信古书，而是重实地考察和访谈。"所记典制，全从故老打听来的，不是摘录旧书所得。""我的目标是纪实，我的手段是勤问、勤记，我的希望是读者勤指教。"在目的上，金受申带有明确的保存传统的意识，"记一些这类旧事，一方面给过来人一种系恋，一方面把过去的北京风俗，前人所未记载，不见文人笔墨的事故，记下来保存。[2]"可以看出，金受申对北京掌故不是随意的、偶发的自我追忆，而是自觉自愿的发掘整理，且带有明确的目的和方法论意识。1935 年，他先后为《华北日报》撰写"北平历史上游赏地记略"和"北平剪影"。1937 年，他在《新兴报》撰写"故都杂缀"，在《正报》写"北京通"，在《全民报》写"新京旧语"，在《新民报》写"馋余琐记"。1938 年，金受申为《立言画刊》开辟"北京通"专栏，陆续发表 200 余篇文章。新中国成立后，东城区政协文史资料征集委员会着手整理这部分文章，集合成《老北京的生活》一书出版。

齐如山（1875—1962），河北高阳县人，19 岁进入京师同文馆学习，后游学欧洲，辛亥革命后回国。齐如山以京剧理论和改良实践闻名于世，但另一大贡献便是对北京日常生活的详细记录。齐如山本人在经商后有机会接触到社会的方方面面，他对这些五行八作、社会民生情形怀有格外的好奇心，经常刨根问底、现场考察。与金受申类似，齐如山对社会现象抱有亲身研究、实地调研

---

[1] 傅耕野：《"北京通"金受申》，金受申：《北京的传说》，北京出版社 2018 年版。
[2] 《编后记》，金受申：《老北京的生活》，北京出版社 2016 年版。

的意识："我有特别一种兴趣，就是好研究社会中的零碎事情，无论在铺中或大街上，遇到一种不明了的事情，我必要追究它，绝对不会放过去。①"而当时的北平社会在现代性的冲击下，传统的生活和生产方式正在快速变化甚或消失，齐如山视之为"古代文化"，认为应予保留。"而古代乐器，乃能藉此保留，能常入吾人之眼帘耳鼓者，则此类小贩，诚有保存古代文化之大功也。吾故特绘此图，以彰其美，藉传永久，否则现在诸事维新，恐将来连此数种物件，又将弃而不用，致失传留矣。②"北京沦陷后，齐如山不愿与日本人合作，借困居家中的机会，他完成了多部记述北平市井生活的著述，包括《烹饪述要》《北京零食》《北京三百六十行》《故都琐述》《谚语录》《北平土语》等。

与北京本地文人对京味文化的搜集整理同时，民俗学也将北京城以及京郊纳入到学科研究的范围内。罗志田指出，民国新史学一个代表性取向是"从研究对象的选择到材料的使用都尽量让历史的失语者发声。③"作为新文化运动的重要组成部分，中国民俗学秉持"到民间去"的宗旨，将研究的焦点从帝王将相转向乡里小民。北京作为民俗学的发端地，自然成为展开民俗学研究的天然便利之所。从1924年开始，专业的研究机构如北京大学、燕京大学的师生围绕着北京的庙会、人生礼仪、家庭婚姻、俗曲等主题撰写了一批调查和研究著作。1925年4月30日至5月2日，北京大学国学门顾颉刚、容庚、容肇祖、孙伏园、庄严考察妙峰山庙会，此后《京报副刊》刊出《妙峰山进香专号》，这是中国现代民俗学第一次科学严谨的田野调查。抗战时期直至太平洋战争爆发，坚守北平的一批燕京大学师生在杨堃先生等人的指导下在实验区进行为期三至六个月的民俗学考察，诞生了一批反映京郊民俗状况的高质量论文④。在民俗学研究方法的科学指导下，北京的歌谣、信仰、礼俗等平素不为研究者重视的一面为越来越多的人所认识。经由学界持续不断的耕耘，北京成为一个独特的、综合的知识体系和文化现象。

---

① 齐如山：《齐如山回忆录》，上海文艺出版社2014年版，第206页。

② 齐如山：《故都市乐图考》跋，《齐如山全集》第七卷，齐如山先生遗著编印委员会1964年版，第41页。

③ 罗志田：《多重的复调：五四的特异性与多歧性》，《天津社会科学》2019年第6期。

④ 据岳永逸教授研究，杨堃先生在1940、1941两年指导的学士学位论文就有《一个村庄之死亡礼俗》（陈封雄，1940）、《北平婚姻礼俗》（周恩慈，1940）、《北平年节风俗》（权国英，1940）、《北平北郊某村妇女地位》（陈涵芬，1940）、《北平儿童生活礼俗》（王纯厚，1940）、《北平妇女生活的禁忌礼俗》（郭兴业，1941）、《平郊村的庙宇宗教》（陈永龄，1941）、《四大门》（李慰祖，1941）、《一个农村的性生活》（石壬，1941）、《平郊村的住宅设备与家庭生活》（虞权，1941）。廖明君、岳永逸：《现代性的都市民俗学——岳永逸博士访谈录》，《民族艺术》2012年第2期。

五　小结

如果从民国以来北京形象的发展历程看过来，"古都"和"京味"是在国内外多方面因素作用下逐步生成和建构出来的两个文化特征，并且分别代表了北京的"城"与"人"两方面。其中古都文化偏重城市的古建古迹、空间规划等物质的层面，京味文化则聚焦在城市里的人以及这些人所实践的日常生活，两者一为骨一为肉，一为表一为里，均为北京文化不可或缺的重要组成部分。

2020年2月14日发布的《中共北京市委关于新时代繁荣兴盛首都文化的意见》中指出，传承古都文化的主要工作内容有：推动老城整体保护与复兴、建设国家历史文化保护传承利用的典范地区、抓好内涵挖掘和活化利用等三方面。发掘京味文化的主要工作内容有留住北京独特的城市记忆、弘扬北京市民的优秀品质、推动发展京味文化新形态。今昔对比后不难发现，新时代的首都文化基本格局与民国时期形成的古都和京味文化观念之间并没有发生断裂，前者尊重和继承了后者的基本内涵，并且在一以贯之的基础上增加了新的时代内容。

值得深思的是，在日军侵华的民族危急存亡之际，政界、学界和民间越来越多的注意力投向了北京，构建北京古都文化和京味文化的各类社会实践没有减缓，反而加速了。当今世界正经历百年未有之大变局，我国发展仍然处于重要战略机遇期，同时国际环境日趋复杂，不稳定性不确定性明显增加。越是在这样的时刻，越应当凝心聚力，团结一致，共克时艰。在这样的时代背景下，北京建设全国文化中心规划的提出可谓正当其时。如何师古而不泥古，在新发展新理念新格局的指导下走出有中国特色社会主义的文化之路，仍有待于不断的实践和探索。

参 考 文 献

[1] 中国国民党南京特别市党部宣传部：《新都南京的认识》，南京，1929年。
[2] 齐如山先生遗著编印委员会：《齐如山全集》，1964年。
[3] 中国社会科学院近代史研究所中华史研究室：《中华民国史资料丛稿·大事记》（第十三辑），中华书局1984年版。
[4] 中国社会科学院近代史研究所中华史研究室：《中华民国史资料丛稿·大事记》（第十四辑），中华书局1985年版。
[5] 北京大学历史系北京史编写组：《北京史》，北京出版社1998年版。

[6] 夏仁虎：《枝巢四述　旧京琐记》，辽宁教育出版社1998年版。
[7] 齐如山：《齐如山回忆录》，上海文艺出版社2014年版。
[8] 董玥：《民国北京城：历史与怀旧》，生活·读书·新知三联书店2014年版。
[9] 金受申：《老北京的生活》，北京出版社2016年版。
[10] 金受申：《北京的传说》，北京出版社2018年版。
[11] 伊永文：《以〈东京梦华录〉为中心的"梦华体"文学》，《求是学刊》2009年第1期。
[12] 高兴：《民国文人看北京（1927—1933）》，《北京社会科学》2011年第1期。
[13] 廖明君、岳永逸：《现代性的都市民俗学——岳永逸博士访谈录》，《民族艺术》2012年第2期。
[14] 季剑青：《追忆逝去的北京——民国时期北京的"梦华体"著述》，《山东师范大学学报》（人文社会科学版）2016年第4期。
[15] 罗志田：《多重的复调：五四的特异性与多歧性》，《天津社会科学》2019年第6期。
[16] 李景汉：《数十年来北京工资的比较》，《现代评论》1926年第4卷第80期。
[17] 李景汉：《数十年来北京生活程度的比较》，《现代评论》1926年第4卷第92期。
[18] 李景汉：《北京的穷相》，《现代评论》1927年第1期二周年增刊。
[19] 曲殿元：《过去一年北京经济的衰颓》，《现代评论》1927年第5卷第115期。
[20] 召：《凋敝的北京》，《现代评论》1927年第5卷第118期。
[21] 李品仙：《慷慨演说　实现民族主义打倒帝国主义　裁兵目标大公无私》，《北京益世报》1928年7月1日。
[22] 刘恨我：《旧都新语》，《紫罗兰》1930年第4卷第24期。
[23] 《再论整理文化与北平》，《京报》1930年12月6日。
[24] 《所期望于文化指导者》，《北平晨报》1930年12月22日。
[25] 《平教育界请定北平为文化城》，《世界日报》1932年10月4日。
[26] 《平教育界请定北平为文化城》，《申报》1932年10月9日。
[27] 《市政评论》1934年11月1日。
[28] 《宇宙风北平特辑征稿》，《宇宙风》1936年第16期。
[29] 铢庵：《北平的运命》，《宇宙风》1936年第31期。
[30] 朱辉：《建设北平意见书》，北京市档案馆，工务局档案，J1/4/1。

区域历史文化助推乡村治理的实践与思考
——基于北京市丰台区的调研*

张 静 李佳音**

摘 要：区域历史文化在培育文明乡风、良好家风、淳朴民风，提高乡村社会文明程度方面发挥了积极作用。长期以来，北京市丰台区大力加强历史文化资源保护，推进历史文化遗产活化利用，以文兴业为乡村振兴开源浚流，以文育人为乡村治理提质增效。本文总结丰台区相关经验做法，探索运用区域历史文化助推乡村治理的方法路径，为乡村治理提供独特的精神动力和智力支持。

关键词：区域历史文化；助推；乡村治理

乡村治理是实施乡村振兴战略的基石，也是实现国家治理体系和治理能力现代化的重要内容。文化作为一种无形的载体，连接着治理的主体与客体。中国广大乡村地区具有源远流长的历史和深厚的文化积淀，充分发挥区域历史文化的作用，培育文明乡风、良好家风、淳朴民风，不断提高乡村社会文明程度，能够为乡村治理提供独特的精神动力和智力支持，促进自治、法治、德治融合发展，助力党的乡村振兴战略。近年来，北京市丰台区认真贯彻党中央、国务院和北京市委市政府关于加强文化建设和推进乡村治理的各项决策部署，积极发挥自身历史文化禀赋优势，在传承和创新基础上，深入发掘区域历史文

---

* 本文系中共北京市委党校（北京行政学院）2020 年度重点调研课题"区域历史文化助推乡村治理研究"（课题编号：2020DXDY013）研究成果之一。

** 张静，中共北京市丰台区委党校讲师，主要研究方向：马克思主义哲学、区域文化、基层治理；李佳音，中共北京市丰台区委党校副教授，主要研究方向：经济管理、基层治理。

化中的积极因素，运用文化的"软力量"改进乡村治理，促进文化惠民，助推基层"善治"，提升了乡村治理体系和治理能力现代化水平，为打造首都发展新的增长极做出贡献。

一 丰台区活跃区域历史文化、助推乡村治理的主要做法

丰台区围绕首都加强"四个中心"功能建设，按照北京市委"丰台要上台阶""未来风光看丰台""妙笔生花看丰台"的要求，紧紧抓住北京市推进全国文化中心建设的契机，自觉将丰台文化融入全市发展和京津冀协同发展大局，推动文化事业创新发展，通过文化振兴深化乡村治理，提高乡村整体文明程度，焕发乡村文明新气象。

（一）光大农耕文化，让乡村发展"火"起来

以农耕文化为主要代表的乡村文化，是中华传统文化的重要组成部分。丰台区结合区位特点和资源禀赋发展现代都市农业，打造"插秧节""开耕节""开镰节""丰收节"，在"农事体验"的大名片下，形成园区特色，促使乡村发展经济要素、文化要素、资源要素进一步活跃起来。一是举办"农民丰收节"系列活动。在怪村都市农业体验园举办具有村域特色、歌颂"三农"、传承文化等庆丰收的文艺节目汇演、农耕文化展演、优秀农产品展销，开展游览观光、体验农事活动，展示了农民的劳动成果，提高了农产品销量，同时为农民提供更多的公共文化服务，带动了怪村文化产业的进步。二是打造乡村旅游观光"网红打卡点"。在王佐开办农业体验园，长辛店镇开办大枣园，西王佐开办科普农业文化体验园，加强宣传推广，打造成"网红打卡点"，用乡村的好山好水好风光、原汁原味原生态、土生土长土特产吸引游客，旅游观光点将原本无人耕种的基本农田利用起来，不仅保护了国家土地资源，更形成了一定规模的自然景观，同时带动周边村民就业，产生良好的经济、社会、环境效益。三是推出特色"农时荟"。依托现代文化创意产业，按照农业农村传承下来的传统工艺和流程进行生产劳作，开发出了农桑亲子体验乐园、名特优农产品品牌广场。其中极具北京农村味道的系列美食"郭庄子老嚼谷儿"，以体验、品尝、展卖等方式，吸引人们参与农时文化活动，促进了集体经济向农时文化产业发展。

（二）弘扬红色文化，让百姓信仰"强"起来

丰台区红色文化资源十分丰厚，为深化基层治理注入了强大的正能量。依

托这些红色文化资源，丰台区开展多种形式的红色教育活动，坚定了村民的社会主义信念，引导大家更加珍惜来之不易的幸福生活。一是运用党史文化资源引导乡村群众。大瓦窑村是"北京市第一个农村党支部"所在地。村内建立了村党史馆，突出党性教育这一主题开展红色精神宣讲、共读红色文化读物等系列主题活动，成为学习宣传党的理论、传播党的声音的重要阵地。二是运用抗战文化资源教育乡村群众。充分发挥卢沟桥、宛平城、抗战馆等国家重大活动纪念地红色资源优势，培育和践行社会主义核心价值观，邀请"时代楷模"、抗日战争的亲历者郑福来老人多次到各乡镇宣讲抗战历史和抗战故事，弘扬伟大抗战精神，激发群众爱国热情。小屯村发挥"新四军林"红色引擎作用，携手北京新四军研究会，举办"家书重温历史唱响铁军赞歌"主题党日、红色家风故事宣讲等系列活动，以"党建＋文化"模式传承红色基因，弘扬铁军精神，村党总支还与中国人民大学历史学院党委建立互助共建关系，组织村民与学生参观红色景区，共话革命传统。系列活动的开展使村民感受到革命先辈的家国情怀，激发了他们积极向上，全心投入社会主义新农村建设的热情。

（三）传承非遗文化，让百姓生活"活"起来

当前，丰台区拥有国家级非物质文化遗产项目4项、市级2项、区级40项，这些非遗项目涵盖多个门类，对于丰富群众文化生活，继承和弘扬我国优秀传统文化，推动"文化丰台"建设具有重要意义。一是乡村文化盛宴助力美好生活创建。西铁营村大力扶持西铁营花钹挎鼓和西铁营馨春开路会两项非物质文化遗产，以中顶庙民俗文化节为依托，以中顶庙为活动阵地，已连续24年定期组织庙会活动，在丰富村民精神文化生活的同时也宣传、传承和保护了传统文化。中顶庙文化节已成为西铁营村一张靓丽的文化名片，西铁营村也因地制宜组建了多个兴趣小组，依托端午、中秋、元旦，开展多种多样的文体活动，满足村民对美好生活的向往和追求。二是特色文体活动助力村民康体怡情。卢沟桥乡多年来持续挖掘、推广、弘扬具有地域特色的传统文化资源和特色文化队伍，五虎少林会、新善吉庆开路老会、永庆万年大鼓会等特色文化队伍日益走进大众视野，获得年轻人的喜爱。其中，蹴球运动因自娱性、便捷性等特点深受喜爱，卢沟桥乡蹴球运动规模达四五百人，蹴球运动也被列为丰台区的非物质文化遗产项目，极大地丰富了乡域群众的文化生活。三是民间文化交流助力开阔村民视野。充分利用"文化和自然遗产日"和春节、端午节、中秋节等传统节日，组织"中国戏曲文化周""花开丰台端午文化游园会""卢沟晓月中秋文化节""京津冀非遗联展"，举办"莲花池国庆游园手工艺术作品展""京津冀民间优秀传统手工艺展""重温老北京的记忆——京城老物件展"

等一系列的专题展览活动，村民广泛参与，游客互动交流，培养了村民崇贤尚古、尊重技艺的风尚。此外，还组织村民文艺骨干参加"中国—中东欧文化交流""中德建交45周年文化交流"等国际交流展示活动。近五年来丰台区开展各类非遗宣传展示、展演活动共计200余场，参与群众近百万人，使得基层群众老有所乐、专有所工、壮有所事、民有所好。

（四）发展花卉文化，让村际环境"美"起来

丰台区花乡居民种养花卉已有800年历史。花乡以花为名，积淀着深厚的花卉文化，在乡村治理中产生多维效果。一是美化自然环境。草桥村党委大力进行环境整治和绿化美化，持续建设草桥百花园，提出"一环、一带、一园、四街"的规划构架，沿街增加绿雕作品，建设了绿雕街心花园及绿地景观提升，重点增加花卉园艺景观，打造植物层次丰富、自然生态的花园社区景观，草桥的整体面貌焕然一新。辖区内镇国寺北街先后荣获北京市中心城区首个生活性服务示范街区和"北京最美街巷"称号。二是优化人文环境。丰台花卉文化的形成，是与当地自然环境、人文环境、社会风俗等要素相互作用的结果。"花"植根于中国文化，尤其与中国人文精神传统融合在一起，形成花品与人格的相互渗透。人格寄寓于花格，花格依附于人格。花卉文化激发了村民对美好人格和美好生活的向往，一方面养成了爱花、护花的工匠精神，另一方面涌现出了"全国助老爱老敬老之星""全国道德模范提名奖""首都十大功德人物"等道德模范先进典型。现在的草桥村环境优美、民生和谐、村风淳朴，先后获得"全国文明村""北京最美乡村""首都文明村"等荣誉称号。三是改善生活环境。北京花乡花木集团有限公司是草桥花卉产业的重要品牌，形成了集研发、生产、销售、旅游、观光、服务一条龙的产业链。集团旗下绿色废弃物处理中心主要用于处理草桥地区产生的枯枝落叶、修剪的草坪草等植物废弃物，中心遵循生态循环的多元化垃圾处理，使枝叶垃圾尽可能的资源化回收利用，实现垃圾处理的"减量化、无害化、资源化、产业化"，对改善人民群众的生活环境发挥了重要的作用。

二 丰台区活跃区域历史文化、助推乡村治理存在的问题

丰台区针对区内丰富的历史文化资源，一手抓修缮保护，一手抓开发利用，融入乡村治理体系，使区域历史文化'活'起来。开展特色文艺活动，满足村民精神文化需求；发展文化产业经济，提升村域经济发展活力；弘扬优秀传统文化，深入推进乡村移风易俗；建强公共文化服务，改善新时代农村面

貌。但纵观全区农村地区，在利用文化资源助推乡村治理方面也存在着一些问题、不足。

（一）思想认识上有偏差，对文化助推乡村治理的重视不够

走访座谈发现，一些村干部和村民，对文化的认识存在较大偏差，把文化等同于文艺活动，或者把文化建设片面理解为发展文化产业经济。有的村干部片面认为，文化建设就是建设文化场馆、组织文化活动和文艺演出，对文化在乡村治理中的作用比较茫然。许多人把发展经济、振兴产业作为乡村治理的唯一目标和标准。从各乡镇、社区（村）12345热线反映的问题看，群众反映最多的是村域环境、邻里矛盾、水电物业等与乡村治理相关的生活基本问题，从实际情况看，治理成效好的村并非经济最发达的村。文化治村的氛围没有形成。

（二）运用区域历史文化助推乡村治理途径不畅、方法不活

不少基层政府、乡村班子在思想上仍然没有从原来的管理理念转变到治理理念上来，不善于不愿意不习惯做以文化人、以文促治的工作。从调研情况来看，乡村治理仍然以政策为主导，治理主体单一，并且习惯于采用行政手段进行干预，对不该管、管不好、管不了的事务，普遍存在"以批代管""以罚代管"等问题。基层政府把大量精力放在了发展经济上，对乡村治理的复杂性、长期性缺乏足够的认识，对乡村治理领域出现的新情况、新问题缺乏研究分析，往往采取"一管了之"的办法处理社会矛盾和公共事务。近年来，虽然在乡村治理方面投入了不少人财物，也取得一定成绩，但限于文化治理手段的缺失、文化治理途径的不畅，与中央提出的系统治理、依法治理、综合治理、源头治理要求仍然存在不小的差距。

（三）文化建设重硬件轻软件，乡村治理缺乏软实力支撑

目前乡村文化设施、设备等硬件建设有了较大改善，一些馆（站）设备齐全、高大气派，但管理、人才、产品等软件方面却存在较大缺失和不足。文化工作管理人才、文化产业专业人才比较缺乏，农村文化建设的机制跟进不够，许多场馆设施建起来之后用不起来、管不起来，成为摆设、流于形式。加强乡村文化建设，硬件与软件"一个都不能少"，否则将极大制约文化治村的效果。

（四）对区域历史文化的深入挖掘不够，针对乡村治理的梳理规划不够

丰台区自古作为北京城西南陆路交通的咽喉要地，地理位置重要，历史底蕴深厚，如北京的母亲河永定河、见证抗战爆发的卢沟桥、宛平城、金中都重

要的水源地莲花池等，都是丰台区价值突出且独具特色的文化资源，是乡村治理的一笔丰厚财富。但由于对区域文化资源的深入挖掘不够，对区域文化发展的整体关注与投入存在缺失，丰台区很多重要的文化资源与文化特色鲜为人知，难以在乡村治理中得到重视和运用。

三 运用区域历史文化助推乡村治理的路径思考

传承区域历史文化，创新基层社会治理，是一项系统工程、长期工程。总结丰台区的相关经验做法，查找问题不足，更要深入思考运用区域历史文化助推乡村治理的方法路径。

（一）深化思想认识

坚持把习近平总书记关于社会主义文化建设、乡村振兴和乡村治理的重要论述纳入区委区政府和各级领导干部理论学习，引导广大干部进一步学深悟透习近平新时代中国特色社会主义思想，深刻认清党推进乡村治理、繁荣基层文化的坚定意志和决策部署，认清运用区域历史文化助推乡村治理的重要意义和实现路径，认清丰台区文化资源禀赋优势和北京市委推进"四个中心"建设的有关安排，不断强化抓好乡村文化建设的积极性主动性。各级党委和政府应强化新发展理念，把运用区域历史文化助推乡村治理纳入重要议事日程，加大组织领导力度，制定实施方案、规划或专项行动计划，构建集中力量推进落实的工作格局，营造兴文化、促治理的浓厚氛围，以区域文化建设和乡村治理的高质量发展助力构建新发展格局。

（二）形成工作合力

文化助推乡村治理不仅仅是文化部门的事情，它还涉及农业农村、教育、科技、法律、妇联等多个部门，需要推动建立规范有序的联席会议制度，可在党委统一领导下成立农村文化建设委员会，整合各部门职能、资源和力量，定期研议会商，拿出实实在在的文化惠民利民措施，共同推动乡村治理。从丰台城乡结合部的乡村文化建设现状和乡村振兴需要出发，在农村文化建设委员会统筹指导下，建立以政府为主导、农民为主体、市场为载体、文化组织为纽带的"四位一体"文化治理模式，形成工作合力。

（三）建强人才管理队伍

建构专门的文化管理队伍，提升文化服务乡村治理的效能。做到"一乡一组织，一村一专人"，乡镇综合文化站要有专人负责，社区（村）配备专职文化管理员。加强各级干部公共文化服务培训，注重历史文化素养及指导文化工作、组织文化活动等素质的提升，建设和培养一支热爱乡村、理解文化、善于管理，有强烈使命感责任感的公共文化管理者和基层公共文化服务人才队伍。实施"新乡贤"培育工程，注重发挥有能力、有威望的离退休干部、军转干部、知识分子、优秀农民工、企业家等"新乡贤"的引领、示范和带动作用，健全完善招贤纳士的制度，以"亲情、友情、乡情"为纽带，吸引各行业优秀人才返回农村、扎根农村、贡献农村，倡导文明乡风，推动移风易俗，深化社会治理。

（四）坚持市场导向

牢固树立新发展理念，以市场化的思路和举措，促进历史文化与乡村治理的融合。在乡村文化资源开发、文化基础设施建设、文化产业经营等环节引入市场机制，使市场成为推动乡村文化建设的重要力量。以"文化＋旅游""文化＋文创""文化＋特色小商品销售"的思路，成立文化投资公司，发展文旅产业，通过承包、合作、股份制等方式，将资本、技术、人才等引入乡村，促进乡村"文化资本"参与到生产要素的流动与聚集之中，推动乡村公共文化市场的形成与发展。大力发展乡村旅游产业，展现乡村社会的田园风光、村落建筑、风俗习惯、手工技艺等，以乡村文化产业化方式，活跃乡村经济，增加农民收入，使商品经济和现代社会理念更加深入乡村群众心中。推广政府购买服务的形式，把社会上的优质文化供应商引入乡村，根据群众文化需求，制定公共文化服务目录，实行"菜单式"、"订单式"基层文化服务，丰富乡村群众文化生活，满足美好生活需要。大力培育乡村文化自治组织，协助政府和基层党组织加强乡村公共文化服务，利用自治机制发掘并整合区域公共文化资源，开展公共文化活动和民俗活动，激发乡村群众参与乡村建设的热情。

（五）培育特色文化活动品牌

组织开展与日常生产生活相关联的，农民喜闻乐见的，愿意参与、能够参与的公共文化活动，以"三下乡""星火工程"等农村特色惠民活动为载体，组织精彩文艺演出送戏上门，将"百姓周末大舞台""文化四进""文化进乡村"等区域特色文化活动送到基层。结合传统节日、民间特色节庆、农民丰收节等，因地制宜开展乡村文化体育活动。推行"一乡镇一品牌，一村庄一特色"文化创建，鼓励各乡镇、行政村打造文化活动品牌，如丰台区卢沟桥乡"万丰杯京剧票友大赛"获评全市优秀群众文化项目。充分挖掘和系统整理乡村红色文化资源，因地制宜建设红色文化展览馆，创新红色文化传承方式，发挥红色文化的宣传效应，开展党史知识讲座、知识竞赛、唱红歌、主题活动、图片展览等活动，通过开展特色文化活动和培育特色品牌，提升乡村治理的实效。

（六）丰富历史文化供给

一是开发区域特色文化，从丰台区乡村历史上的重大事件、重要人物入手，打捞历史典故，打造标签性的符号，塑造寄寓着历史属性的区域特色文化；可以选择标识性强、生存属性独特的当地动植物，从它们的自然属性中升华文化意蕴，进而衍生系列文化产品。二是发掘红色文化，通过史料整理，挖掘和梳理乡村地区的革命历史故事，把发生在丰台区域的真实的人和事打捞起来、还原出来，形成区域红色基因的传承点、文化源；可以紧密结合新的时代特征，在党的治国理政实践中提炼升华乡村红色传统、红色元素，凸显区域红色文化内涵，提升红色文化的影响力。三是弘扬乡土文化，结合美丽乡村建设，深入挖掘各村镇历史文化，推进村史馆建设，留下"文化记忆"，打造农民的精神家园；深入挖掘文物承载的民俗礼仪、乡土文明和人文价值，留存乡土"文化印记"；采取发掘保护文物古迹等文化遗产的办法，留住有形的乡村文化。

参 考 文 献

[1] 顾保国、林岩：《文化振兴：夯实幸存振兴的精神基础》，中原农民出版社2019年版。
[2] 梁漱溟：《社会教育与乡村建设之合流》，《梁漱溟全集》（第五卷），山东人民出版社1992年版。
[3] 刘儒：《乡村善治之路——创新乡村治理体系》，中原农民出版社2019年版。
[4] 刘铁良、毛晓帅：《中国民俗文化志 北京丰台区卷》，北京出版集团公司、北京出版社2018年版。
[5] 吴文涛：《丰台的花乡与园林》，首都师范大学出版社2009年版。
[6] 张英洪：《善治乡村：乡村治理现代化研究》，中国农业出版社2019年版。

五　社会建设篇

北京人口发展变迁研究

——基于七次人口普查数据

马小红　狄安翔[*]

摘　要：本文利用新中国成立后我国七次人口普查数据，从规模和结构两个维度对北京人口发展变迁进行了描述分析，并与全国进行了比较。研究发现，从规模上，北京常住人口规模持续增高，近十年增长率放缓，占全国人口比重先降后升；改革开放后，北京流动人口高速增长，成为北京人口增长主要原因，2010年后增速减缓；家庭户规模呈现前高后低的显著变化；各区人口规模变化明显，呈现由中心城区向外扩散趋势。从结构上，北京出生人口性别结构优于全国，失常现象得到根本治理；总人口性别比波动较大，进入21世纪趋于均衡；北京率先进入老年型社会，流动人口缓解了老龄化，但老年人口规模增长迅速；人口受教育年限快速增长，稳居全国首位；城市化在高水平上稳步推进；民族成分覆盖全面，占人口比重稳定。在描述分析基础上，本文对北京人口存在问题和发展趋势进行了讨论。

关键词：人口普查；北京人口；人口规模；人口结构；发展变迁

新中国成立以来，共进行了七次人口普查。从1953年第一次人口普查到2020年第七次人口普查，全国人口总量由6亿增长到14亿，北京人口由270万增长到2189万，人口结构也发生了深刻变化。利用普查资料对北京人口发展变迁进行梳理和分析，对摸清人口底数，做好发展规划，助力新时期北京率先基本实现社会主义现代化有着重要现实意义。

---

[*] 马小红，博士，中共北京市委党校（北京行政学院）北京市情研究中心主任、北京人口与社会发展研究中心教授，主要研究方向：北京市情、人口与社会发展；狄安翔，中国人民大学统计学院在校生，主要研究方向：大数据分析。

一 我国七次人口普查

人口普查,是现今世界各国广泛采用的收集人口资料的一种调查方法,是国家在规定的统一时间,按照统一的方法、统一的项目,对标准时点上的全国人口逐户逐人进行的调查登记。通过这种普遍的调查登记,可以查清全国人口的数量、结构和分布情况,以及人口的社会、经济、文化等特征。由于人口普查是各国政府获取人口资料、掌握国情国力的调查方法,所以人口普查也称作"国情调查"或"国势调查"。①

1949年新中国成立至2020年,我国共进行了七次人口普查,其基本情况见表1。

表1 新中国历次人口普查基本情况

	年份	调查时点②	登记原则	常住人口统计口径	漏登率
第一次	1953年	7月1日0时	常住地	—	—
第二次	1964年	7月1日0时	户籍登记地	—	—
第三次	1982年	7月1日0时	常住地	居住本地的户籍人口及一年以上流动人口	0.015%
第四次	1990年	7月1日0时	常住地	同上	0.06%
第五次	2000年	11月1日0时	常住地	居住本地的户籍人口及半年以上流动人口	1.81%
第六次	2010年	11月1日0时	现住地	同上	0.12%
第七次	2020年	11月1日0时	现住地	同上	0.05%

资料来源:
1953年资料来源于北京市人民委员会,"市人口调查登记办公室关于北京市人口调查登记总结",北京市档案馆,1954年,编号:2-6-70号案卷。
1964年资料来源于北京市人口普查办公室编,《人口普查工作手册(一九六四年)》,北京市档案馆,1964年,编号:133-10-519号档案。
1982年资料来源于北京市人口普查办公室编,《北京市第三次人口普查机器汇总资料汇编(内部资料)》。
1990年资料来源于《北京市1990年人口普查资料(上、下)》,中国统计出版社1992年版。
2000年资料来源于北京市第五次人口普查办公室、北京市统计局,《北京市2000年人口普查资料》,中国统计出版社2002年版。
2010年资料来源于北京市第六次人口普查办公室、北京市统计局,国家统计局北京调查总队,《北京市2010年人口普查资料》,中国统计出版社2012年版。
2020年资料来源于北京市统计局第七次人口普查官方网站:http//tjj.beijing.gov.cn/zt/bjsdqcqgrkpc/。
1982年和1990年漏报率来源于张为民,崔红艳,"中国1990年人口普查数据质量的评价",载于国务院人口普查办公室国家统计局人口统计司编,《中国1990年人口普查——国际讨论会论文集》,中国统计出版社1993年版,第145页。2000、2010年和2020年漏报率来源于人口普查官方网站。

---

① 查瑞传等:《人口普查资料分析技术》,中国人口出版社1991年版,第1页。
② 调查时点:也称人口普查的标准时间,就是规定一个时间点,无论普查员入户登记在哪一天进行,登记的人口及其各种特征都是反映那个时间点上的情况。

人口普查登记项目随着经济社会发展和国力增强日益丰富。1953年第一次人口普查仅有与户主关系、姓名、性别、年龄、民族以及本户住址6项。1964年人口普查为9项，增加了本人成分、文化程度和职业3个项目，其中本人成分和职业两项，只做登记，不做统计。1982年人口普查项目增加到19项，其中按人填报的13项，增加了常住人口的户口登记类型、行业、不在业状况、婚姻状况、生育子女总数和存活子女总数、1981年生育状况。按户填报的6项，即户别、本户住址编码、本户人数、全户1981年出生人数、1981年死亡人数、有常住户口已外出一年以上的人口数。1990年第四次人口普查项目增加到21项，增加了"五年前居住地及城乡类型"和"迁移原因"两个项目，显示了本次普查对人口迁移和流动的重视。同时，在户口状况项目中，增加了户口性质属农业户口或非农业户口的内容；在文化程度项目中，增加了学业完成情况。

从2000年第五次人口普查开始，采用了多表登记方式。2000年人口普查表分为短表、长表和死亡表三种表。短表包括反映人口基本状况和反映户的基本状况的项目，共19项；长表包括所有短表项目，增加了反映人口迁移流动、人口经济活动、妇女生育状况项目以及反映户的住房等项目，共49项，长表在全部住户中抽取10%（不包括港澳台居民和外籍人员）填报；登记时点前一年有死亡的户，填写死亡表，共8项。2010年第六次人口普查表在2000年三种表的基础上增加了港澳台和外籍人口短表，共11项，是第一次对常住大陆的港澳台和外籍人口进行普查登记。

2020年第七次人口普查与第六次人口普查表相同，也是四种表。明显的变化是增加了居民身份证号项目的填报。七普采取普查员使用电子采集设备（PAD或智能手机）登记普查对象信息并联网实时上报，或由普查对象通过互联网自主填报等方式进行，建立了普查数据追溯和问责机制，并利用部门行政记录和大数据对普查数据开展比对核查，提高了数据的准确性。2021年5月11日，国家统计局发布了第七次人口普查公报，报告了人口总量、户别人口、人口地区分布、性别、年龄、受教育程度、城乡人口、流动人口、民族人口等初步统计结果。5月19日，北京市统计局发布了北京市第七次人口普查以上项目的初步统计结果。

普查项目的日益丰富，为人口研究提供了丰富的数据，成为学者分析国家和地区人口特征的数据来源。本文中所用数据均来源于七次人口普查的全国和北京发布数据，若无特别说明，数据来源不再在文中赘述。

二 北京人口规模变化

（一）常住人口规模

常住人口是指一定时期内经常居住在某地域的人口，是区域实际居住人口，对当地的经济社会发展和社会管理产生实际影响，是描述人口规模的主要指标。

北京常住人口规模呈现持续增高，近十年增长率放缓的特点。1953至1964年间，人口增长了48.12%，同期全国人口只增长了16.9%，北京人口增长显著高于全国增长速度，是北京自然增长和迁移增长双重影响的结果；1964—1982年间，北京市人口增长了21.5%，而同期，全国人口增长了45.1%，北京市人口增长水平大大低于全国水平，显示了在迁移流动被严格控制的条件下北京人口自然增长速度显著低于全国水平的现象，反映了北京人口转变先于全国完成的状况；1982—1990年、1990—2000年、2000—2010年和2010—2020年间，北京市人口总量持续升高，分别增长了17.2%、25.4%、44.5%和11.6%，而同期全国人口增长率则持续下降，分别为12.4%、11.7%、5.4%和5.38%，反映了北京作为首都和社会经济都较为发达的超大城市相对开放的人口特征。在人口自然增长率放缓的同时，迁移流动增长成为全市人口规模快速增长的主要因素。但值得注意的是，和2010年相比，虽然2020年常住人口规模继续呈现上升趋势，但增幅已大大减缓，十年间增长率由44.5%降为11.6%，显示了北京"疏解整治促提升"工作的显著成效。（参见表2）

表2 七次人口普查北京和全国的人口规模及增长率比较

单位：万人；%

年份	1953	1964	1982	1990	2000	2010	2020
北京	276.8 (512.9)①	759.7	923.1	1081.9	1356.9	1961.2	2189.3
增长率（%）		48.1②	21.5	17.2	25.4	44.5	11.6
全国（大陆）③	59435	69458	100818	113368	126583	133975	141178
增长率（%）		16.9	45.1	12.4	11.7	5.4	5.38
北京人口占全国比例（%）	0.47/(0.87)④	1.09	0.92	0.95	1.07	1.46	1.55

注：①1953年北京的区域面积只有3216平方公里，1958年后扩展为现域16410.8平方公里；512.9是现域人口的推算数。②48.1%是按现域面积人口的增长率。③全国人口是指大陆31个省、自治区、直辖市和现役军人的人口，不包括居住在31个省、自治区、直辖市的港澳台居民和外籍人员。④按现在区域计算，1953年人口占全国人口比重大约为0.87。

北京占全国人口的比重呈现先降后升的起伏特征。1953年北京人口按当年行政区域划分只占全国人口的0.47%，按现在行政区域划分占到0.87%，1964年即上升到1.09%，1982年普查呈现下降趋势，只占0.92%。1982年后，所占比例持续上升至1990年的0.95%、2000年的1.07%，2010年达到1.46%，2020年为1.55%。北京以国土面积0.17%的地域容纳了全国1.55%的人口，显示了作为国家首都和超大城市的强劲拉力。（参见表2）

（二）流动人口规模

1982年第三次人口普查开始，对没有本地户口，但居住在本地一年或半年，或居住在本地，离开户籍登记地一年或半年以上的人口进行登记①，在统计中称之为常住外来人口，也称流动人口。

改革开放后，北京流动人口高速增长，成为北京人口增长主要原因，2010年后增速则明显下降。由于1953和1964年人口普查没有人口外出流动的调查项目，流动人口数据从1982年第三次人口普查才可以获得。北京流动人口规模从由1982年的17.2万人增加到2020年的841.8万人，占全市总人口比例从1982年的1.86%增长到2020年38.45%，无论在哪个阶段，都高于全国的占比，对北京市人口规模、结构产生了深远的影响。值得注意的是，和21世纪前十年相比，近十年北京流动人口增速已大大减缓，2000年至2010年，流动人口增加了近448.6万，平均每年近50万，而2010年至2020年只增加了137.1万，平均每年13.7万，显示了北京近年来产业结构调整和高质量发展对流动人口规模的影响。（参见表3）

表3　人口普查北京和全国的流动人口规模及占人口比重比较

单位：万人；%

年份	1982	1990	2000	2010	2020
北京流动人口数量（万人）	17.2	53.8	256.1	704.7	841.8
占北京常住人口比例（%）	1.86	4.97	18.87	35.93	38.45
全国流动人口数量（万人）	665.4	2142.7	10000.1	22143	37582
占全国人口比例（%）	0.66	1.89	7.9	16.5	26.6

（三）家庭户规模

家庭户是指以家庭成员关系为主、居住一处共同生活的人组成的户。家庭

---

① 1982年和1990年常住外来人口（流动人口）的登记口径为没有本地户口，但居住在本地一年，或居住在本地，离开户籍登记地一年以上的人口。

户规模是指家庭户中成员的数量,其大小与特定社会的经济结构、文化环境、政策调整等因素存在密切联系。

前高后低,北京家庭户平均规模变化显著。新中国成立以来,北京市家庭规模的变化可以分成两个时期,分界点是20世纪60年代后期,前一段总体趋势是家庭规模的扩大,1953年普查平均户规模为4.87人,1964年为4.95人,高于全国平均水平;然而从1982年第三次人口普查起,家庭规模持续缩小,下降速度快于全国。2020年,户均人口只有2.31人,显著低于全国2.62人的平均水平,显示了第二次人口转变理论揭示的婚姻家庭模式变化的显著特征。(参见表4)

表4 七次人口普查北京市家庭户数及户平均人口

年份	1953	1964	1982	1990	2000	2010	2020
家庭户数(万)	56.8	156.7	233.7	310.2	409.7	668.1	823.1
北京户平均人口(人)	4.87	4.95	3.69	3.20	2.91	2.45	2.31
全国户平均人口(人)	4.43	4.43	4.41	3.96	3.44	3.10	2.62

(四) 各区人口规模

区域人口分布变化明显,近年来呈现由中心城区向外扩散的趋势。从七次人口普查各区人口规模(表5)和所占总人口比重(表6)来看,北京区域人口分布呈现较大变化。核心城区(东城、西城)人口占总人口的占比,从1964年的30.4%,逐步降到2020年8.3%,尤其是2010年至2020年间,呈现不仅占比下降,规模也下降的"双下降"格局。东城区人口从2010年的91.9万下降到70.9万,西城人口从124.3万下降到110.6万,核心城区人口得到了有效的疏解;与此同时,中心城区(朝阳、丰台、石景山和海淀)四区的人口规模都有不同程度下降;城市发展新区(通州、顺义、大兴、昌平、房山)和生态涵养区(门头沟、怀柔、平谷、密云、延庆)承接了核心域区和中心城区转移的人口,人口都有所增加,北京人口区域分布更加合理。

表5 六次人口普查年北京市分区县常住人口分布变化

单位:万人

区县	1964	1982年	1990年	2000年	2010年	2020年
东城	102.8	109.2	102.4	88.2	91.9	70.9
西城	127.4	132.6	131.3	123.3	124.3	110.6
朝阳	72.1	102.2	144.9	229	354.5	345.5

续表

区县	1964	1982年	1990年	2000年	2010年	2020年
丰台	46	58.5	78.9	136.9	211.2	202
石景山	16.7	23.5	30.8	48.9	61.6	56.8
海淀	80.8	99.8	144.3	224	328.1	313.4
门头沟	22.1	25.9	27.1	26.7	29	39.3
昌平	30.8	38	43.4	61.5	166.1	227
顺义	39.2	47.2	54.9	63.7	87.7	132.4
通州	43.5	53.5	60.3	67.4	118.4	184
大兴	32.8	42.9	52.3	67.1	136.5	199.4
房山	48.9	69.1	76.6	81.4	94.5	131.3
平谷	26.4	33.4	38.7	39.7	41.6	45.7
怀柔	18.3	23.4	26.1	29.6	37.3	44.1
密云	30.2	39	42.6	42	46.8	52.8
延庆	19	24.8	27.4	27.5	31.7	34.6
合计	756.9	923.1	1081.9	1356.9	1961.2	2189.3

备注：1953年第一次人口普查由于与现域面积不同，无法获得各区数据；1964年—2010年东城数据为原东城区与崇文区相加数据；西城数据为原西城区与宣武区相加数据；1982年房山数据为原房山县与燕山区相加数据。

表6　七次人口普查各区占北京总人口比重

单位：%

区县	1964	1982年	1990年	2000年	2010年	2020年
东城	13.6	11.8	9.5	6.5	4.7	3.2
西城	16.8	14.4	12.1	9.1	6.3	5.1
朝阳	9.5	11.1	13.4	16.9	18.1	15.8
丰台	6.1	6.3	7.3	10.1	10.8	9.2
石景山	2.2	2.5	2.8	3.6	3.1	2.6
海淀	10.7	10.8	13.3	16.5	16.7	14.3
门头沟	2.9	2.8	2.5	2.0	1.5	1.8
昌平	4.1	4.1	4.0	4.5	8.5	10.4
顺义	5.2	5.1	5.1	4.7	4.5	6.0
通州	5.7	5.8	5.6	5.0	6.0	8.4
大兴	4.3	4.6	4.8	4.9	7.0	9.1
房山	6.5	7.5	7.1	6.0	4.8	6.0

续表

区县	1964	1982年	1990年	2000年	2010年	2020年
平谷	3.5	3.6	3.6	2.9	2.1	2.1
怀柔	2.4	2.5	2.4	2.2	1.9	2.0
密云	4.0	4.2	3.9	3.1	2.4	2.4
延庆	2.5	2.7	2.5	2.0	1.6	1.6
合计	100.0	100.0	100.0	100.0	100.0	100.0

三 北京人口结构变化

（一）性别结构

性别结构是人口自然结构之一，直接影响结婚率、妇女生育率和死亡率水平，与经济发展、劳动力供应、就业安排等也有密切关系。性别比例平衡是维持社会安定和正常运转的基本保证。出生人口性别比和总人口性别比是最基本的两个性别结构指标。尤其是出生人口性别比，它是决定人口性别结构的出发点。

1. 出生性别结构

出生人口性别比简称出生性别比，是指某一时期内（通常为一年）全部活产婴儿中出生时的男婴与女婴的数量之比，用每百名出生女婴数相对应的出生男婴数表示。世界公认的出生人口性别比正常值域在103—107的范围内。

出生性别比失调问题得到根本治理。在前三次人口普查中，北京出生人口性别比与全国一样，在正常范围之内。但从1990年第四次人口普查开始，这一数值开始异常，第五次人口普查为最高点，为110.5，呈现男婴优先模式。虽然和全国水平相比，北京的情况不甚严重，但也呈现出生性别比失调的情况。2020年第七次人口普查，全国这一指标从2010年的118降到111.3，说明随着全面二孩政策的出台以及国家治理力度的加大，出生性别比失调问题得到根本的转变。截止2021年6月24日，七普的北京出生性别比还未公布，但北京市2018年户籍人口显示出生数为135932人，其中男婴70158人，女婴65771人，男女出生性别比为107，已在正常范围内。[1]（参见表7）

---

[1] 2018年出生性别比数据来源于北京市卫生健康委官方网站，http://wjw.beijing.gov.cn/xwzx_20031/mtjj/201912/t20191227_1523580.html。

表7　人口普查全国及北京市常住人口出生性别比　（女＝100）

年份	1953年	1964年	1982年	1990年	2000年	2010年	2020年
北京	105.7	105.5	106.7	108	110.5	109.5	
全国	104.9	103.8	108.5	111.3	116.9	118	111.3

2. 总人口性别结构

总人口性别比是综合反映人口性别构成的指标，通常也称人口性别比，是指同一人口总体中的男性人口与女性人口之比。常用每100名女性人口数相应的男性人口数表示，通常在100左右变化。

北京总人口性别比波动较大，进入21世纪趋于均衡。1953年普查显示北京市的总人口性别比畸高，达到136.5，高出全国近30个百分点；1964年普查趋于正常，为106.1，接近全国105.5水平；1982年普查总人口性别比为102.4，低于全国106.3水平，在正常范围内；1990和2000年普查总人口性别比呈现上升，分别为107和108.9，超出正常范围且明显高于全国水平；2010年第六次人口普查虽有所回落，降至106.8，但仍高于正常值，也高于全国平均水平。2020年人口普查显示，男性人口1119.5万人，占51.1%；女性人口1069.8万人，占48.9%，性别比进一步降至104.7的水平，在正常范围内，人口性别比结构进一步均衡。（参见表8）

表8　七次人口普查北京和全国的总人口性别比

	1953	1964	1982	1990	2000	2010	2020
北京	136.2	106.1	102.4	107	108.9	106.8	104.7
全国	107.6	105.5	106.3	106.6	106.7	105.2	105.1

（二）年龄结构

人口年龄构成是分析研究人口发展规模和速度的重要指标，是人口政策制定和社会经济发展重要参考依据。国际上一般将总人口划分为0—14岁、15—64岁、65岁及以上三个组，即少年儿童组、成年组和老年组。老年人口系数，指老年组人口占总人口的百分比。少年人口系数，指少年儿童人口占总人口的百分比。老少比，指人口中老年人口与少年儿童人口之比，用百分数表示，它表示每100个少年儿童所对应的老年人数。

北京率先进入老年型社会，流动人口缓解了老龄化，但老年人口规模增长迅速。从全国历次人口普查年龄结构数据可以看出，北京人口年龄结构呈现以下三个变动阶段。（参见表9）

二十世纪五六十年代，北京人口属于典型的年轻型社会。1953年人口普查数据显示 65 岁及以上人口只占 3.3%，老少比为 11%，比全国水平还低；1964 年 0—14 岁少儿人口比例高达 41.5%，老年人口为 4.1%，老少比仅 9.9%，呈现更为年轻化态势。

表9 七次人口普查和北京市和全国人口年龄结构

单位：%

年份	北京				全国			
	0—14	15—64	65+	老少比	0—14	15—64	65+	老少比
1953	30.1	66.6	3.3	11.0	36.3	59.3	4.4	12.2
1964	41.5	54.4	4.1	9.9	40.7	55.8	3.6	8.7
1982	22.4	72	5.6	25.0	33.6	61.5	4.9	14.6
1990	20.2	73.5	6.3	31.2	27.7	66.7	5.6	20.1
2000	13.6	78	8.4	61.8	22.89	70.15	6.96	30.4
2010	8.6	82.7	8.7	101.2	16.6	74.53	8.87	53.4
2020	11.9	74.8	13.3	111.7	17.95	68.55	13.50	76.48

二十世纪七八十年代，北京人口年龄结构进入成年型社会。和全国同期相比，少儿人口比重下降迅速，从 1964 年的 41.5% 下降到 1990 年的 20.2%，下降了 21.3 个百分点，而全国从 1964 年的 40.7% 下降到 1990 年的 27.7%，只下降了 13 个百分点；与此同时，老年人口增长速度快于全国，1982 年和 1990 年，北京老年人口比重分别为 5.6% 和 6.3%，高于全国的 4.9% 和 5.6%。

二十世纪九十年代之后，北京率先进入老年型社会，2000 年北京老年人口比重为 8.4%，显著高于全国的 6.96% 的水平。但大量年轻的流动人口和户籍迁移人口进入北京学习、工作和生活，为改善北京人口老龄化起到重要作用。与全国相比，无论是 2010 年的六普还是 2020 年的七普，北京的老年人口比重均低于全国平均水平。但值得注意的是，2020 年北京 65 岁以上人口规模已达 291.2 万人，庞大的老年人口规模对北京市的经济发展、社会保障体制和老年社会服务提出严峻挑战。

（三）受教育结构

人口受教育水平是人口结构的一个重要特征，决定了一个国家或地区的社会、政治、经济、文化的整体发展水平。反映人口受教育水平的指标很多，人口平均受教育年限是最有代表性的指标[①]。

[①] 平均受教育年限指对一定时期、一定区域某一人口群体接受学历教育的年数总和的平均数。具体的折算标准是：小学=6年，初中=9年，高中=12年，大专及以上=16年。

北京人口受教育年限快速增长，稳居全国首位。1953年北京市人口平均受教育年限只有3.9年，至1964年，已提高至5.3年，提高了1.4年。1982年人口普查时北京市人口平均受教育年限为7.8年，比1964年增加了2.5年，增长速度很快，至2000年第五次人口普查时已达到10.0年，在1990年的基础上提高了1.4年，2010年又提高到11.5年，2020年更升到12.6年，达到大学一年级水平，高于全国水平近3年。具有大专及以上文化程度的人口达到919.1万人，每10万人中具有大学文化程度的为41980人，这些指标在全国均名列首位。人口素质持续提升，为首都高质量发展奠定了人才基础。（参见表10）

表10 七次人口普查北京和全国的15岁以上受教育年限

单位：年

	1964	1982	1990	2000	2010	2020
北京	5.3	7.8	8.6	10	11.7	12.6
全国	2.92	5.33	6.43	7.85	9.01	9.98

（四）城乡结构

人口城市化是指农村人口不断涌向城市的一种地理迁移流动现象和过程。在这个过程中，城市人口占总人口的比重不断上升，人口由分散的农村向城市地区集中，城市规模也随之增加。

作为首都和超大城市，北京人口城市化发展超前于全国水平，进入21世纪稳步推进。1990人口普查时，北京已达到73.44%的高度城市化水平。2020年全市常住人口中，居住在城镇的人口为1916.6万人，占87.5%；居住在乡村的人口为272.7万人，占12.5%。与2010年相比，城镇人口增加230.8万人，乡村人口减少2.7万人，城镇人口比重上升1.5个百分点，城镇化水平稳中有升。（参见表11）

表11 历次人口普查北京与全国城镇人口比例

单位：%

	1953	1964	1982	1990	2000	2010	2020
北京	—	57.85	58.18	73.44	77.54	86.0	87.5
全国	13.6	18.3	20.91	26.44	36.22	49.68	63.89

（五）民族结构

我国的少数民族，是指新中国成立后经过民族识别后确定的除汉族以外的

55个少数民族。民族识别工作在新中国成立后的数十年间持续开展，从1953年第一次人口普查国家认定的41个少数民族，到1964年第二次全国人口普查认定53个少数民族，直到1982年，国家认定的少数民族才达到55个。

北京人口覆盖我国全部民族成分，所占比重稳定。北京市民族人口在新中国成立后得到了很大发展，首先体现在民族成分的增加上，1953年全国第一次人口普查时，北京少数民族成分为38个，1964年第二次全国人口普查时，增加到52个，1982年三普，增加到54个，1990年四普已经达到了55个，北京成为全国民族成分最全的城市之一，所占人口比重基本保持稳定。一普占比最高，占到6.09%，与全国持平，之后明显低于全国水平，在3.5%—4.8%左右波动。2020年人口普查，全市常住人口中，汉族人口2084.5万人，占95.2%，各少数民族人口104.8万人，占4.8%。与2010年相比，汉族人口增加203.4万人，各少数民族人口增加24.7万人，各少数民族人口比重上升0.7个百分点。（参见表12）

表12 七次人口普查北京市和全国少数民族人口占总人口比例

单位：%

	1953	1964	1982	1990	2000	2010	2020
北京	6.09	3.75	3.50	3.83	4.31	4.10	4.8
全国	6.01	5.57	6.67	8.06	8.31	8.36	8.89

四 结论与讨论

（一）主要结论

根据七次人口普查数据分析结果，新中国成立以来，北京人口在规模和结构上具有以下特征：

从规模上，北京常住人口规模呈现持续增高，近十年增长率放缓的特点，占全国人口的比重呈现先降后升的起伏特征；改革开放后，北京流动人口高速增长，成为北京人口增长主要原因，2010年后增速降幅明显；北京家庭户规模呈现前高后低的显著变化，2020年户均规模仅为2.31人；各区人口规模变化巨大，呈现从核心区聚集到从中心城区向外扩散的趋势。

从结构上，北京出生人口性别结构优于全国，失常现象得到根本治理；总人口性别比波动较大，进入21世纪趋于均衡；受教育年限快速增长，稳居全国首位；作为首都和超大城市，北京人口城市化发展超前于全国水平，进入21世纪稳步推进；北京人口覆盖全部民族成分，所占比重稳定。

(二) 讨论

中华人民共和国成立以来，北京作为国家首都和超大城市，经济和社会得到前所未有的发展，同时，受各种因素影响，发展过程有起伏波折，北京人口发展也深受影响。尤其是2014年以来，习近平总书记多次到北京视察，多次对北京发展发表重要讲话，北京发展进入新时期。2017年以来开展的非首都功能疏解工作，有力推动了首都人口同生态、经济、社会的良性互动。同时我们也应该看到，北京人口还存在人口规模稳定面临新挑战、区域人口有待进一步均衡、超低生育水平与变动的婚姻家庭模式对社会的冲击、快速老龄化对公共服务的压力、高质量发展对人才素质的高要求、流动人口结构与规模矛盾并存等等问题。展望"十四五"时期北京经济社会发展的阶段性特征和人口形势，稳规模、调结构、挖潜力、强协同、优服务是人口政策的着力点。

参 考 文 献

[1] 北京市第四次人口普查办公室、北京市统计局：《北京市1990年人口普查资料（上、下）》，中国统计出版社1992年版。

[2] 北京市地方志编纂委员会：《北京志·综合卷·人口志》（1995—2010），北京出版社2020年版。

[3] 北京市地方志编纂委员会：《北京志·综合卷·人口志》，北京出版社2004年版。

[4] 北京市第六次人口普查办公室、北京市统计局：《北京市2010年人口普查资料》，中国统计出版社2012年版。

[5] 北京市第五次人口普查办公室、北京市统计局：《北京市2000年人口普查资料》，中国统计出版社2002年版。

[6] 北京市人口普查办公室编：《北京市第三次人口普查机器汇总资料汇编（内部资料）》。

[7] 北京市人口普查办公室编：《人口普查工作手册（一九六四年）》，北京市档案馆，1964年，编号：133-10-519号档案。

[8] 北京市人民委员会：《市人口调查登记办公室关于北京市人口调查登记总结》，北京市档案馆，1954年，编号：2-6-70号案卷。

[9] 北京市统计局：《北京市第七次全国人口普查主要数据情况》，2021年5月19日北京市统计局官方网站。

[10] 查瑞传等：《人口普查资料分析技术》，中国人口出版社1991年版。

[11] 国家统计局：《第七次全国人口普查主要数据情况》，2021年5月11日国家统计局官方网站。

[12] 马小红、胡玉萍、尹德挺：《当代北京人口》，中国人民大学出版社2014年版。

高房价高租金背景下北京新市民居住状况研究

李君甫　李立群[*]

摘　要：北京市作为首都和快速发展的超大城市，吸引了大量的人口，是全国新市民流动人口最多的城市之一，住房问题成为不能回避的社会问题。本文利用 2017 年全国流动人口动态监测数据和中国住房网数据对北京市新市民的人口构成、居住性质和租赁状况等特征进行了描述分析。研究发现，北京市非农新市民相比农村新市民购房能力更强；在北京市租房新市民中，农村户籍的新市民合租和住单位/雇主房的较多；在北京市租房并且居住条件较差的新市民有以下特征：户籍来自农村、岁数最大和最年轻、未婚、初中及以下教育程度、蓝领、月收入低于 3000 元。住房问题是新市民难以融入北京，缺少对北京归属感的重要因素。文章提出，应切实增加保障性租赁住房和共有产权住房供给，规范发展长租房市场，降低租赁住房税费负担，尽最大努力帮助新市民缓解住房困难。

关键词：北京；高房价；高租金；新市民；居住状况

一　引言

北京市作为首都和快速发展的超大城市，吸引了大量流动人口，是全国新

---

[*] 李君甫，博士，北京工业大学文法学部社会学系教授，北京社会管理研究基地研究员、中共北京市委党校（北京行政学院）北京市情研究中心特约研究员；李立群，北京工业大学文学部社会学系硕士研究生。

市民—流动人口最多的城市之一。北京第七次人口普查数据显示，2020年11月1日零时，北京全市常住人口为2189.3万人，其中外来流动人口为841.8万人，占常住人口的38.5%。与2010年相比，增加137.3万人，增长19.5%，年平均增长1.8%，在常住人口中的比重上升2.6个百分点[①]。如此庞大规模的流动人口给北京市的社会经济发展带来了巨大的影响，也对城市的社会管理和社会服务提出了新的要求。近年来，我国城市住房租赁市场发展进入快车道，以长租公寓为代表的租赁新业态、新模式的发展势头良好，但一段时期内也出现了"租金贷"盛行，某些长租公寓运营机构破产、跑路等现象，严重损害了租客和房东的利益，破坏了租赁市场秩序[②]。因此，解决好大城市的住房突出问题，被中央经济工作会议列为2021年的八大年度任务之一，大城市住房租赁市场的重要性越发凸显。除了高度重视保障性租赁住房建设，加快完善长租房政策，中央经济工作会议还提出，要降低租赁住房税费负担，整顿租赁市场秩序，规范市场行为，对租金水平进行合理调控。

贝壳研究院发布的《2020新青年居住消费趋势报告》（新青年即90后，下同）数据显示，8成以上新青年可接受的房租占工资收入比重在30%以下，10%—20%是新青年群体可接受房租收入比最多的区间段，占比约为39%）。该报告显示，2020年新青年套均租金前十名的城市分别是北京、上海、深圳、杭州、广州、南宁、苏州、厦门、东莞和武汉。其中北京以5102元位居榜首，北京新青年面临的租房压力最大。[③] 2021年3月5日，第十三届全国人民代表大会第四次会议中国务院总理李克强的报告相比于过去几年的政府工作报告，在房地产调控、大城市住房问题、租赁住房、老旧小区改造等民众关心的热点问题上均有涉及，其中"解决大城市住房突出问题"的表述首次出现在政府工作报告中，并强调着力解决新市民、青年人的住房困难，租赁住房成为住房领域的着力点。

2021年是我国全面开启现代化建设新征程的第一年，也是我国在新冠肺炎疫情影响、世界经济深度衰退等冲击下的经济复苏年。为了及时了解北京市新市民的住房特点和租赁变动趋势，同时为相关部门制定流动人口住房与服务政策提供借鉴和参考，本文主要利用2017年全国流动人口动态监测数据和中国住房网数据（2015年12月—2020年12月北京市区租金）分析北京市新市

[①] 北京市统计局：《北京市第七次全国人口普查主要数据情况》，北京市第七次全国人口普查，http：//tjj.beijing.gov.cn/zt/bjsdqcqgrkpc/qrpbjjd/202105/t20210519_2392982.html。

[②] 邵挺：《中国住房租赁市场发展困境与政策突破》，《国际城市规划》2020年第6期。

[③] 贝壳研究院：《2020新青年居住消费趋势报告》，1991IT，http：//www.199it.com/archives/1177039.html。

民，即常住流动人口的人口学特征、居住性质和租赁状况，探讨高房价高租金背景下新市民的居住问题。

2017年全国流动人口动态监测调查覆盖全国31个省、自治区、直辖市及新疆生产建设兵团。调查涉及的流动人口样本包括了农业户籍、非农业户籍、农业转居民户籍、非农业转居民户籍、居民户籍和其他户籍的流动人口，共169989份样本。该调查涉及流动人口的出生年份、性别、受教育程度、职业种类、流动原因、月收入及消费数据。我们对原始数据进行筛选，选取北京市流动人口，共有6999份样本。接下来分别对北京市已经购房、整租、合租以及居住单位/雇主房的新市民进行分析。研究的方法采用SPSS统计软件对数据进行描述统计和交叉分析。

二 北京市新市民基本住房情况

北京市新市民住房性质大致分为三大类：购房、租房与单位/雇主房。从图1可知，北京市新市民租房的比例最大。北京市新市民选择租住私房的最多，占比为61%，样本中整租（3275人）是合租的（995人）3倍多；其次，购房（1302人）的占比为18.6%；居住单位/雇主房（827人）的占比有11.8%；租购保障性住房（138）的占比较小，仅有2%。

在建立商品房制度后，我国房地产市场逐渐呈现二元化发展态势，住房销售市场迅猛发展，租赁市场发展一直比较滞后。但是，北京市新市民群体中，在三类住房中占比最高。

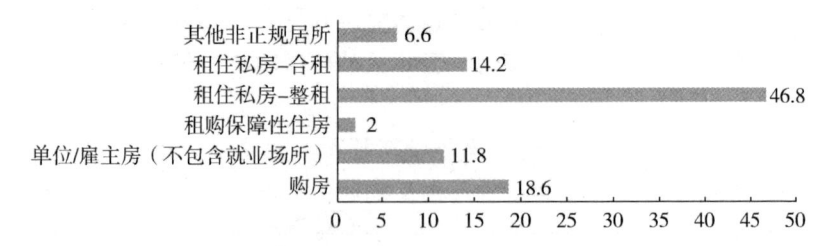

住房类型	占比(%)
其他非正规居所	6.6
租住私房-合租	14.2
租住私房-整租	46.8
租购保障性住房	2
单位/雇主房（不包含就业场所）	11.8
购房	18.6

图1 北京市新市民住房性质状况

将每月房租费用分为5个档次，低于500元以下/月为第一档，500元—1500元为第二档，1500元—3000元为第三档，3000元—5000元为第四档、5000元以上为第五档。从图2可得，38.7%的北京市新市民住房开支在500元—1500元/月，租房开支5000元以上的最少（7%），可以看出大多数北京市新市民的住房开支不大，反映出住房条件较差。

根据住房行情网数据，近五年来北京市租赁市场中的最低价出现在2016

（元/月）

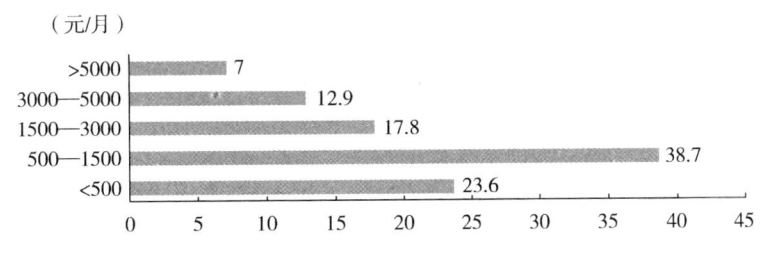

区间	比例
>5000	7
3000—5000	12.9
1500—3000	17.8
500—1500	38.7
<500	23.6

图 2　北京市新市民租金状况

数据来源：中国住房行情网（出租挂牌价而非成交价）。

年 4 月（6054 元/月），2017 年 12 月是近五年来的最高价（9020 元/月），近五年北京市租赁市场平均租金为 7581.8 元/月。而 2017 流动人口数据显示北京新市民中一半以上还居住在低于月租 1500 元/月的住房，高于 5000 元/月只有 7%，显示出北京市新市民居住低端住房的特征（参见图 3）

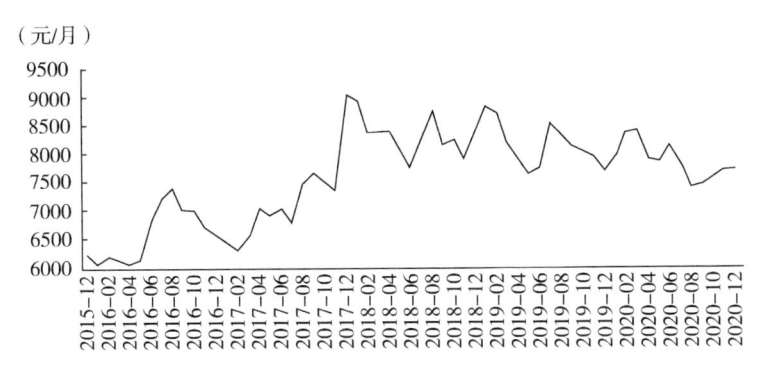

图 3　近五年北京市租赁住房总价走势

三　北京市新市民购房情况分析

（一）购房新市民的人口学特征

已购房的北京新市民中，非农户籍占比为 76%，农村户籍占比为 24%；非农户籍的购房者是农村户籍的三倍多（图 4）。北京非农户籍的新市民比农村户籍的新市民购房能力更强。

在北京购房的新市民中，80 后占比最大（42.9%），其次是 60 后（26.7%）、70 后（24.7%）、90 后（5.6%）。60 后大部分流动时间较长，有一定积蓄，70 后和 80 后上有老下有小，市场能力也最强，他们中有一部分可以在北京购房

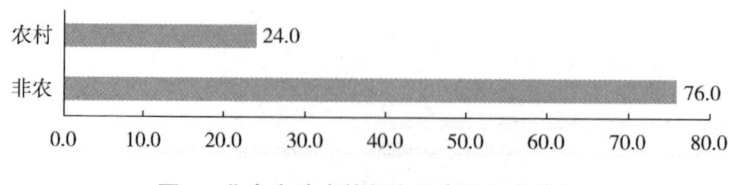

图4 北京市购房的新市民户籍分布状况

扎根；90后比较年轻，积蓄少，部分90后还没有结婚，因此购房的较少。（参见图5）

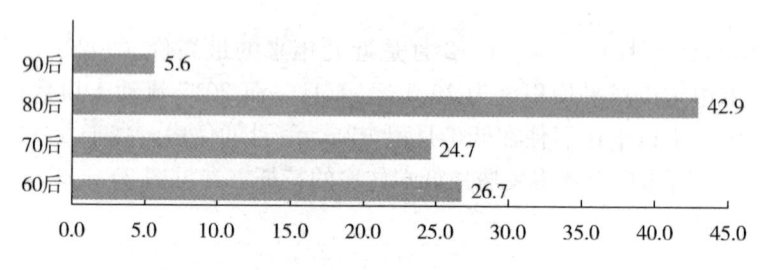

图5 北京市购房的新市民出生年代分布状况

在北京购房的新市民的婚姻状况中，已婚占比最大（92.2%），其次是未婚（4.1%）、其他（3.8%）。图6可以明显看出，婚姻状况对在京新市民购房有较大影响。

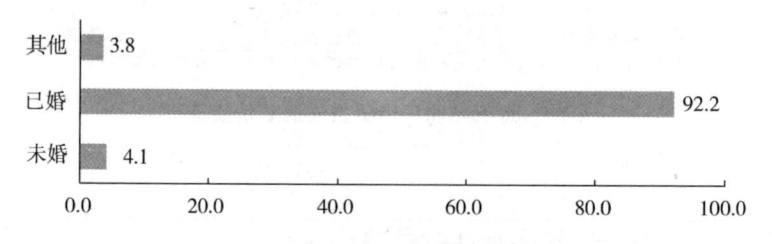

图6 北京市购房的新市民婚姻状况

在北京购房的新市民中，大学本科（39.9%）占比最大，其次是大学专科（18.8%）、高中/中专（18.6%）、初中以下（15.3%）、研究生（7.5%）。在图7中可以看出，受教育程度对新市民选择住房有较大影响，大学本科学历以上的北京市新市民购房的最多，占比为47.4%。（参见图7）

从图5可知，在北京80后的新市民购房比例最大，其次是60后、70后、90后；从图7可知，在北京受教育程度在大学本科以上的新市民比例最大。为了更好看出哪些新市民在北京购房，把新市民的出生年代和受教育程度进行交叉比较后发现，相比其他三个年代，北京市新市民中80后学历在大学本科

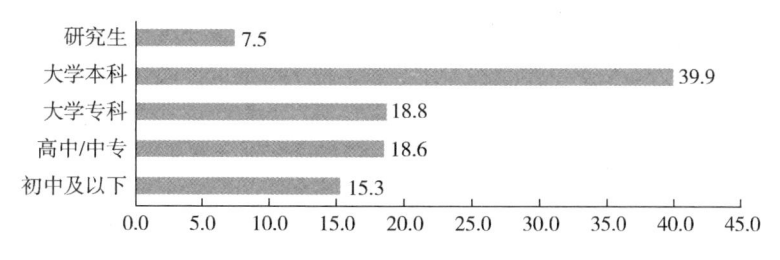

图 7 北京市购房的新市民受教育程度状况

以上的是最多的，占比为70.3%，其次是70后（47.2%）、90后（43.9%），而60后受教育程度在初中以下的占比最大（41.1%）。虽然60后受教育程度低，但是60后购房的也有一定的比例。

表1 出生年分组 * 受教育程度交叉制表

			初中及以下	高中/中专	大学专科	大学本科	研究生	合计
出生年分组	60后	计数	143	115	51	37	2	348
		出生年份组（%）	41.1	33.0	14.7	10.6	0.6	100.0
	70后	计数	34	62	74	130	22	322
		出生年份组（%）	10.6	19.3	23.0	40.4	6.8	100.0
	80后	计数	18	51	97	321	72	559
		出生年份组（%）	3.2	9.1	17.4	57.4	12.9	100.0
	90后	计数	4	14	23	31	1	73
		出生年份组（%）	5.5	19.2	31.5	42.5	1.4	100.0
合计		计数	199	242	245	519	97	1302
		出生年份组（%）	15.3	18.6	18.8	39.9	7.5	100.0

（二）购房新市民的职业与收入

图8显示，在北京的白领新市民购房比例大（45.5%），其次是蓝领（17.3%）、无职业或其他（4.8%）。白领比蓝领购房能力更强。

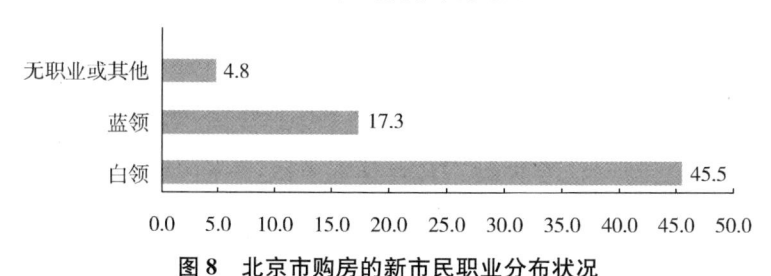

图 8 北京市购房的新市民职业分布状况

在北京购房的新市民中月收入占比最大的是 3000—6000 元/月（31.3%），其次是高于 12000 元/月（22.1%）、9000—12000 元/月（17.6%）、低于 3000 元/月（15.7%）、6000—9000 元/月（13.5%）。从图 9 可见，尽管在北京购房的新市民中月收入在 9000 元以上的人数比较多，但月收入不足 3000 元的也有 15.7%。

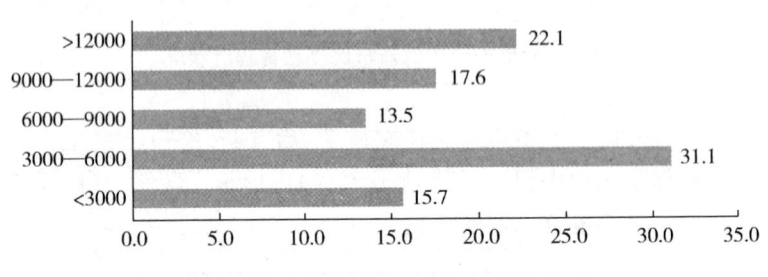

收入区间	占比
>12000	22.1
9000—12000	17.6
6000—9000	13.5
3000—6000	31.1
<3000	15.7

图 9　北京市购房的新市民月收入状况

四　北京市新市民租房情况分析

通过对 2017 年全国流动人口动态监测调查的原始数据进行筛选，选取北京市流动人口选择租房的样本，共有 5097 份。以下分别对北京市整租（3275 人）、合租（995 人）以及居住单位/雇主房（827 人）的新市民进行比较。研究方法采用 SPSS 软件对数据进行交叉分析。

（一）北京市租房新市民户口性质

在租房的新市民样本中，非农户籍的新市民有 1249 人，占比为 24.5%，农村户籍的新市民有 3848 人，占比为 75.5%，非农户籍的新市民人数不到农村户籍新市民的三分之一。从表 2 可以看出，租房的大多数是农村户籍的新市民，其中，合租房的农村户籍新市民占比为 81.9%、住单位/雇主房（不包括就业场所）的农村户籍新市民占比为 81.3%、整租房中农村户籍的占比为 72.1%。可以看出，农村户籍的新市民租房的比例大。

表 2　户口性质 * 租房性质

户口性质			单位/雇主房	租住私房—整租	租住私房—合租	合计
	非农	计数	155	914	180	1249
		租房性质（%）	18.7	27.9	18.1	24.5
	农村	计数	672	2361	815	3848
		租房性质（%）	81.3	72.1	81.9	75.5

续表

		单位/雇主房	租住私房——整租	租住私房——合租	合计
合计	计数	827	3275	995	5097
	租房性质（%）	100.0	100.0	100.0	100.0

（二）北京市租房新市民出生年代

租房的北京市新市民样本中，60后新市民有744人，占比为14.6%，70后新市民有1126人，占比为22.1%，80后新市民有2110人，占比为41.4%，90后新市民有1117人，占比为21.9%。从表3可以看出，90后新市民的租住条件较差，在租房性质对比中，90后新市民选择合租（30.1%）和住单位/雇主房（不包括就业场所）（28.5%）的较多。60后住在单位/雇主房（不包括就业场所）的也较多，占比为21.8%，70后和80后新市民整租的更多。（参见表3）

表3 出生年分组 * 租房性质

			单位/雇主房	租住私房——整租	租住私房——合租	合计
出生年分组	60后	计数	180	463	101	744
		租房性质（%）	21.8	14.1	10.2	14.6
	70后	计数	161	776	189	1126
		租房性质（%）	19.5	23.7	19.0	22.1
	80后	计数	250	1454	406	2110
		租房性质（%）	30.2	44.4	40.8	41.4
	90后	计数	236	582	299	1117
		租房性质（%）	28.5	17.8	30.1	21.9
合计		计数	827	3275	995	5097
		租房性质（%）	100.0	100.0	100.0	100.0

在图5中，北京市60后新市民购房的占比较大，但住在单位/雇主房（不包括就业场所）的也较多。说明60后在京流动人口中有部分已经在北京扎根，有一些积蓄；而有部分却因为岁数较大，丧失了体能优势，只能住条件较差的住房，住房更加两极化。70后、80后上有老下有小，需要租住空间更大的住房，所以选择整租的最多；90后比较年轻，积蓄少，所以选择合租和单位/雇主房（不包括就业场所）的较多。

（三） 北京市租房新市民婚姻状况

租房的北京市新市民样本中，未婚的新市民有851人，占比为16.7%，已婚的新市民有4088人，占比为80.2%，其他婚姻状态的新市民有158人，占比3.1%，新市民中已婚的占大多数。从表4可以看出，已婚的新市民整租的占比最大，虽然未婚的新市民整租的人数比住单位/雇主房（不包括就业场所）的多，但是在和其他婚姻状态的新市民的比较中，住单位/雇主房（不包括就业场所）的人数也不少。相比已婚的新市民，未婚新市民的居住条件较差。（参见表4）

表4　婚姻状况 * 租房性质

婚姻状况			单位/雇主房	租住私房—整租	租住私房—合租	合计
婚姻状况	未婚	计数	266	338	247	851
		租房性质（%）	32.2	10.3	24.8	16.7
	已婚	计数	525	2843	720	4088
		租房性质（%）	63.5	86.8	72.4	80.2
	其他	计数	36	94	28	158
		租房性质（%）	4.4	2.9	2.8	3.1
合计		计数	827	3275	995	5097
		租房性质（%）	100.0	100.0	100.0	100.0

已婚的新市民，大部分人拖家带口来到北京，需要租住一整套住房。而未婚的新市民，大多数是单身，年纪也较小，来到北京的时间也较短，积蓄少，因此住在单位/雇主房（不包括就业场所）和合租的人不少。

（四）北京市租房新市民受教育程度

北京租房的市新市民样本中，初中及以下学历的新市民有2470人，占比为48.5%，高中中专学历的新市民有1146人，占比为22.5%，大学专科学历的新市民有716人，占比为14%，大学本科学历的新市民有667人，占比为13.1%，研究生学历的新市民有98人，占比为1.9%。在上文图7中已知，大学本科学历以上的北京新市民购房的占比最大（39.9%）、其次是大学专科（18.8%）、高中/中专（18.6%）、初中以下（15.3%）、研究生（7.5%）。从图7和表5可以看出，受教育程度对新市民选择住房有较大影响。初中及以下学历的新市民租房的比例最大，随着学历的增长，租房的比例就越小。（参见表5）

表 5 受教育程度 * 租房性质

			单位/雇主房	租住私房—整租	租住私房—合租	合计
受教育程度	初中及以下	计数	452	1541	477	2470
		租房性质（%）	54.7	47.1	47.9	48.5
	高中中专	计数	229	664	253	1146
		租房性质（%）	27.7	20.3	25.4	22.5
	大学专科	计数	98	484	134	716
		租房性质（%）	11.9	14.8	13.5	14.0
	大学本科	计数	43	514	110	667
		租房性质（%）	5.2	15.7	11.1	13.1
	研究生	计数	5	72	21	98
		租房性质（%）	0.6	2.2	2.1	1.9
合计		计数	827	3275	995	5097
		租房性质（%）	100.0	100.0	100.0	100.0

初中及以下学历的新市民租房的比例最大，而在租房的三种类型中，相比其他学历，初中及以下学历的新市民住单位/雇主房（不包括就业场所）的比例最大，占比为54.7%。初中及以下学历的新市民居住条件最差。

（五） 北京市租房新市民职业构成

北京市新市民样本中，白领1674人，占比为37.1%，蓝领的新市民22651人，占比为58.7%，无职业或其他职业的新市民191人，占比4.2%。上文图8中，在北京市购房的新市民中白领比例最大（45.5%），其次是蓝领（17.3%）、无职业或其他（4.8%）。在表6中，蓝领新市民租房的比例最大。

表 6 职业 * 租房性质

			单位/雇主房	租住私房—整租	租住私房—合租	合计
职业	白领	计数	136	1270	268	1674
		租房性质（%）	17.2	44.6	30.5	37.1
	蓝领	计数	629	1455	567	2651
		租房性质（%）	79.6	51.1	64.6	58.7
	无职业或其他	计数	25	123	43	191
		租房性质（%）	3.2	4.3	4.9	4.2
合计		计数	790	2848	878	4516
		租房性质（%）	100.0	100.0	100.0	100.0

从表6可以看出，和其他职业相比，蓝领新市民租住单位/雇主房比例最大，占比为79.6%，其次是合租，占比为64.6%，整租的较少，占比为51.1%。白领新市民整租的较多，占比为44.6%，租住单位/雇主房（不包括就业场所）的最少，占比为17.2%。相比白领新市民，蓝领新市民的居住条件较差，租住单位/雇主房的最多。

（六）北京市租房新市民月收入

租房的市新市民样本中，月收入低于3000元/月的新市民有2400人，占比为47.1%，3000—6000元/月的新市民有1584人，占比为31.1%，6000—9000元/月的新市民有481人，占比为9.4%，9000—12000元/月的新市民有399人，占比为7.8%，高于12000元/月的新市民有233人，占比为4.6%。随着月收入的增加，租房的比例在减少，租房比例最大的是月收入低于3000元/月的新市民。（参见表7）

表7　月收入 * 租房性质

			单位/雇主房	租住私房—整租	租住私房—合租	合计
月收入（元/月）	<3000	计数	654	1218	528	2400
		租房性质（%）	79.1	37.2	53.1	47.1
	3000—6000	计数	138	1072	374	1584
		租房性质（%）	16.7	32.7	37.6	31.1
	6000—9000	计数	20	403	58	481
		租房性质（%）	2.4	12.3	5.8	9.4
	9000—12000	计数	10	361	28	399
		租房性质（%）	1.2	11.0	2.8	7.8%
	>12000	计数	5	221	7	233
		租房性质（%）	0.6	6.7	0.7	4.6
合计		计数	827	3275	995	5097
		租房性质（%）	100.0	100.0	100.0	100.0

月收入低于3000元/月的新市民选择租房的最多，而在租房的三个类型中，相比其他月收入的新市民，住单位/雇主房（不包括就业场所）的最多，占比为79.1%，其次是合租，占比为53.1%。可见，月收入低于3000元/月的新市民居住条件最差。

五 结论

本文分别对北京市已经购房、整租、合租以及居住单位/雇主房的新市民进行分析，得出以下结论。

（一）北京市非农新市民相比农村新市民购房能力更强。北京市80后新市民购房的比例最大，其次是60后和70后，90后新市民购房的比例最小。北京市已婚的新市民购房的比未婚的新市民比例大。大学本科学历以上的北京新市民购房的比例大。北京新市民中白领与蓝领相比购房能力更强。尽管在北京购房的新市民中月收入在9000元以上的比例大，但月收入不足3000元的也有15.7%。

（二）在北京市租房（整租、合租、单位/雇主房）新市民中，农村户籍的新市民合租和住单位/雇主房（不包括就业场所）的较多。90后新市民的租住条件较差，90后新市民合租（30.1%）和住单位/雇主房（28.5%）的比例大。60后住在单位/雇主房（不包括就业场所）的也较多，占比为21.8%，70后和80后新市民整租的更多。相比已婚的新市民，未婚新市民的居住条件较差。受教育程度对新市民选择住房有较大影响。初中及以下学历的新市民租房的比例最大，随着学历的增长，租房的比例越小。初中及以下学历的新市民居住条件最差，相比白领新市民，蓝领新市民的居住条件较差，租住单位/雇主房的比例最大。随着月收入的增加，租房的比例在减小，租房最多的是月收入低于3000元/月的新市民，并且住单位/雇主房的比例大，占比为79.1%，其次是合租，占比为53.1%。可见，月收入低于3000元/月的新市民居住条件最差。

在北京市租房并且居住条件较差的新市民有这几个特征：户籍来自农村、岁数最大和最年轻、未婚、初中及以下教育程度、蓝领、月收入低于3000元。综合以上分析可以看出，北京市新市民中虽然有部分岁数大的新市民已经在北京购房，但是新一代的新市民大多数无法实现购房的愿望。大部分只能租房，并且只能租住条件较差、租金较低的住房。年轻化是新生代租客标志性的特征之一，从年龄构成来看，在城市租住人群中，30岁以下占比超过55%，而00后租客的占比已经超过5%。虽然《2020年中国青年租住生活蓝皮书》指出，新生代租客的租住需求已迎来新一轮升级，年轻、高学历、薪资水平较高的新生代租客正在崛起。新一代城市租客的主体由30岁以下、本科以上学历群体构成，同时，他们薪资水平远超城市均值，并在租房方式上更热衷选择长租机构[1]。实际

---

[1] 国际在线：《2020中国青年租住生活蓝皮书》：青年租住看重线上化体验 选房遵循"双30法则"，https：//baijiahao.baidu.com/s？id=1678699993132735412 & wfr=spider & for=pc。

上，大部分在北京的新市民，尤其是年轻的 90 后新市民虽然学历比老一代新市民要高，但是购房的很少。在表 1 中，我们对新市民的出生年代和受教育程度进行交叉比较后发现，虽然 60 后受教育程度低，但是 60 后购房的不少。可见，受教育程度只是北京新市民购房的一个影响因素，新的一代新市民赶上了高房价和限购的时代，即使收入略微高些，也没有能力和条件购房。除了购房，新市民获得政府公租房的也很少，在北京市高房价高租金的背景下，大多数新市民租赁住房的支出费用非常低、住房条件差。住房问题使得新市民难以融入北京，缺少对北京的归属感。

习近平书记在党的十九大报告中指出："坚持房子是用来住的、不是用来炒的定位，加快建立多主体供给、多渠道保障、租购并举的住房制度，让全体人民住有所居。"[1] 为建立健康发展的长效机制，让全体人民住有所居，党中央和国务院明确要求建立租购并举的住房制度。2020 年底举行的中央经济工作会议更是将"解决好大城市住房突出问题"作为 2021 年重点任务之一，"租购并举"、长租房等方面获得更加充分的重视。政府工作报告高度重视住房租赁市场，提到"切实增加保障性租赁住房和共有产权住房供给，规范发展长租房市场，降低租赁住房税费负担，尽最大努力帮助新市民、青年人等缓解住房困难"。[2] 北京市根据中央精神加紧落实相关政策和办法，北京 2021 年计划安排集体土地租赁房和公租房用地各 150 公顷，并综合利用现有土地一级开发、集体土地入市、存量资源改造、闲置房屋盘活等方式拓宽供应渠道，保障好群众住房需求，尽最大努力帮助新市民、青年人等缓解住房困难。[3] 今后预计将出台更多涵盖市场规范、土地供应倾斜、人才引进等方面的支持措施，住房租赁建设制度有望更加细化和完善。

参 考 文 献

[1]《2020 中国青年租住生活蓝皮书》，https：//baijiahao.baidu.com/s？id＝167869991313273-5412 & wfr＝spider & for＝pc。

[2] 2021 年《政府工作报告》3 月 5 日，http：//www.gov.cn/guowuyuan/zfgzbg.htm。

---

① 习近平：《决胜全面建成小康社会 夺取新时代中国特色社会主义伟大胜利——在中国共产党第十九次全国代表大会上的报告》，人民出版社 2017 年版，第 60 页。

② 2021 年 3 月 5 日，李克强总理代表国务院在十三届全国人大四次会议上作《政府工作报告》，http：//www.gov.cn/guowuyuan/zfgzbg.htm。

③ 北京日报：《本市 2021 年公租房用地将达 150 公顷》，http：//hdzx.bjhd.gov.cn/2019/zxyx/szxw/202103/t20210315_4456537.shtml，2021-03-15。

［3］北京日报：《本市 2021 年公租房用地将达 150 公顷》，http：//hdzx.bjhd.gov.cn/2019/zxyx/szxw/202103/t20210315_4456537.shtml，2021-03-15.

［4］北京市统计局：《北京市第七次全国人口普查主要数据情况》，http：//tjj.beijing.gov.cn/zt/bjsdqcqgrkpc/qrpbjjd/202105/t20210519_2392982.html。

［5］贝壳研究院：《2020 新青年居住消费趋势报告》，http：//www.199it.com/archives/1177039.html。

［6］邵挺：《中国住房租赁市场发展困境与政策突破》，《国际城市规划》2020 年第 35 卷第 6 期。

［7］习近平：《决胜全面建成小康社会　夺取新时代中国特色社会主义伟大胜利》，人民出版社 2017 年版。

推动物业参与社区治理的实践探索
——以海淀区万寿路街道"民情驿站"为例[*]

杨艳梅[**]

摘　要： 社区是社会治理最基本的单元，与每个居民的切身利益息息相关。物业企业扎根社区，逐步成为社区治理的一支重要力量。2020年5月1日《北京市物业管理条例》的颁布实施，将党建引领物业参与社区治理推向了新的高度。北京市海淀区万寿路街道认真贯彻《北京市物业管理条例》，积极探索以"民情驿站"为平台推动物业参与社区治理的新举措，在提高物业服务水平、创新社区治理方式、提升为民服务效能等方面取得了初步成效。本文总结了以"民情驿站"推动物业参与社区治理的创新做法，并结合实际分析了存在的问题，对继续深化"民情驿站"工作提出了思考建议。

关键词： 社区治理；物业企业；党建引领；"民情驿站"

社区是基层治理的关键一环，社区治理水平的高低关乎每个居民群众的切身利益。物业企业因其扎根于社区，逐步成为社区治理的一支重要力量。2020年5月1日《北京市物业管理条例》的颁布实施，将党建引领物业参与社区治理推向了新的高度。为此，北京市海淀区万寿路街道认真贯彻《北京市物业管理条例》，坚持以问题为导向，积极探索以"民情驿站"推动物业参与社区治理的工作机制，取得了初步的成效。所谓"民情驿站"是社区党委领导、政府主导、多方参与、合署办公的组织，由社区党组织书记任站长，物业经理任副站长，物业人员、社区干部、社区民警、房管专员、城管队员等担任驿站成

---

[*] 本文是北京市海淀区万寿路街道2020年度协作调研成果之一。

[**] 杨艳梅，中共北京市海淀区委党校科研部主任、一级主任科员，主要研究方向：社会治理、党的建设等。

员。"民情驿站"以民情热线 24 小时接听、民情窗口随时接待为平台，将物业纳入兼职民情专员，与社区快速联动，及时回应居民诉求，解决群众身边烦心事。这一举措有效推动了物业管理纳入社区治理体系，引导督促物业企业主动参与社区治理、主动服务社区群众，从而增强社区治理力量，提高社区治理水平，提升群众的幸福感、满意度。

一 "民情驿站"建立的背景及意义

北京市海淀区万寿路街道位于海淀区南部，成立于 1963 年 3 月，面积 8.82 平方千米，辖 35 个社区，常住人口 21.2 万人。辖区内部队大院多、老旧小区多、流动人口多，居住密度大。在平时生活中，居民们总会遇到一些诸如小区楼道堆物、家中阳台裂缝等烦心琐事，在解决过程中往往找社区，社区联系不到物业；找物业，物业单方面解决不了。为推动物业直接、快速地服务群众解决这些困扰，万寿路街道自 2020 年 8 月以来，在部分社区相继成立"民情驿站"，搭建起物业和社区快速联动、及时响应群众诉求的桥梁和纽带。这项举措是积极落实国家对基层治理工作创新的现实需要，是响应北京市关于推进物业参与基层治理工作要求的现实需要，也是街道社区提升精细化治理水平的现实需要。

（一）"民情驿站"是落实国家对基层治理工作创新的现实需要

基层社会治理是社会治理的微观场域，是服务群众的"最后一公里"。社会治理工作最坚实的力量支撑在基层，最鲜活的创新创造也在基层。党的十九届四中全会强调："必须加强和创新社会治理，完善党委领导、政府负责、民主协商、社会协同、公众参与、法治保障、科技支撑的社会治理体系，建设人人有责、人人尽责、人人享有的社会治理共同体。"[1] 因此，"协同共治"成为社会治理体系建设的最新常态和未来趋势。具体到街道层面，就是要充分发挥党建引领作用，不断创新方式方法，积极调动社区、居民、物业企业、社会组织等各种力量，实现政府治理和社会调节、居民自治良性互动，打造共建共治共享的城市社区治理格局[2]。

---

[1] 《中共中央关于坚持和完善中国特色社会主义制度、推进国家治理体系和治理能力现代化若干重大问题的决定》，党的十九届四中全会审议通过，2019 年 10 月。

[2] 梁绮惠、张家玉：《治理视域下社区共同体的复归：佛山样本》，中山大学出版社 2019 年版，第 16 页。

（二）"民情驿站"是响应北京市推进物业参与基层治理要求的现实需要

近年来，北京市委市政府深入贯彻习近平总书记对北京重要讲话精神，在疏解整治促提升基础上自觉探索符合超大城市特点和规律的基层社会治理新路，于2018年和2019年相继实施党建引领"街乡吹哨、部门报到"改革、完善"接诉即办"机制，切实推动工作重心下沉、资源下沉、服务下沉，及时快速解决群众诉求，有效提升了基层治理的效能。2020年5月1日，《北京市物业管理条例》的颁布实施，又将党建引领物业、业委会参与基层治理推向了新的高度。同时，北京市还计划用三年时间实现业委会（物管会）组建率、物业服务覆盖率、党的组织和工作覆盖率的"三率"覆盖率达90%，这是具体任务也是硬性指标[①]。这些都为"民情驿站"的实践提供了重要依据。

（三）"民情驿站"是提升街道社区精细化治理水平的现实需要

近年来，随着人们生活水平的提高，社区居民对物业服务品质的要求越来越高。但由于当前物业企业服务的水平和能力有限等原因，由物业服务引发的社会管理问题日益凸显。以12345热线为例，物业服务是市民投诉较多的一项。例如，自2020年5月1日《北京市物业管理条例》颁布至10月20日之间，北京12345热线共受理条例相关反映607件，其中大部分诉求都与物业企业的管理和服务相关。为此，万寿路街道坚持问题导向，积极探索以"民情驿站"推动物业参与社区治理的工作机制，将"吹哨报到""接诉即办"机制继续向社区延伸，向物业延伸，切实解决好群众家门口的事情。

二 推动"民情驿站"工作的主要做法及初步成效

（一）主要做法

"民情驿站"的建立经过了前期调研、制定方案和挂牌成立等几个阶段。目前已在街道27个社区中选取4个典型社区，分两批进行挂牌成立。第一批是翠微中里社区和今日家园社区两个社区；第二批是复兴路32号社区和万寿路甲15号社区两个社区。在成立和运行过程中，街道、社区、物业公司等各方主体做了大量的工作。

---

① 李富莹：《关于〈北京市物业管理条例（草案）〉的说明——2019年11月25日在北京市第十五届人民代表大会常务委员会第十六次会议上》，《北京市人大常委会公报》2020年第2期。

1. 街道统筹，成立领导小组，制定工作方案

自 2020 年 4 月以来，万寿路街道在党工委书记的带领下开始筹划"民情驿站"工作，前期做了大量的准备工作。首先，成立街道民情驿站领导小组，由街道党工委书记任组长、街道办事处主任任常务副组长、街道办事处副主任任副组长。领导小组下设办公室，设在社区建设科，具体负责民情驿站日常监督管理工作，由社区建设科办公室主任任领导小组办公室主任。其次，街道统筹组织召开各类座谈会，就"民情驿站"工作进行协商，并深入社区开展大量的实地调研，采取走访、座谈、问卷等形式广泛征求社区居委会、物业企业、居民群众等意见和建议。最后，在调研的基础上，街道制定了《万寿路街道关于推进社区民情驿站建设的工作方案（试行稿）》，明确了建立"民情驿站"的指导思想、基本原则、工作目标、组织机构、工作职责、工作要求等内容，压实"民情驿站"建立的制度保障和机制保障。

2. 精心组织，选取典型社区，分批开展试点

街道在调研和征求意见的基础上，首先确定第一批以翠微中里、今日家园两个社区为示范社区，在物业办公场所内开始设立民情驿站办公室。由社区书记任民情驿站站长，物业经理任副站长，物管会成员、物业工作人员、社区居干、民警、房管所专员、城管执法队等相关人员为驿站成员。在 2020 年 8 月底，翠微中里社区民情驿站和今日家园社区"民情驿站"相继建立，分别组建了一支能力过硬的物业民情应急处置队伍，及时为居民百姓解决困难事；设置一条"24 小时为您而动"的民情服务热线，耐心倾听居民的关心与诉求；设置一本民情日志，记录下居民反映的关心事、困难事、烦心事，做好问题梳理。社区党委还对民情驿站工作人员进行了接诉即办电话、现场回访及接诉即办案件回复等方面的岗前培训。经过不到 1 个月的试点，翠微中里、今日家园社区"民情驿站"工作取得很好的成效。基于此，街道选取复兴路 32 号和万寿路甲 15 号社区积极筹备开展第二批试点工作，并于 2020 年 9 月中旬相继成立运行。"民情驿站"由社区和物业工作人员等联合组成，设置民情专员、物业执行组、社区指导组，负责接听民情服务热线，回应居民诉求。万寿路甲 15 号社区还利用自身资源，改进"居民议事休息室"为"茶话民情"驿站，以此为切入点，把"以居民为中心"作为核心，踏踏实实地解决居民诉求。

3. 明确职责，加大考核力度，实施奖惩措施

"民情驿站"工作是一个系统工程，少了哪个环节都会使效果大打折扣。为此，街道明确了"社区民情驿站工作职责"和"街道职能部门工作职责"。其中，民情驿站工作职责重点是要把服务保障社区群众的民情诉求作为首要职责，要及时深入小区、庭院、居民楼开展调查研究，做到情况清、症结清、措施清，要深入居民当中主动发现和解决问题，切实做到化解邻里矛盾、改善居住环境、破解社区治理难题；要指派专人负责接听社区民情热线及"12345"案件，建立工作台账，并且工作人员要在第一时间进行处理；要每月召开一次居民议事会，邀请居民代表、热心社区公益事业等人员就社区治理等重大事项进行讨论研究，针对群众的意见和建议改进工作，未诉先办。而职能部门的职责涉及社区建设科等多个科室和单位，主要体现在：社区建设科指导社区居委会设立民情驿站，为民情驿站提供全方位支持；指挥分中心负责向民情驿站的物业工作人员指导、培训接诉即办工作流程、案件回复等相关内容；社区党组织负责调解物业管理纠纷，监督物业工作人员的服务态度及民情诉求的办理解决，提高居民的满意认可度；物业公司按照物业服务合同的约定提供有效物业服务。同时，街道也对"民情驿站"进行考核评比，由街道物业办公室联合房管专员对不作为、慢作为民情驿站物业成员单位进行监督检查，采取奖励与处罚并举的方式进行管理；由城管执法队针对社区内环境秩序及垃圾分类工作进行执法检查，对主体责任履职不到位的物业服务单位进行处罚。另外，为激励先进，街道社区建设科组建考评小组，每月开展评比，对表现突出的民情专员和物业企业进行奖励。

（二）取得的初步成效

"民情驿站"的成立，是实现社区与物业面对面共事、共同为居民办实事、居民与社区点对点议事，推动物业公司参与社区治理、提升物业服务水平的重要举措，标志着街道和社区在"零距离"为民服务上又向前迈进了一步。其价值体现在街道和社区、居民和物业企业等多个层面。

1. 党建引领汇聚多元力量，提升街道和社区的治理能力

对街道和社区而言，"民情驿站"可以发挥党组织党建引领作用，积极调动物业参与社区治理的积极性主动性，形成社区党委、物业公司、社区居民齐抓共管、共同参与的工作机制。通过"民情驿站"的设立，街道和社区基本形成了政府主导、多方参与、合署办公的工作格局，组建了一支民情处置服务队，将物业人员纳入兼职民情专员，配合社区及时回应居民诉求，破解民情热线"12345"渠道收集的各类社区治理难题，有效推动物业办民情实事、解民意难题，确保"小事不出社区、大事不出街道、居民矛盾不上交"，切实提高街道、社区精细化治理能力。街道、社区的治理能力上去了，居民对社区的满意度也会得到提升、居民的幸福感也能得到增强，这样就会减少居民的"接诉即办"数量，从而形成一个良性的循环。民情驿站的试行，为社区治理共建共治共享拓宽了新路径，为社区建设发展增强了新动能，为社区工作团队注入了新血液，更为社区、物业与居民之间搭建起了连心桥。

2. 搭建平台畅通诉求渠道，促使居民诉求得到快速解决

对社区居民而言，"民情驿站"以居民生活无小事为出发点，用心办事，温情暖人，"零距离"为居民实打实办实事，体现了居民无小事，民生就是大事，人民至上的服务理念。"民情驿站"不仅能够畅通居民诉求的表达渠道，还能促使居民合理诉求得到及时快速的处理和解决，从而化解百姓生活上的难题，让居民在家门口就能感受到社区生活的舒适度，使社区居民真正感受到社区生活的便利性，体会到社区的温暖，使社区居民真正感受到幸福感、获得感、满足感。另外，通过驿站民情专员的下沉调查，还能及时发现基层问题，从而达到未诉先办的效果。

3. 创新物业企业服务机制，提升物业的服务水平和价值

对物业企业而言，"民情驿站"可以优化物业企业服务流程，形成一套有效推动物业办民情实事、解民意难题的合理解决机制。物业管理部门与社区党组织，在推动民情驿站建立的过程中密切配合，在共商共建中彼此相互支持，在服务居民群众中团结一心，在物业和小区居民群众的家园意识和家人理念越来越坚定的同时，形成了党群互动、优势互补、共治共享的良好局面。"民情驿站"对于物业企业而言，一方面可以促使物业企业主动融入社区治理中，用心用情为百姓服务，并在参与社区治理中不断提升自身服务能力，从而提升其社会价值。另一方面，由于物业企业的主动作为，居民的诉求可以实现有呼必应、接诉即办，甚至未诉先办。社区居民能真正感受到物业企业的价值所在，对物业企业的认同感会有所提升。物业企业在今后的服务中会拉近与业主距离，从而可以提高物业费收缴率，也能实现一定的经济价值。

三 目前存在问题

目前"民情驿站"工作刚刚起步，尚处于在少数社区试点的阶段，还存在一些问题亟待进一步完善。

（一）宣传力度不够，社区、物业及居民的认识程度有待进一步提升

经过调研发现，"民情驿站"试点工作虽已拉开序幕，街道已通过楼门公告栏、入户宣传、线上传播等多种方式公布专线号码、发放民情暖心卡等形式开展广泛宣传。但"民情驿站"毕竟是一个新鲜事物，需要有一个被人逐渐认识和接受的过程。目前，个别物业企业存在重视程度不够的问题，积极性和参与度不太高，很多涉及物业和业主的矛盾和纠纷还是由居委会和物业协商解

决；而一些居民对"民情驿站"还不是很了解，处于观望和试探阶段。因此，街道和社区还要进一步加强广泛宣传和推广。

（二）社区情况不同，"民情驿站"在扩大覆盖面上存在一定的困难

万寿路街道目前有27个社区，由于每个社区的特点不同，特别是有的社区有物业企业管理，有的社区还没有引进物业企业，缺乏统一管理，缺乏专业人员；有的社区物业企业比较规范，而有的社区的物业企业力量严重不足。各社区类型复杂，情况不一，使得"民情驿站"在整个街道范围内广泛推行存在一定的挑战和困难。这需要街道结合实际情况，提前研判、创新做法、综合施策，进一步提高"民情驿站"在街道全域内的覆盖率和受众面。

（三）制度建设不足，对于推进"民情驿站"的长效机制亟需完善

目前，街道虽然制定了相应的工作方案，但是配套的管理制度、考核制度等还需要进一步完善。特别是在社区运行过程中，还要具体明晰"民情驿站"中街道、社区、物业等各方主体的权责问题，需要解决各方主动向前一步的后顾之忧。另外，由于"民情驿站"专员的专业性、政策性等相关知识以及技能的缺乏，需要加强对他们的专业化培训和指导。

四 优化和推广"民情驿站"的思考与建议

"民情驿站"是万寿路街道在推进基层治理工作过程中的一项有益探索。针对目前存在的问题，街道将继续坚持和完善"民情驿站"工作，不断总结实践探索经验，丰富民情驿站的内涵与功能，进一步强化社区服务职能、提升物业服务水平的规律性研究，以点带面，通过一种工作模式总结梳理一套经验方法，形成一个长效机制，通过一个试点带动一片治理，切实提升社区基层治理能力和水平。

（一）加强街道统筹，加大推广力度

"民情驿站"是一项涉及方方面面的系统工程，也是一项长期的基础性工作，街道党工委要把好统筹关。街道层面要加强对"民情驿站"工作的调研，结合每个社区的特点和需要，加强与房管、驻区单位、物业的对接，明确工作流程与标准，有针对性地逐渐扩大试点范围；及时总结提升，形成有代表性、可复制的经验在全街道推广。各社区党组织也要加强对"民情驿站"组建、运行、考核等工作的组织领导，将"民情驿站"办成以民情诉求为核心，物业服

务为基础，各方成员单位积极参与和办理服务群众的亲民实事。物业企业也要主动担当、展现作为，在"民情驿站"中实现真正的价值。

（二）积极改革创新，构建长效机制

街道要制定长效机制，重点鼓励社区主动探索实践，大胆改革创新，将"民情驿站"依靠重点向物业管理人员及维修保洁队伍延伸、向发动驻区单位延伸，逐步构筑"横向到辖区、纵向到家庭"的全方位服务网络。比如，"民情驿站"要进一步建立健全有效的居民群众沟通机制，让居民的意见能够得到及时表达，使社区和物业企业也能及时了解居民需求，以促进居民合理诉求的及时回应；要进一步完善各项流程，明确各方职责，明晰考核指标，推动物业企业和社区的主动作为、积极作为、有效作为。

（三）线上线下联动，加强宣传引导

充分利用小区宣传栏等传统媒介以及网络、微信等现代信息手段，通过线上线下联动，加强对"民情驿站"的宣传。一方面，宣传物业管理先进典型，营造良好氛围；另一方面，通过社区微信公众号、微信群等线上方式，加强与业主的日常沟通，及时了解群众的想法和诉求，通过与居民良性互动，将问题前置，把"接诉即办"、未诉先办与主动服务相结合，形成服务群众的快速反应机制。同时，要加强对物业管理工作人员以及业主委员会（物业管理委员会）的政策指导和培训，使其更好地发挥作用，推动工作落实，切实把关心群众、温暖群众、帮助群众的"民情驿站"工程做实做好。

参 考 文 献

[1] 梁绮惠、张家玉：《治理视域下社区共同体的复归：佛山样本》，中山大学出版社2019年版。

[2] 李富莹：《关于〈北京市物业管理条例（草案）〉的说明——2019年11月25日在北京市第十五届人民代表大会常务委员会第十六次会议上》，《北京市人大常委会公报》2020年第2期。

共建型治理：北京农村志愿服务困境研究*

王 弢 张 健**

摘 要：本研究运用定性与定量相结合的方法，对北京郊区 D 区 Y 镇和 M 区 W 镇 8 个村的志愿服务情况进行描述分析，从四个维度描述了北京郊区农村志愿服务存在的困境。文章认为形成服务困境的主要原因有适应机制单一、目标机制弱化、整合机制缺失、运行机制漏洞等问题，建议从整合社会资源的扶持渠道、提升村民参与的激励目标、加大专业培训的力度三个方面来疏解农村志愿服务发展困境。

关键词：志愿服务；结构化治理；共建型治理

农村志愿服务不仅是社会精神文明的重要内容和有效手段，也是实现国家社会治理现代化和"三治"融合的重要方法和得力工具。2018 年底，党中央提出建设县、乡镇、村三级新时代文明实践中心，助力农村志愿服务的推广。2021 年的中央一号文件指出：加强新时代农村精神文明建设。拓展新时代文明实践中心建设，深化群众性精神文明创建活动。为此，本研究基于北京郊区农村新时代文明实践中心（站）的具体情况，通过研究农村志愿服务的现状及存在困境，采用定量与定性相结合的研究方法，从而为有效开展农村志愿服务提供新思路。

---

* 本文系北京市社会科学基金 2021 年度重大项目《基于城乡居民需求差异的美丽乡村建设路径研究》（编号：20JCA102）的部分成果。
** 王弢，博士，中共北京市委农工委党校决策咨询部主任、副研究员，主要研究方向：公共管理、农村人力资源开发；张健，北京农业职业学院图书馆读者服务部主任、馆员，主要研究方向：图书情报管理。

一 研究背景与研究问题

当前，北京郊区各个乡镇和部分行政村建成的新时代文明实践中心（站）的主体力量是志愿者，主要活动方式是志愿服务。而农村志愿服务是通过整合各种资源满足农民群众日益增长的物质文化和生活需求的重要途径。在我们调查的8个村落中，只有北京市D区Y镇的K村设有文明实践站，而其余村落的村民对志愿服务几乎没有切身感受，村干部也是一知半解。在推进乡村振兴战略实践中，北京郊区农村要想探索志愿服务在基层社会治理中发挥作用的有效路径，就必须有效发挥北京郊区272.7万农民的有生力量，紧密围绕农村居民的多样化需求，才能培育出适宜农村推广和发展的志愿服务项目。

学术界对于农村志愿服务发展困境的相关研究主要集中在两个领域：一方面是制度视角的研究，有学者根据当前农村志愿服务发展状况指出了志愿服务的困境（谭建光2020，赵丽2020）；另一方面则是文化视角的研究，有学者基于传统理论文化的角度，解读志愿服务中的志愿文化现实困境（田庚、杨依凡、刘旭霞，2008）。我们认为造成当前农村志愿服务的困境主要体现在两个方面：一是广大普通农村地区本土志愿服务资源缺乏，缺少与高校、城市、港澳台和国外的合作，缺乏外部物质力量的支持；二是大多数农村志愿服务缺乏明确、有特色的定位，忽视志愿受体的服务需求。而在农村现实中，志愿服务运行困境主要是缺乏全面性推动力量和共建共享的治理机制。

二 研究方法和调查对象基本情况

当前，关于农村志愿服务的研究多数集中于从农村地区的客观角度进行论述，参与志愿服务的志愿者需求和志愿活动实际开展情况的研究相对匮乏，本研究正是基于这样的现实状况，通过实地访谈了解农村志愿服务的现状与存在问题，运用问卷调查收集农村志愿服务相关数据，并借助SPSS25.0等专业统计软件进行数据汇总和分析，从而对北京郊区农村志愿服务发展困境进行的实证研究。

课题组于2021年1—2月对京郊两区8个行政村共计22人进行半结构化访谈，随后于2021年3月上旬针对两个区的农村志愿者发放问卷，通过线上和线下相结合的方法收集数据。

（一）半结构化访谈的基本情况

访谈对象集中在D区和M区，访谈对象主要为各村的村干部，包括第一书记、村委会主任、村委会成员以及持续参与线下疫情防控活动的志愿者。同时还补充访谈了3个在镇政府负责志愿服务活动的工作人员，被访者基本信息参见表1。课题组选择D区，M区的农村作为主要访谈地点既是出于课题组成员招募访谈者的便利，也是因为此两地分别从属于产业发展区和生态涵养区，经济体量、发展程度大不相同的地区之间更能比较出志愿服务活动开展的不同之处。

表1 受访者的基本信息

序号	所在区、乡镇	村名	编码	职业/身份	性别	年龄
1	D区Y镇		DC5	镇干部	女	34
2	D区Y镇		DC6	镇干部	女	36
3	D区Y镇	T村	TV4	志愿者	男	56
4	D区Y镇	T村	TC7	村干部	男	31
5	D区Y镇	K村	KC8	第一书记	男	34
6	D区Y镇	K村	KC9	村书记	男	55
7	D区Y镇	Z村	ZV5	志愿者	男	65
8	D区Y镇	Z村	ZC10	村干部	女	34
9	D区Y镇	Z村	ZC11	村干部	男	45
10	D区Y镇	Z村	ZV6	志愿者	男	55
11	D区Y镇	Y村	YV7	志愿者	男	50
12	M区W镇		NC1	镇干部	男	44
13	M区W镇	N村	NV1	志愿者	女	26
14	M区W镇	N村	NV2	志愿者	女	28
15	M区W镇	N村	NP1	村民	男	44
16	M区W镇	N村	NP2	村民	男	60
17	M区W镇	D村	DP3	村民	男	72
18	M区W镇	D村	DP4	村民	男	20
19	M区W镇	D村	DC2	村书记	男	45
20	M区W镇	D村	DV3	志愿者	男	43
21	M区W镇	D村	DC3	村干部	男	46
22	M区W镇	D村	DC4	村干部	男	63

（二）问卷调查基本情况

在完成前期访谈的基础上，课题组采用问卷调查的方式对两个区的志愿者进行调查分析。问卷的发放形式主要集中在网络，通过问卷星生成问卷加以推广。问卷共回收229份，有效问卷195份，其中，D区参与人数有121人，占比62.05%；M区参与人数为74人，占比37.95%，两区样本量占比与受访村落总人数之比大致相同（67.27%：32.73%）。问卷回收后，使用KMO和Bartlett检验进行效度验证，得到KMO值为0.919；使用Cronbach进行信度检验，系数值为0.948，总体样本数据的信度和效度都较高。被调查者基本情况见表2。

表2 基本人口信息

名称	选项	频数	百分比
性别	男	73	37.4
	女	122	62.6
年龄段	18岁以下	4	2.1
	18—25	60	30.8
	26—30	17	8.7
	31—40	45	23.1
	41—50	39	20.0
	51—60	27	13.8
	61—80	3	1.5
政治面貌	中共党员	40	20.5
	共青团员	54	27.7
	民主党派成员	1	0.5
	群众	100	51.3
受教育程度	小学及以下	7	3.6
	初中	33	16.92
	高中（含职高）	76	38.97
	大学（大专及本科）	63	32.30
	研究生	16	8.20
平均月收入	1000元以下	11	5.6
	1001—2500	46	23.6
	2501—5000	82	42.1
	5001—7500	36	18.5
	7501—10000	15	7.7

续表

名称	选项	频数	百分比
平均月收入	10001 及以上	5	2.6
合计		195	100

按区域分布统计，参与本次调查的志愿者中，D区参与过志愿服务的人员有71人，占58.68%；其中有40人是农村志愿者，经常参加志愿活动，占比33.06%。M区参与过志愿服务的人员有35人，占47.30%；其中有8人是农村志愿者，经常参加志愿活动，占比10.81%。D区经常参与农村志愿服务的农村志愿者要高于M区同类型的志愿者。

按收入分布统计，大部分志愿者的收入集中在2501—5000元，占42.1%；其次是1001—2500元和5001—7500元两个区间，占42.1%。在置信水平（双侧）为0.01时，月收入与是否参与农村志愿服务上是没有显著关系的。换言之，是否参加志愿服务不取决于收入的高低。

综上所述，参与问卷调查的人群中，所在地区和政治面貌是影响他们参与农村志愿服务的关键。作为志愿服务的行为通常被认为是一个人的亲社会行为，而地区的发展水平决定了村民参与志愿服务等亲社会行为的物质基础。同时，团员、党员、参与志愿服务的比例高于普通群众，从一定意义上认为党团组织增加了个体亲社会行为的机会。

三 主要发现和存在问题

通过访谈和问卷调查，课题组结合国内外已有的研究，从四个维度分析了北京郊区农村志愿服务存在的困境。

（一）参与志愿服务的种类与帮助人群

1. 参与志愿服务的种类

问卷调查显示志愿者服务在扶贫济困、帮老助残、环境保护、科普宣传、志愿防疫、垃圾分类、社区服务等7个方面的响应率和普及率明显较高。响应率与普及率较高的志愿服务项目代表了最近5年来农村发展的特点和变化。访谈也发现，村民认为农村急需要专业志愿服务的内容集中在对农业种植与饲养等方面提供科学意见建议、为农村孩子提供学习辅导，提供医疗卫生服务这3项。

2. 不愿参与志愿服务的原因

在被调查者没有参与志愿服务的原因中，有41.03%的人选择了没有途径，有43.08%的人选择了没有时间。

（二）参与志愿服务的动机

通过测量志愿服务动机及其各维度的均值和标准差，能在一定程度上反映各变量的水平和整体情况。描述统计的结果如表3、4所示。

表3　D区Y镇农村村民参与农村志愿服务的动机结构

维度和子项	样本数	均值	标准差	信度
1. 价值表达	71	12.056	3.5733	
1.1 我关心那些没有我幸运的人	71	3.859	1.4071	0.861
1.2 我觉得帮助他人非常重要	71	4.113	1.3368	
1.3 我对需要帮助的人抱有同情心	71	4.085	1.2507	
2. 自我提升	71	12.704	3.1731	
2.1 参与志愿服务让我感觉自己是被需要的	71	4.296	1.1006	0.868
2.2 参与志愿服务让我觉得自己很重要	71	4.211	1.17	
2.3 参与志愿服务让我觉得自己更好	71	4.197	1.1907	
3. 社会交往	71	12.958	2.9638	
3.1 我的朋友是志愿者	71	4.338	1.1077	0.887
3.2 我身边的人希望我当志愿者	71	4.296	0.9621	
3.3 我身边的人认为志愿服务是很有意义的	71	4.324	1.0389	

由上述可知，D区Y镇农村村民参加农村志愿服务的动机由高至低依次为社会交往＞自我提升＞价值表达。

表4　M区W镇村民参与农村志愿服务的动机结构

维度和子项	样本数	均值	标准差	信度
1. 价值表达	35	11.69	2.298	
1.1 我关心那些没有我幸运的人	35	3.49	1.173	0.805
1.2 我觉得帮助他人非常重要	35	4.11	0.832	
1.3 我对需要帮助的人抱有同情心	35	4.09	1.011	
2. 自我提升	35	11.17	2.885	
2.1 参与志愿服务让我感觉自己是被需要的	35	3.83	0.954	0.847
2.2 参与志愿服务让我觉得自己很重要	35	3.6	1.193	
2.3 参与志愿服务让我觉得自己更好	35	3.74	1.221	
3 社会交往	35	10.89	2.518	
3.1 我的朋友是志愿者	35	3.51	3.34	0.821
3.2 我身边的人希望我当志愿者	35	3.34	1.162	
3.3 我身边的人认为志愿服务是很有意义的	35	4.03	0.985	

由上表可以看出，M区W镇农村村民参加农村志愿服务的动机由高至低依次为价值表达＞自我提升＞社会交往。

（三）参与志愿服务与社会融入的关系

我们采用独立样本t检验研究农村村民社会融入情况在是否参与农村志愿服务上的差异。

表5　D区Y镇村民参与农村志愿服务的社会融入差异分析

问题	参与情况	样本数	平均值	标准差	T值
1 您与社会上的其他人相处融洽	参与	71	4.197	1.1035	-1.663
	未参与	50	4.5	0.789	
2 您被身边的人需要	参与	71	4.113	1.0495	-1.998
	未参与	50	4.46	0.7616	
3 您被社会需要	参与	71	4.127	1.0814	-1.842
	未参与	50	4.46	0.8134	
4 您能感受到自己的价值感	参与	71	4.197	1.1417	-1.635
	未参与	50	4.5	0.7626	
5 您了解目前我国的社会现状	参与	71	4.07	1.0046	0.0748
	未参与	50	4.2	0.833	
6 您在进入城市时不会感到不安和焦虑	参与	71	3.986	1.2011	-1.294
	未参与	50	4.26	1.0654	
7 您愿意走出家门	参与	71	4.296	1.0609	-1.671
	未参与	50	4.58	0.6728	
8 您愿意尝试新鲜事物（如科技产品等）	参与	71	4.268	1.0136	-0.177
	未参与	50	4.3	0.953	
总分	参与	71	33.254	7.5871	-1.64
	未参与	50	35.26	4.9397	

由上表可知，D区Y镇农村村民社会融入情况各个维度及总分在是否参与农村志愿服务上无显著差异（p均大于0.05）。

表6　M区W镇村民参与农村志愿服务的社会融入差异分析

问题	参与情况	样本数	平均值	标准差	T值
1 您与社会上的其他人相处融洽	参与	35	3.8	1.023	0.255
	未参与	39	3.74	0.88	

续表

问题	参与情况	样本数	平均值	标准差	T值
2 您被身边的人需要	参与	35	3.74	1.01	0.901
	未参与	39	3.56	0.68	
3 您被社会需要	参与	35	3.74	0.919	1.474
	未参与	39	3.46	0.72	
4 您能感受到自己的价值感	参与	35	3.86	0.912	2.529
	未参与	39	3.33	0.869	
5 您了解目前我国的社会现状	参与	35	3.83	0.747	1.904
	未参与	39	3.49	0.79	
6 您在进入城市时不会感到不安和焦虑	参与	35	3.2	1.183	1.05
	未参与	39	2.92	1.085	
7 您愿意走出家门	参与	35	3.8	0.964	0.023
	未参与	39	3.79	0.923	
8 您愿意尝试新鲜事物（如科技产品等）	参与	35	4	0.84	1.179
	未参与	39	3.77	0.842	
总分	参与	35	29.97	5.205	1.741
	未参与	39	28.08	4.138	

由上表可知，M区W镇农村村民对于社会融入情况调查中的"您能感受到自己价值感"，在是否参与农村志愿服务上存在显著差异，参与农村志愿服务的村民感受到自己的价值感得分均值显著高于未参加农村志愿服务的村民。农村村民社会融入情况其余维度及总分在是否参与农村志愿服务上无显著差异。

（四）志愿服务的开展情况

课题组调查了D区Y镇与和M区W镇8个行政村，发现两个区的农村志愿服务存在如下共性问题：

1. 志愿者的招募

有别于城市居委会的公开招募，农村社区和村庄通常采取村干部直接打电话给本村朋友，而接到消息的村民往往碍于情面不便推辞。他们利用熟人关系，辅之以定额补贴，往往很快就便完成招募任务。村干部都是本村村民，"出入村口的人态度都可好了，老远就跟我打招呼，打小就认识的，也不好意思不拿出入证进出。"（ZV5）熟稔乡土社会中的人情规则对于志愿工作的开展往往不可或缺。但农村社会的人情和面子恰如一把双刃剑，为志愿工作带来便利的同时也增添了些许阻力。"谁愿意来啊，村里谁都认识谁，等报警进局子

里，放出来后低头不见抬头见，怎么做人？"（ZV6）

2. 志愿者的来源

调查的疫情防控志愿者包括两种类型，一种是临时志愿者，主要是无业者、农民，承担辅助性的工作；另一种是大学生与社区内的党员、热心群众作为正规志愿者，承担主要的职责。"站岗的基本上都是村里的村民，像我这样没有工作、没事儿干的农民。"（ZV5）其工作职责与城市社区大致相同，主要包括检查通行证、测体温、核查与监督使用北京健康码，阻止体温检测过高者进入小区，直到其体温恢复正常水平；但在人员构成上有很大区别。"你像学生和党员，都进城了，像那七老八十的，前阵子还有个九十来岁的党员想来站岗，就是人家想，你也不能让他来站岗啊你说是不是。"（ZC10）由于农村人均收入较少，再加上多一事不如少一事的传统思想，导致城市社区普遍推广的"关系网络通知"很难适用于农村，但农村传统的有线广播在疫情防控中发挥了较大作用。

3. 志愿服务的成效

在疫情防控转为常态化以来，村民对于数月来防疫志愿者的感激表现为自发捐赠的食物与防护物资。"是挺累的，我们从去年大年初一就开始了，说好的补贴就发了六七天的。但你一想到村里人都捐了那么些东西就不能辜负是不。"（ZV5）

同时，课题组也发现只有少数群团组织发挥了动员功能，且活动形式单一，多为支教或者文体等活动。"前两年镇政府要求建群，建了后我们就定期开展扫大街、桶前值守，每次都能固定来七八个。可能都跟我熟吧。"（ZC9）这些志愿服务活动是应上级政府要求开展的，距离村民的多样化需求还有很大差距。

四　农村志愿服务发展困境成因分析

我们把农村志愿服务工作视为一个小型社会系统进行分析，结合国外已有的研究视角，可以从适应、目标达成、整合、模式维持四维度对农村志愿服务工作开展过程中存在的问题进行分析。

（一）适应机制单一

村"两委"干部亟需从高校、社会组织等环境中获取各类支持资源，农村工作者难以解决村民日益增长的各类需求。一方面，资金不足是农村志愿服务发展中的突出问题。虽然各区已把志愿服务纳入财政预算，但是村级的志愿服务经费尤为吃紧，农村志愿服务工作普遍面临资金紧缺。各村志愿工作的开展主要依靠上级政府发放的公益金，但公益金还要用于公益事业建设与维护、管道维修等多项事务。另一个方面则是因为村民较低的学历水平也导致村内文化资源匮乏。

（二）目标机制弱化

村级志愿服务工作是在乡村文明建设目标明确的前提下，制定出细化的分目标，并利用现有资源达成具体目标，从而使志愿服务契合村民实际需求。但目前农村缺乏具体目标，难以真正走进需要帮助的村民。一方面村干部很难关注村民解决生活困难的客观需求，村民的真实需求则因为"场域"的存在而被忽视。另一方面，一些村干部对志愿服务等精神文明创建工作不够重视，认为志愿工作的开展不属于硬指标，导致农村志愿服务工作存在"闲时不愿意抓、忙时没空抓"现象。

（三）整合机制缺失

农村志愿服务组织应加强内外部环境间的协调，进一步探索高效、协调的志愿组织与环境的关系。但根据我们的调查显示，农村与上级政府沟通欠缺，政府的信息协调功能也未充分发挥。第一，志愿工作的开展缺乏组织协调。农村志愿服务的组织和规划都是由乡镇政府策划和开展，由于缺乏其他组织的协调和指挥，导致志愿服务变成政府包办的一项事物，多由乡镇政府进行负责。第二，乡镇经常利用行政系统内部的便利开展志愿服务。通过工作安排等方式，政府里的工作人员和村干部就是政府最容易招募到的志愿者，而广大村民的体验感和参与感不足，导致村民经常产生置身志愿活动之外的感觉。

（四）运行机制漏洞

农村志愿服务在运行中亟需建立和稳定传递组织既定价值观念，避免"唯指标论"、"指标导向严重"的问题。第一，大学生与党员有时间、有精力却难以全力参与志愿工作，往往会流于形式，失去村民的尊重。第二，行政发包式志愿服务造成形式多于内容，村民参与感差、成效低。村民们对"做秀式"志愿服务十分反感。而且当前各种志愿活动几乎都是村委会下发通知，党员带头开展志愿活动，以命令形式为主，更多是"完成任务"，很容易给群众留下志愿服务等于"形式主义"的错误印象。

五 推进农村志愿服务的政策建议

农村志愿服务的困境是客观存在的，解决的方法在于采取多元共建的方式，以外部疏解为主要手段，以内部提升为主要动力来源，紧抓问题的主要源头，构建起一条"社会资源+社会组织+当地村民"的全链条治理生态，有效化解"资金—人才—技术"三方面问题，从而真正建立起"共建型治理"的志愿服务新路径。

（一）整合社会资源的扶持渠道

课题组认为，包括资金、志愿人才与技术三方面的支持资源获取渠道需要持续强化。农村志愿者大多是内生型志愿者，主要由村干部和村内身体健康、空余闲时间多的村民组成。而外部型志愿者前往农村参与志愿服务工作的动力不足，很多时候是由于村落所处的地理环境与发展较为落后造成的。一要加强与当地高校、社会团体与乡村的联系，在互相合作的基础上获得更多的支持和资源。借助发展较好地区的发展红利，推动村庄志愿服务体系建设。二要加强镇村两级的志愿服务项目整合，让村镇干部充分了解市级、区级的志愿服务项目，充实乡村自身的志愿服务内容，同时结合本地的实际需要，适当扩充志愿服务的内容项目，做到有的放矢。三要加强与社会企业、社会组织的合作机会，在借鉴和学习的过程中，争取通过合作方式接受外地机构和组织的指导，培训相关人员，获得一定的志愿物资。

（二）提升村民参与的激励目标

忽视村民的主体地位是很多农村难以开展志愿活动的一大症结。在尚处于志愿服务发展初级阶段的农村不仅可以强调传统志愿服务的精神文明价值，而且可以适当宣传参与志愿服务能获得的好处。一是新时代文明实践中心可以准备优秀志愿者奖状、志愿者证书等侧重精神文明方面的奖励，满足爱与尊重层面的需求。二是逐步从乡镇政府为主导开展的志愿服务模式过渡到"村民+政府"模式。志愿者可以在指导下独立开展志愿活动，也可以在政府主导的情况下，高效配合政府开展志愿服务。三是市区两级政府及时对各村开展志愿服务工作显著的工作者和组织予以表彰奖励，打造志愿服务工作持续性开展的强劲引擎。

（三）加大专业培训的力度

加大村干部和志愿者培训力度，不能只是开展理论学习，还要定期组织现场观察与实践演练。可以通过带领村干部前往志愿活动示范村交流,了解如何开展适合乡村的志愿服务活动,如何为志愿活动招募参与者、动员村民。一方面,示范村好似本村的一个镜像,亲身参与有益于让平时对村中种种不便习以为常、由于公务繁忙难以留心观察村民需求的村干部发现"看不见的需求"。另一方面,只有村干部自身做到对志愿服务的核心理念了然于胸,才有可能凭借其对志愿服务的见解吸引村民,进而借助克里斯玛型权威吸引更多村民参与乡村志愿服务。

参 考 文 献

[1] 张网成、郭新保:《志愿家庭:北京经验与反思》,社会科学文献出版社 2018 年版。

[2] 张勤:《志愿者培育与可持续发展研究》,中国社会科学出版社 2016 年版。

[3] 张萍、杨中英:《中国志愿者:行为、组织与激励——基于北京市的调查与分析》,北京出版社 2014 年版。

[4] 谭建光:《"十四五"时期中国志愿服务发展的十大趋势》,《青年探索》2021 年第 1 期。

[5] 符海涛:《农村居家养老志愿型服务模式研究》,《合作经济与科技》2021 年第 3 期。

[6] 赵丽:《乡村振兴战略下的农村志愿服务发展研究——以哈尔滨市为例》,《学理论》2020 年第 12 期。

[7] 章寿荣、程俊杰:《推动新时代文明实践中心标准化建设:理论本质与实现路径》,《现代经济探讨》2020 年第 3 期。

[8] 李三辉:《河南农村志愿服务发展及其问题审视》,《云南农业大学学报》(社会科学版)2019 年第 13 卷第 4 期。

[9] 蒋巍:《中国志愿服务动机结构研究——基于广东省志愿者的问卷调查》,《中国青年研究》2018 年第 6 期。

[10] 谭建光:《新时代文明实践志愿服务专业发展报告》,北京市海淀区新时代文明实践中心网,http://www.bjhd.gov.cn/xsdwmsj/2020/0922/9929.html,2020 - 09 - 22。

海淀区城乡融合发展中的乡村振兴研究

刘尚高[*]

摘　要： 2021年初，《中共中央　国务院关于全面推进乡村振兴加快农业农村现代化的意见》把全面推进乡村振兴作为实现中华民族伟大复兴的一项重大任务，举全党全社会之力加快农业农村现代化。海淀区积极探索城乡融合发展的新举措，坚持以城乡融合发展推动乡村振兴。本课题在总结梳理海淀区城乡融合发展的实践经验基础上，分别从规划编制、产业发展、人才等方面对现存的问题进行了分析，提出了抓科技融合、全面提升农村发展的信息化水平，抓规划和体制融合、构建城乡统一的发展机制，抓生态环境融合、强化美丽乡村建设，抓服务融合、推进城乡公共服务一体发展，抓文化融合、丰富农村的精神文明活动的政策建议。

关键词： 海淀区；城乡融合；乡村振兴

经过改革开放四十年的发展，海淀区从电子一条街发展到中关村科学城的全面建设，农村、农民、农业为创新发展提供了重要支撑。传统的乡村逐渐成为科技创新的沃土，城乡格局发生了很大变化，人民群众的生活水平得到了有效提升。强农重本，国之大纲。"三农"是全局稳定的"定海神针"。海淀区作为首都城市中心区和国际科技创新中心核心区，是全国科技创新的策源地。借助科技人才优势，引领和带动农村实现新发展，促进区域融合、协调发展，进而实现乡村振兴上新台阶，走出具有海淀特色的高质量发展之路，是发挥好示

---

[*] 刘尚高，中共北京市海淀区委党校区情研究中心副主任，主要研究方向：党史党建、科技创新、公文写作。

范引领作用、在服务国家和首都战略大局中实现更大作为的紧迫课题。

一 海淀区推进城乡融合发展的重大意义

（一）加快推进城乡融合发展是海淀区贯彻落实习近平新时代中国特色社会主义思想的重要举措

城乡互动、协调发展和共同繁荣是社会主义优越性的重要体现。《中共中央 国务院关于实施乡村振兴战略的意见》把"坚持城乡融合发展"作为新时代实施乡村振兴战略的基本原则之一。加快城乡融合，推进乡村振兴是破解发展不平衡不充分难题，化解新时代社会主要矛盾的关键抓手。目前，海淀区产业化、城市化处于较高水平，但城乡二元结构在局部区域依然存在，矛盾问题仍较突出。深入贯彻落实习近平新时代中国特色社会主义思想、加快协同发展，解决区域发展不充分不平衡矛盾，就必须加快推进城乡融合发展。

（二）加快推进城乡融合发展是海淀区建设国际科技创新中心核心区的有效支撑

海淀区全面推进科技创新和自主创新离不开农村的支持。农村作为中关村核心区发展的战略腹地，其发展应积极融入核心区发展之中。为进一步巩固核心区地位，实现地区又好又快发展，就必须加快推进城乡融合发展，发挥科技园区的带动作用，切实维护农民利益，充分调动农民积极性，努力把海淀区广大农村建设成为环境优良、生态优美、科技繁荣的新型农村，更好地为国际科技创新中心核心区建设发挥支撑作用。

（三）加快推进城乡融合发展是海淀区落实乡村振兴战略的重要途径

城乡融合发展就是要树立"城乡等值""共存共荣""共建共享"的新理念，实现城市与乡村的一体化联动，对标城市补齐农村短板。没有农村的小康，就没有全区的全面小康。只有让包括广大农村地区特别是海淀山后地区农村的所有人共享经济社会发展的繁荣成果，推进城乡协同发展、以城带乡、均衡发展，不断提高城乡基本公共服务均等化水平，不断增强乡村居民的幸福感和获得感，才能实现海淀区乡村振兴战略的目标任务。

（四）加快推进城乡融合发展是海淀构建新型城市形态的重要抓手

当前，海淀区正在以挖掘新动力、构建新形态为抓手，举全区之力加快建设国际科技创新中心核心区，按照首都"四个中心"的定位要求，进一步疏解非首都功能。为此，必须紧紧抓住城乡融合发展这个关键，建立健全城乡融合发展规划体系，推动农村经济转型升级和农业产业空间重构，加强三山五园及大西山地区历史文化整体保护，促进并进一步完善城乡融合功能，提升城乡环境品质和发展质量。

二 海淀区城乡融合中促进乡村发展的成就[①]

海淀区总面积430.77平方公里，农村地区面积261.11平方公里，占60.6%，辖7个镇、22个办事处，2020年农业人口3.6万人。近年来，海淀区委区政府主动适应经济发展新常态，攻坚克难、改革创新、稳中求进，在京津冀协同发展的大背景下，城乡融合发展取得显著进步。

（一）城乡融合发展规划基本配套成型

海淀区围绕城乡融合发展这一主线，"十二五"时期，根据《北京市海淀区国民经济和社会发展第十二个五年规划纲要》，立足城乡发展实际，明确了"十二五"时期海淀城乡一体化发展的基本思路、主要目标和工作任务。出台《北京市海淀区国民经济和社会发展第十三个五年规划纲要》《海淀区"十三五"时期农村城市化规划》《海淀区贯彻乡村振兴战略推进美丽乡村建设专项行动计划（2018—2020年）》等，特别是《北京市海淀区国民经济和社会发展第十四个五年规划纲要》阐明了海淀区今后一个时期农村城市化的机遇与挑战、总体思路与目标、重点任务和保障措施，是引领海淀区"三农"工作的基础性规划。以特色小镇和美丽乡村建设为基础，海淀区各委办局和乡镇（街道）也编制了对应的专项的综合规划体系，明确了城乡融合发展方向、空间布局等，为发挥科教人才资源、自然生态资源的区位优势，融入北京总体发展提供了保障。

（二）人口城市化率明显提升

坚持"以人民为中心"的发展思想，让农民共享改革成果，以整建制农转非为主攻方向，深入调研、集成政策、创新思路，确立了全区整建制农转非的工作路径。2019年6月以来，依托中关村科学城发展动能，海淀推进剩余4

[①] 本节中数据根据历年《北京海淀统计年鉴》相关数据计算整理得出，非农产业及第三产业从业人员占比为城镇口径。

个镇 38 个村、2.8 万农民整建制农转非。全区农转非政策覆盖率达 100%。下一步，区政府将统筹 308 亿元用于农转非工作。北安河村、皇后店村转非方案落实，人的城市化进程成效显著。

（三）农村经济收入稳步增长

2015 年全区农村集体经济总收入 106.9 亿元，2020 年农村集体经济总收入 118.5 亿元。2018 年农村集体总资产 1770 亿元、净资产 465 亿元，2019 年海淀区农村集体总资产达 1872 亿元，净资产突破 700 亿元，连续 16 年排名全市首位。2020 年北京市海淀区农村集体总资产达到 1940 亿元，约占全市 22%，年均增长 9%。全年集体经济总收入将达 115 亿元，其中三产占比 98.9%。5 年间，全区农村集体"总资产""净资产"双双实现快速增长。

（四）城乡资源要素市场改革取得实质性进展

海淀区成立了全国首家农村集体资产监督管理委员会，建立健全了集体资产监管体制机制，形成了土地管理、征地补偿款、合同、财务、审计等主要方面的集体资产管理制度体系。按照"资产变股权、农民当股东"的思路，推进农村产权制度改革，多数农村建成了股份经济合作社。通过改革，初步建立起"归属清晰、权责明确、利益共享、监管有力"的新型农村集体组织，土地资源市场化配置初具基础。

（五）基础设施的城市化水平显著提升

近年来，海淀区推进农村基础设施建设。一是完善生态环境基础设施。开展农村人居环境整治，拆除侵街占道私搭乱建 6352 处；坚持有序疏解整治，加大拆除违法建设、环境治理、老旧小区综合改造等专项工作。2017 年以来，对小月河等一批环境问题突出的重点地区实施了大规模综合整治，完成平原造林任务和南旱河截污工程，全区绿化覆盖率由 2013 年的 49.7 平方米增加到 2019 年的 55.2 平方米，流域内 8 个村的污水全部纳入市政管线；推进实施"减煤换煤，清洁空气"行动，生态环保设施建设水平大幅提升。二是完善道路交通基础设施。近二年先后建成新的地铁线路、升级改造农村道路设施，增设地铁、公交车站点，优化交通网络，推进农村路灯建设工程。三是完善景区园区配套基础设施。对营慧寺、西小口、党校西、玲珑巷等区域进行了改造整治。建成"三山五园"绿道示范段，完成翠湖湿地生态修复工程并荣获"中国人居环境范例奖"。一镇一园等科技园建设加快实施，北部文化中心重点配套设施建设进展顺利，新农村"五项基础设施"建设任务全面完成，"三起来"

工程顺利推进,农村生产生活条件得到根本改善。

(六) 产业融合发展取得进步

改革开放以来,海淀区农村的主导产业开始由传统的农业种植向休闲观光农业和特色生态旅游、现代服务业转变,加快了从传统的城市郊区产业向现代城市产业结构转型步伐,建立起了符合本区实际的产业融合支撑体系。近几年,全区7个镇分别成立了农产品质量安全管理站,加快推进实施农田保护、沃土工程、设施农业、菜田补贴等一系列切实有效的惠农政策,樱桃、草莓等优新品种市场活力不断增强,京西稻、玉巴达杏、香山水蜜等地方特色品种得以保护恢复。实施"科技兴农"工程。目前,挂牌首批区级示范园15家,打造智慧农业产销平台,建立东升镇和北部四镇"1+4"合作机制,发布《海淀区农业标准规范管理办法》,设计发布"海淀农业"标识,制定了严格的标识管理办法,都市现代农业发展实现了提档升级。围绕谱写中关村科学城的高科技农业篇章,推动农业外向型和内涵式发展。成功举办中关村论坛未来农业平行论坛,与国际国内农业领域政商产学研各界嘉宾共议兴农大计;开启"农业中关村"会客厅,与科研院校专家、企业家进行高密度走访调研座谈交流,汇聚群智探索农业创新合作新模式。

(七) 城乡基本公共服务明显改善

推动城镇公共服务向农村延伸,实现城乡基本公共服务均等化,是城乡融合发展的核心内容之一。2016年以来,海淀区城乡居民在医疗保障、义务教育以及基本养老保险方面取得了新进展。一是实施城乡一致的"低保"制度。建立健全了以最低生活保障为基础,以医疗、住房、教育、就业、司法、临时救助等为补充的城乡融合救助体系,完善了救助标准和物价上涨的联动机制,先后多次提高低保标准。二是推动教育均衡发展。为了提升农村地区的教育、医疗资源,海淀区推动市区重点学校到农村办学,25个教育项目全部开工,北部医疗中心、苏家坨中心医院启动建设。以承接国家级教育改革课题为契机,积极开展城乡教育一体化实验,建成了清华附中永丰学校、翠微小学温泉分校。三是农村公共文化服务体系进一步健全。形成了"设施网络化、供给多元化、机制长效化、城乡融合、服务普惠化"的公共文化服务新格局,截至2020年,海淀区有镇文化服务中心7个,"百米万册"图书室20个,益民书屋82家,建成农村数字电影放映厅65个,基本构筑起区级、街(镇)、社区(村)三级文化设施网络。四是在有序推进城乡基本公共服务均等化方面,试点准物业化管理,将城市精细化、标准化管理的理念和城市社区物业管理的成熟做法引入农村，促进城乡基础设施管护标准一体化。

三 海淀区城乡融合发展中乡村振兴存在的主要问题

（一）城乡融合发展的规划引领作用尚未充分发挥

围绕北京市发展规划、京津冀协同发展和中关村科学城等重点建设任务，加大与区域农村农业发展规划的融合，推进实施城乡一体化，相关职能部门编制了阶段性发展的规划或计划，在农村空间利用、生态、文化产业发展等方面，有了基本的目标方向。但是，从实际发挥的作用看，这些规划计划与形势任务和农村改革还有差距，衔接机制欠缺、政策保障不到位。

（二）产业融合发展的现代化信息化规模化程度不高

城乡科技融合的措施需要进一步完善。海淀是全国科技创新、自主创新的策源地，先后推出了一系列有关先行先试的政策及方案，而针对本区域城乡融合带动乡村振兴的具体措施少。从调研情况看，一般性原则性的文件多于督促执行的项目；目标规划方案落地、落实、落细方面还有差距。农村地区产业科技水平低，农业科技机构和从业人员少，2019年海淀区有农业技术服务机构6个，农业技术服务机构从业人员107人，农业技术人员67人。农村地区现代规模化产业少，产业经营模式单一，互联网＋农业发展不够，产业用地未能实现集约高效利用。都市现代农业规模小布局散。区域内的土地、科技等优质资源没有充分利用，农林水生态价值、科技创新引领示范作用没有充分体现，农产品质量安全方面还有大量工作要做。

（三）基础设施建设前瞻性和可持续性不足

一是以城带乡发展不够。由于缺少城市与农村协同发展、共享发展、协调发展的有效举措，农村地区发展滞后，面临着十分严峻的人口资源矛盾，城乡环境秩序建设、城市精细化管理和空气污染、交通拥堵、垃圾处理、水环境治理等工作水平与人民群众的期待还有差距。

二是农村地区投入不足。城乡财政投入的体系、资金来源和管理不同，乡镇财政相对较弱，造成农村地区投入相对不足。电力供应以及消费方面，城乡之间存在巨大差距。北部地区村庄路网建设和村庄街巷道路硬化工程相对滞后，公共交通仍无法满足广大群众出行的需要。农村教育、医疗卫生、文化、科技需求仍不能得到有效满足。

（四）城乡资源要素市场建设存在差距

无论从宏观的法规层面，还是从微观的政策层面，还有很多制约城乡融合发展的体制机制障碍，发展活力有待进一步激发释放。集体经济来源主要依靠土地租赁、承包和流转，土地城镇化速度显著快于人口城镇化速度，使得农民无法同等分享城镇化发展的好处。

（五）农村管理制度建设有待加强

农村基层工作重建设、轻管理，创新社会管理方式、理顺生产关系、完善适应城乡融合发展要求的制度等相对滞后。一些农村基层组织散、乱，一些基层干部的眼界、能力、作风等综合素质有待提升。实施城镇化拆迁腾退的农民进入回迁小区后，教育、医疗、就业等一系列社会问题逐渐成为农民与政府共同的焦点，上楼农民过度依赖"瓦片经济"，形成了区域内新的人口、资源与环境的矛盾。城乡结合部人员流动性强，影响了教育、医疗、交通等公共资源的合理配置，加剧了区域发展的不平衡。

四 推进海淀区乡村振兴实现城乡融合发展的对策

（一）抓科技融合，全面提升农村发展的信息化水平

1. 建立科技兴农的专门机构。加大科技融入农业、农村、农民工作的统筹领导力度，发挥区域科研优势，建立农业研究、成果转化和资金支持的一体化推动机制，确保科技兴农的实际效果。

2. 加大科技金融支农力度。运用大数据实施技术含量高、市场效益好、能够带动农民增收致富的"科学＋生产"项目。围绕科学生产和增效增收，加强科普示范基地的建设，支持开展"数字科普室进农村"工作，进一步完善科技信息服务平台建设。激活农村地区资本要素，开拓金融支持与投融资渠道，健全农村金融体系，支持农村经济发展的重点领域。

3. 实施高技术企业与农村对口帮扶。从我区现有的高科技公司中选拔一批农业科技领先的企业与农村地区结对帮扶，给予一定的政策支持。推动农业与旅游、教育、文化、康养等产业融合，扶持发展一村一品、一镇一业，做大做强融合项目带动乡村振兴。壮大农村新产业新业态，鼓励农村集体经济组织创办乡村旅游合作社，或与社会资本联办乡村旅游企业，利用"旅游＋""生态＋"等模式，推进农林业与旅游、文化、康养等产业深度融合。

（二）抓规划和体制融合，构建城乡统一的发展机制

1. 完善城乡统一的规划体系。制定并实施城乡一体的融合发展规划和空间布局，创新利用建设方案，分阶段组织实施，引导土地、资金等要素形成布局科学、特色鲜明的发展模式。

2. 推进户籍制度及配套改革。加快户籍制度改革的落地，加快建立城乡融合社会保障制度，将农村各类企业从业人员及灵活就业农村劳动力，纳入城镇职工基本养老保险体系，建立更加科学的农保和城保之间的相互衔接政策。开展腾退村庄回迁小区社会管理模式创新试点，妥善处理城市化加快推进、农民搬迁上楼形成的一系列社会管理问题。落实市政府"避免增量，消化存量"总要求，加快推进农转非，特别是整建制农转非。

3. 搭建城乡要素流动平台，促进城乡要素有效配置。允许通过村庄整治、宅基地整理等节约的建设用地采取入股、联营等方式，强化要素配置。重点支持乡村休闲旅游等产业和农村三产融合发展，扩大涉农贷款规模，搭建城乡人才流动平台，支持城市知识分子和大学生到农村工作创业，在人才引进方面出台相应的措施。

（三）抓生态环境融合，强化美丽乡村建设

1. 按照新型城市形态要求，提升农村环境建设水平。城乡融合建设要把生态文明建设放在突出地位，坚持因地制宜、分类指导，宜农则农、宜工则工、宜商则商。整合完善农业生态补偿、集体生态林补偿、农田补贴相关政策，制定实施农业发展规划，切实转变农业发展方式。加强农村供排水设施建设，对污水处理厂和排水管网进行统一规划，完善监管机制。

2. 加快市政基础设施、公共服务设施向农村延伸。逐步将农村基础设施建设纳入城市市政管理体系，统一实施市政、环卫、园林、交通等配套工程。

3. 合理优化村庄布局，加大环境整治力度。切实做好农村垃圾处理工作，增设各式大中小型垃圾清运车和收集车，加大密闭式清洁站建设力度，加快推进大型垃圾处理设施建设，满足垃圾实际消纳处理的需要。继续加大村庄环境治理力度，积极推进旧村改造工程，整体提升农村地区生态环境水平。

（四）抓服务融合，推进城乡公共服务一体发展

1. 促进城镇教育均衡发展。在农村地区逐步引进名校办学，整体提升农村地区中小学教育质量和办学水平，扩大优质教育资源的覆盖面。利用信息平台推进全区优质教师、课程资源共享，鼓励优秀教师到农村地区任教。

2. 推进城镇医疗卫生事业发展。大力加强农村卫生人才队伍建设,加强乡村医疗卫生设施建设,建好农村三级医疗卫生服务网络。

3. 加大公共资源分配向农村倾斜力度。区级预算内投资继续向农业农村倾斜,推进公共资源均衡配置,着力优化分配方式、投入结构,提升支农效能。

(五)抓文化融合,丰富农村的精神文明活动

1. 建立城镇统筹的文化事业发展体制。使中心城区文化服务加快向农村地区延伸,健全城乡统一的公共文化设施运行管护体制机制。

2. 广泛开展文明村镇、文明户、志愿服务等精神文明创建活动。农村改社区、疏解转移加强新型农民思想道德教育,倡导文明生活方式,促进农民素质的提高。

3. 大力倡导文明传统。深入推动习近平新时代中国特色社会主义思想的学习教育,利用农村文化资源,发展乡村文化事业,传承中华优秀文化基因。

参 考 文 献

[1] 吴计亮:《基于可持续发展的土地利用与产业布局研究——以海淀山后地区为例》,北京师范大学出版社 2006 年版。
[2] 叶庆兴:《实现国家现代化不能落下乡村》,《中国发展观察》2017 年第 21 期。
[3] 王兰军:《贯彻新发展理念建设现代化经济体系》,《光明日报》2017 年 11 月 28 日第 16 版。

怀柔科学城公共服务高质量发展的思考与建议

吕 莎 刘俊伶[*]

摘 要："十四五"时期要加快推进北京怀柔综合性国家科学中心建设，怀柔科学城要建设成为具有全球影响力的科技创新中心和世界级原始创新承载区，必然需要与之相匹配的优质公共服务作保障，完善住有宜居、学有优教、病有良医、闲有所乐的优质公共服务体系，将怀柔科学城建成国家一流的宜居之城、优学之城、健康之城、文化之城、便捷之城。文章基于怀柔科学城优质公共服务国际化、生态化、科学化和惠民化的特色标准，建构了优质公共服务指标体系，并提出优质公共服务提供效率型建设、民主性改进、满意度提升的三个阶段重点落实路径。

关键词：怀柔科学城；公共服务；指标体系；高质量发展

一 引言

科学城（science city）是建设国际科技创新中心或者综合性国家科学中心的重要空间载体。关于科学城的论述最早形成于20世纪40年代苏联西伯利亚科学城，近年来我国先后建成未来科学城、中关村科学城、张江科学城、怀柔科学城、滨湖科学城、武汉科学城、重庆科学城和南沙科学城等多个科学城。关于科学城的内涵，陈益升、陆容安等提出科学城是从事基础研究和应用研究

---

[*] 吕莎，博士，中共北京市密云区委党校讲师，主要研究方向：生态哲学、科技政策管理；刘俊伶，硕士，中共北京市密云区委党校教师，主要研究方向：公共管理。

的科研机构和高等院校的集结地[①]；彭劲松认为科学城是专门设置前沿基础科学研究和高等教育机构的特殊区域，新型科学城具有促进科、产、城深度融合，提升城市能级和创新能力等多重功能[②]；朱东，杨春等认为科学城是集中布局科研装置、集聚科学创新活动、生活配套服务功能完备的空间载体和综合型城市[③]。综上可见，学术界对科学城的认知正逐步从单一的科学研究向配套公共服务衍生拓展，从产业集聚向功能完善发展，产城逐步融合推进。

目前国内拥有四大综合性国家科学中心，即北京怀柔综合性国家科学中心、上海张江综合性国家科学中心、合肥综合性国家科学中心、深圳综合性国家科学中心。怀柔科学城建设是落实新版城市总体规划战略定位，强化首都科技创新中心的重要战略举措，是北京建设科技创新中心"三城一区"主平台之一。作为综合性国家科学中心、高端人才培养中心和科技成果转化应用中心，"十四五"时期科学人才的集聚和区域快速发展的客观情况要求优质公共服务紧跟或同步融入怀柔科学城建设大局，这也是疏解北京城市非首都功能，聚合创新要素，集聚优秀科研人才的内在要求。

为适应怀柔科学城高知性、流动性、国际化、年轻化的人口结构特征，满足人才全方位、高品质、专业化的公共服务需求，统筹布局怀柔科学城各项公共服务，本文基于《怀柔科学城规划（2018年—2035年）》和《怀柔科学城控制性详细规划（2020年—2035年）》（草案），建立一套全面系统、科学合理、符合发展需要的特色服务标准和公共服务指标体系，以推进科学城公共服务高质量发展，提升区域吸引力和竞争力。

二 怀柔科学城优质公共服务的特色标准

科学城建设核心在于科学，而品质在于"城"的功能配置，具体体现为城市功能的完整丰富以及对科研功能的高效支撑与空间匹配。"十四五"时期，怀柔科学城要立足于建成与国家战略需要相匹配的世界级原始创新承载区、打造战略性前瞻性基础研究新高地、综合性国家科学中心集中承载地、生态宜居创新示范区的战略定位，按照国际化引领，生态化打造、科学化铸就、惠民化服务的特色标准来建设优化怀柔科学城公共服务。（见表1）

---

① 陈益升、陆容安、欧阳资力：《国际科学城（园）综述》，《科学对社会的影响》1995年第3期。
② 彭劲松：《我国科学城的定位和战略功能布局——以重庆为例》，《城市》2018年第10期。
③ 朱东、杨春、张朝晖：《科学与城的有机融合——怀柔科学城的规划探索与思考》，《城市发展研究》2020年第1期。

表 1　怀柔科学城优质公共服务的标准

建设目标	服务内容	服务标准
国际之城	住房保障服务	建设国际住宅环境的国际人才社区，建筑设计理念、功能规划、装修装饰、配套设施符合国际人才生活习惯，面向国际人才低价租赁、优惠出售；提供国际化物业管理服务；搭建国际化社区文化交流平台
	公共教育服务	对接国外教育资源，建设国际幼儿园、中小学；配备优质外教；开设国际课程，开展多语教学；设置国际咨询服务中心
	医疗卫生服务	引入国际医疗资源，三甲综合性医院提供涉外医疗卫生和健康服务；开展国际医疗保险直接结算服务；医疗机构设立多语言服务中心；建立1个以上与国际接轨的远程会诊系统
	公共文化服务	移民文化长廊、文化馆、博物馆等公共文化设施国际化，并免费开放；建设1—2个国际文化交流中心；打造国际化阅读空间，定时更新外文书籍、刊物和报纸；依托怀柔中国影都，定期举办国际电影节文化活动
	商业服务	引进国际知名餐饮、银行保险机构等国际商业服务机构；建设1—2个建筑风格多元、人文气息浓厚的国际街区；全面布局国际化便利店、无人超市、艺术画廊、咖啡厅、书店；为外籍人士提供国际影院服务
生态之城	住房保障服务	新建住宅建筑材料尽可能采用一星级以上的可降解、可再生、节能的绿色建材；打造绿化住宅小区。花园式屋顶绿化、改造建设社区绿荫停车场、公共绿地300米范围覆盖率85%—100%；住宅小区建立废弃物管理与处理系统，生活垃圾无害化处理率100%；住宅小区与公共交通具有便捷联系，绿色交通出行比例达到75%—80%
	公共教育服务	成立绿色校园运行管理组织机构；重点发展生态教育研学产品，鼓励师生研发和推广绿色技术；对易产生有毒、有害气体的实验室进行空气监控，使用环保处理设备保证安全运行；依托怀柔科学城区生态产业建设生态科普教育场所，打造特色生态学科体系；建设节能校园，能源消耗符合国家标准
	医疗卫生服务	医院科室空气质量（室内沉降菌浓度、洁净房的含尘浓度、游离污染物浓度等）符合国家标准；禁止使用一次性高值耗材、含汞体温计、血压仪；医院绿化带比例不低于10%
	公共文化服务	建设一批彰显怀柔科学城主题的森林公园、生态廊道、健身步道、生态文化园，蓝绿空间占比保持60%以上，增加雨洪回收利用设施；打造国家级生态康养旅游基地，试点建设山水怀柔生态休闲度假区；每年举办生态主题美术展览、文艺演出、知识竞赛等文化活动
	商业服务	沿街不得设置垃圾道、污水池、化粪池等影响市容景观的附属设施，打造景观特色街道；开设生态主题餐厅；建设绿色超市、绿色商场，定期开展绿色消费宣传活动

续表

建设目标	服务内容	服务标准
科学之城	住房保障服务	建设5.4—5.5万套多类型的科学人才公寓;打造智慧社区,安装智能门禁、人脸识别、智能梯控等智能化系统;社区定期开展科普开放日活动
	公共教育服务	超前配置科学性校园基础设施,如在校区设立科学家雕塑、科学实验室、科学家博物馆、科技创客空间等;引进一批高素质的科学专兼职教师队伍;整合开发基础型、拓展型、研究型、竞赛型的科学教育课程体系
	医疗卫生服务	支持建设集临床服务、医疗教育、医学科研和成果转化为一体的新型研究型医院;研发制造一批新型医药、生物医用材料、高端医疗设备;培育引进一批生物医药和生命健康企业和项目;支持建设互联网医院和智慧药房
	公共文化服务	服务设施融入科学元素,公共文化设施与科研大楼交融设计,以科学家命名道路或标志性建筑,建立科技馆、科学家博物馆、科普广场、科学会堂、科普长廊等,向市民免费开放;体育、影视与科技融合,推进公共数字文化平台建设
	商业服务	打造科技主题的特色商业体验街区和魅力街坊;建设智能银行,发展科技金融
便民之城	住房保障服务	统筹区域职住平衡。在轨道交通车站、公共交通廊道节点、学校、医院周边优先安排住宅用地,在科学城中心区和就业岗位集聚、高商业价值地区混合提供租赁住房、共有产权住房、商品房、酒店、短租公寓;多渠道公开住房保障信息;推进停车位规划建设
	公共教育服务	配备足够幼儿园、中小学,推进新建知名大学的附中、附小建设,保证学位供给;采取一贯制、学区制、集团化办学等举措,引入优质基础教育资源
	医疗卫生服务	全面打造15分钟基层医疗卫生服务圈;基层医疗卫生机构标准化达标率100%;结合研究型大学医学部或研究型医学院落地,研究新建1家三级综合医院
	公共文化服务	人均公共文化服务设施建筑面积不少于0.4平方米;一刻钟健身圈、阅读圈全覆盖;人均公共体育用地面积0.67—0.75平方米
	商业服务	15分钟便民服务圈覆盖率100%;城市、街区、邻里、街坊四级服务中心商业零售、商务办公、酒店餐饮、综合娱乐功能全覆盖

(一)国际化

国际化引领为巅。"十四五"时期怀柔科学城瞄准创建世界级原始创新承载区,建设具有全球影响力的科学城。相应的,公共服务规划建设要坚持国际眼光,加强与国际公共服务资源的对接合作,汇聚国际资源和国际力量,建设一批国际特色、文化多元、开放包容、对外友好的国际社区、国际医院、国际学校,建成国际化环境、国际化服务、国际化人才的国际之城。

（二）生态化

生态化打造为根。生态化是怀柔科学城发展的最大基底，也是优质公共服务提供的最大特色，更是吸引优秀人才的最大竞争力。我们应坚持绿色科技理念，生产、生态和生活空间主导功能融合，加大宜居住宅、生态教育、健康医疗、绿色文化等生态服务供给，构建创新生态和自然生态双体系，将怀柔科学城打造成环境优美、绿色底蕴、可持续发展的山水城市典范。

（三）科学化

科学化铸就为魂。怀柔科学城是"科学＋城"，应充分考虑科学家研究、科技服务等特殊需求，在住房、教育、医疗、影视文化、商业休闲、交通等配套设施建设上融入科学、科学城和科学家元素，产学研医深度融合，科技与生活高度复合，增加科技类公共服务供给，创造一流的科学化公共服务生态，构建科创引领、科技一流、科普环境的科技创新理念展示区，充分体现出科学与"城"的合理匹配。

（四）惠民化

惠民化服务为基。便民公共服务要以居民基本需求为基础，以特殊需求为导向，完善生活服务功能，构建"城市—街区—社区—街坊"四级城市生活服务圈，以便民的服务政策、便捷的服务设施和便利的服务环境提高居民生活品质和城市生活品味，打造宜居宜业宜学宜游的美好人居发展示范区，提升公共服务供给体系的适配性和便捷性。

三 怀柔科学城优质公共服务指标体系的建构

为落实怀柔科学城公共服务标准，更好指导怀柔科学城优质公共服务体系建设，基于当前基础型人才、科技领军人才和民众服务需求和未来科学城公共服务规划，本文依据《怀柔科学城规划（2018年—2035年）》、《国家基本公共服务统计指标2020》建构怀柔科学城优质公共服务指标体系。

（一）住房保障服务

为更好保障科学城住有所居、住有宜居，本文依据科学城优质公共服务特色标准，按照住宅建设、社区服务、社区活动的维度，从4个目标层中筛选出19个具体指标。如下表：

表 2　怀柔科学城住房保障服务的具体指标

要素层	目标层	指标层	指标类型
住房保障服务	国际之城	1. 国际社区数量（个）	保基本
		2. 社区外籍服务人士占比（%）	优服务
		3. 双语、多语标识覆盖率（%）	保基本
		4. 外国风格、特色楼宇空间建筑面积占比（%）	优服务
		5. 物业管理涉外服务窗口覆盖率（%）	保基本
		6. 外籍人士对社区环境的满意度（%）	优服务
	生态之城	7. 住宅一星级建筑材料占比（%）	保基本
		8. 社区绿化率（%）	保基本
		9. 生活垃圾无害化处理率（%）	保基本
		10. 住宅小区绿色出行比例（%）	优服务
		11. 住宅小区噪音等级达标率（%）	优服务
	科学之城	12. 科学人才公寓数量（个）	保基本
		13. 智慧小区覆盖率（%）	保基本
		14. 每年小区科学交流活动举办次数（次）	优服务
	惠民之城	15. 人均居住支出占消费支出占比（%）	优服务
		16. 人均住房面积（平方米）	优服务
		17. 住宅小区附近公共交通站点覆盖率（%）	保基本
		18. 社区物业管理服务的回应率（%）	保基本
		19. 一刻钟社区服务圈覆盖率（%）	保基本

（二）公共教育服务

优质的公共教育服务包括高标准配备教育设施、高品质配齐师资水平、高质量保证教学质量，下面按照国际教育、生态教育、科学教育、惠民教育的建设目标，筛选了22个具体指标，如下表：

表 3　怀柔科学城公共教育服务的具体指标

要素层	目标层	指标层	指标类型
公共教育服务	国际之城	1. 国际幼儿园和国际学校数量（所）	保基本
		2. 全区中小学与海外学校结对数量（对）	优服务
		3. 年度交流互访教师数（名）	保基本
		4. 发起或参与国际大科学计划（个）	优服务
		5. 年度赴海外培训研修的教师人数（名）	保基本

续表

要素层	目标层	指标层	指标类型
公共教育服务	国际之城	6. 外资研发机构数量（个）	优服务
		7. 学校国际咨询服务中心覆盖率（%）	保基本
	生态之城	8. 校园单位面积能源消耗达标率（用电、用水）（%）	保基本
		9. 校园绿地面积占总面积（%）	保基本
		10. 实验室安全达标率（%）	保基本
		11. 年度绿色科研申报项目数量（个）	优服务
		12. 年度生态文明宣传教育活动次数（次）	保基本
	科学之城	13. 研究型大学（个）	保基本
		14. 科研人员数量占比（%）	保基本
		15. 基础研究经费占R&D经费比重（%）	保基本
		16. 诺奖级科研成果（项）	优服务
		17. 万人发明专利拥有量（件）	优服务
	惠民之城	18. 新建幼儿园、中小学数量（个）	保基本
		19. 每万名学生拥有学校数（个）	保基本
		20. 中小学学校在全市排名（位）	优服务
		21. 中小学师生比（%）	保基本
		22. 教育现代化达成度（%）	优服务

（三）医疗卫生服务

为更好满足科学城群众对医疗健康服务的需求，需要提供优质的医疗资源，便民的医疗服务，强大的医疗技术来提供医疗卫生服务能力。下面按照国际化标准、生态化理念、科学化导向和惠民化根基选取17个衡量指标，如下表：

表4 怀柔科学城医疗卫生服务的衡量指标

要素层	目标层	指标层	指标类型
医疗卫生服务	国际之城	1. 国际医疗中心覆盖率（%）	保基本
		2. 外籍人士就诊率（%）	优服务
		3. 实行国际标准认证的医院比例（%）	保基本
		4. 国际医疗保险覆盖率（%）	保基本
		5. 多语言服务中心覆盖率（%）	保基本
	生态之城	6. 医院空气质量达标率（%）	保基本
		7. 高值耗材医疗器械使用率（%）	优服务
		8. 医院绿化带面积占比（%）	保基本

续表

要素层	目标层	指标层	指标类型
医疗卫生服务	科学之城	9. 研究型医院数量（个）	保基本
		10. 医药研发成果数量（项）	优服务
		11. 远程医疗覆盖率（%）	优服务
	惠民之城	12. 一刻钟基层医疗卫生服务圈覆盖率（%）	保基本
		13. 综合性三甲医院数量（家）	保基本
		14. 基层医疗卫生机构标准化达标率（%）	保基本
		15. 每千人口床位拥有量（张）	保基本
		16. 每千人口拥有卫生技术人员数（人）	保基本
		17. 每千常住人口执业医师数（名）	保基本

（四）公共文化服务

优质的公共文化服务布局要从硬环境和软环境着手，健全完备公共文化服务设施，开展丰富的公共文化服务活动，营造科学人文的公共文化氛围。基于此下面选取了15个具体指标来构建公共文化服务指标体系。如下表：

表5 怀柔科学城公共文化服务的具体指标

要素层	目标层	指标层	指标类型
公共文化服务	国际之城	1. 国际影都落户影视龙头企业（家）	优服务
		2. 国际影都年度承办影视品牌活动（场）	优服务
		3. 公共文化服务设施双语（多语）标识覆盖率（%）	保基本
		4. 国际类视听节目占比（%）	保基本
		5. 公共图书馆外文书籍占比（%）	保基本
	生态之城	6. 人均绿地面积（平方米/人）	保基本
		7. 生态主题公园占地面积（个）	保基本
		8. 每年举办生态主题公共文化活动（次）	优服务
	科学之城	9. 科技馆等科技类公共文化服务设施建筑面积（平方米）	保基本
		10. 年人均科技类公共文化消费占个人消费支出比重（人）	优服务
		11. 线上公共文化服务数字资源年度访问量（人次）	优服务
	惠民之城	12. 人均公共文化服务设施建筑面积（平方米）	保基本
		13. 人均公共体育用地面积（平方米）	保基本
		14. 公共图书馆年流通人次（人）	优服务
		15. 社区15分钟范围内文化休闲、娱乐设施覆盖率（%）	保基本

（五）商业服务

为满足海外人才、科学家、青年人才等不同群体的多元化需求，打造"小集中、大分散"的商业设施体系，下面选取了14个具体指标，为建设成国际水准、功能完备、特色突出的商业服务综合体提供基本依据和评价标准。如下表：

表6　怀柔科学城商业服务的具体指标

要素层	目标层	指标层	指标类型
商业服务	国际之城	1. 国际街区建筑面积（平方米）	优服务
		2. 引入国际餐厅数量（家）	保基本
		3. 建成国际酒店数量（家）	保基本
		4. 国际化超市和购物中心数量（个）	保基本
		5. 国际影城规划面积（平方米）	保基本
	生态之城	6. 年度商业用电量（kW·h）	优服务
		7. 年度商业用水量（L）	优服务
		8. 商业服务清洁能源利用率（%）	优服务
		9. 商业街区垃圾无害化处理率（%）	保基本
	科学之城	10. 科技金融服务平台建设数量（个）	优服务
		11. 科技主题街区建筑面积（平方米）	保基本
	惠民之城	12. 15分钟便民服务圈覆盖率（%）	保基本
		13. 商业服务营业时间（h）	保基本
		14. 居民对商业服务功能的满意度（%）	优服务

四　"十四五"时期怀柔科学城优质公共服务标准落实的政策建议

怀柔科学城公共服务指标体系的构建为落实优质公共服务特色标准提供了基本遵循，而标准的落实和指标体系的改进完善，还需从引入多元供给主体、创新有效供给方式、提高服务供给效率着手，以全面提升科学城公共服务品质，实现公共服务从"有"到"优"的转变。

（一）加快社会化改革，推进优质公共服务效率型建设

为提升服务效能，"十四五"时期公共服务的高质量发展首先要坚持市场化、社会化改革取向，针对公共服务的不同特点，由政府、市场和社会分类供

给、分类推进。一是服务类型划分，分责提供。对公共服务指标中保基本的基本公共服务政府承担主体责任，优服务则通过社会购买服务、合同承包、项目制、特许经营、志愿服务等采取市场化、社会化供给模式，如国际住宅的建筑设计和物业管理可以引进国外先进团队，国际幼儿园和国际学校可以采取联合办学、集团办学等模式，承接中心城区和国际优质教育资源，学分互认、师生互访。二是服务对象划分，多样提供。对怀柔科学城区域的常住人口和流动人口、国内人才和国际人才、科研人才和劳动力人才等不同群体精准识别需求，通过对服务对象诉求的研判和考察严格有效甄选生产承接主体，有针对性、灵活性地供给共性公共服务和个性公共服务。如充分考虑科研人员从事科研工作对科研环境的需求、高频率的学术活动对快速交通出行的需求，按照职住均衡的理念完善便捷的交通运输体系，通过科学人才公寓、科技馆、科技主题街区等配套公共设施来塑造高品质的生活环境、舒适的科研环境、国际化的价值输出环境。

（二）基于民主化协商，推动公共服务民主型改进

注重科学人才的服务需求和服务体验，对公共服务科学精准布局，对指标体系和指标类型进行优化调整。一是建立需求表达分析机制。为适应科学城年轻化、知识化、科技化人才的普适性和个性化需求，通过进区入户、网络调查等方式收集需求、分析需求和转化需求。对公共服务的现实需求和潜在需求、保健需求和激励需求、基本需求和期望需求科学评估，对公共服务指标层级成分分析，确定权重，明确优先供给次序。如住房保障服务方面，了解对租购住房选择的偏好，对政策性住房、商品房、公租房的需求，从而针对性地投入财政和服务资源，提高供给弹性。二是完善协商对话机制。在公共服务决策、执行、监督、评价的过程中，下放、分散参与权和治理权，运用"无缝隙服务"模式促进政府、企业和居民理性、责任性、开放性的公共协商。依托社区阵地成立公共服务协商民主议事厅、理事会，通过召开民主恳谈会的形式积极征集公共服务提供的意见建议。三是建立民主评议机制。为更好评估公共服务质量，公开发布科学城公共服务的服务范围、服务内容、服务标准、评价指标体系，以网络评议、服务热线等多种形式开展民主评议，进行动态化调整和实时性优化。

（三）加强服务质量管理，实现公共服务满意度提升

怀柔科学城公共服务的资源分配、服务过程、测量评估等全要素过程都要将公众满意作为逻辑起点，建立以需求为导向的实效反馈机制和服务回应机

制，持续改进公共服务质量。一是建立公共服务体验机制。为精准掌握群众的服务需求，可面向社会公开招募各项公共服务体验师，参与社区住宅环境、教育医疗供给、公共文化服务设施体验，反馈体验意见，提交服务体验报告。相关部门对收集到的意见、报告进行分类梳理，整改提升。二是完善质量评估机制。委托第三方评估机构，吸纳社会民众力量参与到社区住宅环境、物业管理、教育现代化程度、远程医疗服务、商业服务功能的满意度评价当中，并将评估结果作为改进公共服务质量的基本依据。

参 考 文 献

[1] 王振茂、杨一帆、李楠、白泽臣：《基于有机生长理论的怀柔科学城规划设计研究》，《北京规划建设》2019年第2期。

[2] 于庆丰、于海波、马哲军、张朝晖、杨春：《迈向生态文明引领的绿色创新宜居城市典范——〈怀柔分区规划（2017年—2035年）〉的探索与实践》，《北京规划建设》2019年第6期。

[3] ［英］简·莱恩：《新公共管理》，赵成根等译，中国青年出版社2004年版。

[4] ［美］珍妮特·V. 登哈特（Janet V. Denhardt）、罗伯特·B. 登哈特（Robert B. Denhardt）：《新公共服务：服务而不是掌舵》，方兴、丁煌译，中国人民大学出版社2016年版。

[5] 怀柔区人民政府网：《怀柔科学城控制性详细规划（2020年—2035年）（草案）》，http://www.bjhr.gov.cn，2020-10-22。

群众参与城市社区治理的现状与思考
——基于北京市密云区的实践

陈娟娟　李　军　魏　新[*]

摘　要： 随着城市治理体制改革的推进，群众参与社区事务已成为基层民主政治建设不可缺少的重要组成部分。群众长期有效地参与社区治理，是社区和谐文明稳定发展的需要。笔者通过问卷调查、走访座谈、资料查阅等形式，在了解北京市密云区群众参与社区治理基本情况的基础上，分析群众参与城市社区治理的现实困境及原因，对如何推动群众有效参与城市社区治理进行了多方面思考。本文认为，可通过健全制度保障，激发群众参与社区治理的活力；可通过加强党组织引领，推进多方协同治理；可通过发展社区文化，营造文明和谐的群众参与氛围；可通过智能化平台建设，探索群众广泛参与的网络化社区治理新模式等。

关键词： 城市治理；群众参与；社区建设；多方协同

党的十九届四中全会审议通过了《中共中央关于坚持和完善中国特色社会主义制度、推进国家治理体系和治理能力现代化若干重大问题的决定》，其中强调"坚持和完善共建共治共享的社会治理制度，保持社会稳定、维护国家安全"，这为我们推进社会治理现代化指明了方向。社会治理是国家治理的重要方面，我们要完善社会治理体系，建设"人人有责、人人尽责、人人享有"的社会治理共同体[①]，加快推进国家治理体系和治理能力现代化，夯实国家治理

---

[*] 陈娟娟，中共北京市密云区委党校讲师，主要研究方向：社会治理；李军，中共北京市密云区委党校副教授，主要研究方向：社会治理与党建研究；魏新，中共北京市委党校（北京行政学院）科研处一级主任科员，主要研究方向：依法治国和法治政府。

[①] 中国共产党第十九届中央委员会第四次全体会议通过：《中共中央关于坚持和完善中国特色社会主义制度、推进国家治理体系和治理能力现代化若干重大问题的决定》，新华网，https：//baijiahao.baidu.com/s?id=1649359059314797201＆wfr=spider＆for=pc。

现代化的基石。然而社区治理是现代国家治理的基础性工程，我国城市社区治理模式也一直在实践中改革创新。大国治理需从小社区做起[①]，提高群众参与社区治理能力，是提升国家治理能力现代化水平的必然要求。研究群众参与城市社区治理的现实困境与路径选择，对于创新社区治理模式，进一步完善社区治理机制，具有重要现实意义。

近年来，密云区在推动群众参与城市社区治理方面不断努力，形成了许多有益做法，但是也存在一些亟待解决的问题。笔者通过相关文献资料研究，梳理密云区群众参与城市社区治理的总体情况，总结其中经验；通过实地走访，对密云区各街道办事处、社区工作人员、社区群众组织负责人进行访谈，了解群众参与社区治理的机制特点与典型案例；通过问卷调查，了解目前群众参与城市社区治理的现状，向抽样调查选取的社区居民发放"密云区群众参与社区治理情况调查"问卷，在康居南区、密西花园等社区向居民发放问卷并当场回收，经统计有效问卷228份，运用"问卷星"小程序进行问卷分析，系统显示了调查情况所占百分比，自动生成条状、环状、柱状等图片，以方便对数据统计结果形成直观认识；通过分析密云区群众参与城市社区治理中存在的问题，思考其背后存在的政治、经济、社会等方面的原因，围绕群众参与城市社区治理的实践展开实证研究，提出推动群众有效参与城市社区治理的若干思考，希望能够助力建设生态、富裕、创新、和谐、美丽新密云，进一步提升密云城市社区治理水平。

一 北京市密云区群众参与城市社区治理的现状

密云区现有城市社区50个，住宅楼4199栋，总建筑面积1344.8万平方米，居住总人口约30.5万人。经过多层面实践探索，密云区在推动群众参与城市社区治理方面已经取得一定成效。

（一）组织开展丰富的社区活动，引导群众广泛参与

据了解，2019年密云区各社区开展各类活动680余场次，参与人数达28000余人次；社区民警、公益律师主动履职，集中调解物业纠纷和邻里矛盾330余件，营造了良好的社区氛围。充分发挥"双报到"工作机制作用，推动在职党员进社区为群众服务常态化，加强党员教育管理、组织领导和考核评价，不断丰富

[①] 吴晓林、郝丽娜：《"社区复兴运动"以来国外社区治理研究的理论考察》，《政治学研究》2015年第1期。

平台载体，将"双报到"工作落到实处。各街道组织开展社区干部"听民声、访民情、解民忧"活动，社区党员干部通过入户走访，了解群众所需所思所想，与群众心连心，为群众排忧解难，成为密切联系群众的重要纽带。果园街道在各社区创新开展"摆桌子、听意见"活动，引导居民群众积极参与社区治理。

（二）党建引领物业服务企业，探索构建群众参与社区治理新格局

密云区现有物业服务企业64家，通过深入开展"党建引领物业服务企业和业主委员会参与社会建设"试点工作，强化区域共治，创新协调联动工作机制。社区党组织联合物业服务企业、业主委员会同步建立联动巡查、联动分析、联动处置工作制度，对小区环境改造、公共设施改善等重大事项，共同研究方案，明确责任落实。发挥社区议事厅作用，引领各类组织和广大居民群众有序参与到社区治理的事前、事中、事后全过程，使社区居民真正成为社区治理的参与者。由社区党组织牵头，整合居委会、业委会、物业服务企业、驻区单位和志愿服务力量，探索构建以社区党组织为领导核心、物业服务企业和业委会等共同发力的多元共治新格局。

（三）开辟多种渠道反映问题，收集社区群众意见建议

群众反映问题现有的主要平台与渠道有：12345市民热线、果园e家园、"摆桌子听意见"活动、居委会、业委会、物业公司、楼长、居民代表等。其中通过12345市民热线和居委会反映问题的群众较多（如图1）。通过这些平台或渠道，收集到大量居民对于社区建设的建议和反馈意见，为群众有效参与社区治理提供了可能。

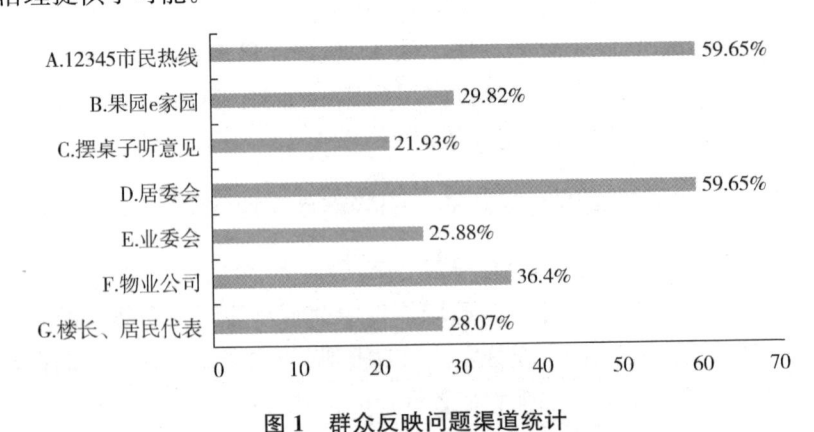

渠道	比例
A.12345市民热线	59.65%
B.果园e家园	29.82%
C.摆桌子听意见	21.93%
D.居委会	59.65%
E.业委会	25.88%
F.物业公司	36.4%
G.楼长、居民代表	28.07%

图1 群众反映问题渠道统计

数据来源：2020年中共北京市密云区委党校"群众参与城市社区治理的困境与路径选择"课题小组，密云区群众参与社区治理情况调查数据。

(四)联合建立信息化智能平台,有效响应群众诉求

国有心连心物业公司和通成网联科技公司建立"心连心为民服务中心"智能平台,设立一号受理、工单处理、视频监控、收费管理、绩效考核5个系统,运用信息化手段,对所辖27个小区360万平方米物业、145个小区1300万平方米供暖统一调度,实现"报修、接单、受理、派单、维修、反馈、评价"一口受理、闭环服务。由于切实解决了问题,群众对供暖类满意量提高,相关诉求大幅减少。

(五)着力加强居民生活保障,提高群众参与率和满意度

调查结果显示,密云区有一些先进社区在提高群众参与率和满意度,以及对社区的认同感方面都取得不错的成绩。以"上河湾社区"为例,该社区近年来修订《居民公约》,督促物业和业主委员会做到"四公开一监督",促进社区服务规范有序。依托心理疏导室和各类平台建设,形成了线上线下相结合的矛盾调解机制,确保了社区文明劝导有队伍,居民生活安全有保障。能够及时做好居民家中停水停电、燃气泄漏等突发事件的处置工作,减少突发事件对居民的不良影响;通过扩建自行车棚、增量安装电动车充电插座等,解决小区自行车、电动车停放问题;对孤寡老弱等居民定时入户走访,帮助其解决生活或工作上的各种困难;落实残疾人补贴和水库移民费发放等。

二 群众参与城市社区治理的困境及原因

(一)困境

北京市密云区在推动群众参与城市社区治理方面,虽然取得一定成效,但仍然存在某些现实困境,例如以下几个方面。一是制度化渠道不畅。调研中发现,社区民主协商和决策议事工作制度总体还不够规范,尤其对群众所关心的事件办理反馈制约性规定较少,责任追究机制等需要进一步完善。二是组织化程度不高。社区居民包括上班族、家庭主妇、老人、学生等各类人群,对于社区治理的相关信息接收程度不一样。在组织居民参与社区活动方面,难以针对不同人群进行分类管理并达到协调一致。针对除党员以外的在职人员,社区往往缺乏相应的组织力或约束力。三是参与范围和内容不广。目前在社区建设和治理的过程中,仍然存在群众参与不足的情况,群众参与意识的淡薄和所能够参与活动的缺乏,是制约群众参与社区治理的关键因素。四是多元利益冲突难

以调和。居委会、业委会、物业公司、社区工作站之间机构重叠、职能混乱[①]。社区治理的多方力量之间缺少支持配合，甚至出现有好处的事情抢着做、无好处的事情无人做、遇见责任互相推诿的现象。面对多元利益冲突和社区治理新要求，社区党组织在搭建平台、创新措施，激发各方参与社区建设的活力等方面存在不足，影响了群众参与社区治理水平提升。

（二）原因

密云区群众参与城市社区治理中存在的现实困境是由多方面原因造成的，对于当前存在的问题和事关长远发展的制约性因素进行分析，主要有以下几个方面。一是体制机制不健全。2019年，北京市印发了《关于加强新时代街道工作的意见》，提出要"构建城市精细化管理体系"。到目前为止，密云区大部分城市社区的管理体系还不够精细、精准、精确，总体上大而化之的要求比较多，而根据不同社区的不同特点制定的具体实施方案和措施比较少；相关社会秩序还不够规范，综合执法改革推进缓慢，社区决策议事协调机制等还不完善。二是法律保障不到位。调研中发现，各小区停车难、车位被占的情况时有发生。2020年3月通过的《北京市物业管理条例》规定，"物业管理区域内规划用于停放车辆的车位、车库，应当首先满足业主的需要。用于出售的，应当优先出售给本物业管理区域内的业主；不出售或者尚未售出的，应当提供给本物业管理区域内的业主使用"[②]。然而，在具体实施过程中，有些小区对相关文件的保障落实和长效推进并不到位，对物业企业缺少系统性规范管理。在这种情况下，有居民发出"落实北京市物业管理条例，园区内车位归业主所有"的呼声。因此，有待进一步推行条例规定内容，建立奖惩机制，完善法律保障，提升物业服务水平，维护业主合法权益。三是政府职能未转变。大部分社区实际上还处于政府单一主体管理的进程中，属于党组织领导、民政部门牵头、有关部门配合的传统治理模式。政府包揽了过多本应由非政府社会组织所承担的职能，比如把对居委会一些公益事务的指导责任变成了领导责任。在社区治理中，政府对介入社区发展的专业性社会团体资助不充分，对非政府性质的社会工作机构或公益性、互助性社会组织培育不到位。政府在社区建设和社区治理中的角色定位，应该既是倡导者和设计者，又是协助者和推动者，也是支撑者和监督者。对于职能转变，政府应进一步加强社区治理的宏观指导和政

---

① 李强：《当前中国城市社区治理中的公民参与》，《中小企业管理与科技》（中旬刊）2018年第10期。

② 北京市第十五届人民代表大会常务委员会第二十次会议通过：《北京市物业管理条例》，北京市住房和城乡建设委员会，http://zjw.beijing.gov.cn/bjjs/xxgk/fgwj3/fggz/1793593/index.shtml。

策规划，引导社区居民管理好自己的事情；通过减免税收或各种优惠项目，促使非盈利组织的参与；加强社区自治意识，把贴近群众、服务社区作为强化工作的着眼点，把社区居民满不满意、拥不拥护作为工作的出发点。四是社区共同体意识欠缺。个别社区对群众参与社区治理的重要意义认识不足，对推进群众参与纳入基层民主决策程序的重要性认识不足，对群众主动参与意识引导不足，对居民动员不够充分，社区居民缺乏社区共同体意识。此外，一些社区商店以及社会组织主动参与、配合推进社区治理的积极性不高。在对社区认同度的调查统计中，有27.19%的居民表示一般认同，即比较被动，没有主动积极参加社区活动；有3.51%的居民对社区甚至没有认同感，不参与社区活动（如图2）。

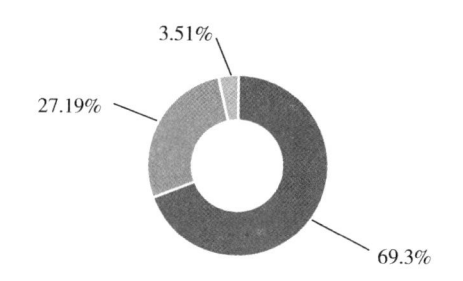

■ A.高度认同：有主人翁感，积极参与社区活动
■ B.一般认同：比较被动，没有主动积极参与社区活动
■ C.没有认同感，不参与社区活动

图2　群众对社区认同度统计

数据来源：2020年中共北京市密云区委党校"群众参与城市社区治理的困境与路径选择"课题小组，密云区群众参与社区治理情况调查数据。

三　关于推动群众有效参与城市社区治理的几点思考

（一）健全制度保障，激发群众参与社区治理的活力

1. 健全制度保障

群众参与社区治理涉及一整套群众参与社区协商治理的制度与规则。从法律层面保护群众参与社区治理的地位，才能保证居民顺畅表达自身建议，进而通过民主协商等方式整合这些零散的意见建议，在充分协商的基础上形成居民都能够认同的社区共识，从而共同推进社区建设和社区治理。民主协商能够最大范围地激励公众参与，促使居民对社区治理中的公开性问题做到最大程度上

的响应，从而对于社区的整体情况形成更全面而直观的认识。健全社区民主协商程序和决策议事等制度规范，建立具有约束性的群众参与长效机制，有助于社区做出更加科学精准的判断、规划或决策。

2. 完善相关规定细则

完善群众参与的相关规定以及各方面实施细则，有助于提高群众参与社区治理的效果。规范群众参与的范围和深度，避免群众的无序参与[①]。根据社区特点制定具体方案措施，保障居民能够切实享有更广泛、更持续的参与社区治理的权利。完善社区议事细则，对于群众什么时候参与议事，居委会需要怎样做，社区居民应该怎么办，有关建议意见应该怎样提，民主审议和社区评价应该按照怎样的标准和要求进行等等，都需要有可操作性的规定。

3. 充分体现社区居民的群众主体地位

社区居民的需求或建议是制定社区规划建设方案的基础，群众参与是社区治理得以顺利推进的关键因素。尊重居民对社区发展决策的参与权、知情权和监督权，激发群众参与活力，调动群众参与兴趣，鼓励群众以多种方式主动参与到社区建设和社区治理中，引导社区居民自我管理、自我监督。完善居委会对基层政府和街道办事处工作的监督，若发现问题应及时向有关部门汇报反映；而社区群众也应该对社区工作进行监督，若发现问题应向居委会反映并监督执行。对于热点难点工作，社区应及时召开居民代表大会、临时会议等，就工作开展情况向居民汇报，听取群众意见建议，自觉接受群众监督，提高社区治理成效。

（二）加强党组织引领，推进多方协同治理

1. 发挥社区党组织的领导核心作用

党建引领的社区治理是新时代加强党建工作和创新社区治理工作的融合，二者具有共同的目标和宗旨[②]。社区党组织在社区治理中居于主导地位，要充分发挥党组织领导核心作用和党员模范带头作用，探索党建引领群众参与城市社区治理的多种方式，不断开创社区治理新局面。通过改进社区党建工作，深化"1+5"党组织引领和谐社区建设机制，打造社区居委会、业委会、物业公司、驻区单位和各方志愿服务力量等社会多元主体共同参与、协同治理的社区发展模式。在防疫常态化的条件下，全面发挥社区党建工作协调委员会作用，广泛动员在职党员、社区志愿者等参与，推动形成联防联控的工作

---

① 张君：《国家治理现代化中的群众参与》，《内蒙古农业大学学报》（社会科学版）2016年第1期。

② 姜晓萍、田昭：《授权赋能：党建引领城市社区治理的新样本》，《中共中央党校（国家行政学院）学报》2019年第5期。

格局。

2. 整合多种多样的社区服务

城市社区存在着公共性服务、市场性服务和公益性服务等多种不同类型服务。加强党组织引领，建设服务型政府，整合社区服务是目前社区发展的大势所趋。社区治理过程中，应该以群众需求和民意调查为导向，满足群众对美好生活的向往，整合公共产品与公共服务、相关企业提供的有偿服务、非营利性社会组织提供的公益服务等，使各种社会服务能够各显所长、互动互补、发挥合力，共同推进社区建设，提升社区治理水平。

3. 盘活社区内可用的社会组织资源

应对社区治理过程中的重点难点问题，有必要盘活社区内可用的社会组织资源，推动社区形成共建、共创、共治、共享的治理格局。密云区现有2690个已备案社会社区组织，其中有526个城市社区组织。可以通过加强党组织引领，加大资金投入等方式，扶持壮大社会组织，调动群众以团队的形式广泛参与到社区事务中来，真正做到群众的事情群众办；进一步构建并完善以社区党组织为核心，社区居委会为主体，物业等服务企业、驻社区单位以及各类社会组织协同联动的社区治理体系。

（三）发展社区文化，营造文明和谐的群众参与氛围

1. 发展社区文化

社区文化作为文化的一种特定类型，是社区居民在生活过程中共同创造的精神财富，内容包括文化观念、公众制度、道德规范、文化环境、社区精神、价值观念等，其中价值观是社区文化的核心。随着经济社会的快速发展，社区文化建设备受社会各阶层的关注，是因为社区文化在社会治理中具有一系列特殊功能，例如引导功能、凝聚功能、约束功能、激励功能、娱乐功能等。因此，应不断完善城市社区公共文化服务体系，建设和维护公共文化设施，发展社区内各种文化协会，开展丰富多彩的文化活动，以喜闻乐见的方式提高群众参与社区文化生活的积极性和自觉性。

2. 培育和践行社会主义核心价值观

社会主义核心价值观代表着当代中国社会发展进步的方向，是实现中华民族伟大复兴的精神基础和根本保障。在社区文化建设中，要注重培育和践行社会主义核心价值观，把社会主义核心价值观的要求落实到社区文化宣传教育的各个环节，使核心价值观如同春风化雨般融入日常生活，转化为居民自觉行动。例如组织开展"关爱空巢老人"志愿服务，评选表彰"爱岗敬业"人员，引导居民树立正确的价值观念和思想观念，推动形成公平正义、诚信友善的社区氛围。

3. 提升居民的社区共同体意识

将社区文化建设与促进社区认同相结合，打造社区精神共同体和文化共同体，可以增强居民对社区的归属感与认同感，提升居民的社区共同体意识。为社区注入文化内涵，提高社区文化品位和居民个体素质，涵养文明、和谐、互助、友爱等社区精神，可以推动群众更高质量地参与社区治理，为创新社区治理提供文化支撑。培育社区共同体具有各种不同的途径，但现阶段政府培育依旧是其主要途径[1]。政府应尝试搭建各种文化活动平台，支持各类工作室、茶馆、特色文化空间建设，引导群众以面对面互动的方式分享文化生活，加强社区居民之间的文化交流与合作。发挥社区文化的带动和凝聚作用，把群众的"要我参与"转变为"我要参与"，提升社区群众的主体意识和参与意识。

（四）推进智能化平台建设，探索群众参与的网络化社区治理新模式

1. 推进智能化平台建设

在美丽社区建设中，生活环境更宜居、社区服务更智能，是社区建设和社区治理的目标与方向。现代化社区治理，需要依托互联网、大数据、5G等现代科学技术，探索"互联网＋社区治理"模式，打造智能化社区管理服务系统。运用智能化平台挖掘处理信息，使用手机等通信终端设备，实现社区管理、居民互动和志愿服务等多项功能的优化整合升级，构建多层次、立体化的群众参与模式。例如，开发"某某社区App"，居民可通过社区App查看社区通知、新闻、维修、施工、就业等信息，可获取养老医疗服务等事项详细流程；纳入周边附近教育培训、餐饮娱乐、文化医疗等店铺详细信息，为社区居民提供更为便捷的生活服务；综合运用社区App，深入推进社区党务公开、业委会履职情况公开、物业服务情况公开，公示党员履职情况，方便居民监督，赢取广大群众信任；此外，设置社区App紧急呼叫功能，方便有突发事件时可快速与社区工作者取得联系。通过智能化社区平台建设，打破时间空间限制，减少人力成本，提高社区治理效能。

2. 强化城市社区网格化管理

网格化管理，是城市社会治理中的一项重要创新内容。突如其来的新冠肺炎疫情，凸显了社区在疫情防控大局中的关键作用。精准的社区网格化管理，对阻断疫情传播途径发挥了重要作用。要进一步发挥现代科学技术优势，强化社区网格化管理，壮大社区网格员队伍，全面了解群众需求，实时上报社区问

---

[1] 邵国英：《城市社区治理中的公民参与问题》，《领导科学论坛》2017年第19期。

题。在党委领导、公众参与、社会协同的基础上,将网格化管理责任落实到人,及时收集并响应居民反映的各类问题,及时协调物业服务企业、业主委员会和相关部门解决居民实际问题,使社区问题早发现、早解决。以群众实际需求为出发点和落脚点,利用多元互动等方式,提高社区治理精细化水平。

3. 探索群众参与的网络化社区治理新模式

建设社区公共互联网,将文教卫生、治安管理、街居服务等综合信息汇集到社区公共互联网,方便社区群众生活所需。做好大数据建设,准确采集居民信息,有针对性地开展工作;运用实时记录新技术,完善社区志愿者服务记录,促进社区志愿服务常态化;使用高清摄像头对社区环境进行24小时监控,对社区图像进行实时上传。在社区数据共享的基础上,探索群众参与的网络化社区治理新模式。建设社区微信公众号,通过公众号发布小区活动宣传等信息;运用社区微信群广泛收集民意,实现社区群众无障碍沟通,为社区治理提供广泛的群众基础。防疫常态化工作中,使用微信二维码进行自助登记,减少人员聚集,提高通行效率;使用智能门禁、车辆智能识别以及人脸识别技术,掌握社区车辆人员出入信息,非常时期限制非必要人员流动,提高社区疫情防控水平,构筑起坚实的群防群控社区防线。优化利用好社区各种资源,推动社区管理向社区治理转变,让社区服务更贴心,让社区治理更合理,促使群众参与广泛化,形成群众共同支持社区发展的良好局面。

参 考 文 献

[1] 姜晓萍、田昭:《授权赋能:党建引领城市社区治理的新样本》,《中共中央党校(国家行政学院)学报》2019年第5期。

[2] 李强:《当前中国城市社区治理中的公民参与》,《中小企业管理与科技》(中旬刊)2018年第10期。

[3] 邰国英:《城市社区治理中的公民参与问题》,《领导科学论坛》2017年第19期。

[4] 吴晓林、郝丽娜:《"社区复兴运动"以来国外社区治理研究的理论考察》,《政治学研究》2015年第1期。

[5] 张君:《国家治理现代化中的群众参与》,《内蒙古农业大学学报》(社会科学版)2016年第1期。

[6] 中国共产党第十九届中央委员会第四次全体会议通过:《中共中央关于坚持和完善中国特色社会主义制度、推进国家治理体系和治理能力现代化若干重大问题的决定》,[2019 - 11 - 05],https://baijiahao.baidu.com/s?id=1649359059314797201 & wfr=spider & for=pc。

[7] 北京市第十五届人民代表大会常务委员会第二十次会议通过:《北京市物业管理条例》,[2020 - 04 - 30],http://zjw.beijing.gov.cn/bjjs/xxgk/fgwj3/fggz/1793593/index.shtml。

六　生态文明建设篇

发达国家碳排放与能耗双达峰经验对北京的启示

陆小成[*]

摘　要：本文采用文献研究的方法，对发达国家碳排放与能耗双达峰经验进行了分析，提出主要发达国家已经实现碳排放达峰，积累了一定的实践经验，包括从战略、规划、政策等多方面加强顶层设计，从能源、产业、交通等多领域加强节能减排，从政府、企业、社会等多主体加强协同推进，从生产、生活、生态等多维度加强转型发展，为北京提供了有益启示。借鉴国际经验，本文认为，北京实现碳排放与能耗双达峰并稳中有降，应加快制定碳排放和能耗双达峰行动方案，大力开发绿色低碳新能源，强化多元主体协同参与，促进首都经济社会全面绿色转型。

关键词：碳排放；能耗；碳达峰；经验

2020年9月，习近平总书记在第七十五届联合国大会一般性辩论上的讲话中宣布，中国将采取更加有力的政策和措施，二氧化碳排放力争于2030年前达到峰值，努力争取2060年前实现碳中和。中央经济工作会议将做好碳达峰碳中和工作作为2021年八大重点任务之一。我国明确提出到2030年左右碳排放达到峰值，并要求一批低碳试点城市尽快明确碳达峰时间，北京、上海等发达地区率先实现碳达峰并稳中有降。中国积极推进碳达峰、碳中和目标实现，主动承担碳减排责任，为构建人与自然生命共同体作出积极贡献，为应对全球气候变暖、能源危机以及全球生态环境治理赋予强大动能，为全球绿色低

---

[*] 陆小成，博士，北京市社会科学院城市问题研究所所长、研究员，中共北京市委党校（北京行政学院）北京市情研究中心特约研究员、日本山梨学院大学访问学者，主要研究方向：低碳发展、城市治理、公共政策。

碳高质量发展创造良好契机[1]。与世界主要碳排放国家相比，北京碳强度为全国省级地区最低，但作为能源消费大市，能源需求总量大、传统能源消费比重高、碳排放强度大，实现碳排放与能耗双达峰目标任务重、时间紧。建议借鉴国外先进经验，采取有效措施推动北京率先实现碳排放与能耗双达峰并稳中有降目标。

一 发达国家碳排放与能耗达峰时间及其规律

从相关统计数据来看，全球主要发达国家已经实现碳排放达峰[2]。如表1所示[3]，英国1971年实现碳达峰，比能源消费达峰时间早25年；法国1979年实现碳达峰，比能源消费达峰时间早26年；德国1980年实现碳达峰，比能源消费达峰时间早5年。法国、丹麦、英国、德国等主要是通过迅速提高非化石能源消费比重，从源头上减少碳排放，较早实现碳排放和能源消费双达峰。也有研究指出，目前全球已经有54个国家的碳排放实现达峰，占全球碳排放总量的40%[4]。

表1 主要发达国家碳排放和能源消费达峰时间

国家	能源消费达峰时间	碳排放达峰时间	备注
美国	2007	2007	同时达峰
日本	2004	2004	
丹麦	1996	1996	
德国	1985	1980	错峰：碳排放先达峰
法国	2005	1979	
英国	1996	1971	

从已跨越碳峰值的发达国家来看，一个国家或地区能够实现碳排放和能耗的双达峰目标，均有内在运行的客观规律，主要涉及以下发展指标，如表2所示。一是城市化和工业化水平。进入工业化后期，城市化率达到75%以上，传统重化工产业被淘汰或压缩，绿色低碳的高端制造业和现代服务业得到快速

---

[1] 蒋钦云、朱跃中：《中国推进碳达峰碳中和，彰显大国责任与担当》，https://baijiahao.baidu.com/s?id=1695170479820109774&wfr=spider&for=pc。
[2] 刘戈：《中国碳达峰：一次前所未有的攀登》，《中国经营报》2021年3月15日。
[3] 王继龙、左晓利、刘觅颖：《北京市碳排放达峰的思考》，《理论与现代化》2017年第6期。
[4] 《走进碳达峰碳中和，碳达峰——世界各国在行动》，https://www.sohu.com/a/445563820_100188001，2021年1月19日。

发展,有助于碳排放尽快实现峰值,并通过工业化质量提升不断提高能效,降低碳排放强度。二是经济增速与人均GDP。碳峰值一般出现在GDP增速较低时,不超过3%,经济增长所需能源消耗增速减弱。人均GDP较高时,大多在2万美元以上,人们的绿色环保意识不断提高,更加重视购买和消费绿色低碳产业,对高能耗产品消费需求占比小,人均能耗和碳排放强度均得到有效下降。三是人口总数和第三产业比重。碳峰值一般出现在人口总数达到峰值以后出现拐点,总人口不再增加,第三产业占比达到65%以上,低碳排放、低能耗的第三产业成为经济增长的主要支柱。

表2 碳排放和能源消费达峰涉及的主要指标

指标	达峰指标数值	达峰的指标特征
城市化和工业化水平	城市化率达到75%以上	重工业产品和能源消费需求缩减,碳达峰后不断下降
经济增速与人均GDP	GDP增速不超过3%,人均GDP超过2万美元	经济增长所需能源消耗增速减弱。人均能耗下降
人口总数和三产业比重	人口数达到峰值,三产业占比65%以上	低碳排放、低能耗的第三产业成为经济增长的主要支柱

二 发达国家实现碳排放和能耗双达峰的基本经验

西方发达国家经过上百年的经济社会发展,在能耗、碳排放、生态环保等方面不断积累经验,相关政策法律比较成熟,采取了有效措施实现碳排放和能耗的双达峰。深入分析和总结西方发达国家在碳排放和能耗双达峰的成功经验可为我国早日实行碳达峰碳中和目标提供重要借鉴[1]。发达国家及其主要城市所采取的节能减排政策措施各有侧重点,但在实行碳减排和能耗双达峰目标上是一致的,这为北京提供了有益启示。

(一)从战略、规划、政策等多方面加强顶层设计,实现双达峰有依据

英国是低碳经济的首倡导者,也是积极践行者。2007年英国最先推出全球第一部气候变化法案,2009年成为世界上第一个立法约束碳预算的国家,并发布低碳转型计划,能源、商业、交通等部门先后制定可再生能源、低碳工

---

[1] 高婷、王连梅、唐合龙:《西方发达国家的节能减排经验及对中国的启示》,《中国城市经济》2011年第17期。

业、低碳交通等战略,推进碳减排与碳达峰。美国制定《全国气候变化技术计划》、法国制定《国家低碳战略》、日本制定《面向低碳社会的 12 大行动》等均是从国家战略的高度进行碳达峰和能耗达峰的长期规划。发达国家为实施达峰规划,进一步构建相对完善的碳排放与能耗双达峰的法律框架,既制定有国家层面的一揽子法案,如美国的《2009 年绿色能源与安全保障法》、日本的《地球变暖对策推进法》、法国的《绿色增长能源转型法》等,为节能减排提供政策保障;也推出了各行业领域的专门碳减排法案,如英国的《气候变化税和排放交易方案》、日本的《碳抵消指南》等[①]。发达国家还制定完善的节能减排政策体系作为立法手段的补充,如出台推动碳减排、碳达峰的低碳技术创新、低碳产业、低碳消费等政策,建立碳交易等市场化机制,征收碳税,建立低碳发展基金等。

(二)从能源、产业、交通等多领域加强节能减排,实现双达峰有重点

在能源方面,加快传统能源替代,发展低碳新能源,从源头上减少碳排放。如英国伦敦加强低碳能源供应、"零碳"伦敦建设,推广应用分布式供电系统,积极普及智能电表,提高能源利用效率。分布式供电主要在用户附近构建小规模、分散式、灵活性的发电及电力供应系统,供电燃料更加生态环保,提高供电的安全性和灵活性;智能电表则主要是为家庭用户和企业用户提供更加智能实时的用电量和用气量信息,方便用户错峰用电、集约利用、远程监控。法国缺少石油、天然气、煤炭等能源,但积极发展核电等低碳能源,核电装机容量大约占 78%,核电发电量(2003 年)占全国发电量的 85%。美国 2019 年非化石燃料已占能源消费结构比重的 20%,新增发电主要来源于风电、水电、太阳能等可再生能源和天然气。纽约制定太阳能计划,投入 5400 万美元新建 79 座大型光伏发电项目,分别安装在企业、工厂、市政大楼、学校等屋顶或空地上。2020 年底日本公布脱碳路线图草案,对海上风电、电动汽车等 14 个领域设定发展时间表,规划到 2050 年可再生能源发电达到 50%—60%。东京重视低碳能源开发,利用屋顶、公路、空地等安装分布式光伏发电系统,推广电动车、油混动力车,修建轨道交通网、电车系统减少燃油车使用。

在产业领域,加快转型升级,构建低碳产业体系。纽约三产比重超过 90%,形成具有全球竞争力的低碳产业体系。伦敦以金融改革推动服务业发展,以创意产业为引擎使其成为世界"创意之都"。东京发展信息、研发、广告、金融业、文化创意等低碳的生产性服务业,能耗低,碳排放少,不仅有利于提高产

---

① 王茹:《发达国家低碳经济发展的制度经验》,《中国经济时报》2013 年 5 月 16 日。

业竞争力和效益，也为城市环境保护以及减低能耗提供支撑。

在交通领域，发达国家及其城市均提高燃油标准，大力发展低碳的电动车、绿色公交等。如日本在汽车产业对燃油和汽车碳排放实行严格的管制标准，强化能控指标管理，通过合理减免购车税、开征燃油税等措施，推广电动车，鼓励购买使用节能环保车等。伦敦为电动车安装更多的充电桩，加强交通的电力供应，鼓励电动车等绿色交通工具发展。巴黎大力发展新能源车，完善电动车充电桩等配套设施，限制燃油车在市中心通行。美国波特兰多次被评为"全美最宜居城市"，制定提高车辆能效、鼓励低碳能源使用等政策计划。

在建筑领域，发达国家重视绿色建筑材料、建筑空间集约利用、建筑节能等方面的节能减排。比如欧盟国家制定了新建筑的节能标准，强化建筑物的降碳减税政策。欧盟国家出台政策鼓励人们购买绿色低碳的住宅，在使用绿色节能材料等方面提供减税、优惠贷款等必要的政策支持。日本大力推动低碳建筑业发展，鼓励人们使用绿色环保材料，重视节能、防震、低碳，也鼓励人们在屋顶安装分布式光伏发电设备，推动节能减排。

（三）从政府、企业、社会等多主体加强协同推进，实现双达峰有合力

发达国家及其主要城市碳排放与能耗双达峰目标的实现，并非依靠政府单一力量，而是更多调动企业、社会组织、公众等多主体参与作用。中央和地方政府负责制定碳减排相关规划以及监督政策落实；企业积极承担减排责任，参与节能减排；社会组织、公众等积极参与低碳行动，形成合力协同推进实现碳排放与能耗双达峰。如日本前首相福田康夫在2008年提出"为低碳社会的日本而努力"号召，提出构建低碳社会的"福田蓝图"。为鼓励企业和社会公众参与低碳发展，日本制定了环保积分、节能税收优惠、住宅用太阳能发电系统补贴、碳足迹、领跑者计划等制度。不少发达国家还加强碳减排、碳达峰、碳中和等研究，在消费领域推进"二氧化碳可视化"进程，推行碳抵消制度，鼓励节能减排，实现低碳教育的全年龄段覆盖等。

（四）从生产、生活、生态等多维度加强转型发展，实现双达峰有抓手

节能减排涉及生产、生活、生态等多个维度，需要加强清洁生产、低碳生活、生态保护等全方位转型发展。在生产层面，西方发达国家经历了工业革命后，为减少环境污染、降低能耗和碳排放，重视清洁生产，采用循环经济模式。美国、澳大利亚、荷兰、丹麦等发达国家在生产过程中重视低碳技术应用、循环利用和清洁生产。自2001年以来，美国投入22亿美元用于先

进清洁煤技术的研发及向市场化推进,开发创新型污染控制技术、煤气化技术、先进燃烧系统以及汽轮机和碳收集封存技术等,推进企业清洁生产和节能减排①。在生活层面,发达国家及其城市重视构建低碳生活、低碳消费的社会模式。在生态层面,鼓励植树造林,增加碳汇,降低碳排放。如伦敦加强生态园林建设,规划城市绿隔、绿化带等,其中空中花园建设有50多年的历史,推广屋顶和阳台等立体绿化,打造生态网络体系。东京重视城市绿化,规定新建大楼必须有绿地,倡导屋顶绿化,加快城市低碳转型。

三 国际经验对北京实现碳排放与能耗双达峰的政策启示

北京在全国率先实行碳排放总量和强度"双控"机制并取得积极成效。"十三五"时期,北京的二氧化碳排放强度下降率达到23%以上、降至每万元GDP0.42吨,是全国省级地区最优水平,超额完成国家下达的下降20.5%的规划目标。参照发达国家实现碳排放峰值的基本统计规律所涉主要经济社会发展指标看,一是2019年北京城市化率达到86.6%,工业化水平高,表现为已经进入工业化后期,碳排放出现峰值后不断下降;二是2019年经济增速为6.1%,高于3%,经济增长所需能源消耗总量可能持续攀升;三是北京市人均GDP为2.4万美元,人均碳排放量远低于发达国家水平,有利于实现碳达峰;三是人口逐年下降以及第三产业比重超过80%,均有利于减少碳排放总量。结合当前北京经济社会发展现状,北京符合国际上主要国家碳达峰的基本规律和指标要求,已经基本实现碳达峰目标。但北京市能耗强度大,实现碳排放与能耗双达峰并稳中有降最终实现碳中和目标,尚有一段艰难的路要走,应采取有力措施加快推进。

(一)北京碳排放和能源消费的现状分析及形势预测

一是能源消费总量逐年增加还未达到峰值,能耗增量较大是北京市碳排放与能耗双达峰的首要制约因素,导致高碳锁定效应难以破解。我国提出碳中和国家战略目标,意味着能源转型将迈出更加积极的步伐。对于北京而言,能源消费总量持续攀升、能耗强度大是制约首都碳排放与能耗双达峰、碳中和的重要难题。如表3所示,2019年,北京市能源消费总量为7360.32万吨标准煤,其中煤炭、石油、天然气等三大化石能源占全部能源消费总量的70.37%。

---

① 王爱兰:《发达国家发展低碳经济的策略与经验》,《国家行政学院学报》2010年第2期。

表 3　北京市能源消费总量及其比重

年份	能源消费总量（万吨标准煤）	占能源消费总量的比重（%）					
		煤炭	石油	天然气	一次电力	电力净调入（+）、调出（-）量	其他能源
2010	6359.49	29.59	30.94	14.58	0.45	24.35	0.09
2011	6397.30	26.66	32.92	14.02	0.45	25.62	0.33
2012	6564.10	25.22	31.61	17.11	0.42	25.38	0.26
2013	6723.90	23.31	32.19	18.20	0.35	24.99	0.96
2014	6831.23	20.37	32.56	21.09	0.41	24.03	1.54
2015	6802.79	13.05	33.79	29.18	0.40	21.71	1.88
2016	6916.72	9.22	33.14	31.88	0.66	23.37	1.73
2017	7088.33	5.06	34.00	32.00	0.65	26.15	2.14
2018	7269.76	2.77	34.14	34.17	0.61	25.68	2.63
2019	7360.32	1.81	34.55	34.01	0.67	25.79	3.17

数据来源：北京统计年鉴（2020），http://nj.tjj.beijing.gov.cn/nj/main/2020-tjnj/zk/indexce.htm。

2010年以来，北京能源消费总量从6359.49万吨标准煤逐年增长到7360.32万吨标准煤，尽管煤炭占能源消费比重从2010年的29.59%下降到2019年的1.81%，但石油占能源消费总量比重则从2010年的30.94%增长到2019年的34.55%，天然气占能源消费总量比重从2010年的14.58%增长到2019年的34.01%，三大化石能源占能源消费比重的70.37%，其他能源（包括低碳新能源）占能源消费总量比重则从2010年的0.09%增长到2019年的3.17%。北京是全国能源消费大市，"十四五"期间，由于能源消费还未达到峰值，传统能耗强度大、比重高，尽管绿色新能源比重将不断提升，但绿色能源占整个能源消费结构的比重小，经济增长与能耗及碳排放的脱钩难度较大。按2019年北京常住人口2153.6万人计算，考虑人口从2017年以来逐年减少，预计北京市人均碳排放量将呈下降趋势。

二是石油消费量超过煤炭消费量，三大化石能源消费与外调电力成为全市碳排放的主要来源，占据全市碳排放核算量的90%以上。从碳排放的能源品种构成来看，2019年煤炭、石油、天然气等三大主要能源消费比重分别为1.81%、34.55%、34.01%。除了以上三种主要能源消费外，北京是典型的资源依赖型城市，北京外调电力占能源消费比重从2010年的24.35%增长到2019年的25.79%。可以预测外调电力需求还将不断增长，是不可忽视的重要碳排放来源。随着北京光伏发电、生物质发电、风电等低碳新能源比重逐年提高，外部调入更多绿色电力，能源消费增速将在"十四五"期间实现逐步下降，能源消费达峰时间将比碳排放达峰时间晚 5—10 年，有望在 2025—2030 年期间实现碳排放和能源消耗的双达峰目标。

三是北京碳排放部门构成以第三、二产业和生活消费为主。北京加大产业结构调整，2019 年第三产业比重为 83.5%，第一、二、三产业及生活消费分别占能源消费总量的 0.76%、25.15%、51.11%、22.98%。如表 4 所示，第三、二产业成为能源消费的主体。"十四五"期间，北京加快能源结构转型，应加强第二、三产业的技术改造、能效提升和开发低碳能源，特别是工商企业、城乡居民如果大面积安装光伏发电、使用电动车和绿色出行、使用绿色能源等，有望加快降低产业和生活能耗水平，大幅度降低碳排放强度，推动北京实现双达峰并稳中有降。

表 4 北京产业能源消费比重

项目	2019	2018
能源消费总量（万吨标准煤）	7360.3	7269.8
第一产业（万吨标准煤）	55.8	60.7
第二产业（万吨标准煤）	1850.7	1835.2
第三产业（万吨标准煤）	3762.5	3681.4
生活消费（万吨标准煤）	1691.4	1692.4

数据来源：北京统计年鉴（2020），http：//nj.tjj.beijing.gov.cn/nj/main/2020-tjnj/zk/indexce.htm。

（二）北京实现碳排放与能耗双达峰并稳中有降的对策建议

根据以上现状分析及形势预测，北京率先实现碳达峰并稳中有降，应遵循规律并借鉴国际经验，全方位、多领域、多主体、多维度进行发力，采取有效措施加快推进。

一是加强顶层设计，加快制定双达峰行动方案。根据北京市中心城区、副中心、发展新区、生态涵养区等不同区域特点，应尽快制定碳排放与能耗双达峰并稳中有降行动方案，开展碳达峰和空气质量达标协同管理。因地制宜制定碳排放与能耗双达峰的分区目标，明确碳中和时间表、路线图。强化单位 GDP 的碳强度下降目标，加强细颗粒物、臭氧、温室气体协同控制，突出碳排放与能耗强度和总量"双控"，并细化分区的减排目标和具体行动方案。强化政府在碳排放与能耗双达峰行动中的主体责任，制定和完善北京碳排放与能耗双达峰的目标考核、碳核查、碳交易、能效领跑等制度，完善减排投融资体制机制，设立碳减排或"碳中和"相关基金，将碳排放与能耗控制纳入全市环保督察、党政领导综合考核内容。

加快开展碳达峰评估和碳减排专项方案研究，打造低碳或零碳示范工程。

优化重点排放单位的碳排放配额管理，制定北京低碳新能源开发利用政策，将各单位自身所开发光伏发电等低碳新能源、参与植树造林增加碳汇等进行碳减排测算，可用于调整单位碳排放配额以及碳减排奖励。完善已有的市碳排放权交易实施办法，扩大碳投融资渠道，开展低碳技术项目库建设，推动产品碳标签和碳足迹标准体系建设，推动北京率先形成统一碳市场。借鉴日本东京等城市经验，出台北京市环保积分、碳足迹等政策。将北京各区与生态涵养区建立的生态补偿对接帮扶引入市场化机制，通过财税、碳交易等多种手段，助推实现生态涵养区坚持生态优先与绿色发展目标。

二是从重点领域入手，大幅开发绿色低碳新能源。北京加快实现碳排放和能耗双达峰目标的重点领域主要包括能源、产业、交通、建筑、居民消费等。有研究指出，尽管北京市碳减排强度已经处于全国较高水平，如能对重点减排领域尽最大可能挖潜进行减排，如表5所示[①]，未来仍有较大持续减碳潜力，能源、产业、交通、建筑、消费等领域的二氧化碳减排潜力分别为4240万吨、2100万吨、1650万吨、220万吨、100万吨。大规模发展低碳新能源是推进能源绿色革命、实现碳排放与能耗双达峰以及碳中和的必由之路。

表5　北京市未来减碳潜力分析

领域	主要措施	减排潜力 万吨 CO_2	占比（%）
能源	实现全面无煤化，清洁能源比重达到100%；扩大光伏发电、风电等低碳新能源利用面积；增加绿电调入量；构建区域冷热电综合能源系统等。	4240	52
产业	提高第三产业增加值比例；继续淘汰"散乱污"企业，加强绿色转型升级；发展高精尖等低碳产业	2100	26
交通	最大可能增加公共交通和步行、自行车等的出行比例；推广应用新能源汽车；发展交通引导系统；最大可能推广停车引导系统；减低拥堵程度。	1650	20
建筑	新建建筑实行第五步居住建筑节能设计标准；实行绿色建筑二星及以上标准；全部实现非节能居住建筑节能改造；实现非节能公共建筑节能改造等。	220	3
消费	积极引导居民低碳生活方式	100	1
合计		8090	100

在能源方面，以大幅增加低碳新能源为北京碳达峰的重要支撑，以大幅削

---

① 钟良、王红梅、刘之琳：《北京碳排放尽早达峰及未来路径研究》，《中国能源》2019年第11期。

减化石能源消费、提高外调绿电比重、发展绿色交通为关键，推动北京实现碳排放与能耗双达峰目标。以低碳能源的快速扩张支撑经济持续增长，"十四五"期间加快开发太阳能、风能、地热能等新能源，借助举办绿色冬奥会契机，加强与张家口、承德等地区合作开发风电、光伏发电等绿色电力。利用北京丰富的光照条件和太阳能资源，完善"光伏+"新能源政策，丰富留白增绿内涵，"留白"可用于安装分布式光伏发电设备、太阳能充电桩、太阳能电杆等，"增绿"可以用于增加更多的绿色能源和绿色产业，集约利用闲置资源，减少碳排放，并在不增加人口和产业集聚压力的基础上增加碳汇和绿色能源生产，为北京市做好碳中和工作贡献力量。在产业方面，提高第三产业的质量和效益，降低三产的能耗和碳排放强度，建立低碳产业体系。在交通方面，制定绿色交通行动方案，逐年减少并停止或收回燃油车指标牌照，尽快全部替代为电动车，发展慢行系统，鼓励绿色出行，尽早实现交通领域碳达峰。在建筑领域，制定绿色低碳建筑标准，推广使用绿色、节能、环保的建筑材料，加大既有建筑、老旧小区的节能改造，鼓励所有屋顶安装光伏发电设备，加强太阳能、地热能等新能源开发。

三是以技术和制度双创新为引擎，强化多元主体协同。要抓紧研究碳达峰碳中和科技创新行动方案，统筹推进科技创新支撑引领碳达峰碳中和工作，让科技创新真正成为同时实现经济社会发展目标和"碳达峰""碳中和"目标的关键要素[1]。发挥北京科技、人才等优势，制定北京低碳科技发展战略，设立低碳科技重点专项，加强低碳环保等领域技术创新，加快可再生能源发电技术推广，特别是储能、氢能开发、智能电网等技术研发。在制度创新层面，加快建立碳交易机制和相关制度体系，加快建设首都碳排放权交易市场，完善能源消费双控制度。对标碳达峰、碳中和目标，结合北京实际以及前期碳交易经验，对碳排放总量设定、配额分配、碳汇量等进行科学设定、全面测算，建立碳排放和碳汇动态监测体系，准确、及时、全面监测企业在一定时期内到底排放了多少碳？通过开发太阳能、植树造林、节能减排等减少了多少碳？碳排放量和碳汇量相抵扣最后测算出企业实际碳排放责任、碳交易额及其碳税费支出，完善碳排放权市场交易机制设计，严格落实能源消费总量和强度"双控"制度，鼓励企业参与风电、光电等低碳新能源开发和森林碳汇工作，将企业碳减排责任落到实处，为助推北京碳排放、能耗双达峰以及碳中和目标实现新突破。建立企业、社会组织、研究机构、公众协同参与碳减排的长效机制，发挥智库和研究机构在节能减排、碳中和等领域的智力支持和服务决策作用。以企

---

[1] 佘惠敏：《让科技助力实现"碳达峰""碳中和"》，《经济日报》2021年3月27日。

业、社会组织和市民多主体协同为推动力，为北京市实现碳排放与能耗双达峰并稳中有降目标提供重要保障。

四是以全面碳减排为关键，实现经济社会绿色转型。推动鼓励清洁生产、低碳消费和生态保护，加快生产、生活、生态的全面碳减排。应强调以碳达峰、碳中和工作带动污染防治攻坚战和国土绿化行动，通过节能降碳大幅降低与能源消耗密切相关的污染排放，减少和避免降碳与减污的冲突，因地制宜开展国土绿化行动，不断提升国土绿化率[①]。在社会上宣传低碳消费理念，引导绿色价值观和低碳生活模式，强化光盘行动、垃圾分类、绿色出行、绿色消费、参与植树造林等绿色低碳行为。北京近年来大尺度扩大城市生态空间，大面积植树造林，取得重大进展，应进一步扩大绿化面积，推广建筑屋顶、空地等立体绿化，积极倡导低碳消费模式，鼓励节能减排、植树造林、购买碳配额等，积极参与城市生态修复和森林城市建设。应进一步提升生态系统碳汇能力，完善生态补偿和碳交易制度，将北京丰富的自然生态优势转为发展优势，实现经济增长和碳排放的脱钩，助推北京率先实现碳排放与能耗双达峰并稳中有降目标，谱写新发展阶段首都绿色高质量发展的新篇章。

参 考 文 献

[1] 安祺、庞军、冯相昭：《中国实现碳达峰的政策建议——基于碳定价机制模型的多情景模拟分析》，《环境与可持续发展》2021年第46卷第1期。

[2] 高婷、王连梅、唐合龙：《西方发达国家的节能减排经验及对中国的启示》，《中国城市经济》2011年第17期。

[3] 胡鞍钢：《中国实现2030年前碳达峰目标及主要途径》，《北京工业大学学报》（社会科学版）2021年第21卷第3期。

[4] 杜祥琬：《如何实现碳达峰和碳中和》，《中国石油石化》2021年第1期。

[5] 朱震锋：《新形势下推动碳达峰、碳中和的根本遵循与行动路径》，《奋斗》2021年第1期。

[6] 佘惠敏：《让科技助力实现"碳达峰""碳中和"》，《经济日报》2021年3月27日第7版。

---

① 安祺、庞军、冯相昭：《中国实现碳达峰的政策建议——基于碳定价机制模型的多情景模拟分析》，《环境与可持续发展》2021年第1期。

北京低碳发展经验与展望*

薄　凡**

摘　要： 北京自 2012 年被设立为低碳试点城市以来，持续推动低碳工作，在碳排放强度和总量控制上取得瞩目成效。其低碳发展经验主要体现为大气污染防治推动下大气污染物和二氧化碳的协同减排，以及制度约束和市场机制双重驱动下产业、能源、交通等领域的系统性结构性降碳。"十四五"时期是我国实现碳达峰、推进碳中和的关键期，北京有责任、有能力发挥引领示范作用。未来北京更多是以低碳为抓手，协同推进生态环境治理和发展方式转型，具体可从提高电气化水平、加快清洁能源使用、分区分部门制定碳中和路线图、引导生活侧减排、统筹运用技术手段和生态调节功能等方面，落实碳排放"双控"工作。

关键词： 低碳；大气污染治理；北京；能源

大气污染治理与节能降碳具有共通性，氮氧化物、臭氧等大气污染物与二氧化碳等温室气体同根同源，可从能源结构、产业结构调整等领域着手，实现协同治理。北京市自 2012 年起被设立为低碳试点城市以来，通过产业疏解整治、建立碳排放权交易市场等行动，推动碳排放强度持续降低。特别是从 2013 年出台《大气污染防治行动计划》以来，以治霾为核心目标，大力压减燃煤改善能源结构，为低碳发展奠定了坚实基础。"十四五"时期是我国深入推进污染防治攻坚期，也是落实碳达峰碳中和目标的关键期，北京作为首都，有责任、有能力发挥

---

* 本文系中共北京市委党校（北京行政学院）2020 年度校（院）级青年项目"北京市绿色消费的重点领域及推进政策研究"（课题编号：2020XQN002）研究成果之一。

** 薄凡，博士，中共北京市委党校（北京行政学院）经济学教研部讲师，主要研究方向：生态文明建设理论与实践、气候治理。

引领作用，以低碳为抓手，统筹生态环境治理和经济社会全面绿色转型。

一 北京低碳发展基本概况

（一）北京低碳发展背景

北京的低碳城市建设对于改善生态环境治理、优化首都功能、提升超大型城市品质等具有重要意义，与全国其他城市相比，其特殊性体现在：第一，北京 2016 年发布的城市总体规划首提"减量发展"，落实"四个中心"战略定位，贯彻"绿色北京"战略，实施人口规模和建设规模双控制，对源自人口增长和经济规模扩张的碳排放起到抑制作用。第二，北京作为超大型城市，截至 2020 年底常住人口 2189 万人，[①] 地区生产总值 36102.6 亿元，机动车保有量达 657 万辆，[②] 经济腾飞的同时，面临人口、经济与资源环境承载力相协调的挑战，以北京为代表探索人口经济密集区的低碳发展路径，对全国乃至世界的示范意义卓著。第三，北京近年来持续推动大气污染防治攻坚战取得了重大进展，贯穿源头控制、末端治理、能源调整、产业结构优化等各领域，与低碳工作形成协同效应，为应对气候变化提供了有力支撑。

2012 年北京被列为国家第二批低碳试点城市，要求明确低碳发展工作方向和原则要求，建立控制温室气体排放目标责任制。北京据此制定了《低碳城市试点工作实施方案 2012—2015 年》，旨在系统实施低碳管理标准化、产业低碳化升级、能源清洁化提升、园林绿化提质增汇十大专项行动，探索超大型城市低碳发展路径，定位于打造先进低碳标准创制"引领区"、低碳节能技术"创新源"、低碳市场服务资源"集聚地"和低碳发展配套政策改革"示范区"。

此外，北京还探索低碳社区、低碳小城镇等多层次试点。2011 年北京市密云县古北口镇被选入全国第一批试点示范绿色低碳重点小城镇，制定绿色低碳总体实施方案与专项实施方案，贯彻"能源开发与节约并举"。[③] 2014 年北京市发布《低碳社区试点实施方案编制指南》，东城民安社区、西城丰汇园社区、朝阳泛海国际南社区、昌平新龙城社区、房山加州水郡社区五个社区入选

[①] 国家统计局国务院第七次全国人口普查领导小组办公室：《第七次全国人口普查公报[1]（第三号）——地区人口情况》2021 年 5 月 11 日。

[②] 北京市统计局国家统计局北京调查总队：《北京市 2020 年国民经济和社会发展统计公报》2021 年 3 月 12 日。

[③] 古北口镇人民政府：《古北口镇绿色低碳重点小城镇试点示范建设工作情况》，《小城镇建设》2014 年第 1 期。

为首批低碳社区创建名单。经初步测算，通过创建低碳社区，每人每年可减少二氧化碳排放0.7吨。

在碳排放控制目标方面，2015年第一届中美气候智慧型/低碳城市峰会上，包括北京在内的11个城市组成中国达峰先锋城市联盟，北京提出"2020年左右实现碳排放峰值"的目标。2016年北京市政府印发的《"十三五"时期节能降耗及应对气候变化规划》中进一步提出到2020年，全面确立全市能源消费、二氧化碳排放总量和强度的"双控双降"发展格局，二氧化碳排放总量在2020年达到峰值并争取尽早实现。

（二）北京低碳发展成效

从低碳试点设立至今近十年，北京在经济提质增效、碳排放总量和强度控制上取得了明显成效。尤其是在人口、建设用地、建筑规模"三个减量"的同时，着力推动高质量发展，为碳减排创造了条件，突出表现为三个特征：

1. 产业结构低碳化，以规模"减量"促效益"增量"

从总量上看，2020年北京地区生产总值达到36102.6亿元，在全国各省份中位居第十二，居于上海之后。从2012年到2020年，北京人均地区生产总值由89778元提高到164903元，远高于2020年全国人均GDP 72447元，位列全国第一。"十三五"期间，北京全市居民人均可支配收入由52530元提高至69434元。经济发展水平稳步提升，同时，经济增长速度逐渐放缓，以质量和效益为特征的发展方式为碳排放达峰创造了基础性条件。（参见图1）

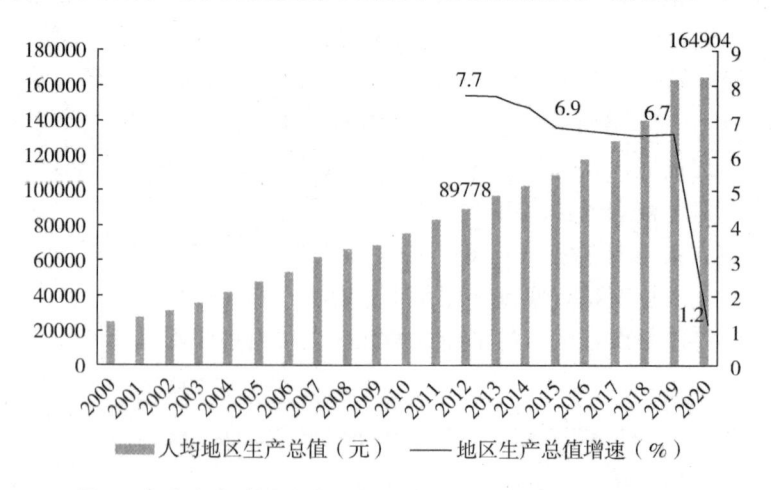

图1 北京人均地区生产总值与地区生产总值增速变化趋势

数据来源：作者绘制，历年《北京市统计年鉴》《北京市国民经济和社会发展统计公报》。

从结构上看，产业结构低碳化趋势明显，2012年到2020年，三次产业比重由0.81∶22.13∶77.07变为0.40∶15.80∶83.8，第三产业占据主导地位。其中，高技术产业增加值占地区生产总值的比重为25.6%，战略性新兴产业增加值占比为24.8%。（参见图2）

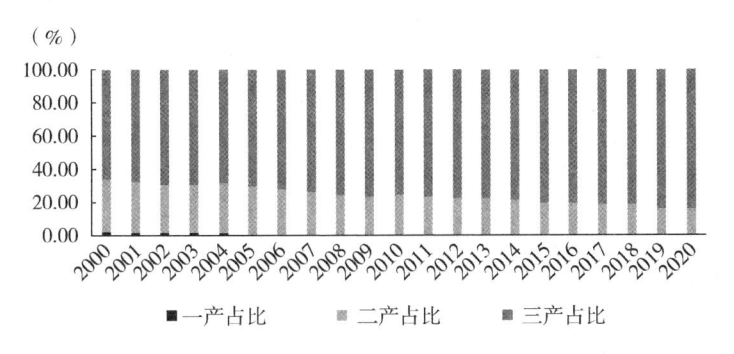

图 2　北京三次产业结构变化趋势

数据来源：作者绘制，历年《北京市统计年鉴》《北京市国民经济和社会发展统计公报》。

2. 能源结构清洁化，能源强度持续下降

以万元地区生产总值能耗反映北京能耗强度变化情况，2012年到2019年间北京万元地区生产总值能耗由0.399持续递减至0.242。"十一五"、"十二五"期间万元GDP能耗分别累计下降26.59%和25.05%。2019年万元地区生产总值能耗下降4.5%，超额完成2.5%的年度节能目标。"十三五"前四年累计下降16.3%，达到"十三五"目标进度的95.2%。[1] 参见图3。

能源消费总量增速趋于平缓，2012年到2019年，能源消费总量从6564.1增加到7360.32万吨标准煤，完成了能源"十三五"规划目标。深化重点领域节能，在工业领域，2019年规模以上工业万元增加值能耗同比下降2.8%，超额完成单位增加值能耗下降2.5%的目标；在建筑领域，2019年北京市新增城镇绿色建筑面积2345万平方米，新增太阳能热水系统建筑应用面积602万平方米，完成既有居住建筑节能改造353万平方米；在交通领域，通过淘汰高排放重型柴油车、推广新能源车、优化公交线网等措施，推动交通结构性节能减排。（参见图4）

在能源消费结构方面，煤炭在能源消费结构中占比从2012年的25.22%大幅下降至2019年的1.81%。天然气、一次电力等清洁能源占比分别从

---

[1] 北京市发展和改革委员会：《能源消费总量和强度"双控"目标超额完成，北京又获通报表扬啦!》，《发展北京》2021年2月9日。

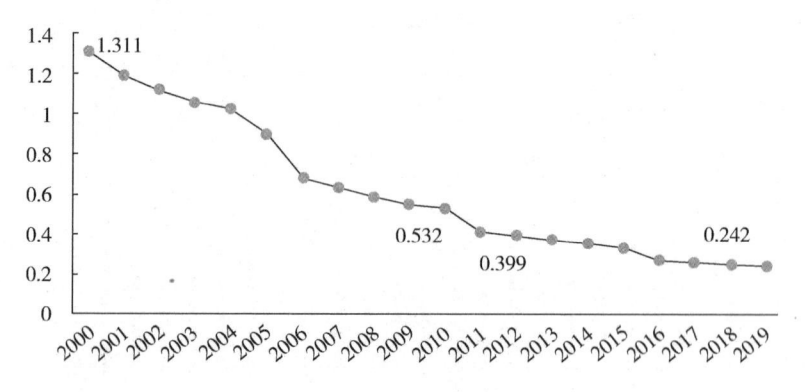

图 3　北京能耗强度变化趋势

数据来源：作者绘制，历年《北京市统计年鉴》《北京市国民经济和社会发展统计公报》。

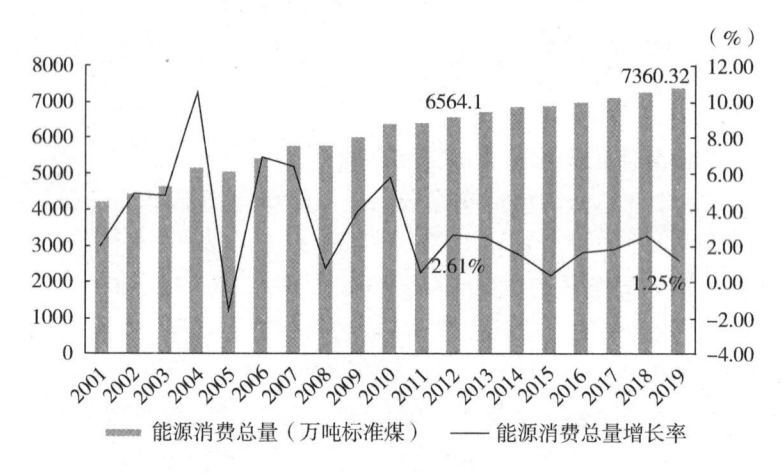

图 4　北京能源消费总量变化趋势

数据来源：作者绘制，历年《北京市统计年鉴》《北京市国民经济和社会发展统计公报》。

17.11%、0.42%提升至34.01%、0.67%，完成了从以煤为主的能源结构到以电力、天然气为主的能源结构的巨变。2019年清洁能源在能源消费总量中的占比达到23.3%；可再生能源占全市能源消费比重由2015年的6.6%提高到2019年的7.9%。① 参见图5。

---

① 曹政：《"十三五"北京可再生能源占全市能源消费比重提高到7.9%》，《北京日报》2020年11月24日第3版。

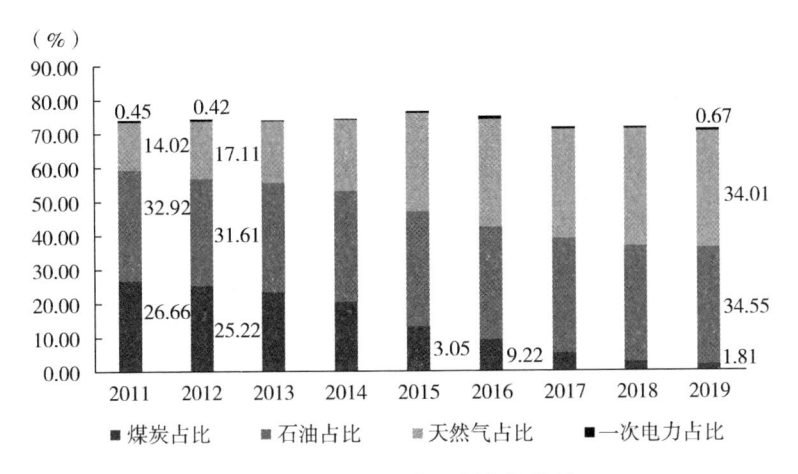

(%)
90.00
80.00   0.45   0.42   0.67
70.00   14.02   17.11
60.00
50.00   32.92   31.61   34.01
40.00
30.00
20.00   26.66   25.22   34.55
10.00   3.05   9.22
0.00   1.81
         2011   2012   2013   2014   2015   2016   2017   2018   2019
         ■ 煤炭占比   ■ 石油占比   ■ 天然气占比   ■ 一次电力占比

图 5　北京能源消费总量变化趋势

数据来源：作者绘制，历年《北京市统计年鉴》《北京市国民经济和社会发展统计公报》。

3. 碳排放强度和总量下降，经济增长与污染排放初步脱钩

在碳排放强度控制上，2010—2019 年北京市碳排放强度下降了 43%。2020 年全市万元地区生产总值碳排放下降超过 5%，较 2015 年下降 23% 以上，超额完成"十三五"下降 20.5% 的规划目标。在碳排放总量达峰方面，目前北京碳排放峰值已基本实现并呈现出稳定下降趋势。评估显示，北京在 2012 年就达到了碳排放峰值年，2013 年以来碳排放出现大幅下降。[1] 2007 年建筑部门碳排放超过工业部门，成为北京市碳排放最大的部门；2014 年交通部门的碳排放超过工业部门，从工业占主导的碳排放格局转向由建筑交通等消费部门为主导的碳排放格局。[2] 经测算，二氧化碳排放量在 2020 年后基本持平，保持在 9100 万吨浮动。[3]

北京整体绿色低碳集约性水平较高。据社科院发布的《气候变化绿皮书：应对气候变化报告（2020）》，在全国 176 个城市绿色低碳发展状况的评分中，北京位列第 4 位，北京经济发展水平、产业结构等宏观方面的综合改善成效显著。

---

[1] 朱竞若：《北京：碳达峰顺利完成，碳中和目标明确》，《人民日报客户端北京频道》2021 年 6 月 15 日。

[2] 李惠民、张西、张哲瑜、王宇飞：《北京市碳排放达峰路径及政策启示》，《环境保护》2020 年第 5 期。

[3] 吴剑、许嘉钰：《碳约束下的京津冀 2035 年能源消费路径分析》，《科学技术与工程》2020 年第 24 期。

二 持续推进大气污染防治，发挥治污和降碳协同效应

针对大气污染治理的顽疾，北京市通过贯彻国家"大气十条"，制定清洁空气行动计划、蓝天保卫战三年行动计划、"一微克"行动等系列治理举措，持续推动产业结构优化和能源清洁转型，使得燃煤量大幅下降。

（一）大气污染治理机制

北京大气污染物排放主要源自燃煤、机动车、工业和扬尘，以及区域传输影响的叠加。2013年以来，北京市围绕"压减燃煤、控车减油、污染减排、清洁降尘"推进大气污染防治工作，全方位全过程展开大气污染治理。

1. 制定系列行动计划，全方位、全过程展开大气污染治理

2013年以来，北京市政府颁布实施《清洁空气行动计划》，确定了源头控制、能源结构调整、机动车结构调整、产业结构优化、末端污染治理等减排工程，并每年制定具体的清洁空气目标和方案。2014年《北京市大气污染防治条例》正式发布，成为我国首部以PM2.5为主要目标的地方大气污染治理法规。

2018年北京市发布《打赢蓝天保卫战三年行动计划》，从交通运输结构、产业结构、能源结构、扬尘治理等方面找准污染源精准发力，各区分别确定污染物排放控制目标。2020年北京将以PM2.5治理为重点、以"一微克"行动为主线，制定各项大气污染物控制排放标准，涵盖燃烧源、移动源和工业污染源等方面，聚焦精细化治理。2020年全市空气中PM2.5年平均浓度值为38微克/立方米，首次进入"3时代"，北京大气污染防治经验被联合国环境署纳入"实践案例"。

2. 建立区域联防联控协作机制，从国家层面推动区域大气治理

鉴于大气污染具有传输性、扩散性，2013年北京牵头建立了京津冀及周边地区大气污染防治协作小组，将区域联防联控作为大气污染防治的重要支撑。2015年《京津冀协同发展规划纲要》出台，将生态环境保护作为三个率先突破口之一，三地不断打破行政区划限制，推动污染协同防治。签署《京津冀区域环境保护率先突破合作框架协议》，明确以大气、水、土壤污染防治为重点，共同改善区域生态环境质量。同时，北京市与河北省保定市、廊坊市分别建立了大气污染治理结对合作工作机制，对上述两市给予资金和技术支持。京津冀统一立法、统一标准、联合执法，共同对燃煤污染、机动车排放、工业企业等实施减排措施。[1]

---

[1] 夏莉：《京津冀生态共建协同发展》，《中国环境报》2021年5月16日第1版。

2017年进一步确立了京津冀及周边地区"2+26"大气污染传输通道城市，并在该范围内统一空气重污染预警分级标准，规范预警发布、调整和解除程序。2018年升级为京津冀及周边地区大气污染防治领导小组，从国家层面推动区域大气污染治理。

3. 开展大气治理科研攻关，以科技支撑精细化治理

依托在京科研单位、大学和环保系统自身技术力量，在2014年和2018年，完成了两轮PM2.5来源解析，详细编制污染源排放清单，为有针对性地开展精准治污指明了方向。2013年建成35个覆盖全市的自动监测子站；2016年升级监测技术，结合新一代高时空分辨率卫星遥感、激光雷达等技术，建成"天空地"一体化空气质量监测网络。借助大数据技术，在全市布设了1000余个PM2.5传感器监测站，覆盖325个乡镇（街道）；1020个覆盖全市乡镇（街道）的大气粗颗粒物监测网络于2018年底建成并投入运行，精准识别高排放区域和时段，提高了监测和分析水平。①

（二）能源清洁化治理

在压减燃煤方面，一是开展燃煤锅炉治理。以"无煤区"建设为重点，对中心城区几万座燃煤大灶、茶炉和锅炉进行了清洁改造。同时相继建成四大燃气热电中心替代燃煤电厂，实现本地电力生产清洁化，每年减少燃煤消耗920万吨。到2018年基本实现了全市无燃煤锅炉。二是开展散煤治理。按照宜电则电、宜气则气的方式治理散煤，全市130多万户农村居民已实现"煤改电、气"等清洁能源取暖。2008年后，焦炭和煤气生产彻底退出北京，2017年底发电基本实现无煤化和清洁供热。全市煤炭消费量由2015年的1165.2万吨大幅削减到2019年的182.8万吨，远远超过了"十三五"规划削减至400万吨的目标。

在可再生能源方面，出台鼓励光伏发电、热泵、太阳能利用等绿色能源支持政策，可再生能源占全市能源消费比重由2015年的6.6%提高到2019年的7.9%。截至2019年年底，全市12.7%的全社会用电量、15.8%的发电装机规模、9.9%的建筑供暖面积由可再生能源提供。新能源汽车充电桩累计建成约20万个，基本形成平原地区半径小于5公里的服务充电网络。

三　标准体系引领和市场机制驱动，实现结构性降碳

北京在低碳试点城市工作方案的基础上，建立健全相关制度体系，将节能

---

① 生态环境部：《北京2013—2018年大气污染治理历程》，《贯彻落实习近平新时代中国特色社会主义思想在改革发展稳定中攻坚克难案例·生态文明建设》，党建读物出版社2019年版。

减排融入经济社会发展目标，促进产业、能源、建筑和交通等重点领域实现结构性降碳。

（一）城市总规推动减量发展，削减碳排放源

自20世纪80年代起，经济中心逐渐淡出北京的核心发展目标。1983年版城市总规明确提出"重工业基本不再发展"的城市发展战略。2004年版城市总规则首次提出"宜居城市"概念，形成有利于节约资源、减少污染的发展模式。2017年批复的《北京市城市总体规划（2016—2035年）》被称为国内第一个减量化发展规划，提出中心城区疏解腾退，强化首都功能。在一系列城市总规的指引下，一大批高能耗企业被关停或搬迁，高精尖产业低碳化产业布局初步形成，温室气体排放快速增长的动力已经大大减弱。

在工作机制方面，北京2019年专门组建成立了生态文明建设委员会，下设应对气候变化等七个工作小组，围绕污染防治攻坚战等重点任务开展系统性规划和治理，连续9年召开全市生态文明建设动员大会，部署大气污染防治等年度重点工作。北京市委市政府制定《北京市生态环境保护工作职责分工规定》和年度任务计划，各区分别制定方案，把蓝天保卫战纳入市政府绩效考核，建立"月通报、季报告"调度机制，形成齐抓共管局面。

（二）节能减排专项制度体系，为用能主体减排提供指南

1. 节能降耗总体规划，明确碳排放总量和强度"双控双降"目标

《北京市"十三五"时期节能降耗及应对气候变化规划》从宏观上给出节能降耗的总体目标、领域、标准、工作机制，一方面提出建立能源消费总量和强度、碳排放总量和强度"双控双降机制"；另一方面对能耗和碳排放控制目标进行区县分解与考核。针对重点领域重点部门，推进园区、社区、企业和公共机构节能低碳和循环经济标准化工作，打造能效和碳排放"领跑者"标杆单位，强化建筑能耗管理，建设低碳交通体系，发展节能低碳产业，开展碳市场交易等进行了一系列细化部署，为低碳行动提供了基本遵循。

2. 产业疏解腾退，严控环境准入门槛

"十三五"期间，北京严格执行新增产业禁止和限制目录，严控新增不符合首都功能定位的产业，突出高精尖产业结构。[①] 2021年3月市委市政府印发《北京市关于构建现代环境治理体系的实施方案》，进一步强调严格污染

---

① 相关文件包括：《北京市"十三五"时期工业转型升级规划》《北京市工业污染行业生产工艺调整退出及设备淘汰目录（2017年版）》《北京市新增产业的禁止和限制目录（2018年版）》。

行业相关退出目录管理和节能环保标准，引导企业退出污染产能、转型升级、节能减排。

基于当前北京市产业结构特点，2020年12月发布的《二氧化碳排放核算和报告要求》行业核算标准，覆盖电力生产业、水泥制造业、石油化工生产业、热力生产和供应业、服务业、道路运输业、其他行业，首次以标准方式明确了上述行业二氧化碳排放核算报告的范围、核算方法、数据质量管理、报告要求等。该套标准将支撑碳排放权交易市场工作，为企业减排提供指南，为后续建立完整的城市碳排放控制标准体系打下基础。

（三）碳排放权交易市场机制，促进企业低成本减排

相比于强制性的减排行政约束，碳交易市场机制更具激励性和灵活性。北京作为全国首批开展碳排放权交易的7个试点城市之一，于2013年11月起正式启动碳交易。与全国其他试点相比，北京碳市场的特点和成绩表现为：

搭建较完善的"1＋1＋N"政策框架。两个"1"分别为市人大发布的《关于在北京实施CO_2排放交易制度的决定》和市发改委发布的《北京市碳交易管理暂行办法》，明确相应的组织措施和监管职责，将碳市场运行纳入法治轨道；"N"即配套法律法规政策，对交易规则、配额分配、跨区域合作、核算标准提供指导方针。

涉及的行业丰富。北京碳交易市场纳入电力、热力、水泥、石化、交通运输、服务业、工业等七大行业，注册主体900多家。由于北京年排放量的70％来自于第三产业，因此交易主体涵盖了高校、公共交通和医疗机构等。截至2020年底，北京碳排放交易体系已经覆盖了全市总排放量的45％左右。[①]

碳配额价格稳健上涨。参与履约的重点碳排放单位100％实现履约，成交价格保持增长趋势。截至2020年年底，各类产品累计成交近6800万吨，成交额突破19.4亿元，碳配额均价（每吨二氧化碳）约60元，在全国7个试点碳市场中碳价最高。

在运行机制上，以北京环境交易所为交易平台，以碳排放配额为主要交易内容。碳排放配额大多数免费发放，主要基于历史排放法或固定的行业基准计算而得。配额分配方案因目标和部门需求而异，各行业均有特定的监测、报告和核查系统，保证识别重点领域并合理发放配额。设立自愿减排交易项目作为补充，包括林业碳汇、绿色出行减排量形成的碳信用额度等多种产品，按规定

[①] Hui Qian etc., Case Study: Beijing's Pilot Emission Trading System, January, 2021, http://eastasia.iclei.org/upload/portal/20210324/35e7fe9d34b0654d4d4951014e37d36f.pdf.

审核发放程序取得的减排量可作为抵消产品，使参与自愿减排的主体获得相应回报。目前北京市正在积极争取全国温室气体自愿减排交易中心落户工作。①

四 "十四五"北京低碳发展的挑战与展望

北京当前已完成碳达峰目标，"十四五"期间积极响应国家"碳排放达峰后稳中有降"的总体目标，进一步提出"碳排放率先达峰后持续下降"的要求，出台"碳中和行动纲要"，预计在2050年实现碳中和。在新形势新要求下，北京将更多以低碳为抓手，推动减污降碳协同增效，培育低碳发展内生动力，推动碳排放持续下降。

（一）北京推动碳排放持续下降的挑战

1. 电气化水平低，能源约束较为突出

北京目前电气化水平远不及东京等国际都市，化石能源在终端能源消费比重中较高，能源对外依存度高达92%以上，而城镇化持续推进下能源需求依然旺盛，能源供求矛盾突出。前期大力压减燃煤取得显著成效，继续降低煤炭能耗的潜力越来越小。

2. 交通和建筑的排放贡献日益凸显

"十三五"以来北京市经济增长速度明显放缓，减量导向下人口对碳排放的贡献迅速降低，随着新业态的涌现、新基建计划推行，产业结构和交通结构也将进一步深化调整，而建筑则是生活端减排的关键环节。工业、交通、建筑等城市治理领域势必要与低碳目标相结合，结合各区定位因地制宜，围绕碳排放总量和强度双控制，制订更细化的时间表和路线图。

3. 从生活侧推进低碳治理的难度较大

以往减排政策主要着眼于生产侧，而北京作为超大型都市，源自生活领域的排放源更为分散、治理难度更大，从改变消费、出行等日常生活习惯入手落实低碳目标的任务艰巨。

4. 低碳发展与大气污染防治、生态系统修复等政策协同性有待提升

目前北京空气质量与国家标准相比仍有差距，需要下大力气协同治理；此外，面向更长期碳中和目标，还需与当前重点流域水污染治理、百万亩平原造林工程等相结合，在修复生态系统、发挥生态系统调节功能、增加碳汇上"做

---

① 陶凤、刘瀚琳：《十问碳达峰、碳中和——专访北京市生态环境局应对气候变化处副处长戴子星》，《北京晚报》2021年4月14日第3版。

文章"。

（二）北京落实碳达峰碳中和目标的路径展望

1. 推进智慧电网建设，实施重点部门清洁能源替代

在加快推进电气化进程上，加大用电力替代化石能源的直接消费，工业部门加快推进电气化进程，在制造业生产环节加快对化石能源直接利用的替代；建筑部门通过发展分布式可再生能源系统，推广氢燃料电池在楼宇和家庭应用以及燃料电池汽车的大规模应用，限制和逐渐淘汰燃油车；构建以新能源为主体的智慧电力系统，推进城乡电网一体化发展，提高电网灵活性。

在改善能源消费结构上，严控化石能源消费，科学有序推进山区村庄煤改清洁能源，促进就地光伏发电和高效生物质利用，逐步淘汰农村住宅煤炭使用。增加本地可再生能源和外调绿色电力，调动对风能、光伏、氢能和核能等清洁能源行业的投资，继续推进"绿色电力进京计划"，大力支持北京周边地区可再生能源基地和京冀晋蒙绿色电力区域市场建设，在跨省绿电交易上发挥引领作用。

2. 综合应用技术和生态调节手段，构建绿色基础设施网络

发挥北京作为科技中心的优势，完善城市碳排放管理平台，在京津冀协同治理机制中发挥技术引领作用，推进生态环境领域数据共享。在基础设施和交通工具中广泛应用大数据、5G和人工智能等创新技术，推动构建电气化、智能化和共享的交通系统，以新能源汽车应用为重点，加快形成以公共交通、慢行交通系统为主的绿色出行系统。推广近零排放建筑，通过土地复合利用和开发小型商业建筑，鼓励使用自然通风和照明等被动技术。

整合各类生态要素，将北京现有绿色空间规划提升至"绿色基础设施规划"层次，借助北京打造"森林城市"、优化布局京津冀生态空间的势头，加快发展林业碳汇，提高城市绿色空间的连通性、可及性，增加陆地生态系统碳吸收量。

3. 区域协同应对气候变化，统筹推进减碳与减霾

创新和完善减碳管理机制，强化目标分解和跟踪调度，从能源结构、产业结构上找准减碳减霾的源头，建立绿色生产方式和生活方式。基于分区和部门口径分解大气污染治理任务指标，对于已达标的地区，不再以减排提升幅度作为考核排名依据。加强对市内街乡镇大气污染治理和减缓碳排放工作的指导和服务。同时延续并扩大京津冀地区定点帮扶污染治理机制，北京着力在信息共享、技术引领方面发挥作用。

4. 丰富市场化手段，控制生活侧碳排放

在生产侧壮大绿色节能、清洁环保等产业，大力发展低碳服务业，为企业提供低碳智能化监测、低碳产品和服务认证等便利化服务；在需求侧，一手健全法规标准规范能源开发利用行为，引导全社会贯彻低碳理念；一手加强宣传教育，通过碳普惠等方式普及绿色低碳理念。继续完善家电能效标准和标签计划，对标国际标准完善低碳产品认证制度，推广一批具有良好减排效果的低碳技术和产品。

发挥国际绿色金融中心优势，推动跨区域低碳投资和交易。综合运用绿色低碳产业基金、绿色债券等手段，加大对低碳企业和项目的扶持力度。进一步扩大碳市场覆盖范围，深入推动京冀、京蒙等跨区域碳排放权交易试点工作，鼓励更大范围的跨区域绿色电力交易、林业碳汇交易和碳排放权交易。

参 考 文 献

[1] 古北口镇人民政府：《古北口镇绿色低碳重点小城镇试点示范建设工作情况》，《小城镇建设》2014年第1期。

[2] 李惠民、张西、张哲瑜、王宇飞：《北京市碳排放达峰路径及政策启示》，《环境保护》2020年第5期。

[3] 吴剑、许嘉钰：《碳约束下的京津冀2035年能源消费路径分析》，《科学技术与工程》2020年第24期。

[4] 北京市统计局国家统计局北京调查总队：《北京市2020年国民经济和社会发展统计公报》2021年3月12日。

[5] 北京市生态环境局：《2020年北京市生态环境状况公报》2021年5月13日。

[6] 国家统计局 国务院第七次全国人口普查领导小组办公室：《第七次全国人口普查公报[1]（第三号）——地区人口情况》2021年5月11日。

[7] 曹政：《"十三五"北京可再生能源占全市能源消费比重提高到7.9%》，《北京日报》2020年11月24日第3版。

[8] 陶凤、刘瀚琳：《十问碳达峰、碳中和——专访北京市生态环境局应对气候变化处副处长戴子星》，《北京晚报》2021年4月14日第3版。

[9] 夏莉：《京津冀生态共建协同发展》，《中国环境报》2021年5月16日第1版。

[10] 朱竞若：《北京：碳达峰顺利完成，碳中和目标明确》，《人民日报客户端北京频道》2021年6月15日。

[11] 生态环境部：《综合施策 全面治理 坚决打赢首都蓝天保卫战——北京2013—2018年大气污染治理历程》，2019-09-24 [2021-05-04]，http://www.mee.gov.cn/xxgk2018/xxgk/xxgk15/201909/t20190924_735251.html。

[12] 北京市发展和改革委员会：《能源消费总量和强度"双控"目标超额完成，北京又获通报表扬啦!》，《发展北京》2021年2月9日 [2021-05-03]，https://baijiahao.baidu.com/s?id=1691215672482524994&wfr=spider&for=pc。

[13] Hui Qian, Case Study: Beijing's Pilot Emission Trading System, January, 2021, http://eastasia.iclei.org/upload/portal/20210324/35e7fe9d34b0654d4d4951014e37d36f.pdf.

海淀区推动美丽乡村建设融入中关村科学城发展

郑丽箫　付佳南[*]

摘　要： 海淀区美丽乡村建设已经使农村生产生活环境及产业发展的各项指标达到了与城市发展相融的条件。海淀区委区政府积极统筹城乡资源，推动美丽乡村建设融入中关村科学城发展，从而通过城乡融合、产城融合，实现乡村振兴。本文总结了海淀区美丽乡村建设融入中关村科学城发展的优势，分析了存在问题，提出了坚持城乡融合理念，推进城乡资源合理配置，不断完善"农业中关村"功能、加快农村地区公共服务及配套设施建设，提升转居农民生产生活质量、促进"南北捆绑发展"，实行利益分享达到"共赢"发展、调整行政区划，推进农村居民就地就近城镇化、培训转居农民，增加就业机会、抓住"两区"建设机遇，提升服务品质，加快融合速度等政策建议。

关键词： 美丽乡村建设；城乡融合；产城融合

一　海淀区美丽乡村建设融入中关村科学城发展的优势

（一）农村集体经济蓬勃发展，为融入中关村科学城发展打下扎实经济基础

1. 集体经济主要经济指标稳步增长

从 2015 年到 2019 年，海淀区农村集体经济主要经济指标基本实现了逐年

---

[*] 郑丽箫，博士，中共海淀区委党校教授，主要研究方向：农业与农村现代化；付佳南，硕士，中共海淀区委党校科研部科员，主要研究方向：农业经济。

上涨，并且增幅呈现逐年上升的态势（如图 1 所示）[①]，预计 2020 年底，全区农村集体经济资产总额将突破 1900 亿元[②]。2019 年，海淀区农村集体所有者权益为 692.8 亿元，在北京 14 区中排名首位（如图 2 所示[③]）。

	2015	2016	2017	2018	2019
农村集体经济总收入	106.9	110.5	118.5	115.9	126.6
农村集体总资产	1177.2	1372	1509	1770.1	1848.2
所得者权益总额	464.8	527	597	654.3	692.8

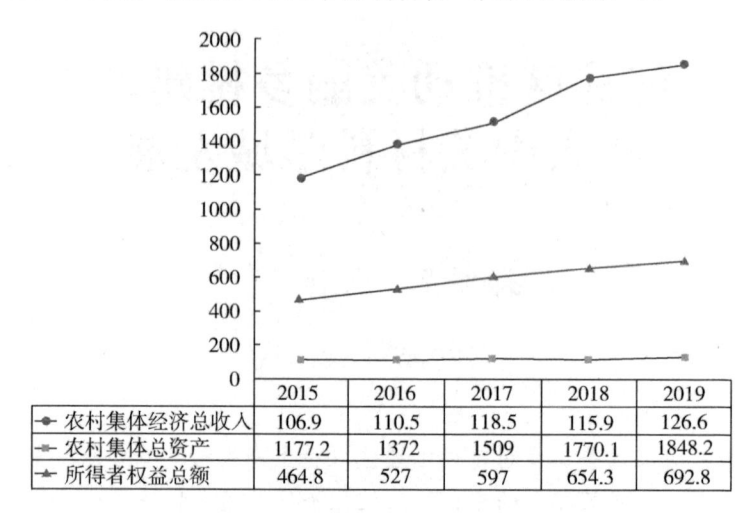

图 1　2015—2019 年海淀区农村集体经济情况（单位：亿元）

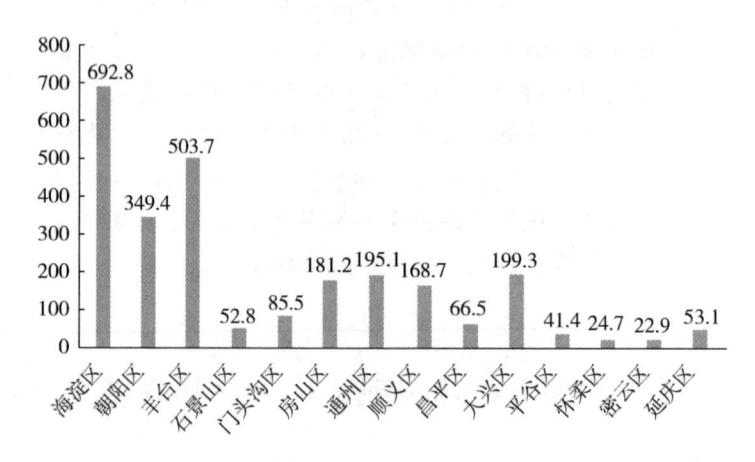

图 2　2019 年北京市农村集体所有者权益情况统计图（分区）

（单位：亿元）

[①] 2018 年由于受行业因素影响，建筑业收入大幅降低，但是剔除这个因素，2018 年农村集体经济总收入同比增加 6.6%，与同年 GDP 增速同步。

[②] 数据来源：海淀区农业农村局。

[③] 数据来源：2015—2019 年《北京海淀统计年鉴》。

2. 集体产业结构和产业空间以融入城市为目标不断优化

2019年海淀区农村集体经济中第三产业占比达到98.9%，产业结构不断优化。海淀北部地区的集体产业空间开始向承载科学城创新产业、发展配套产业、建设租赁住房方向转化，逐步形成以成果转化、产业整合及高新技术服务为特色的空间格局。同时，海淀区的集体经济组织形成了一批有影响力的集体经济品牌，如东升科技园、四季青玉泉慧谷、玉渊潭科技商务区、温泉创客小镇等，并积极融入国家战略。

3. 产权制度改革为农村集体经济创新发展增添新动能

海淀区于2002年启动农村集体经济产权制度改革，按照"资产变股权、社员当股东"的基本思路，深化农村集体"三资"监管体制改革，规范集体经济组织的股权管理和收益分配，将"福利分红"逐步调整为"按股份分配"。集体"三资"管理基础有效夯实，基本完成镇村两级改革，理顺了适应城镇化进程的生产关系。2017—2018年，海淀区承担全国农村集体产权制度改革试点任务并获评全国示范单位，为城镇化提供了基本制度条件。目前，全区共计成立股份经济合作社85家，个人股东10万余人[1]。

（二）农村人居环境提升与民生改善良性互动，为融入中关村科学城发展提供生态与社会保障支撑

1. 分类施策完善村庄改造，推进试点村准物业化管理

海淀区针对17个非保留村，在合理筹划腾退时序的同时开展过渡期提升改造，保障居民基本生活需求；针对24个保留村，基本完成美丽乡村实施方案编制工作。同时，有重点地将基础设施和公共服务设施维护、村庄保洁、绿化养护、治安控违4类16项内容引入专业物业公司进行管理[2]。截至2019年9月2日，全区共41个村庄通过北京市农村人居环境整治考核验收[3]。

2. 落实农村"三大革命[4]"

强化垃圾治理工作，基本实现生活垃圾正规化管理；落实《海淀区水系统生态治理工作方案（2016—2020年）——"水清岸绿"行动计划》，综合施策治理农村地区水安全、水环境、水资源三大问题；推进公厕全面改造

---

[1] 数据来源：海淀区副区长沙海江在2020年海淀农经论坛暨创新发展人才峰会介绍海淀区农村集体经济情况。

[2] 数据来源：海淀区政府2019年度绩效任务完成情况。

[3] 数据来源：海淀区政府2019年度绩效任务完成情况。

[4] 三大革命指农村垃圾革命、污水革命、厕所革命。

升级。

3. 不断健全各项民生保障

不断扩大海淀北部农村地区在就业社保、卫生计生、教育文体、综合管理、民政事务等方面的基本公共服务覆盖面。通过全力打造"城乡设施互联互通，村居城居无缝对接，上学就诊无需进城，养老购物就近解决"的中关村科学城北区"15分钟优质公共服务圈"，农民生活品质得到进一步提升。

（三）农村高度城镇化为融入中关村科学城发展提供了城乡融合条件

1. 城镇化程度高

目前，海淀区呈现"大城市、小农业"、"大城区、小农村"特征。2019年海淀区常住人口城镇化率为99.0%，明显高于北京市常住人口城镇化率（86.6%）[1]和全国常住人口城镇化率（60.6%），同时这个数值也远远高于发达国家80%的平均水平。

2. 都市现代农业为"农业中关村"打下基础

在立足海淀区基本定位的基础上，发挥驻区农林院所的高科技资源密集的优势，在一二三产业融合发展方面，探索实践路径，以"科技、休闲、生态、文化"为特征的都市型生态农业发展初步成型，都市农业综合效益和农业附加值得到提升。截至2019年，海淀区有农业观光园87个，实现总收入8989.6万元，比上年增长47.5%[2]，取得了良好的经济效益、生态效益和社会效益。北京市级以上休闲农业与乡村旅游星级园区达到17个，有效提升了整体形象、品牌和产品价值。这说明海淀区在观光休闲农业项目建设领域工作扎实、成效明显、示范效应突出，为打造"农业中关村"奠定了基础。

3. 农民身份即将成为历史

截至2020年12月，全区所有村集体均已完成农转非，政策覆盖率达到100%，4.5万农民已完成户籍变更，享受城镇职工同等社保待遇。这些带着资产和社会保障进城的"新农人"，将逐步实现基本公共服务保障居民化和住所社区化，并且享受城镇职工同等社保待遇。预计2021年海淀区将全面实现十三五规划确定的城镇化社会保障体系全覆盖、城乡社会保障"二元变一元"的既定目标，迈上历史新台阶。

---

[1] 数据来源：北京市统计局。

[2] 数据来源：海淀区2019年国民经济和社会发展统计公报。

二 海淀区美丽乡村建设融入中关村科学城发展存在的问题

(一)"农业中关村"功能发挥不够

海淀区委十二届十二次全会提出要以全球视野打造世界一流科学城,再次强调要发挥科技创新优势,挖掘智慧农业潜力,打造高品质"农业中关村"。对于海淀北部的农村地区来说,"农业中关村"的功能应该体现在科技产业助推乡村建设、现代服务业支撑中关村科学城、农村与科技园区融合发展,最终实现农村从"生产发展"向"产业兴旺"更迭。但目前"农业中关村"的这些功能尚未完全发挥。第一,海淀区政府与辖区内的科研单位、农村集体经济与中关村科学城科技产业之间的合作还不够深入,区域内的农林高科技资源没有得到充分的整合利用。第二,从单一的产业园区向综合性园区转变的过程中,产业结构转变带来了诸如居住空间供应、道路交通、城乡规划等一系列问题,亟需得到解决。

(二)北部农村地区基础设施及公共服务配套尚未完全达到中关村科学城要求

一方面海淀区北部农村地区处在中关村科学城北区,基础设施建设相对滞后,急需补短板。在交通方面,道路网密度不够、部分路面质量不高、内部交通有待优化、城市道路规划实施率与《中关村科学城规划》提出的"畅通安全高效"建设目标相比还有一定距离。在教育方面,海淀的北部地区虽然规划用地用量充足,但存在结构性配置不平衡、高品质教育服务资源稀缺的问题。在商业方面,北部地区整体商业品质有待提升、丰富,商业供给与居民商品消费需求存在较大差距,商业业态丰富度不足。

(三)南北发展不平衡不充分问题影响融入中关村科学城发展的速度

海淀区现有7个镇,在地域上分为南部地区[①]和北部地区[②]。海淀区城镇化演进呈现"梯次推进"的特点,从靠近城市中心的地区逐次向外"差序格局"式城镇化,南部地区整体发展要快于北部地区。第一,南北部地区农村集

---

① 海淀镇、东升镇、四季青镇3镇。
② 温泉镇、西北旺镇、苏家坨镇、上庄镇4镇。

体经济收入差距明显。如表1①所示，2019年海淀区农村集体经济总收入达到126.6亿元，其中北区四镇23.0亿元，占比为18.2%。全区农村集体经济净利润收入为16.7亿元，其中北区四镇4544.9万元，占比仅为2.7%。这势必影响到北部农村融入中关村科学城的进度和效果。第二，南部地区农村"人口城市化②"要快于北部地区农村。将南北地区连续5年非农业户籍人口占户籍总人口的百分比进行分析，发现南部三镇的"人口城市化"明显高于北部四个镇（图3）。

表1 2019年海淀区南北地区农村集体经济收入情况

单位：亿元；%

	全区	南部地区		北部地区	
	数额	数额	占比	数额	占比
农村集体经济总收入	126.6	103.6	81.8	23.0	18.2
农村集体经济净利润收入	16.7	16.2	97.3	0.5	2.7
农村集体税金贡献	17.2	15.5	89.8	1.8	10.2
农村集体房屋（土地）租赁收入	52.2	48.0	92.0	5.1	8.0

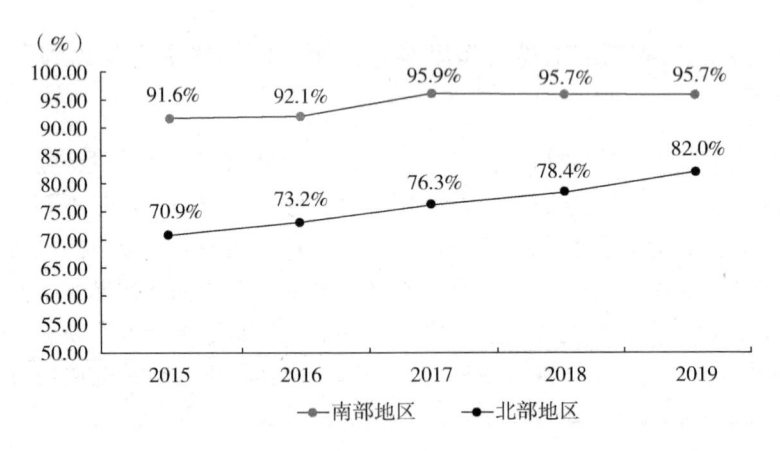

图3 2015年—2019年海淀区南北部地区"人口城市化"对比

另一方面，南部农村人口密度也高于北部农村。区域经济发展的规律表明，人口会自发向经济发达的区域集中和流动，反过来说，"人口城市化"越快、经济越发达的地区，人口就越集中、人口密度越大。根据《北京海淀统计

---

① 数据来源：海淀区农业农村局。

② 人口城市化率的计算标准：对于人口城市化国际上习惯的判断标准是某一地区城市人口（户籍上予以承认的人口数量）占该地区总人口的比重。

年鉴》数据（图4），总体上看，南部地区三个镇人口密度远高于北部地区四镇（海淀镇由于异地腾退安置除外），北部地区四镇人口密度相对稀疏。

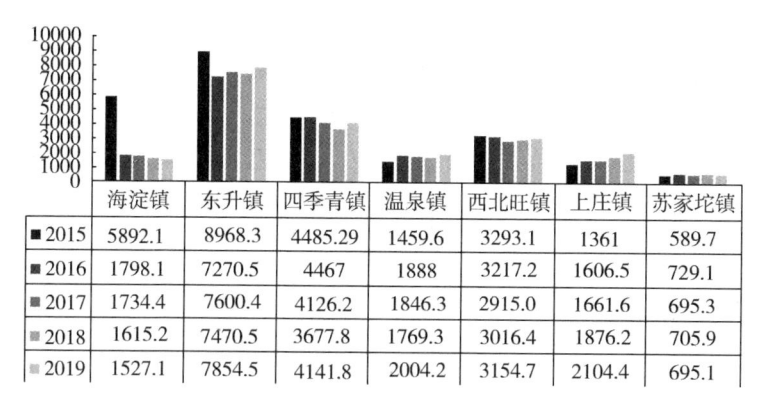

	海淀镇	东升镇	四季青镇	温泉镇	西北旺镇	上庄镇	苏家坨镇
2015	5892.1	8968.3	4485.29	1459.6	3293.1	1361	589.7
2016	1798.1	7270.5	4467	1888	3217.2	1606.5	729.1
2017	1734.4	7600.4	4126.2	1846.3	2915.0	1661.6	695.3
2018	1615.2	7470.5	3677.8	1769.3	3016.4	1876.2	705.9
2019	1527.1	7854.5	4141.8	2004.2	3154.7	2104.4	695.1

图4　2015年—2019年海淀区七镇人口密度发展情况（单位：人/平方公里）

（四）农民转居后融入中关村科学城就业存在困难

海淀北部地区就业人数明显少于南部。从本地劳动力就业分布结构来看，2019年统计劳动力人数5.7万人，从业人数5.1万人，就业率为90.1%，明显低于城镇。而且，北区平均就业率83.7%，相比南区平均就业率99.7%低16个百分点。进一步分析就业结构发现，南区就业者均是在本镇域务工就业；北区在本地务工就业率平均36.3%，外出在市内其他镇域务工劳动力平均占比36.4%，其余就业者为从事家庭经营劳动力。此外，2019年度农业、工业和建筑业的总收入占比仅为1.1%，而就业占比为19.2%[①]，可推导出这部分农民是低收入。另外，从就业意愿来说，部分农民依然存在依赖"瓦片经济"的思想，相当一部分农民选择用房屋租金或土地安置费用维持家庭日常生活开支，不选择用来发展和投资从事个体经济；从自身就业能力来说，当前强调以市场为导向、以知识经济为基础，对求职者的年龄、知识、技能和市场竞争意识要求较高，这种背景下农民由于自身条件、生活方式和就业成本的影响，明显处于劣势。

（五）美丽乡村支撑中关村科学城产城融合的功能不足

目前，中关村科学城北区现有村庄改造人员安置难度大，区内城乡建设用

---

① 数据来源：海淀区农业农村局。

地职住保障能力不足，职住比例低于《中关村科学城规划》要求①，这直接影响产业化进程。而城镇化与产业化具备对应的匹配度尤其重要。同时，减量集约发展、拆迁腾退进展和供地进度挂钩、北区保留 24 个村庄等政策，对农村发展产生深刻影响，尤其是对北区各镇建设发展的影响更大。减量任务的 60% 以上要在农村集体建设用地指标上消化，建设空间约束收紧已是常态。此外，北区各镇高质量可经营固定资产数量少，在建工程多、低端房屋多、违法建设多，在疏解整治中受直接冲击较大，无法满足高科技企业人员的职住需求。镇村集体经济收入普遍减少，一半以上劳动力需要外出就业或被动绑定在农业上，农民近期就业和收入已经成为重要问题。北部农村在支撑构建"产城融合"的新型城市形态方面的功能还没有很好地发挥。

三 海淀区推动美丽乡村建设融入中关村科学城发展的建议

（一）坚持城乡融合理念，推进城乡资源合理配置

坚持"城乡融合"理念，要通过政策构架的制定、长效机制的建立，实现区域工业化、信息化、新型城镇化和农村现代化同步推进。

一是区域内各部门、各方面合力落实中央要求，坚持把解决好"三农"问题作为全党工作重中之重，强化以工补农、以城带乡，保证公共资源能够在城乡之间均衡配置、生产要素在城乡之间双向流动、生产力在城乡之间合理布局、治理资源在城乡之间科学调配，积极推进城乡"二元变一元"，率先破解"三农"问题。

二是抓住中关村科学城建设的战略机遇，建立健全城乡融合发展新格局，着力破解影响和制约全区"三农"工作的瓶颈，继续深化产权制度改革，加快构建适应未来完全城镇化新局面的农村工作体制机制和政策体系。

（二）不断完善"农业中关村"功能

一是完成海淀区北部农村产业转型升级。未来北部地区农村产业的发展方向是：依托"一镇一园"项目落地，利用科技赋能，完成产业结构转型升级和优化，形成有效的新模式、新路径，探索通过"点状供地"促进一二三产深度融合。

二是发展创新服务业。整合辖区内资源优势，加强与驻区单位、企业、院

---

① 目前职住比例为 1∶0.8，《中关村科学城规划》提出城乡职住用地比例为 1∶1.2 以上。

校的对接交流，形成政企学研用协同创新平台，探索农业全产业链生产方式和管理模式的迭代升级，构建以优势企业为核心，涵盖科技、金融、农业等多领域的"农业中关村"新格局，实现与中关村科学城产业接轨融合。

三是高水平建设都市现代农业。在保护现有的村庄肌理和民居特色的基础上，着重体现农业生态、文化、教育的体验感、视觉性和创意点，着力加强文化与科技融合，提升美丽乡村建设的内涵，开发适合科学城从业人员的独特休闲度假项目，为海淀居民打造怀旧和传承的实景空间。

（三）加快农村地区公共服务及配套设施建设，提升转居农民生产生活质量

一是围绕"七有"、"五性"完善民生设施。同步推进城镇化与科学城发展。优化用地结构，增加北部地区公共服务设施用地比例，加大农村社区服务中心、连锁便民店等公共服务设施建设。建立健全长效管护机制，真正实现一刻钟公共服务圈全覆盖，并从加快实现"全覆盖"向全面实现"均等化"目标迈进。

二是提升农村教育"软实力"。在人才引进、队伍建设、师资引进等方面推进城乡教育一体化，实现南北同步、优质均衡，实现北部学校高起点、高发展，全面提升农村地区学校的"软实力"。

三是完善北部地区医疗卫生服务体系建设。通过设置更多更好的社区卫生服务中心、社区卫生服务站、村卫生室，开展重大疾病防控以及儿童、老人等各类人群的公共卫生服务，持续优化覆盖农村地区的基层医疗卫生服务网络。

（四）促进"南北捆绑发展"，实行利益分享达到"共赢"发展

一是形成"南北捆绑发展"的新节奏。尽量保证海淀区域内有限的产业空间资源在南北各镇之间流动和使用，推动南部地区成熟的园区管理经验、经营模式向北部地区辐射延伸，推动人才北上、资本北上、管理北上。建立南北利益分享机制，探索"飞地"模式，努力实现"共赢"。

二是建议形成"融合发展"的新格局。打破当前"山前"和"山后"、"南部地区"和"北部地区"分割的局面，让北部地区承担起保障海淀区"职住平衡"的功能。区财政适度向北部农村地区倾斜，积极把北部农村地区打造成为新的空间和专业化智能拓展区。

（五）调整行政区划，推进农村居民就地就近城镇化

一是因地制宜调整行政区划。从现实看，有些户籍人口因为村庄腾退、异地安置已经形成人户分离，有的镇整个辖区内几乎都没有了实际居住的户籍人口。建议及时调整行政区划，并按照异地安置的实际居住地来重新划定户籍所

在地，为融入中关村科学城发展减少不必要的行政管理障碍，同时促进就地就近实现城镇化。南部地区加快撤村建居，实现城镇化管理。

二是要充分发挥农民的主体作用和主人翁精神。发挥党建引领的作用，畅通参与渠道、健全参与机制、实现村居联动，让农民在美丽乡村实践中成为参与者、建设者、受益者，构建"共建共治共享"的基层社会治理新格局。在已经完成城镇化地区，依托集体经济组织（股份经济合作社）做好基层治理工作。

（六）培训转居农民，增加就业机会

一是科技赋能、以需求为导向加强培训。对转居农民开展适合产业转型和城镇化发展需求的技能培训、从业资格达标培训、农民转岗就业培训等。创新培育方式，利用远程网络平台，加速信息资源共享，着力培养有知识、懂技术、善经营的新型农民，提升转居农民的综合素养和职业技能。

二是发展适合区域定位的适宜产业。培育孵化特色产业和能人经济的同时，挖掘农村科技服务空间。打通当地居民与驻区企业的交流渠道，通过面向驻区技术企业开展系列公共文化活动、服务保障，增加区域对企业的影响力，同时也吸引企业参与到当地的建设中来，以互通的方式增加转居农民就业的机会。

（七）抓住"两区"建设机遇，提升服务品质，加快融合速度

一是补短板、强要素。海淀各个乡镇要以国家服务业扩大开放综合示范区和北京自贸区科技创新海淀片区建设为契机，明确"一盘棋"思想，加快补齐硬件设施短板，持续推进基础设施与公共服务完善，提升人居环境。作为自贸试验区承载地的海淀北部，要依托"两区"政策红利，增强各发展要素，进一步激发创新创业潜力，使北部农村发展实现从"跟跑"到"并跑"的转变，加快融合速度，成为海淀区新的增长极。

二是抓创新、强服务。要将未来的发展重点落在科技服务业、互联网信息服务业、教育业三大优势产业上，尽快完成产业转型升级，同时，积极为科学城产业提供中介咨询、金融投资、贸易融资、智能监管等各类科技创新服务，培育和壮大服务生态圈，提升服务品质。

参 考 文 献

[1]《产城融合的测度、机制及效应研究》，中国社会科学出版社 2019 年版。

[2]《中国产业新城发展报告》（2019），社会科学文献出版社 2019 年版。

[3]《中国产业新城运营理论与实践》，中国发展出版社 2018 年版。

"两山"理论创新实践的有利因素与转型模式

——以北京市怀柔区为例

杜倩倩[*]

摘　要：2020年9月，怀柔区成功创建"两山"实践创新基地。作为首都功能重要承载地和生态涵养区，怀柔在践行"两山"理论的实践中走在了前列。基于对"两山"理论内在逻辑的认识，本文剖析了怀柔区"两山"理论的创新实践，分析其绿水青山转化为金山银山的有利条件，提炼出以"生态＋"多业态融合为主体的"复合业态"型转化路径和转型模式，即依托绿水青山提供的优质生态空间、环境容量，建设发展综合性国家科学中心、会都影都，开展工业产业活动，促进社会经济发展；将绿水青山蕴含的生态产品价值通过生态旅游、精品民宿、绿色农业、沟域经济、健康养老等多业态方式转化为经济价值；通过绿水青山吸引人才来怀工作和学习，吸引投资者投资兴业，带动区域发展，以期为其他地区的"两山"实践提供经验参照。

关键词："两山"理论；生态优势；发展优势；转型模式；怀柔

绿水青山就是金山银山理念是习近平生态文明思想的核心内容，在解决生态环境问题中发挥了重要指导作用。2005年8月，习近平同志在考察浙江省安吉县余村时，创造性提出了"绿水青山就是金山银山"的科学理论。党的十八大后，他对"两山"理论又进行了发展丰富。2020年3月，习近平总书记再次到安吉县余村考察调研，强调"实践证明，经济发展不能以破坏生态为代

---

[*] 杜倩倩，博士，中共北京市海淀区委党校科研部教师、二级主任科员，主要研究方向：环境经济与政策、生态文明与绿色发展。

价，生态本身就是经济，保护生态就是发展生产力。"

北京市"十四五"规划建议明确提出，"十四五"时期北京经济社会发展要更加突出绿色发展。怀柔区委五届十四次全会指出，"十四五"时期怀柔要进一步提升生态环境质量，让绿满怀柔、蓝绿交织成为科学城底色。怀柔作为首都生态涵养区，是首都重要生态屏障和水源保护地，更是首都功能重要承载地，在践行"两山"理论的实践中走在了前列，于2020年9月成功创建"两山"实践创新基地。深化对怀柔区"两山"实践创新案例的研究，分析有利条件，总结提炼转化路径和模式，可以为其他区域提供参照、树立标杆，示范引领全国生态文明建设。

一 "两山"理论的内在逻辑

要实现生态优势向经济发展优势的转化，必须合理保护和利用生态资源，通过生态资源资产化、生态环境经济化、生态资产价值化、生态服务有偿化以及生态补偿等多种渠道来实现生态环境保护和区域经济发展的双赢[1]。关于"两山"理论的内在逻辑，可从两个方面来认识：从历史的角度，人们经历了以绿水青山换取金山银山的第一阶段，发现环境保护与经济发展二者存在不协调和矛盾后，发展到既要绿水青山又要金山银山的第二阶段，再进入到当前认识到绿水青山可以不断带来金山银山的第三阶段[2]。从相互转化的角度，生态环境优势可以转化为绿色农业、绿色制造、绿色旅游及绿色服务业等方面的综合性经济优势，进而成为区域发展优势，经济富裕了就更有能力治理污染、保护生态环境。可以说，"两山"理论的目标是实现生态优势和发展优势的相辅相成、相互转化、协同共进。

"两山"理论是环境质量与经济发展内在规律的重要实现路径，其提出有着深刻的现实考虑和理论支撑，也是生态文明建设的重要理论指导。环境质量、生态资源属于公共物品，我国生态产品、生态服务主要依赖政府供给，但质量不高、种类不够、结构不合理。长期的粗放型发展模式导致环境污染严重、资源约束趋紧、生态系统退化，转型发展尤为迫切。随着生活水平的提高，公众对优质生态环境和生态产品的需求开始迸发出来，绿色发展需求不断释放，生态环境的比较优势向经济发展这一竞争优势的转化已成为各地区竞相探索的发展模式。

---

[1] 姜雨萌、孙鹏：《"绿水青山"如何转化为"绿色"的"金山银山"？——基于生态承载力对环境污染影响的传导机制研究》，《林业经济》2020年第7期。

[2] 孙要良：《"绿水青山就是金山银山"理念实现的理论创新》，《环境保护》2020年第21期。

二 生态优势转化为发展优势的相关研究评述

关于生态优势转化为经济发展优势的路径研究方面,学界进行了较为深入的探索。厉以宁[①]认为要把潜在的资源变成经济的资源,就要解决怎样把资源转化为资本的问题。廖福霖等[②]认为发展绿色经济是生态资源优势转化为经济优势的有效途径。张永恒等[③]指出要不断提升自然要素的品质和利用价值,通过要素禀赋外延的扩大为区域经济增长提供动力。王新庆[④]揭示了"绿水青山就是金山银山"的本质含义是生态环境资源转化为经济资源,并探讨了"两山"理论转化的重要手段。温新荣等[⑤]提出绿色发展视域下林业生态优势转化为经济优势应采取推进供给侧结构性改革,提高涉林产业有效供给;完善林业集体产权制度,促进林业适度规模化经营;完善林业服务保障体系,促进涉林产业跨越式发展等举措。在案例和实证研究方面,丁智才等[⑥]分析提出福建省生态优势转化为经济发展优势的对策建议。侯伟丽等[⑦]基于省级面板数据分析发现,在森林保护和利用方面,我国已经实现了"绿水青山"向"金山银山"的转化,但还需要进行更高层次的转化。梁龙妮[⑧]以珠三角地区作为研究对象,采用绿色 GDP 核算方法开展经济生态生产总值核算,发现该地区经济发展质量效益不断提升,经济发展与环境保护呈现出协调发展态势,下一步可实施"生态+产业"行动计划,推动生态产业化发展,打通"两山"的转化通道,提高优质生态产品供给能力。

已有研究通过理论和实证分析,提出了生态优势转化为经济发展优势的思

---

① 厉以宁:《资源转化和西部开发》,参见陈育宁《中国西部经济发展——实证分析与对策研究》,中国经济出版社 2004 年版。

② 廖福霖:《生态生产力导论——21 世纪财富的源泉和文明的希望》,中国林业出版社 2007 年版。

③ 张永恒、郝寿义等:《要素禀赋变化与区域经济增长动力转换》,《经济学家》2016 年第 10 期。

④ 王新庆:《"绿水青山就是金山银山"的基本形态生态资产及价值形式分析》,《林业经济》2019 年第 2 期。

⑤ 温新荣、李德贵:《绿色发展视域下林业生态优势转化为经济优势的对策研究》,《西部林业科学》2020 年第 6 期。

⑥ 丁智才、陈意、马培红:《福建生态优势转化为经济发展优势战略研究报告》,《发展研究》2018 年第 3 期。

⑦ 侯伟丽、韦洁:《"金山银山"和"绿水青山"可以同时实现吗?——基于省级面板数据的分析》,《林业经济》2019 年第 2 期。

⑧ 梁龙妮、王明旭、李朝晖、王刚:《珠三角地区经济生态生产总值核算及"两山"转化路径探讨》,《环境污染与防治》2021 年第 1 期。

路和举措，为"两山"理论的转化奠定了基础。怀柔区作为全国"两山"实践创新基地，研究其"两山"实践的转型模式，可以为其他地区"两山"理论落地提供借鉴。

三 怀柔"两山"实践的有利因素及重要支撑

绿水青山就是金山银山的科学实践，必须是有基础、有特色、有优势、有举措的逐步转化。让绿水青山有机会、有条件、有支撑实现其的经济价值，方能守得牢守得久。怀柔区结合自身的生态、产业和经济社会实际，开展生态优势向发展优势的转化实践，得益于多重有利因素的共同支撑和促进。

第一，自然资源禀赋高、生态环境底子好，是"两山"实践的天然优势和坚实基础。长城脚下、雁栖湖畔，怀柔生态环境优美，山青、水秀、天蓝、地绿，素有京郊明珠和北京后花园的美誉。近年来怀柔积极推进森林城市创建，2020年森林面积12.3万公顷，全市排名第二，林木绿化率、森林覆盖率分别达到81%、59.32%。且水资源丰富，怀柔区境内河流隶属海河流域的潮白河和北运河水系，全区四级以上河流17条，多年平均地表水资源量为3.31亿m³，地下水资源量为3.48亿m³，水资源总量约3.56亿m³。$PM_{2.5}$在全市率先进入"20+"，创有监测记录以来最好数据，$PM_{2.5}$、PM_{10}、SO_2、NO_2等污染物浓度与重污染天数五项指标全市排名第一，优良天数达到290天。

第二，坚持将生态环境保护作为重要的政治任务，注重提升生态承载力，维护和培育"绿水青山"。不断提高自身的生态承载力是实现"绿水青山"向"绿色"的"金山银山"转化的前提。只有保护好发展好自己的"绿水青山"，才能实现"绿色"的"金山银山"[1]。怀柔坚持生态立区，将绿色作为"五态"建设的底线，加快形成绿色发展方式和生活方式，以提供更多优质生态产品。近年来，怀柔区实行最严格的生态环境保护措施。深入落实生态涵养区生态保护和绿色发展条例，2020年生态环境状况指数全市第一，$PM_{2.5}$年均浓度29微克/立方米。在全市率先开展茶炉大灶清理，推行"一扫两保一洗一冲"保洁作业模式，实行道路积尘负荷走航监测，治理扬尘污染。推进煤改清洁能源工作，2020年完成12个村、2933户"煤改电"工程。全面落实河长制，推进生态清洁小流域建设。加快污水管网建设，推进农村生活污水收集处理工程，2020年污水处理率达到88.5%。严格"两线三区"空间管控，严守生态和永

---

[1] 于浩、郑晶：《生态优势转化为经济优势的实现路径研究——以国家生态文明试验区为例》，《林业经济》2019年第8期。

久基本农田保护红线。扩大绿色空间容量，2020年治理京津风沙源二期营林造林4.73万亩，完成新一轮平原造林7744亩，抚育林木16.1万亩。实施农业面源污染防治和重点排污单位土壤监测，加强土壤污染风险管控和修复。落实生活垃圾管理条例，加大宣传引导力度，提高居民参与率、投放准确率，2020年全区生活垃圾减量18%，厨余垃圾分出率达到20%。

第三，交通基础设施便利、距离北京核心市场近，有利于生态优势的转化。基础设施建设水平是生态涵养区与其他区域发展不平衡的重要体现。怀柔重视交通基础设施建设，市郊铁路怀密线开通至北京北站，雁栖湖火车站实现交通接驳；通密线开通运行，京通铁路电气化改造加快实施；京沈客专怀柔南站通车，从北京朝阳站到怀柔南站仅需22分钟，怀柔与市区通行更加便捷。良好的交通基础设施降低了通行成本、企业获取原材料等生产成本和交易成本，同时更能吸引外资和人才、带动消费，促进区域经济发展，是生态优势转化为发展优势的基本要求。

第四，综合性国家科学中心建设让怀柔拥有先进治理污染技术和低污染产业技术，是生态优势转化为发展优势的重要路径。科学技术是第一生产力，先进的技术能够带动产业发展。怀柔借助中科院科研院所、中国科学院大学等科研机构、环保企业、绿色产业，开展污染末端治理、超低排放、生态修复、能源资源节约循环利用、清洁生产和绿色化改造等领域关键技术攻关和创新，为生态产业发展提供技术支撑，促使生态资源通过科技力量实现转型升级，让生态资源的经济价值得到充分体现。

第五，以区域优势产业为支撑，加强制造业对绿色转型的经济保障，让绿水青山更有条件转化为金山银山。2020年，怀柔区规模以上汽车制造业产值440亿元，增长39.7%。奔驰重卡"中国制造·专属中国"全球发布会在怀举行，高端重卡H6在建项目总投资81亿元。健乃喜、祥瑞生物、科卫试剂等3家企业诊断试剂获批，生物医药产业实现产值30亿元，增长40.2%。全区高新技术企业保有量达到604家，完成技术合同成交额12亿元。没有这些工业产业作为经济支点，绿水青山难以转化为金山银山。

四 怀柔"两山"实践转型路径与模式

自然生态系统是人类生存和发展的物质基础，为人类生产生活提供基本的物质保障，为社会经济系统提供所需的原材料和能源。但随着社会进步，城镇化和工业化的飞速发展加剧了对自然资源的掠夺，经济社会系统生产生活所产生的废弃物排放到生态环境系统中，造成了污染、资源枯竭以及生态破坏等一系列环境问题。如果经济发展不加以转型，势必产生不可逆的后果。因此，将绿水青山系统、全面、高质量地转化为金山银山，既保护生态环境，也推动经济发展、提升就业质量，实现保护与发展的协同共进。宏观上来说，怀柔区所践行的"两山"理论，实际上是打通了"绿水青山"向"金山银山"的转化通道，形成了绿色循环的互促共进系统，实现了生态优势转化为发展优势、发展效益进而反哺生态品质的良好闭环。

怀柔区通过不断努力和实践，已经探索出自身特有的"两山"转化模式，即以"生态+"多业态融合为主体的"复合业态"型转化路径模式，以绿色的生态系统激发形成绿色的经济系统。转化路径和转化模式（见图1）具体如下：

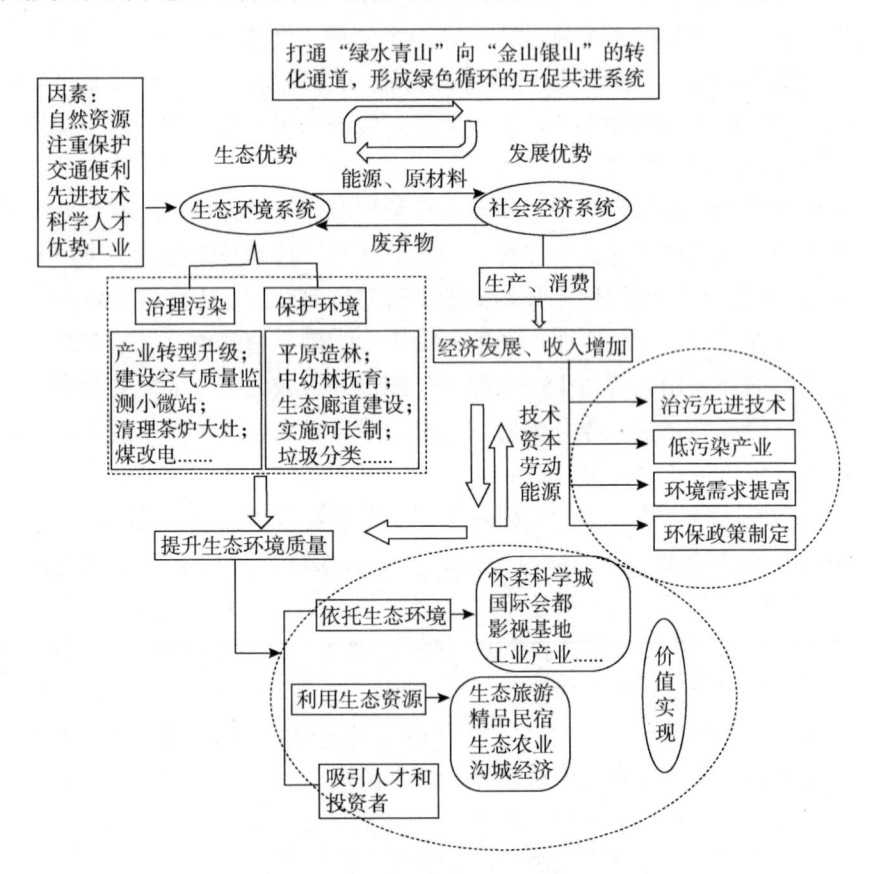

图1 怀柔区"两山"实践转型模式

一是依托绿水青山提供的优质生态空间、环境容量，建设发展综合性国家科学中心、会都影都，开展工业产业活动，促进社会经济的发展。怀柔积极构建科学城统领"1+3"融合发展新格局，推动生态涵养、科技创新、会议休闲、影视文化等功能要素从"相加"的物理联系到"相融"的化学反应转变。以良好的生态环境为底色,推动怀柔科学城、国际会都、中国影都的建设和发展,多措并举打通绿水青山向金山银山的转化之路,获得了可观的经济效益。

其中,综合性国家科学中心是怀柔科学城的国家战略和显著标志,重点聚焦物质、信息和智能、空间、生命、地球系统等五大科学方向,推进大科学装置和交叉研究平台建成运行,形成国家重大科技基础设施群,打造世界级原始创新承载区。截至2021年2月,怀柔科学城已经建成并投入运行的研发实验平台有10余个。"十三五"时期,国家和北京市在怀柔科学城布局建设29个科学设施平台,包括5个国家重大科技基础设施和24个科技研发平台。其中,5个大科学装置的建安工程和科研设备采购安装调试加快推进。依托高品质生态环境,怀柔科学城集聚效应开始显现。2020年新增注册企业1.2万户,增长64.8%,其中科技类企业5308户;全年迁入企业4060户,增长217.9%;年均每月新增企业1336户。

积极推进国际会都建设,提高举办高端会议会展的能力和质量,依托绿水青山,吸引各类会议在此举办。2016—2020年,雁栖湖国际会都共承办14600余场次会议会展、综合收入20.53亿元。其中,2020年,成功举办各类大会论坛活动1800余场,接待37万人次。同时,带动了全区文化产业的发展,2019年怀柔区规模以上文创企业年度营业收入达到92.6亿元,带动全区文化产业实现入库税收11.69亿元。①

良好的生态环境是影视产业发展的基础,怀柔区推动中国影都建设,积极打造中国(怀柔)影视产业示范区。目前,核心区已累计完成投资近65亿元,吸引华谊、海润、金英马等600多家影视及关联企业注册,北京电影学院新校区将于2021年启用。以中影、星美为主,怀柔影视产业示范区已累计接待剧组拍摄制作作品2800多部。

严格落实生态保护红线,依托区域生态环境容量和承载力,为产业结构高级化提供良好的自然条件,加速发展高精尖工业产业。从主导产业看,汽车工业迅速增长,带动具有区域特色的食品饮料制造业和包装印刷业绿色发展。2020年奔驰高端重卡国产项目落地,福田戴姆勒汽车逆势增长,汽车制造业产值增长39.7%,带动规上工业总产值增长14.3%。科技创新的溢出和集聚效应同步显现,科技类企业占比44.3%、增长41.8%。

二是将绿水青山蕴含的生态产品价值通过生态旅游、精品民宿、绿色农

---

① 《怀柔生态指数连续五年全市第一 "两山"实践创新基地榜上有名》,《北京青年报》2020年10月14日。

业、沟域经济、健康养老等多业态方式转化为经济价值。坚持"生态立区"的根本原则，依托自然资源和长城文化，推动乡村旅游提质升级，破题闲置资源盘活路径，办好"白河湾"论坛，鼓励发展精品民宿、特色农业、医养健康、林下经济等环境友好型产业。

充分发挥全域旅游的拉动力、融合力，将旅游发展与其他产业有机融合，做好"旅游＋""＋旅游"等。比如，重点培育和打造了以北沟村为代表的"国际驿站"，已有来自9个国家和地区的25户外籍友人在此"安家落户"。集中实施了长城国际文化村建设，将慕田峪长城景区周边4个村进行统一规划、整体包装，形成了中西文化结合的长城国际文化村。2020年1—11月，全区20家A级以上和主要旅游区实现营业收入2.3亿元，接待游客301.2万人次。

推动乡村旅游服务设施提质升级，大力发展壮大镇村集体经济，全力打造特色精品民宿。制定发展集体经济实施方案，确定59个试点村，组建42个新型集体林场，带动绿色就业2500人。2020年全区新增84家精品民宿，总数占全市50%以上，全区精品民宿总量达到378家，全市第一。集体经济组织活力明显提升，低收入农户稳步增收。

同时，利用丰富的自然资源禀赋、强化科技赋能，将怀柔板栗打造成高端绿色品牌。其中，"御食园"年销售额在4亿以上，全区60%以上的干鲜果品收购问题得到解决，增加800多个就业岗位。大力发展沟域经济，加大红果、太平果、大枣"三果"生态富民产业建设。采取标准化生产，有机化认证，技术化管理，以市级定点观光果园和规模果园为点，大力保护和开发区域特色品种。

立足生态和基础设施，以自然生态环境为依托，改造当地闲置民宅，构建特色主题院落聚集区的养老养生产业模式。怀柔区渤海镇田仙峪村被市政府确定为北京市建设休闲养老服务中心试点村。村党支部将有闲置农宅的农户组织起来，成立休闲养老农宅专业合作社，专门负责管理农户与社会资本的有关合作。通过和企业合作，合作社可以得到经营利润10%的分红，用于全村所有农户分红，确保村民取得长远收益。

三是通过绿水青山吸引人才来怀工作和学习，吸引投资者前来投资兴业，带动区域发展。人力资源是区域创新与高质量发展的重要支撑，特别是高学历、高技能、专业化的人才队伍是经济增长的动力，地方品质是未来吸引人力资源的重要因素。研究发现，地方生态环境是影响劳动力区位和区域创新发展的关键因素，好的生态环境有利于吸引劳动力流入进而提高本区域发展水平。怀柔依托绿水青山吸引高素质人才来怀工作，进而释放人口红利，给区域经济增长带来贡献。

怀柔围绕科学城建设，积极引进战略科技人才、科技领军人才、优秀青年人才、科技成果转化人才，壮大高水平工程师和高技能人才队伍。截至2020年底，怀柔科学城人口约10万人。其中，中科院在职职工、硕士博士等科研人员和访问学者约2.8万。这些人才是怀柔科学城创新能力的支撑性因素，是怀柔生态优势转化为发展效益的重要资源。

2020年，怀柔区新设外商投资企业56家，其中外商独资企业16家。新设外商投资企业总注册资本9325.72万美元，合同外资4904.62万美元。这些将在未来一段时间发挥十分重要的作用，如果这些产业发展情况良好，将会起到广告宣传作用，吸引更多投资资金加入进来，加快怀柔经济增长。

综上，实现生态环境优势向经济发展优势的成功转化，关键点在于将生态的比较优势转化为经济发展的竞争优势，进而"绿水青山"的生态优势才能源源不断地带来"金山银山"的经济优势。怀柔的"两山"转化模式是基于天然禀赋和自然地理条件以及区域经济社会基础等方面探索出来的，这种带有区域特色的模式难以被直接复制，其他地区在借鉴的同时还需厘清自身区域特质和条件，因地制宜、科学地参照先进经验，进而挖掘形成适合自己区域实际的"两山"模式。

参 考 文 献

[1] 廖福霖等：《生态生产力导论——21世纪财富的源泉和文明的希望》，中国林业出版社2007年版。

[2] 厉以宁：《资源转化和西部开发》，参见陈育宁《中国西部经济发展——实证分析与对策研究》，中国经济出版社2004年版。

[3] 丁智才、陈意、马培红：《福建生态优势转化为经济发展优势战略研究报告》，《发展研究》2018年第3期。

[4] 侯伟丽、韦洁：《"金山银山"和"绿水青山"可以同时实现吗？——基于省级面板数据的分析》，《林业经济》2019年第2期。

[5] 梁龙妮、王明旭、李朝晖、王刚：《珠三角地区经济生态生产总值核算及"两山"转化路径探讨》，《环境污染与防治》2021年第43卷第1期。

[6] 孙要良：《"绿水青山就是金山银山"理念实现的理论创新》，《环境保护》2020年第48卷第21期。

[7] 王新庆：《"绿水青山就是金山银山"的基本形态生态资产及价值形式分析》，《林业经济》2019年第2期。

[8] 温新荣、李德贵：《绿色发展视域下林业生态优势转化为经济优势的对策研究》，《西部林业科学》2020年第49卷第6期。

[9] 于浩、郑晶：《生态优势转化为经济优势的实现路径研究——以国家生态文明试验区为

例》,《林业经济》2019年第41卷第8期。
[10] 张永恒、郝寿义等:《要素禀赋变化与区域经济增长动力转换》,《经济学家》2016年第10期。
[11] 姜雨萌、孙鹏:《"绿水青山"如何转化为"绿色"的"金山银山"?——基于生态承载力对环境污染影响的传导机制研究》,《林业经济》2020年第42卷第7期。
[12]《怀柔生态指数连续五年全市第一 "两山"实践创新基地榜上有名》,《北京青年报》2020年10月14日。

海淀区气象服务实践的探索与思考

严鼎程　刘文军*

摘　要：本文以海淀区气象局气象服务的实践探索为研究对象，分析了其组织架构和管理制度，探讨了现代化气象服务能力的建设路径，并结合海淀区元宵节灯会的气象服务案例，围绕"监测精密、预报精准、服务精细"这条主线，提出为提升气象服务能力。应做到气象服务与国家大政方针有机结合，气象服务与气象科普有机结合，气象服务与社会民生有机结合，气象服务与时事热点有机结合。

关键词：海淀区；气象服务；能力建设

海淀区地处北京城区西部和西北部[①]，是北京城区的西北门户，周边具有复杂的地形地貌且城市人类活动频繁，形成了独有的大城市气候特征。海淀区是北京西部山区性气候、南部农区性气候、东部海洋性气候、城区大城市气候与北部半荒漠性气候（间接影响）的交汇之地，受到山风、谷风、陆风、海风、城市热岛效应等的多重影响，其天气相对于城六区来说最为复杂，是全市

---

* 严鼎程，博士，中国气象局气象干部培训学院（中共中国气象局党校）助理研究员，主要研究方向：政策比较与分析、战略思维与领导能力；刘文军，硕士，北京市海淀区气象局副局长、高级工程师。

① 海淀区面积430.8平方千米，约占北京市总面积的2.6%。边界线长约146.2公里，南北长约30公里，东西最宽处29公里。地势西高东低，西部为海拔100米以上的山地，面积约为66平方公里，占总面积的15%左右；东部和南部为海拔50米左右的平原，面积约360平方公里，占总面积的85%左右。百度百科，海淀区，[2021-05-28]，https：//baike.baidu.com/item/%E6%B5%B7%E6%B7%80%E5%8C%BA。

天气预报最难做的区域之一。海淀区的主要气象灾害有：暴雨（雪）、大风（沙尘暴）、高温、干旱、低温、寒潮、雷电、冰雹、霜冻、大雾、霾等。有记录的极端最高气温为41.7℃，极端最低气温为-20.2℃。气象灾害呈现出频率高、季节性、突发性、局部性等特点。

为应对海淀区突发气象灾害，海淀区气象局近年来聚焦于气象服务能力的现代化建设，充分发挥气象防灾减灾的第一道防线作用。"气象现代化是国家现代化的重要标志之一，具有鲜明的政治性、基础性和先导性。当前，我国已开启全面建设社会主义现代化国家新征程，以高质量气象现代化更好服务保障国家现代化，是贯彻落实习近平总书记关于气象工作重要指示和党的十九届五中全会精神的根本体现，是气象事业发展的历史必然。"[1] 海淀区气象服务的现代化实践具有显著的代表性，本文就其具体做法进行回溯与探析，以期能够为接下来的实践探索作些许参考。

一　海淀区气象局：海淀区气象服务的主体

（一）海淀区气象局的组织架构

海淀区气象局位于海淀公园内部，由市气象局、区政府双重领导管理，承担本行政区域内气象工作及气象行政管理职能，依法履行气象主管机构的各项职责。截至2020年[2]，在岗人员共21人，其中中央编制8人，地方编制4人，外聘9人。40岁以下职工17人，占81%；本科及以上职工20人，占95%，其中硕士6人。党支部在海淀区直机关工委的指导下开展工作，目前党员15名，在职14人，在职党员占全局总数67%。支委5名，分别为书记、副书记、组织委员、宣传委员（兼青年委员）、纪检委员。2015年9月，海淀区气象局成立突发事件预警信息发布中心，实行区气象局和区应急管理局双重领导制度，业务工作和日常管理以气象局为主，目前到岗4人。其组织架构如下图所示：

（二）海淀区气象局的管理制度

根据气象服务工作的特点，海淀区气象局制定了一系列围绕业务工作而展开的规章制度，以加强对各项活动的规范管理，努力提升开展气象服务工作的效率与能力。其管理制度主要聚焦在以下三大方面：行政事务类、观测业务

---

[1]　庄国泰：《坚定不移推进高质量气象现代化建设》，《中国气象报》2021年6月1日。
[2]　相关数据来源于2021年5月的现场调研访谈。

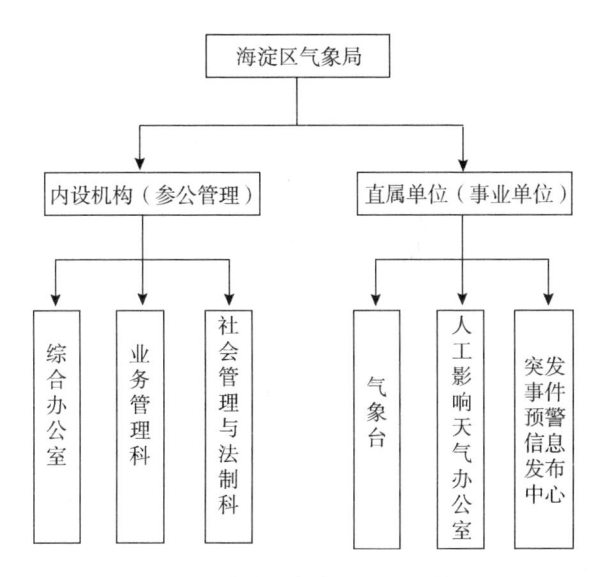

图 1　海淀区气象局组织架构

类、预报预警服务类。

第一方面包括：请示汇报制度、考勤管理制度、职工惩处规定、业务学习制度、安全生产管理条例、文件管理制度、新闻采访制度、会议管理制度、培训管理制度、卫生管理规定、青年创新工作室管理规定等。第二方面包括：测报质控岗工作流程、台站地面综合观测业务软件（ISOS）常用功能说明、观测资料审核上传工作流程、MDOS 平台运行流程、ASOM 平台运行流程、值班制度、交接班制度、观测场仪器设备维护制度、备件管理规定、UPS 电源管理制度、探测环境巡视检查制度、业务机房管理制度、资料室管理制度、气象资料管理制度等。第三方面包括：预报预警服务业务工作流程、预警信号发布管理暂行规定、预报预警服务业务操作说明、预报订正发布管理暂行规定、天气会商制度、业务应急办法等。这些规章制度的建立，为海淀区气象局业务工作的开展与推进打下了坚实的基础。

二　监测—预报—服务：海淀区现代化气象服务能力的建设路径

（一）充分发挥区位比较优势，努力做到监测精密

2021 年，海淀区已建成"1＋16＋37＋1"模式的常规气象观测网，其中包括国家级气象观测站 1 个，即海淀国家气象观测站，该站始建于 1959 年，

1974年迁建于海淀公园内，拥有延续62年的气象记录资料；区域自动气象观测站16个，土壤水分站1个；与水务部门进行信息合作的水务雨量数据监测站37个。此外，还形成了"中关村核心区＋山后鹫峰"梯度气象观测网：在中关村标志性建筑150米高度上建设六要素气象站，共享北大物理楼（50米）气象监测平台监测数据，与海淀公园气象观测站形成中关村科学城梯度观测；与北京林业大学鹫峰森林公园共享气象信息，形成阶梯分布的气象监测数据。

此外，海淀区充分发挥新科技的作用，借助城市大脑发展智慧观测，利用"海淀图像"智能灯杆的政务网络和电力资源，打造智慧气象精密感知网。重点围绕冬奥场馆交通枢纽、三山五园旅游景点和中关村科学城北区等海淀重点区域，搭载布设20套微型智慧气象观测站，其中17套已上线。依托海淀区海量高清视频资源，与高科技公司合作，建立城市大脑"天气现象自动识别"系统，通过物联网、图像识别等，针对降雨、降雪、积雪、能见度、冰雹5种高影响灾害性天气和杨柳飞絮、施放气球2种社会行为实现智能识别，从而更好地为防汛应急指挥、冬季扫雪铲冰、春季杨柳飞絮治理、路灯智能控制等场景提供有效支撑。

（二）大力加强核心能力建设，努力做到预报精准

完善气象预报的"三维三进"模式。"三维"指的是准确把握气象变化在"时间、空间、强度"三个方面的要素：针对天气过程时间演变的不同阶段，细化服务针对性，设立"三个阶段"；针对天气过程空间距离远近的不同位置，延长预报时效，设立"三道防线"；监视降水强度的强弱变化，提高预警准确率，设立"三重提示"。"三进"指的是"渐进式预警、递进式预报、跟进式服务"模式：根据天气系统演变，紧密跟踪监视区、警戒区天气变化，及时预报责任区天气要素变化，直至过程结束；在预报发出之后，通过关注警戒区天气变化，及时发出责任区预警信息，直至过程减弱或结束，预警解除；预报、预警发出之后，直至天气系统影响或次生灾害影响结束，重点针对责任区、警戒区内天气要素变化情况，及时提供实况信息。

制定预报预警流程指引，提升强天气服务能力。海淀区气象局在总结近年来区气象台强天气气象服务经验的基础上，加大理论研究的深度，将预报预警全过程分为六个阶段：预报有雨、周边地区出现回波、回波临近本区、回波在本区影响中、回波减弱移除本区、过程结束，具体路线图如下：

充分发掘现有信息资源与机制优势，加强科技赋能。按照现有区应急指挥体系，基于核心成果和海淀区水文气象实况资料，无缝对接海淀区网格化管理体系，提供与城市管理网格相匹配的高时间、空间分辨率的降水实况和预警信

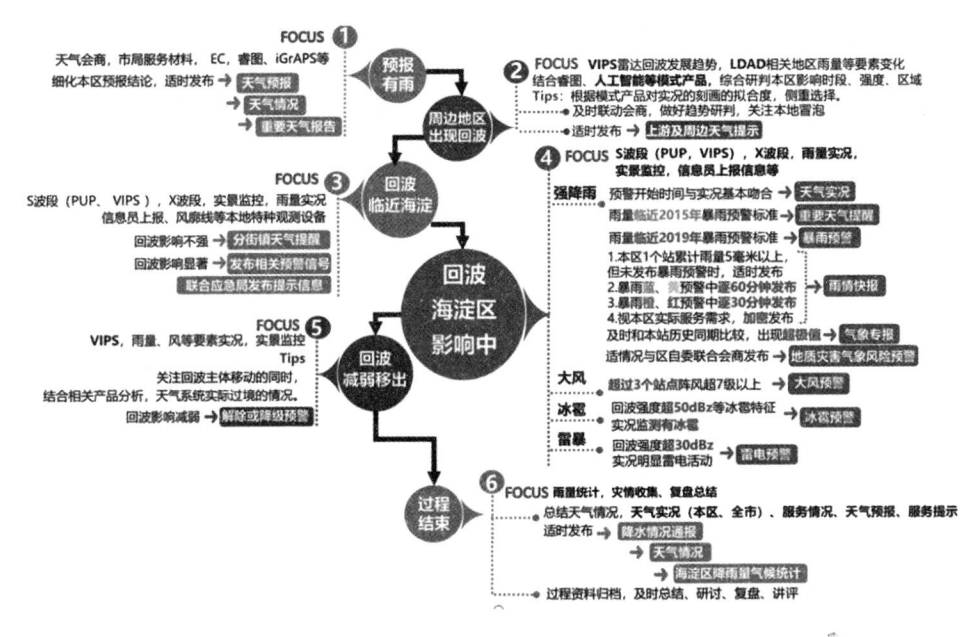

图 2　北京市区气象台强天气预报预警服务指引

资料来源：海淀区气象局：《北京市区气象局强天气预报预警服务指引》，海淀区气象局 2016 年版。

息。根据海淀区地形楼宇分布特点，提供海淀区精确到街区尺度的大风风险分布图，并根据不同天气系统对大风风险做出预报预警研判，出现大风提前通知城市网格责任人，为极端大风天气城市运行监控提供决策依据。启动重要天气驻场机制，注重与本地预报员沟通，全力做好精细预报，服务解读。

（三）主动对接海淀发展实践，努力做到服务精细

深化北京冬奥会重大活动的气象服务保障。海淀区气象局积极与区冬奥组委办公室开展对接，细化形成海淀区气象局冬奥测试赛工作方案。在此基础上，集体学习冬奥会和冬残奥会相关运行演练计划，明确任务部署，强化冬奥服务练兵。将五棵松气象站迁移至临近五棵松冬奥会冰球比赛场馆，对降水、风等气象要素观测设备进行更新升级。紧密围绕海淀五棵松和首体两个重要保障场馆及清河火车站等冬奥赛事交通枢纽重点区域，布设安装智慧气象观测站。2021 年 4 月圆满完成"相约北京"冬奥测试赛阶段气象服务保障工作，并持续开展海淀区冬奥气象自然灾害风险形势月度分析。

深化公众气象服务，加强气象科普宣传。结合专题科普、高影响天气、防灾减灾体系建设等公众气象服务重点，海淀区气象局加强与区媒体合作共享，

通过"海淀气象"两微一端权威发声，创新推出"花样云端科普"系列活动。充分发挥海淀科技创新与文化深度融合的发展优势，为公众提供更优质贴心的气象服务，不断增强公众气象服务体验感、获得感。2020年率先开通抖音账号，针对8.12天气过程自主创新录制抖音小视频，追踪2020汛期最强降雨，展现海淀气象人风采。2021年"3.23"气象日，开展天气会商抖音云直播，向公众全面揭秘海淀分局天气会商、气象预报服务工作场景。

深化、常态化气象服务工作。海淀区气象局助力做好"蓝天保卫战"气象保障，2021年创新开展区级层面联合会商3次，联合生态环境局上报区政府"海淀区空气污染气象条件分析专报"，与清华大学重点实验室定期联合撰写《北京市大气污染区域传输监控工作专报》，精细气象服务的"海淀模式"得到推广。海淀区气象台连续五年获得北京市气象局"优秀气象服务先进集体"。

三 案例回溯：2019年海淀区元宵节灯会的气象服务实践

2019年初，中央宣传部、中央文明办印发通知，要求各地深入开展传统节日文化活动，引导广大群众在积极参与中体验节日习俗、展现中国精神、增进文化自信。元宵节，作为最热闹的传统节日，有灯会、花会、舞龙舞狮等活动，热闹喜庆，是北京市民最期待的节日之一。办好元宵节灯会，是落实好中央和各级领导深入开展传统节日文化活动要求的重要组成部分。为此，2019年元宵节期间，海淀区在圆明园举办了元宵节灯会。区气象局主动与区文明办、圆明园管理处等单位沟通，了解气象服务需求，根据此次元宵节灯会的特点，认真分析气象资料，积极探索气象服务方式与内容，圆满完成了元宵节灯会的气象保障任务。

（一）分析研判元宵节期间可能的高影响天气

据统计，1901年至今，最早的元宵节出现在当年的2月4日（1966年），最晚的元宵节出现在当年的3月5日（1920年、1985年），因而可用2月份的历史气象数据资料代表元宵节期间天气的整体情况。与圆明园最近的气象观测站是海淀国家气象观测站，相距大约2.5公里。所以，应当以2月份海淀国家气象观测站的历史气象数据来说明圆明园地区元宵节期间的天气情况。

根据海淀国家气象观测站近十年（2010—2019年）及常年（1981—2010年）2月份历史资料进行的统计分析，元宵节期间可能出现的高影响天气主要包括：极端低温、降水、大风、雾、霾、沙尘、积雪、结冰等。具体信息如下：

1. 气温

元宵节期间，近十年平均气温-0.1℃，常年平均气温0.2℃，极端最低气温-19.5℃（出现在1966年2月22日），极端最高气温19.8℃（出现在1996年2月13日）。

2. 降水

元宵节期间，近十年平均累积降水量6.0毫米，平均降水日数2.9天；常年平均累积降水量4.1毫米，平均降水日数2.0天；历史最大日降水量13.4毫米（出现在1998年2月19日），降水日数最多8天（出现在1985年）；最长连续无降水日数为28或29天（即全月无降水），共有11年。

3. 其他

除雨、雪等降水类天气外，元宵节期间还可能出现雾、霾等低能见度天气以及大风、沙尘、低温、结冰等。

从统计结果看，出现结冰、霾、降雨的概率比较高，其次是低温、降雪、积雪、雾和大风。如下表所示：

表1 2月份高影响天气出现日数

	结冰	低能见度	霾	降雨	降雪	低温	积雪	大风	雾	沙尘
近十年	26.9	10.0	6.8	4.8	2.4	3.0	3.3	0.3	0.2	0.0
常年	26.3	12.9	9.2	5.5	2.6	2.0	2.1	1.8	0.6	0.1
最大值	28.0	22.0	19.0	18.0	11.0	12.0	11.0	8.0	9.0	3.0
最大值出现年份	2018	2001	2002	1962	1985	1977	2011	2004	1990	1967

资料来源：海淀区气象局：《元宵节灯会气象服务参考》，海淀区气象局2019年版。

（二）归纳总结元宵节期间的天气风险及影响

1. 对活动举办的影响

气象因素对灯会活动举办前期施工安全，包括灯组搭建、供电设备安装、空中作业、构（建）筑物保暖防冻、电力维护等灯会活动举办前期的施工安全等方面具有一定的影响。同时，对于活动举办当天周边的交通状况、餐饮准备和安全、运行保障、售票、舆情等也都有重要影响，具体分析如下：

（1）大风。大风对活动准备期间场地布置搭建、空中作业、灯组造型加固等有直接影响，大风也会提高火险等级、增加施工难度。灯组等室外建（构）筑物施工中要求具有一定的抗风能力，但活动期间如出现超过防御标准的大风，就需要根据天气预报和大风预警信息采取必要的加固措施进行加固。大风对游人游赏路线选择、体感寒冷程度有直接影响。另外，大风可能造成垃圾桶倒伏，游人产生的生活垃圾容易被大风吹散。

（2）降水。降水（含雨和雪等）对前期灯展准备工作的影响包括影响施工进度，影响供电系统等。灯展期间出现降水，会使路面湿滑，游人易滑跌，增加交通拥堵风险。活动期间降雪，对于活动的举办有有利的一面，可以为整个活动增加静美氛围。"正月十五雪打灯"为天赐美景，能为活动增色添彩，为游人留下美好记忆。

（3）低温。活动准备期间，低温会增加灯架架设等施工难度，影响电力设施等。若活动前期气温持续回升，会造成水面结冰不结实，活动期间游人靠近水体行走时，就会存在落水风险。活动期间，气温低、湿度比较大时，游人会感觉到阴冷。较长时间留滞在阴冷的天气条件下，可能引起游人情绪激动，使突发事件发生的概率增高。例如2月18日，傍晚圆明园地区天气阴冷，下午圆明园周边市民得知灯展已准备就绪，并且已有游人进入。入夜后（尚未到灯展游人放行时间），圆明园东门口聚集的人越来越多。由于气温低、湿度大、体感温度较低，加之安检时间较长，部分游人有些激动，造成位于安检口附近的一位游客摔倒。这时，安检口执勤民警及时将摔倒人员扶起并立即上报指挥中心。指挥中心掌握情况后立即通知，让安检口放人，很快使人员疏散，消除一起可能发生的突发事件。

（4）雾、霾及低能见度天气。这种天气会影响游人的赏灯效果，对交通有一定影响。如出现此类天气，可提示公众做好个人防护和交通安全。

（5）积雪。积雪易造成物体表面湿滑，对活动前期准备有较大影响，也可能影响电力保障等工作。活动期间，积雪易造成游人摔伤。但积雪也可以为活动营造良好的氛围，特别是白色的雪与红色的灯笼相互映衬，更会增加节日的气氛。

（6）结冰。包括由于水冻结成的冰或融化了的雪再冻结成的冰。结冰影响活动前期准备工作，易造成人员摔伤，影响准备进度。活动期间，路面结冰易造成游人摔伤，增加相关工作保障成本。

（7）云。天空是否有云以及云量、云状、云高等对赏月效果有很大影响，云若遮蔽月亮，就无法赏月，灯展效果就会受到一定的影响；有六成或以下的高云、中云，可能形成"彩云追月"的美景。但是美景之下游人可能会聚集拍照，增加活动疏导、管控成本。

（8）天黑时刻。天黑时刻影响活动当日的开灯时间。开灯过早不节能，开灯过晚影响活动效果。晴天情况下冬至日天黑时刻在日落时刻之后约28分钟；阴天情况下，日落时间比天黑时刻要提前10—20分钟。

（9）其他情况。如温度的变化，在灯展的不同路段，气温会有一定的变化差异。比如，人员密集区的体感温度比人员稀少区体感温度略高。而气温的这种变化也对突发事件有一定影响。

2. 高影响天气出现风险分析

（1）大风。常年同时段出现概率为6.43%，出现概率为28.57%，需要作为重点天气风险来预防。

（2）降水。降雨的常年同时段出现概率为19.64%，出现概率为64.29%；降雪的常年同时段出现概率为9.29%，出现概率为39.29%。

可见，大风与降水均需要作为重点天气风险来预防。

（3）积雪。常年同时段出现概率为7.5%，出现概率为39.29%，需要作为重点天气风险来预防。

（4）其他。低温、结冰、霾以及其他低能见度天气出现概率大。具体概率情况如下表所示：

表2 2月份高影响天气出现概率

单位：%

	结冰	低能见度	霾	降雨	降雪	低温	积雪	大风	雾	沙尘
近十年	96.07	35.71	24.29	17.14	8.57	10.71	11.79	1.07	0.71	0.00
常年	93.93	46.07	32.86	19.64	9.29	7.14	7.50	6.43	2.14	0.36
最大值	100	78.57	67.86	64.29	39.29	42.86	39.29	28.57	32.14	10.71
最大值出现年份	2018	2001	2002	1962	1985	1977	2011	2004	1990	1967

资料来源：海淀区气象局：《元宵节灯会气象服务参考》，海淀区气象局2019年版。

（三）明确推进元宵节期间预报服务的时间节点

1. 活动前1个月以上，根据历史气象资料统计，提供活动期间的相关高影响天气出现概率统计分析。

2. 活动前10天或以上，根据"海淀区月气候趋势预测"和"海淀区未来10天或以上延伸期气候趋势预测"以及"海淀区旬气候趋势预测"等材料，提供活动期间的总体气候状况以及相关高影响天气的预测时段及相应的服务提示（本时段内的预测及提示，并不说明当天一定会出这样的天气，而是通过预测研判，活动期间存在出现这样的天气的可能性）。再根据活动组织方关注的日期，适时进行滚动更正。

3. 活动前5—10天，根据"海淀区未来10天天气公报"，给予一个相对明确的天气预报。比如，活动期间是否有高影响天气、会有哪些高影响天气等，提供逐日的预报和服务提示。

4. 活动前 3—5 天，开始提供逐 12 小时预报（白天、夜间）和服务提示。

5. 活动前 2 天，提供逐 3 小时的预报和服务提示。

6. 活动前 1 天，提供逐 1 小时的预报和服务提示。

7. 活动当日，根据天气情况确定服务频次，同时增加实况服务。灯会活动期间，进驻现场进行气象保障。现场气象保障人员携带利用手持轻便式自动气象站，逐半小时提供温、风、湿等现场实况数据。

8. 活动结束后，根据服务过程记录，做好总结工作，并修订保障方案。

在整个过程中，海淀区气象局向活动的组织方、施工方、参加活动的市民、游客以及城市运行保障部门等服务对象提供了：元宵节期间圆明园地区短期天气预报、短时临近预报预警以及周边地区天气提示；舒适度指数、穿衣指数、空气污染气象条件等预报及相关提示；逐小时（半小时，甚至更短时间间隔）的实况和几小时内的天气趋势预报，制作了《圆明园灯展气象服务专报》。

四 思考与讨论：海淀区气象服务的结合点

（一）气象服务与国家大政方针有机结合

国家大政方针的制定离不开气象信息作为参考，气象服务工作更不能脱离国家大政方针的指导。这就要求气象部门的工作人员在日常工作中注重学习国家大政方针、关注时事新闻、留意官方说法、注意各种政策信息的累积，并在气象服务中展现出来。例如，2017 年冬半年每月份气象服务材料都最好与"2017－2018 年京津冀秋冬季大气污染攻坚行动"结合起来，并着眼于冷空气的活动和大气污染扩散条件的变化。如此，气象服务才具有针对性。

（二）气象服务与气象科普有机结合

要让社会更好地使用气象信息，享受气象服务，需要气象部门将气象服务与气象科普有机结合，在提供相应气象数据信息的同时，答疑解惑发生在周边的自然现象，说明气象数据信息是干什么的、怎么用、解决了什么问题等。因此，应在每份材料、每个服务信息中找到切入点，把气象信息服务和科普有效地结合起来。例如，2017 年 5 月 5 日，时隔 13 年北京再次出现沙尘暴天气，许多人对沙尘天气已经没有什么印象。对此要在提供气象服务时，首先要说明出现的是什么现象，是什么原因产生的，今年为什么再次出现，有什么影响等。如此,气象服务才具有活力。

(三)气象服务与社会民生有机结合

当前了解气象信息已经成为一种文化,融入社会的方方面面,并影响着城市运行和市民生产生活。近年来,北京气象服务之所以做得越来越好,是因为气象部门始终将气象服务与社会民生有机结合。在日常服务中不断总结天气对城市运行和市民生产生活的影响,以及是否存在危及城市安全运行和市民生命财产损失的风险,并在具体的气象服务中予以体现。同时,气象部门发挥行业优势,密切关注诸如密云水库水体面积的变化、北京及周边植被的变化、北京超大城市热岛效应的变化等,并从当前情况、历史同期对比、相关原因分析等方面进行综合研判。如此,气象服务才具有生命力。

(四)气象服务与时事热点有机结合

现代社会,天气已经成为一个高频词,几乎每一档的电视新闻中都有一则与天气有关的新闻。同时,天气现象的变化、甚至气象预报的精确度往往也会成为媒体炒作点,甚至在某些地区成为社会矛盾的发酵点。因此,气象服务要做好与时事热点有机结合:一是围绕时事,结合彼时彼地的气象特点开展有针对性服务;二是快速回应有关气象的热点问题,根据有关气象热点问题的核心,逐条进行分析解释服务。例如,2017年8月九寨沟地震后,有关地震云的探讨一时成为热点。所以可以从云及看云识天、云的诡异性和"地震云"、未来是否真的会有"地震云"或利用"地震云"来预测地震等方面进行分析并发布参考信息。如此,气象服务才具有时代感。

2019年12月9日,习近平总书记在庆祝我国气象事业发展70周年时指出:"气象工作关系生命安全、生产发展、生活富裕、生态良好,做好气象工作意义重大、责任重大。广大气象工作者要发扬优良传统,加快科技创新,做到监测精密、预报精准、服务精细,推动气象事业高质量发展,提高气象服务保障能力,发挥气象防灾减灾第一道防线作用。"[9]开展气象服务是法律赋予气象部门的义务和职责,在做好服务的同时,把气象服务与气象事业发展有机结合起来,形成气象服务需求牵引气象事业发展、气象事业发展推动气象服务能力提升的良好机制,如此才能更好地"发挥气象防灾减灾第一道防线作用"。

参 考 文 献

[1] 庄国泰:《坚定不移推进高质量气象现代化建设》,《中国气象报》2021年6月1日。

［2］海淀区气象局：《北京市区气象局强天气预报预警服务指引》，海淀区气象局 2016 年版。

［3］海淀区气象局：《气象服务参考》，海淀区气象局 2018 年版。

［4］海淀区气象局：《元宵节灯会气象服务参考》，海淀区气象局 2019 年版。

［5］海淀区气象局：《区气象局综合气象服务员预报服务能力提高指引》，海淀区气象局 2016 年版。

［6］海淀区气象局：《北京市海淀区气象台规章制度汇编》，海淀区气象局 2018 年版。

［7］海淀区气象局：《海淀区人工影响天气制度汇编》，海淀区气象局 2017 年版。

［8］张洪广：《政策研究与气象决策咨询》，气象出版社 2020 年版。

［9］庄国泰：《以气象事业高质量发展更好服务保障现代化强国建设》，《学习时报》2021 年 8 月 4 日。

后　　记

　　匆匆岁月，三载春秋，《北京市情研究文辑》从 2019 年第一辑诞生至今，已经走到了第三辑。从初生到三岁，是最艰难也是最有意义的一段历程。《北京市情研究文辑》(第三辑)的出版，标志着中共北京市委党校(北京行政学院)北京市情研究中心逐渐发展并走向成熟。

　　2021 年正值中国共产党成立 100 周年，同时也是实施"十四五"规划、开启全面建设社会主义现代化国家新征程的开局之年。为深入贯彻习近平新时代中国特色社会主义思想和习近平总书记对北京重要讲话精神，准确把握新发展阶段、贯彻新发展理念、构建新发展格局的要求，为北京率先基本实现社会主义现代化开好局、起好步，中共北京市委党校(北京行政学院)北京市情研究中心开启了《北京市情研究文辑》(第三辑)的编写工作。

　　《北京市情研究文辑》(第三辑)是以马克思列宁主义、毛泽东思想、邓小平理论、"三个代表"重要思想、科学发展观、习近平新时代中国特色社会主义思想为指导，以习近平总书记对北京重要讲话精神为根本遵循，围绕北京市经济社会发展的热点、重点问题进行研究，在框架结构上基本延续了前两辑的特点，分为"党史党建篇""经济建设篇""政治建设篇""文化建设篇""社会建设篇""生态文明建设篇"6 个篇章，重点反映北京市各方面的发展与研究现状、问题及对策建议，力图为政府官员、专家学者和各界读者了解北京、研究北京提供参考。

　　编委会于 2021 年 1 月份启动本书的编写策划工作，2 月份进行了广泛征文，5 月底共收到征文 60 余篇，6 月份对征文稿件进行初审并组织专家进行评审。根据专家评审结果和编委会集体讨论，确定了入选的 30 余篇文章，并完成了查重、修改、校对、编辑、统稿、排版等详细工作，在 7 月初完成本书的定稿，交付出版社进入出版流程。计划到年底，《北京市情研究文辑》（第三辑）完成从策划到出版印制的全部工作，作为庆祝中国共产党成立100周年的献礼，交到读者的手中，前后历时近1年。

相较于从前，本书最大的特色是邀请到更多的校内外知名专家学者撰写专稿，并由中国社会科学出版社出版，以期提升《北京市情研究文辑》的整体质量与综合影响力。例如，北京市委党史研究室原主任、北京中国抗战史研究会会长谢荫明研究员，北京市哲学社会科学规划办公室原副主任、北京史研究会会长李建平研究员，北京市地方金融监督管理局李妍副局长（中共北京市委党校第19期研修一班学员），北京市社会科学院城市问题研究所所长陆小成研究员，北京工业大学文法学部社会学系李君甫教授，中央团校（中国青年政治学院）青年发展战略研究院何玲教授以及中共北京市委党校（北京行政学院）金国坤、刁琳琳教授等著名专家学者，为本书的编写和品牌的打造做出了贡献。

本书的编写得到了中共北京市委党校（北京行政学院）常务副校（院）长王民忠、主管副校（院）长袁吉富的大力支持与指导，王民忠校长为本书做序，袁吉富副校长审阅全书稿件。感谢各位作者为本书精心撰写文章，丰富了本书的层次和内涵；感谢杨云成、刁琳琳、张文君、高寿仙、尹德挺、杨守涛、黄江松（按审稿顺序）等专家学者对本书稿件提出了宝贵的评审意见，提升了稿件的质量和水平；感谢中共北京市委党校（北京行政学院）基层党校工作处薛念处长、宋晓波老师为本书征文活动所做的努力与帮助；感谢中国社会科学出版社编辑陈肖静对本书编校出版工作的认真与细致；感谢同方知网（北京）技术有限公司提供的支持与服务；感谢编委会的各位同仁为本书倾注的心血与精力，如此齐心戮力，最后方能见证本书的问世；以及为《北京市情研究文辑》（第三辑）做出了贡献的其他专家学者们，一并感恩致谢！应当说，本书是编委会、各位作者、专家学者的集体智慧结晶。

《北京市情研究文辑》（第三辑）作为北京市情研究中心转型升级后的第三部公开出版成果，虽然取得了一定的成绩和进步，但是也存在着一些不足和遗憾。《北京市情研究文辑》的吸引力和影响力相对还有所欠缺，这需要一年又一年不断地积累和提升；同时一些稿件的质量和水平还有继续改进和提高的空间；诚挚地希望各界专家与诸位读者不吝珠玉、批评指正。

在本书即将付梓之际，作为连续三年参与了《北京市情研究文辑》编写工作的编者，就像看着自己的孩子慢慢长大，感慨良多。回顾2019年，北京市情研究中心领导班子决定把《北京市经济社会发展重大成果汇编》改版作为北京市情研究中心转型升级的突破口，并对《北京市情研究文辑》提出了三个目标。一是要突出研究性，计划每年出版一辑，努力成为有影响力的品牌；二是以北京市情研究中心和教研部人员为主体，积极邀请校外专家学者加入，成为推动党校学科建设和学术交流的一个平台；三是公开出版，并聘请校内外专家把关，提高整体质量。从目前来看，《北京市情研究文辑》已经基本完成了以上三个目标。今后，《北京市情研究文辑》应当在继续提升内容质量与扩大品牌知名度与综合影响力上下更多功夫，争取日日新、年年好。

《北京市情研究文辑》经过三年的不懈努力，同心而共济，始终如一。相信随着北京市情研究中心研究队伍能力和素质的不断提升、经验和成绩的逐渐积累、知名度与影响力的慢慢提高，及校内外研究力量和资源的持续汇聚，《北京市情研究文辑》将成为研究北京的一个重要品牌。

执行主编　潘志宏
于水心斋
2021年6月30日